# FORENSIC SCIENCE REFORM

*Protecting The Innocent*

Edited by
Wendy J.Koen
C.Michael Bowers

# 法庭科学改革

## 保护无辜者

[美] 温迪·J. 科恩
[美] C. 迈克尔·鲍尔斯 / 著

罗亚平 等 / 译

法律出版社
LAW PRESS · CHINA
北京

# 版权声明

Forensic Science Reform: Protecting the Innocent, 1st edition
C. Michael Bowers, Wendy Koen
ISBN: 9780128027196


《法庭科学改革:保护无辜者》(罗亚平 等译)
ISBN: 978-7-5197-6396-1


著作权合同登记号
图字:01-2020-2669

## 《法庭科学改革：保护无辜者》编委会成员

# 译者序

冤假错案是司法机关在行使职权、办理案件中因故意或者重大过失造成认定事实或者适用法律确有错误的案件，或是在办理案件中违反法定诉讼程序而造成处理错误的案件。冤假错案不仅令人不寒而栗，给受害人及其家庭造成难以弥补的伤害，同时也会使大众对法治建设和社会的公平正义丧失信心。因此，防止冤假错案发生，让司法牢牢成为社会良知与正义的最后一道防线是每个法律人努力的重要目标。

古今中外，冤假错案都难以完全根除，但人们探寻冤假错案发生的原因并竭力避免其发生的努力从未停止。宋代的宋慈在全球第一部法医学专著《洗冤集录》的开篇就写到："狱事莫重于大辟，大辟莫重于初情，初情莫重于检验""每念狱情之失，多起于发端之差；定验之误，皆源于历试之浅"。宋慈作为法医学、侦查学专家，十分重视案件的现场勘验及物证检验，他将错案的原因聚焦在犯罪现场勘查工作最初出现的偏差以及物证检验鉴定出现的失误。

近代科学产生以来，人们对科学思维与推理的崇拜、对科学物证的信赖达到了前所未有的高度，借由物理学、化学、医学等学科知识解决案件中专门性问题以及防止冤假错案发生已成为人们基于普遍科学信仰的主动选择，特别是法庭科学学科（我国通常称之刑事科学技术，或司法鉴定，或物证鉴定）产生以来，借助先进技术手段打击犯罪、维护司法公平正义成为现代国家的主要选择和行动。

随着各类新技术、新方法不断被引入，法庭科学以前所未有的速度快速发展。20 世纪 80 年代，脱氧核糖核酸（DNA）技术开始作为人身识别的关键手段，在各类诉讼活动中发挥着前所未有的作用。当人们利用DNA技术重新审核已决案件时，发现部分案件出现事实性认定错误，使无辜者蒙冤，其中有些人不得不含冤离世，引发社会极大关注。这促使人们开始反思这类案件中的证据运用，进而反思法庭科学领域一些技术、方法的科学性和准确性问题。《法庭科学改革：保护无辜者》（Forensic Science Reform：Protecting the Innocent）一书正是在此背景下出版。

该书主要阐述了法庭科学由引发错案到为无辜者平冤的角色转换，为广大法律从业人员提供了国外因各种法庭科学证据而出现错案的分析与总结。法庭科学证据，看似案件中的一环，但证据问题事关案件全局，它涉及多学科知识以及专家、警方、检方、法官和律师等多种角色，毫厘差池将导致案件结论谬之千里。专门性问题的解决依靠的是专家的专业知识，但背后又包含了专门性问题的真实性、专业知识的可靠性和解决方案的合理使用等问题。因此，书中的错案虽然源于不同门类的法庭科学证据，但错误之根本其实在于："证据科学本身并不可靠"和"科学证据虽然可靠，但是人的解读不可靠"。

否定之否定、螺旋式上升，科学的发展历来如此，证据科学也不例外。在本书第三章讲述的纵火案中，作者引用了联邦地方法官马丁·卡尔森（Martin Carlson）的报告内容："随着人类的洞察力在岁月变迁中提升，我们会发现，曾经的真理仅仅是神话故事，曾经的科学其实是封建迷信"。弹头铅成分分析、毛发检验、咬痕检验、婴儿摇晃综合征等一系列缺乏可靠的基础性研究的法庭科学证据轮番上阵，击碎了使用者对这些"科学"证据曾经的笃信。与此同时，那些有着可靠基础性研究的法庭科学，诸如指纹、DNA等，又存在诸多局限，这些局限主要体现在使用者对它们不当的解读或过高的期待。法庭科学证据的用途在于寻找真相，而非定罪。在本书第十章，福特案的检察官斯特劳德向陪审团提供了一系列基于犯罪现场重建的不利于福特的法庭科学证据，却没有提及有利于他的证据，在该案中，法庭科学证据完全沦为检方胜诉的工具。此外，从根本上讲，法庭科学证据是间接证据，无法直接、单独证明案件事实。换言之，法庭科学证据不应作为"铁证"而承担定罪的主要责任，而应与其他证据一样，指向一种可能性。

本书是一部引人入胜、深具启发性的读物。她不仅向读者呈现法庭科学可能引致的错案，同时也向世人昭示，一个不断进步的学科在自我否定中坚定前行的勇气与担当。她深刻阐明：法庭科学既不能因其科学性而被奉若神明，需要祛魅；也不能因其引致的错案而被唾弃，需要砥砺。本书可以让法律从业人员了解专业的迷信与盲目可能带来的风险，从而以批判性思维看待法庭科学。我们从专业的角度分析案件，是案件的旁观者，但我们永远不能做错案的旁观者，这就是我们翻译本书的初衷。

本书在翻译过程中进行了若干本土化修改，需要予以说明：(1) 原版书在每章未设节，也没有“一”“（一)”的层次结构，为使翻译书符合中文阅读习惯，我们根据书中内容增加了“节”以及“一”“（一)”的结构；(2) 本书每一章都是由两位以上作者共同撰写，原版书是将作者姓名标注在具体撰写部分，翻译书采取统一说明所有作者信息及其撰写部分；(3) 为便于读者查阅引文，本书所有文献（无论是在文中还是脚注）都采用原文，未做翻译。

本书翻译历时4年多，最初翻译力量主要是在校研究生，后多次组织编委会成员及在校研究生修改。本书翻译及审校工作分工如下：

前言、引言、致谢：罗亚平、吴翟灵

第一章：罗亚平、游伟、李慧敏

第二章：罗亚平、吴翟灵、张凯峰

第三章：范琳媛、陆一帆、王聪

第四章：刘珞晰、艾乐、桀慕文

第五章：郝叶子、李硕、陈姝帆

第六章：罗亚平、董峰、李岳松、魏仲博

第七章：高春芳、仝潇、吴翟灵

第八章：林胜、于洋

第九章：温永启、李文杰、林胜

第十章：刘珞晰、李康、杨俊、马枭

第十一章：赵雅彬、柳菁莹、马暄然

全书最后由罗亚平统审定稿。

本书内容涉及法庭科学多领域，有些术语及内容非常专业，故翻译难免有疏漏不当之处，敬请海涵，并欢迎批评指正。

罗亚平

2021 年 8 月 23 日于北京

# 前　言

自20世纪80年代末以来，脱氧核糖核酸（DNA）技术开始帮助确认真正的罪犯并为无辜者免罪。迄今为止，已有300多名无辜的囚犯被宣布无罪释放，与此同时，这些案件中约有一半以上重新确定了真正的罪犯。科学技术，如果经过验证且运用得当，则是一股永恒向善的力量；但如果法庭采纳的是未经验证的伪科学，或是使用不当，就会使无辜人员被冤枉，这些无辜者的生活乃至生命则会遭受毁灭性打击。在这300多起运用DNA技术确认被错误定罪的案件中，约有一半的案件是因所采纳的法庭科学意见不成熟或不当运用所致。

事实上，未经验证的法庭科学是导致错误定罪的第二大原因。尽管运用DNA技术为排除无辜打开了一扇窗，使我们认识到未经验证的法庭科学存在的问题及其所助推的错误定罪，但可以说这仅仅是冰山一角。因为在所有刑事案件中，只有5%～10%的检材可以进行DNA检验，而90%～95%的案件中根本不存在能够进行DNA检测的生物检材，或者是早期案件中DNA检材已经丢失或降解。那么，结果是什么呢？从某种程度上说，大量的刑事案件定罪是基于不可信的法庭科学学科作出的。但因无生物检材可检验，我们无法验证这些定罪的准确性。

在我的职业生涯中，感受到最糟糕的事莫过于法庭（无论是初审阶段还是上诉阶段）都不可救药地墨守成规，似乎总是认为除了以前引用过的统计数据之外，其他任何事情要么根本没有发生，要么即使发生了也绝不会出现在法庭审理的特定案件上。简单地说，这意味着无辜者在法庭上难以从错误的定罪中被解脱出来，或者说在审判法院举行的强有力的听证会上，伪法庭科学意见不被接受的可能性都是极其小的。那么，这些案件中的无辜者是如何获得自由的呢？肯定不是因为发现了错误的法庭科学意见证据，这几乎是不可能的。事实上，美国最高法院（US Supreme Court）已经驳回了30起由真正的无辜者提出的复审申请。其中，在拉里·扬布拉德（Larry Youngblood）一案中，他声称执法部门未能妥善保管能够证明他无罪的生物物证，但法院未支持其主张。

拉里·扬布拉德被指控在亚利桑那州皮马县（Pima County，Arizona）的一个狂欢节上绑架并强奸了一名10岁男孩，并被判有罪。这名男孩被送往一家医院，在那里他所穿的衣服及精液样本被警方作为检材提取。根据受害者对作案人的描述，袭击者的一只眼睛是不正常的。拉里·扬布拉德被指控犯此罪，但其坚称自己是无辜的。尽管该案有生物检材，但由于警方保管不当，使其降解而无法进行检验。结果拉里·扬布拉德被判有罪，并被判处长期监禁。

妥善保管案件现场提取的各种可能成为物证的材料是法庭科学的生命线。遗憾的是，此案的判决不仅极大影响了拉里·扬布拉德，而且也未使执法部门意识到物证材料保管的重要性。对拉里·扬布拉德来说，他是幸运的，2000年在其律师的要求下，重新启动对其案件的复查，新的DNA技术能够实现对案件中的检材进行检验，结果证明了拉里·扬布拉德无罪，而后其被释放。2001年年初，案件检材的DNA图谱与另一个人的DNA图谱相符，这个人的一只眼睛失明，当时正在得克萨斯州服刑，罪名与本案无关。2002年，他被判有罪，并被判处24年监禁。

那么，为什么会出现如此难以驾驭的问题？其一，初审法官们无法想象多年来甚至几十年来认可的学科充满了问题，如果认为有问题则意味着其专业工作的根基将被撼动。其二，对于上诉法官来说，问题甚至更糟糕，他们当中许多人实际上并未从事过刑事实践工作，如果有也多是前检察官，他们作为法学家并不比作为法律和秩序的捍卫者更加具有怀疑精神。同时，他们还受到程序上的限制，即使倾向于这样做，这些限制常常使他们无法在一开始就抓住问题的症结所在。

如果一定要找出解决方案，我认为关键是要弄清楚案件的“来龙去脉”。就这一点而言，法官、检察官以及消息不灵通的辩护律师，需要考虑得更多一些，不仅仅是要学习一门法律继续教育课程，或是了解一起简短但无实质内容的免罪的新闻报道，而是需要了解这些案件从头到尾发生的整个过程，发生了什么事？嫌疑人是如何被调查的？是什么吸引执法人员来开展法庭科学中某项具体技术工作的？这是一种有前景的新技术吗？还是说这是一项经过时间检验、几乎无可置疑的技术呢？那些所谓的专家都是什么背景：是独立的科学家，还是长期从事执法工作的专业人士？

本书阐述了典型案件的来龙去脉。每一章都聚焦一个独立的法庭科学分支学科。每章节的作者都是案件涉及的特定学科领域内的专家，他们不仅讨论了法庭科学实践中的细微差别，还梳理了相关技术发展的历史脉络。以《弹头铅成分分析》（CBLA）这一章为例，读者将在本章了解到，CBLA 测试了“构成弹头的金属中微量元素的含量，以确定不同弹头中微量元素的含量相同与否”。2002 年，美国国家科学院（National Academy of Sciences）对 CBLA 技术进行了一次评估，发现 CBLA 没有任何科学依据，而且美国联邦调查局（FBI）的检验人员夸大了从中获取的数据及其得出的结论。该章和其他章节做得很好之处是，将因错误依赖不成熟学科（技术）而产生的一连串结果层层叠加了起来。该案被告没有犯罪记录，无法表明他会犯下绑架儿童和杀人这类残忍罪行；他邋遢的状态是因为他喜欢“潜在垃圾站里”寻找便宜的过期食物以便分送给需要的人；他鞋底的泥土与受害者鞋子上的泥土不匹配。但是，这些事实都被 CBLA 的检验结果所掩盖。最终，被告还是被判有罪，并于 1999 年在得克萨斯州被执行死刑。

至于该案被告詹姆斯·奥托·埃尔哈特（James Otto Earhart）是否有罪，我们可能永远也不会知道。但可以肯定的是，CBLA 检验结果绝对不能成为定罪的依据，更不用说死刑了。对于读者和相关从业者，无论是法庭科学家、律师，还是任何对刑事司法感兴趣的人，本书案例及内容将满足您的需求。

塔克·卡灵顿（Tucker Carrington）

乔治·C. 科可伦（George C. Cochran）案无辜者计划负责人

美国密西西比州牛津市，密西西比大学法学院

# 引 言

“法庭（Forensic）”是一个通用术语，泛指一切与犯罪侦查相关的科学检验或技术。目前，该术语在公共利益、社交媒体报道、科学和法律文献以及法庭判决方面的运用达到了顶峰（如在谷歌搜索中有3200万个链接）。“科学（Science）”是指为解决人类生存面临的挑战而进行的实验室研究和新技术探索。“改革（Reform）”可能更容易理解为“改变”。

“保护无辜者”可以视作“错误定罪”的同义词，错误定罪将我们保护无辜者的想法当做耳旁风，因为很明显，司法实践中冤枉、监禁、有时甚至杀害无辜者的情况时有出现。虽然惩罚无辜者的目的、动机是好的，但这些纯粹的意图对那些因被监禁而浪费了几十年或已经死亡的无辜者来说，并没有带来多少宽慰。

我们编写此书，目的是在公共知识、法庭科学、警察科学以及法庭科学各分支学科及其从业者所构成的法律体系之间建立起更加紧密的联系。本书通过介绍、分析因采用不科学的法庭科学意见而导致错误定罪的典型案例，借助法庭科学专业人员的系统阐释，探究了法庭科学11个主要研究方向存在的问题，旨在启发读者了解法庭科学各分支领域的发展历史、现状及未来趋势。本书还采取了一种新的做法，将法律承认错误定罪的光芒重新照耀到法庭科学每个分支学科。结果表明，法庭科学各特定分支和警察科学的“变化”与错案的定期发现有关，同时与其在美国国内外公之于众有关，且两者存在相互联系。

我们希望读者能体会到本书的论述特点，将纯粹的法庭科学意见从客观的科学事实中分离出来，由此引发法庭科学证据与保护无辜者之间的交叉讨论，可以说是一次有意义的尝试。

C. 迈克尔·鲍尔斯和温迪·J. 科恩

（C. Michael Bowers & Wendy J. Koen）

# 致　谢

本书在下列团体和个人的奉献和协助下才得以完成，他们是一群寻求正义的人。为此，他们开辟了一条道路，提醒人们考虑世界各国被错误定罪人所处的困境，并不知疲倦地为伸张正义而努力工作。这个团体由来自世界各地“无辜者计划”的学生和律师、敢于讲真话的正直的法庭科学专家（有时会损害他们自身的利益）以及支持法庭科学和司法体制改革的家庭和非专业人士组成。

在这里，不仅感谢你们的投入，更感谢你们每天坚持为正义而战。你们将被错误定罪的人从地狱中解救出来，给许多无辜的囚犯和他们的家人带来了希望。你们经历了无法解开谜案的痛苦，目睹了这些损失所造成的破坏。当然，也分享了被救济对象胜利所带来的喜悦，这些胜利增强了你们的坚韧和决心。这个世界因你们永不止步的奉献而变得更加美好。

亚利桑那正义计划

错判者辩护协会

C. 迈克尔·鲍尔斯（C. Michael Bowers）

加利福尼亚无辜者计划

克里斯·霍克蒂斯（Chris Halkides），北卡罗莱纳大学威尔明顿分校

公平司法倡议组织

雷·克朗（Ray Krone）

莎拉·朱（Sarah Chu），纽约无辜者计划

马歇尔计划

汤姆·祖潘契奇（Tom Zupancic），应用分子生物技术股份有限公司

# 目　录

# 第一章　弹头铅成分分析

## 第一节　案例研究：詹姆斯·奥托·埃尔哈特案

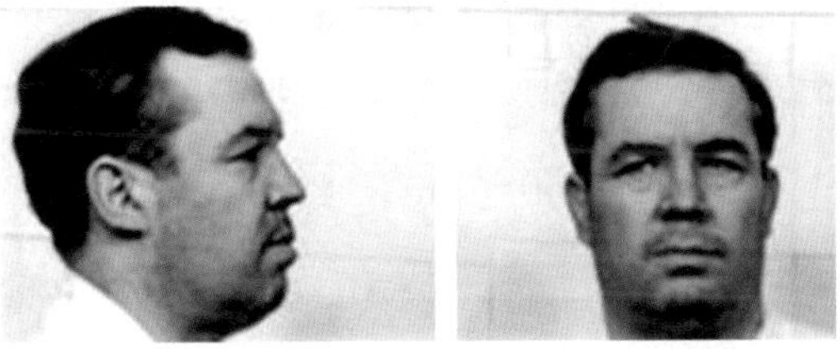

死人不能为正义呐喊，为他们呐喊是活人的责任。

——洛伊丝·麦克马斯特·布卓

（Lois McMaster Bujold）

### 一、案情简介

詹姆斯·奥托·埃尔哈特（James Otto Earhart）43 岁，是一个蓬头垢面、不修边幅的废品回收人员。他不善言辞，但有时候也会为了多挣一些钱而在回收废品时说个谎。400 磅的体重配上 5 尺 9 的身高，让他显得有些臃肿。埃尔哈特身上的衣服十分肮脏，显然好久没有洗澡、刮胡子了。由于埃尔哈特的外貌能给人留下十分深刻的印象，即使是得克萨斯州布莱恩市（Bryan Texas）里那些和善的人们看到埃尔哈特之后也会产生厌恶之情。除此之外，他每天都要喝一箱半的啤酒，这导致他经常意识不清醒、身体不健康。精神科医生确诊他为精神病患者，并且“没有独立处理事情的能力”。（Earhart v. State，1994，p. 762）

1987 年 5 月 12 日下午，9 岁的女孩坎迪·科特兰（Kandy Kirtland）失

踪，当天，有人看见她和埃尔哈特有过一次交谈。曾看到埃尔哈特和坎迪谈话的邻居们立即告知了警方这一线索。毕竟，仅从外表来看，埃尔哈特像极了一个坏人。坎迪·科特兰失踪后，那些曾打电话让埃尔哈特上门回收废旧电器的家庭回忆起了当时看到埃尔哈特的“恐怖经历”，这使得先前那些正常的涉及埃尔哈特与自家孩子的谈话也变得让人感到后怕。大家都在努力为坎迪的失踪案寻找线索，其中有人回忆起案发前曾在坎迪家附近见到过埃尔哈特的浅色雪佛兰车。

埃尔哈特从当地报纸上得知那天与他交流的女孩失踪以及警方正在找他时，立即意识到自己陷入了麻烦。他逃跑了。他把自己一直开着的车换成了一辆褐红色的奥兹莫比尔（Oldsmobile），然后，开了一个多小时的车去了国家森林露营地。他后来告诉警察他逃跑的原因：

> 第二天早上我在报纸上听到坎迪失踪的消息，我，我，我，我只是，我知道，人们会责怪我，因为我知道他们可能会责怪我，所以我，呃，感到有些害怕。我上了车就走了……我只是去了，你知道的，拿了我的一些衣服。我不应该这么做，你知道的，但我做了。我只是太害怕了。
>
> Earhart v. State（1991，p. 615）

1987 年 5 月 26 日，坎迪腐烂的尸体被发现埋在垃圾堆中，尸体发现地点离她在得克萨斯州布莱恩市的家有几英里。她的手臂被一根电线绑在背后，头部中了一枪。她的穿着和两周前失踪时一模一样：蓝绿色的短裤、白衬衫、白网球鞋和装饰品。在坎迪的尸体被发现的同一天，警方在萨姆·休斯敦国家森林公园的一个营地里找到了埃尔哈特，他住在新买的褐红色的奥兹莫比尔车中（Earhart v. State，1991，p. 614）。在埃尔哈特的物品中，警方发现了一件附着有少量血迹的衬衫。检验发现血迹是 O 型血，而埃尔哈特和当地 45% 的其他居民都是 O 型血，但一位专家证实这不是埃尔哈特的血，因为血液中含有一种特殊的酶。坎迪的血型也是 O 型，因此不能排除该血液为坎迪所留。警方随即逮捕了埃尔哈特，并在他的车中发现了一把 0. 22 口径的转轮手枪。手枪枪管处遗留有少量血迹，但遗留量太少难以进行检验。

除此之外，还有其他事实似乎也能证实埃尔哈特与坎迪的消失之间有关联。在审讯过程中，埃尔哈特解释了在案发当天他去坎迪家的原因以及与坎迪之间交流的内容：

> “我周一去看了一下坎迪父亲打算售卖的一台压缩机，周二我又过去了一趟，正好坎迪刚下公交车，我在路边正准备发动汽车的时候，她走过来问我是否可以顺路将她带到路口。我把车停在停车道上，她先回了趟家，然后，呃，然后就回来了，我顺道载她一路，随后她在加伯德路和 2818 路的路口下车，这是我知道的全部内容……下车后，她穿过马路在路的一旁等待。她告诉我她的闺蜜要来接她和她闺蜜的妈妈，我问她去哪儿，她说去朋友家。我问她妈妈什么时候回来，只有她回来我才能看压缩机，她说要那天晚上晚些时候。”
>
> Earhart v. State（1991，p. 614）

由于埃尔哈特的供述中包含了他和坎迪在一起的经过，他便成了坎迪失踪和谋杀案的最大嫌疑人。布莱恩市警官杰里·斯托弗（Jerry Stover）作证说，他搜查了埃尔哈特的家，在埃尔哈特的卧室里找到了 3 颗 0.22 口径的子弹（Earhart v. State，1991）。美国联邦调查局（FBI）探员约翰·赖利（John Riley）对埃尔哈特卧室里发现的弹头、汽车中发现的手枪内的子弹以及受害者尸体中的弹头进行了弹头铅成分分析（Compositional Bullet Lead Analysis，CBLA）。CBLA 主要通过分析组成弹头的金属中微量元素的含量，来判断不同的弹头中微量元素的含量是否相同。CBLA 的结果表明，警方找到的所有弹头都被归类为“组成成分上无法区分”的类别。这一检验意见最终将埃尔哈特和坎迪的谋杀案联系在了一起，这也决定了他接下来的命运。

在法庭上，约翰·赖利向陪审团解释说，“组成成分上无法区分”的子弹“通常装配在同一弹药盒”（Earhart v. State，1991，p. 615）。他在证词中说，“根据我 21 年的弹头铅成分分析经验以及多年来对盒装弹药的研究，我可以确定子弹来自同一盒弹药”。随后，约翰·赖利又补充道，“组成成分上无法区分的子弹如果不是来自同一盒弹药的话，最大的可能性则是由同一机器在同一天或临近的几天（即同一批）内所生产的”。他证实，根据一年内制造的所有 0.22 口径子弹，组成成分上无法区分的两枚 0.22 口径子弹来自同一批次的概率约为 0.000025%，“这一概率约等于零”。在交叉询问中，约翰·赖利承认他所依赖的用于计算出概率 0.000025% 的具体方法并没有考虑到每年制造的其他类型的 0.22 口径子弹。

虽然埃尔哈特的辩护律师也交叉询问了约翰·赖利，但在庭审期间，没有任何权威专家质疑过 FBI 提供的 CBLA 证据的可靠性。CBLA 被视作是能够把埃尔哈特和坎迪谋杀案联系在一起的可靠准确的科学证据。FBI 探员的证词很有证明力。尽管埃尔哈特案中其他相关证据的证明力较弱，但约翰·赖利的证词将埃尔哈特与坎迪的被谋杀毋庸置疑地联系在了一起。在后文中我们会提到，这个证据已经被证明毫无意义。然而，如果将枪上的血迹以及埃尔哈特所持有的子弹弹头与杀害坎迪的子弹弹头“在组成成分上无法区分”这两个证据联系起来，就很容易理解陪审团判定埃尔哈特有罪的原因。考虑到罪行的残忍，以及受害者的无辜和弱小，我们也很容易理解为什么埃尔哈特会被判处死刑。

但是，这个案件还有一些存疑的地方。尽管从外表来看，埃尔哈特像是恐怖电影中的反派，但他并不是一个坏人。首先，他没有犯罪记录；其次，埃尔哈特经常与有孩子的家人和朋友待在一起，认识他的人都觉得他十分善良、温柔，他从没有任何伤害孩子的历史（Earhart v. State，1994，p. 762），他的朋友们也都很放心把孩子托付给他。

埃尔哈特之所以看起来脏兮兮的原因之一是，他每天都会去杂货店后面的垃圾箱里收集刚过保质期不久的农产品、罐头食品和烘焙食品。一旦收集到了食物，他就会送去给他的母亲和邻居中的老人（Earhart v. State，1994，p. 762）。埃尔哈特和母亲住在一起，照顾她，定期给她送食物并带她去教堂做礼拜。他的好友都说，尽管他的外表和社交有些差，但秉性还是十分善良的。

埃尔哈特案中也无其他证据证实其有罪。联邦调查局探员罗纳德·洛瓦特（Ronald Rawalt）为辩方作证。洛瓦特将犯罪现场提取的土壤与埃尔哈特的鞋、靴子、0.22 口径的手枪以及他驾驶的两辆车中发现的土壤进行了深入细致的比较，并发现：坎迪的鞋子里有两种在犯罪现场发现的沙子和淤泥，但从埃尔哈特奥兹莫比尔汽车后备箱中找到的鞋子里的泥沙与之并不匹配。从埃尔哈特的枪上和雪佛兰车中以及轮胎上提取到的泥土也被证实并非来自犯罪现场。

有一名女士向警方谈到，她在 5 月 14 日，也就是坎迪消失的两天后，曾经在布莱恩购物中心看见过一个女孩，穿着与坎迪失踪时的穿着描述相符：

白色衬衫，蓝绿色短裤，及踝短袜和网球鞋，这也是坎迪尸体被发现时的穿着。这名女士听说了坎迪失踪的消息后，立即报了警。此外，布莱恩玩具商店的一名店员作证，在 1987 年 5 月 14 日上午 11 点左右，她在玩具店看见一个与坎迪穿着描述相符的女孩，女孩穿着蓝绿色短裤，白色衬衫，白色网球鞋。店员作证说，一名看起来像是坎迪母亲贾尼丝·戴尔（Janice Dell）的女子在店里拉着这个女孩。当在报纸上看到坎迪失踪的消息及照片时，店员立即报了警。

联系到警方收集的其他证据，这些目击事件变得更加相关。在坎迪失踪的那天，她本来计划离家出走。坎迪平常和她的父亲、继母和继兄住在一起。她原本打算悄悄离开，投奔她的生母贾尼丝·戴尔（Earhart v. State，1991）。那天她在学校告诉一个朋友她找到了离家出走的机会，因为她的哥哥和继母约好了放学后去看医生。对于坎迪来说，独自回家的机会是她溜走的最好时机。

坎迪的家庭并不和睦，继母经常虐待她，她的父亲也常为此与继母吵架。坎迪的生母和继母在坎迪消失前一直关系不和，只要一见面就必然发生激烈的争吵（Earhart v. State，1991）。在埃尔哈特成为这起案件的焦点之前，警方还有许多其他的调查方向。

本案中的另一矛盾之处就是犯罪动机。尽管警方推测埃尔哈特绑架坎迪是为了满足他扭曲的性欲，但没有任何证据表明发生了性侵犯。经常和有孩子的家人朋友在一起的埃尔哈特从未有过猥亵儿童的犯罪史。除了某些人自以为是的猜测，没有证据表明他对儿童有任何病态的兴趣。埃尔哈特没有伤害坎迪的理由，一点儿都没有。

## 二、弹头铅成分分析面临的质疑

1998 年，在埃尔哈特申请人身保护令期间，他的辩护律师认为，埃尔哈特在庭审中获得的是无效辩护，因为他的出庭律师并没有全力寻找能反驳“埃尔哈特持有的子弹弹头与杀死坎迪的弹头来自相同的子弹盒或相同批次的子弹”这一证据的专家（Earhart v. Johnson，1998）。

法院认为，“鉴于子弹弹头证据在控方陈述中扮演的重要角色……埃尔哈特本有权根据得克萨斯的州法律聘请专家证人”（Earhart v. Johnson，1998）。然而，法院的最终结论是，“埃尔哈特无权以这些理由获得救济，因为他在申请人身保护令期间仍然未能证明或宣称可以找到一名足以改变州法院审判结果的专家”（Earhart v. Johnson，1998）。事实上，即使在埃尔哈特申请人身保护令期间，也很难找到一位能反驳 CBLA 证据科学性的专家（Piller and Mejia，2003）。尽管判定埃尔哈特有罪的证据愈发受到质疑，但因为在对埃尔哈特进行审判时，没有专家能够否认 CBLA 证据的科学性，所以埃尔哈特要求重新审判的申诉失败了。

站在巨人的肩膀上，当今的专家们自然比前人懂得更多。赖利所提供的证词的作用其实被过分夸大了，而且它被运用在案件中时也并未依据科学原理，具体内容我们将在下一部分详细讲述。虽然 CBLA 证据在 FBI 有 30 年的使用历史，但因其不可靠性，现今已经不允许在美国法庭使用（Giannelli，2010）。在得克萨斯州布莱恩地区，可能有很多枪支持有者使用与杀死坎迪的子弹组成成分相同的 0. 22 口径的弹药。因此，赖利所估测出的找到组成成分相同的子弹的概率是 0. 000025%，是不正确并背离事实的。把埃尔哈特和坎迪的死亡直接联系起来的唯一物证毫无价值。

## 三、证据的充分性

埃尔哈特也曾对他的定罪证据提出质疑，理由是该州检察院没有提供足够的证据证明他有罪。如果这一质疑是在今天提出的，也就是在我们知道给埃尔哈特定罪的 CBLA 证据毫无意义的情况下，那么对埃尔哈特定罪的证据就不够充分。为了证明没有足够的证据定罪，埃尔哈特需要提出另一合理假设，而非他有罪（Earhart v. State，1991）。具体地说，标准是：“如果除了被告有罪之外还有一个合理假设，那么就不能说有罪已经排除了合理怀疑”。（Earhart v. State，1991）。除了 CBLA 这一直接将埃尔哈特和坎迪的谋杀案联系起来的证据，剩下的唯一证据就是，一个衣冠不整、捡拾垃圾的男人曾被目击到和一个小女孩说话。在埃尔哈特的车里发现的衬衫上的血迹几乎没有证据价值，因为将近一半的人口与这个血型相同。埃尔哈特拥有 0. 22 口径的子弹这一事实的意义也微乎其微，在 20 世纪 80 年代，许多德州人都持有 0. 22 口径的子弹。

对于试图离家出走的九岁的小坎迪来说，她是愿意上一个陌生人的车的。任何居心叵测的人都有可能在坎迪离家出走的路上碰见她，然后伤害她。如果说除了埃尔哈特以外，还有某一个怀有绑架女童动机的人，在路上偶遇了坎迪，这也是一个合理的假设。

可能是埃尔哈特杀了坎迪吗？当然可能。可能是其他的人杀了坎迪吗？当然可能。问题就出在这里。

1999 年 8 月 11 日，埃尔哈特在得州亨茨维尔（Huntsville，Texas）被注射死刑（Cothron，2009；Office of the Attorney General New Release Archive，1999）。他没能活到去质疑基于垃圾科学对他定罪的那一天。没有人支持他或为其发声。虽然我们可能永远无法确认埃尔哈特是否有罪，但是该案存在很大疑问。错误的证据在终结一个人生命的重要判决中起了关键作用，我们不能坐视不管。如果案件中的血液物证能够被很好地保管，我们就能查清究竟埃尔哈特是否有罪。如果埃尔哈特还活着，鉴于我们已经知道了 CBLA 证据的弱点，法庭将会重新审理他的案子。我们或许永远无法确定是否为坎迪伸张了正义，但可以肯定的是：尽管我们可能永远都不知道坎迪之死的真相，但埃尔哈特不应该因为 CBLA 证据就被定罪和处决。

## 参考文献


Cothron，G. R. ，2009. Killing Innocents. Available at SSRN 1906718.

*Earhart v. Johnson*，132 F. 3d 1062（5th Cir. 1998）.

*Earhart v. State*，823 S. W. 2d 607（Tex. Crim. App. 1991）.

*Earhart v. State*，877 S. W. 2d 759（Tex. Crim. App. 1994）.

Giannelli，P. C. ，2010. Comparative bullet lead analysis：a retrospective. Criminal Law Bulletin 47，306.

Northwestern University School of Law. Executing the Innocent. Available at：http：//web. archive. org/web/20100627053204/http：//www. law. northwestern. edu/wrongfulconvictions/issues/deathpenalty/Executinginnocent/.

Office of the Attorney General New Release Archive，August 10，1999. Media Advisory of Tuesday. Available at：https：//www. texasattorneygeneral. gov/newspubs/newsarchive/1999/19990810earhartadvsy. htm.

Piller，C. ，Mejia，R. ，2003. Science Casts Doubt on FBI's Bullet Evidence. Available at：http：//cironline. org/reports/science－casts－doubt－fbis－bullet－evidence－1860.

Porter，C. ，2010. The Conviction of the Innocent：How the Law Can Let Us Down. Random House. ISBN：9781864714364. Available at：http：//www. randomhouse. com. au/books/chester－porter/conviction－of－the－innocent－9781864714364. aspx#sthash. lWiJ6sl8. dpuf.

## 第二节　精准的测量，错误的推论：弹头铅成分分析

### 一、引言

许多犯罪，特别是凶杀案，都与枪支有关。当从受害者体内或在案发现场找到已发射的射击弹头时，首先可以用肉眼将其与嫌疑枪支发射的子弹弹头进行比对，以判断检材弹头是否由该武器击发。然而，子弹在击中硬物后，弹头都会有不同程度的受损甚至破碎，弹头表面客观存在的信息被破坏，从而影响肉眼比对。此外，由于有时并不能找到作案枪支，导致无法通过射击实验进行射击弹头痕迹比对。

20 世纪 70 年代，有专家提出了分析弹头组成元素的想法（Lukens and Guinn，1971）。元素是由相同类型的原子构成的物质。元素分析法确定哪些元素存在并将其量化，通常以百分比形式表示。不同的元素通过化学键结合在一起就形成了化合物，例如，钠和氯是元素，但可以结合形成氯化钠（盐）。

1963 年肯尼迪总统遇刺案加速了这一科学研究的进程，在调查肯尼迪死因时，专家试图通过分析找到的弹头碎片来确定使用的子弹数量（Randich et al.，2002；Randich and Grant，2006；Spiegelman et al.，2007）。像大多数制成品一样，子弹也是成批生产的，所以人们认为同一批次子弹中元素含量的变化会小于不同批次之间的变化，这样就可以在某种程度上为元素成分和生产批次建立一种联系。

弹头分析或是 CBLA 为那些毫无线索的涉枪案件提供了一个科学的潜在分析方法。当时最好的仪器只能同时分析三个元素。在早期，研究人员就意识到该方法的局限性，指出来自同一制造厂（甚至多个制造厂）的物品的组成成分具有高度一致性。由此他们得出了一个结论：三个元素的浓度相匹配并不意味着两个子弹来自相同的批次（Lukens and Guinn，1971）。令事情变得复杂的是，枪弹检验学术共同体对“一堆”（lot）和“一次灌注”（pour）的定义并不明确。

20 世纪 90 年代，人们发现了能够同时分析多达七个元素的方法，且测量精度可达百万分之一，这些新方法被应用于 CBLA 中。元素的最小检测限

（Minimum Detection Limit，MDL）取决于所用的仪器的灵敏度和存在的其他元素。元素可以相互影响检测和定量，从而改变不同化合物中某一特定元素的最小检测限。在CBLA中，专家感兴趣的元素是锑、砷、铋、镉、铜、银和锡。

在美国境内，只有FBI实验室用CBLA这一方法来比较子弹弹头中铅成分的含量，并由此找出其制造来源或是分销路径（找出生产厂家或来自哪一盒子弹）。自20世纪80年代以来，FBI利用CBLA分析了超过2500例涉枪案件，这些分析结果在许多案件中起到了重要作用，包括死刑案件。CBS新闻的《60分钟》与《华盛顿邮报》（Washington Post）联合进行的一项调查促使FBI重审了有关使用铅成分分析案件，结果发现其中许多案件在证词或结果方面都有问题（Solomon，2007）。

2002年，由于业界批评这种技术的声音越来越多，FBI要求美国国家科学院对CBLA技术进行独立审查。2004年的报告指出，解释弹头元素组成结果的模型和假设存在缺陷，且没有科学依据。FBI审查员证词的作用也被夸大了，其出具的报告和证据对陪审团具有误导性。2005年，FBI终止了这种检测方法的使用，因为无论是科学家还是子弹制造商都无法解释"匹配"的科学意义（弹头元素组成比较科学评估委员会和国家研究委员会，2004）。

明明是精准的测量却导致了错误的推论，这是科学界常犯的错误。某物可以被精确地检测出来并不意味着它的解释就有意义，曾一度声明自己为"权威标准"的脱氧核糖核酸（DNA）证据也迅速吸取了CBLA的经验（Dror and Hampikian，2011；Cale，2015）。科学和技术在不断进步，为求公正，刑事科学中常用来解释证据的理论框架需要与时俱进（Crispino and Houck，2013）。

## 二、FBI早期的检验假设

基于之前所做的CBLA工作，FBI开发了一套刑事案件检验标准。这些标准是建立在以下假设上的：第一个假设是，从子弹中取出的一些小样品在组成上能反映它们的来源；第二个假设是，用于铸造子弹的铅水是均匀分布的；第三个假设是，每批铅水在成分上都具有特定性。FBI最初用于支持使用CBLA的假设是，每一批子弹中铅的元素浓度都具有独特性，也就是说，同一批铅材料制作的子弹其元素成分应该相同。后两个假设我们会在稍后详细解释，接下来将讨论第一个假设。

### （一）假设一的阐释

作为统计学的一个基本概念，抽样由于其复杂性，一直没有得到足够的重视。如果抽样数据收集不当，那么利用这些数据进行的任何分析或解释都会有误导性或是不准确的风险。抽样的机制是，由于所关心的总体太大或难以通过统计来衡量每个个体，因此通过收集该群体的一个子集以代表该群体。抽样可以选择各种各样的方法，但可以归纳为三个基本类别：概率抽样（每个成员的人口被选中的机会均等），立意抽样（例如，只有蓝色的成员被选中），或大量抽样（大量的一部分，并不是由单独的单位）。

由于对样品采用的分析方法属于有损检验，因此，无论是从科学上还是法律上来说，检验整个弹头都是不现实或者说不合适的。所以，FBI 检验人员会从一颗子弹弹头上提取三个 60 毫克的样品。子弹的重量因口径而异（子弹大小以十分之一英寸或毫米计），从 0. 22 口径的 2. 5 克（2500 毫克）到 0. 38 口径的 10 克（1 万毫克）不等。根据不同子弹的大小和形状，取样的位置也有所不同。因此，得到的 180 毫克弹头样本中铅的含量约占整个子弹弹头的 0. 0006 –7%。每年大约有 8500 磅到 1. 18 亿磅的铅（38 亿到 530 亿克）被用来制造子弹，可制造子弹总数约 90 亿颗（NRC，2009）。对于如此庞大的总体，如此微量的样本很难具有代表性（Randich et al.，2002；Tobin and Duerfeldt，2002；Spiegelman and Kafadar，2006）。

> 由于铸造过程中的冶金现象，从铸件中提取的微量金属样本的组成很难作为整体或平均铸件组成的代表性样品。
>
> （Tobin and Duerfeldt，2002，p. 27）

冶金、材料领域科学家都熟知铸件制造过程中所涉及化学成分的问题，但分析化学家可能不太了解，因为他们的研究对象仅仅是样品和仪器。尼尔森详细地做出如下阐释：

> 当今高度自动化的复杂仪器大多致力于将检测人员从主观测量及观察中解放出来，即使是一个不熟练的人，经过六周的训练，也能成为一个效率高且准确的分析师。这个人可能对化学知之甚少，

但却能作为一名“分析化学家”来卓有成效地进行分析工作。一旦出现问题时，这些不懂化学的分析师就无法有效地识别出问题所在。即使没有出现问题，一个对化学有一定了解的分析师也能更好更快地得到数据，同时提高自身科学研究水平。

（Nilsen，1996，p. 10）

（二）假设二、三的阐释

要解释第二个和第三个假设，需要对子弹的生产制作过程进行深入的阐释。

**1. 什么是供应链**

鞋子、车、子弹等成品代表了一个制造链的最终产物，承载了它们制造过程中的细节，这些细节存在于其组成、构件、设计和预期的最终用途中。从最终产品出发，回溯其生产过程，人们或多或少地能弄清某一成品的制造流程。为了确定产品的起源范围，有必要采用第一原则方法，即首先通过制造过程了解在成品中将保留哪些对取证有用的特性，以及哪些对分析有用。遗憾的是，许多法庭科学家没有采取这种逆推方法，只是简单地分析已发现的证据，甚至还可能对它们包含的成分或它们是如何生产的理解不足。

成品中包含的信息可以反映其从原材料到生产销售的过程，这个过程被称为供应链。从技术上讲，供应链是指围绕供应商，从原材料开始，制成中间产品以及最终产品，最后由销售网络把产品送到消费者手中，将供应商，制造商，分销商直到最终用户连成一个整体的功能链结构就是供应链。供应链也可能存在于公司内部，如精加工或抛光过程都属于供应链。除非公司自己可以生产它们制造产品所需的全部原材料，否则外部供应商网络是必须存在的。

随着日积月累，供应链上的各个公司都会与其他公司进行各种业务交换，以追求利益最大化。但是，每家公司可能对供应链上游或下游的公司几乎或根本不了解或是并不关心，他们只关注获得的商品或服务是否符合他们的规范，而对“为什么”或“如何”并不感兴趣（Shapiro，2007），这也给法庭科学家的证据溯源工作增添了困难。供应链中偶然出现的特质也能累积在产品中，但由于它们并不会导致成品不符合客户的规范，一般也没有人会注意这些偶然性。法庭科学家虽然会利用这些偶然出现的证据，但并不总是理解它们的形成机制（Houck and Siegel，2015）。即使是最简单的产品，其供应链也是一个从设计到人力物力与质量控制的复杂的过程。

**2. 弹头生产工艺流程**

**【从坯料到弹头】**①

弹头的制造过程是很复杂的，在生产过程中可能会出现各种意想不到的情况（图 1.1）。弹头的性能规格千差万别，但也有其相同的地方，一枚合格的弹头发射过程中不能解体、要能够沿直线飞行、击中目标并保留冲击力。每年都有大量弹头被制造并消耗。弹头多由废铅制成，而这些废铅通常来源于旧的汽车电池。获得废铅后，二级精炼商将它们熔炼成熔融原料，或是高达 250,000 磅的铅堆，最终精炼得到的铅需要满足弹头制造商对原料元素含量的要求。在最终原料中，铜、铋、银和镉等一些微量元素必须低于规定的水平（大约 0.1% 或更低），而另外一些元素，如锑，必须高于某些水平，因为它们能够硬化铅原料，从而制造出更有杀伤力的弹头。

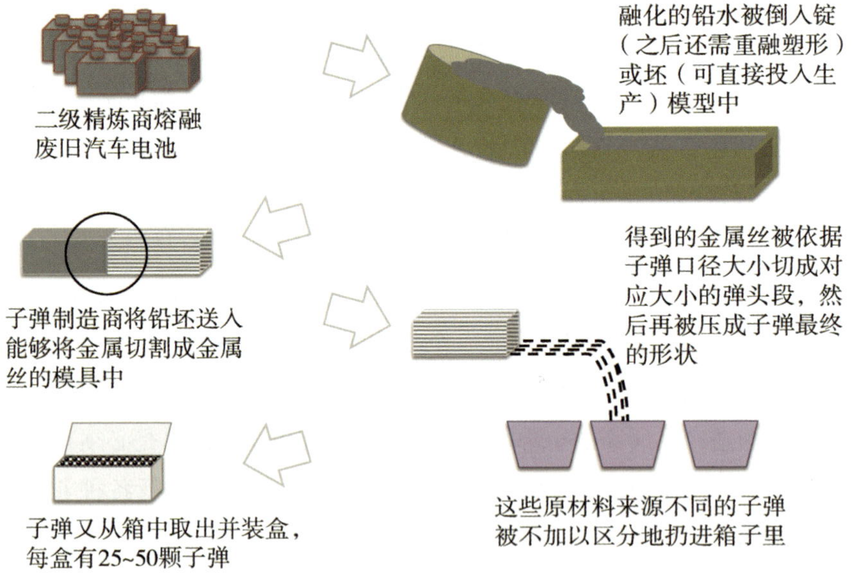


**图 1.1　弹头加工过程**

① For readability purposes, the material in this section is taken generally from NRC, 2009; Finkelstein and Levin, 2005; Goho, 2004; lmwinkelried and Tobin, 2003; Randich et al., 2002; Tobin and Duerfeldt, 2002. Citations are included where appropriate.

**【融化和规格】**

铅以锭或坯的形式送到弹头制造商手中。锭和坯规格差不多，但购买铅坯时还需要额外支付一笔“塑形费”，因为它们已经做成了直接用于弹头的制造过程的形状。而铅锭在使用前必须重新熔化。值得注意的是：重熔锭会改变材料的组成。在熔化过程中，熔融的铅被对流力“搅拌”，所有由一个熔融体制成的弹头往往具有相同的元素组成。一些冶炼厂会在浇铸过程中添加铅（“盖帽”），额外增加的这一浇铸过程可能会改变最终坯的元素组成。当坯凝固时，一些微量成分（溶质）会移动到它的中心（这一过程称为偏析），增加了最终产物组成的不均匀性。一段时间以来，法庭科学界都知道“在生产过程中（元素混合物）存在变异性……但一直没有一个全面的研究中解释过这一问题”（Peele et al.，1991）。

尽管弹头制造商对收到的原材料质量有严格的标准，但并不会分析使用这些铅原料的成分。在与二级精炼厂签约时，这些制造商也没有具体说明原料中每一种元素的确切含量，而是允许元素含量在规定的范围内变化，这一合同规定由此导致了二级精炼商生产出了成分不均匀的铅坯或锭。行业规范和现实使这种原料不均匀性被广泛接受。因此，只有二级精炼商才对弹头的铅原料中各项具体数据有全面了解。电池制造商在制造汽车电池时必须遵循相当严格的规格，因为他们的产品对导电性和腐蚀性有严格的要求。然而，旧汽车电池中铅的主要用途是制造新电池（铅已经达到了产品的规格要求），只有一小部分经二级精炼后被供应给了弹头制造商。鉴于弹头制造商只是他们的小批客户，二级精炼商在提供此项业务时也总是尽可能干得越少越好。

在浇铸过程中，有时也会向熔融体中添加来自其他锭的额外铅以保持生产连贯性，由此带来的结果是，元素浓度会在倾倒过程中发生变化，例如，研究人员发现，添加了铅锭后，熔融体中锡的含量在30分钟内下降了60%（Koons and Grant，2002）。一块坯可生产出12000 ~ 60000发0.22口径弹头，而一次大规模的灌注可产出3500万发子弹。

综上所述，我们需关注如下问题。首先，由于电池制造商严格遵循其主要客户对产品成分要求，同时，也必须满足弹头制造商的规格要求，因此其产品基本成分的波动自由度范围受两方面因素制约。这意味着，每年制造商生产的铅熔体在组成成分上无法区分的概率都是非常高的。其次，一些弹头制造商更喜欢使用铅坯（即使成本更高），而不是铅锭，而不需要重熔塑形的坯还增加了分辨组成成分上无法区分弹头是否来自不同熔融源的难度。最后，冶炼作为一个传统行业，多年来工艺变化并不大，本质上是保守的。正如托宾（Tobin）和杜尔菲尔德（Duerfeldt）所说，“多年来，制造商使用了如此多的熔融源，我们有充分的理由相信，在大量可供消费者使用的弹头中，经常出现组成成分‘重复’和‘重叠’的现象”（2002）。兰迪彻（Randich）等人研究了二级铅精炼商在1987～1988年和1998～2000年两段时期的铅生产数据，并对从100吨熔融源注入开始、中间和结束时分别取得的样品进行了分析。来自一家精炼商的数据显示，从浇铸开始到浇铸结束，锑元素含量的变化幅度接近12%，铜的变化幅度为142%，锡的变化幅度为1871%，砷的变化幅度为31%。这些元素的变化证实，二级铅精炼商每年向子弹制造商“相当频繁”地提供多种成分难以区分的铅合金（Randich et al.，2002）。这就意味着，在许多相同或密切相关的生产过程中，许多批次中都发现了无法区分的成分，组成成分上无法区分的弹头也很有可能来自同一或临近生产线上的不同盒内。在审查FBI的CBLA数据库时，在一些不相关的案例中也找到了组成成分上难以区分的样本（Imwinkelreid and Tobin，2003）。尽管已经有这些经验，在2005年之前，FBI仍在很多情况下使用CBLA。

**【切割成型】**

弹头制造工艺因制造公司而异，但都遵循相同的基本模式。铅合金被送入能够将金属切割成金属丝的模具中，其工作机制就像把面团切成面条的刀一样。随后，得到的金属丝被依据子弹口径大小切成对应大小的弹头段，然后把弹头段（slug）压成弹头的形状。压制完成后，不同来源的弹头被不加区分地扔进箱子。随后，弹头又从箱中取出并装盒，这是另一种潜在的混合源。在制造过程中，许多由不同原材料制成的铅有混合在一起的机会，所以一盒弹药中很可能包含多种生产批次的铅弹（NRC，2009；Goho，2004）。因此，每一“批次”中包含成千上万颗弹头，而同一盒（一般25～50发子弹）中的弹头可以与成百上千枚来自其他盒内的弹头相匹配。具体情况我们不得而知，因为弹头制造商并不愿意分享他们的数据，并声称这是专利。在这种情况下，FBI的一个基本假设，即同批次弹头中铅成分的含量是独一无二的真实性还有待证实。

### 3. 交易与流通

生产制造只是供应链的一部分，在制造完成后，距产品到达客户手中还有一个过程。制造商会先把子弹卖给批发商，批发商再把子弹卖给像体育用品商店或像沃尔玛等大型商店这样的零售商。因为子弹是批量销售的，而非定做的，因此子弹在分销和销售中又会进行重新组合。比如，像沃尔玛这样的大型零售商由于订单量大，可能会购入很多的来自同一熔融源的子弹。而这些子弹又会被运输到有限的地理区域，其潜在客户的数量将因该地区人口规模、密度、商店位置和子弹购买率而异。如果一个小镇或者社区上的经销商购买了来自同一熔融源的子弹，那么该地区的每一个持枪者都可能拥有来自同批次的子弹。这就导致来自同一区域的子弹在组成成分上是无法分辨的。即使是公认的 CBLA 的先驱，文森特·吉恩（Vincent Guinn）博士，也认可子弹的销售和分销过程会影响 CBLA 的认定结论。

> “人们只在刑事案件中调查这些子弹，这也是唯一会考虑这些子弹的组成成分的情形。但是你只要去四处走访一下当地的农舍，收集一些当地人拥有的子弹，就会发现它们中很多都来自同样的熔融源……”（Huffington v. Nuth，140 F. 3d 572（4th Cir. 1988），as cited in Tobin and Duerfeldt，2002）.

研究人员发现子弹包装编码的地理集中度非常高（Cole et al.，2005）。例如，弗吉尼亚州的一家沃尔玛就有数百名顾客购买了相同包装代码的子弹，从制造商那里，可知这些子弹几乎是在同一时间生产。而在阿拉斯加的另一家销售点，据计算，子弹有相同包装编码的可能性在 87% 到 100% 之间。

考虑以下场景：如果在某一特定地区出售的同一种子弹（例如 X 品牌，0. 22 口径）均来自相同批次，那么检材与样本子弹“匹配”这一结论所具有的法庭科学价值或是概率都需要进行调整。在更极端的情况下，如果在该地区所有品牌的 0. 22 口径子弹都来自同一批次，那么检材子弹和样本子弹“匹配”这一结论并没有什么意义。同样批次的熔融源还可能用于制造不同口径的子弹，因此，不同口径的子弹也可能会在组成成分上相同而难以区分。如果子弹都是一样的，那么就没有任何分析价值。

## 三、检验与鉴定

### （一）最简单的部分：分析

从较早的中子活化分析（Neutron Activation Analysis，NAA）到较新的电感耦合等离子体发射光谱（Inductively - Coupled Plasma Optical Emission Spectrometry，ICP - OES），关于 CBLA 的报告或研究中都没有质疑过这些分析方法。联邦调查局从每颗子弹弹头或碎片中提取三份样本，并将它们溶解在酸中，再将溶液中的样本放入仪器内。在 ICP - OES 中，样本被放入能够产生高达10,000 ℃（18,032 °F）高温的等离子体内②，热激活了样本中的元素，使它们发出特定波长的光，不同元素的波长被绘制在同一个图表上，以此量化它们的信号强度（Keto，1999）。

FBI 检验人员会计算这三种测量值的平均值和每个元素的标准差③。每个样本中的浓度取决于所涉及的元素，之后采用统计学测试来对比检材子弹中提取到的样品和样本子弹的元素组成（Leonard，2015）。如果任何一个检材和样本子弹被确定为所有元素在“组成成分上无法区分”，就会得出这样的结论：检材和样本子弹可能来自同一“生产源”：

> 当犯罪现场子弹与已知枪支弹匣中的子弹具有相同的分析元素浓度（即组成元素匹配）时，不能排除这些子弹具有单一来源……这些具有相同组成成分的铅样本通常来源于同一盒弹药中，或者是来自同一制造工厂在同一天或相邻日期内生产的同一型号的不同盒弹药内。
>
> Peters（2002）

“组成成分上无法区分”这一表述存在概念冲突点：它具体是什么意思？如果两个物品（样本）具有完全相同的特质，这又能告诉我们它们是起源于哪个群体（总体）吗（Cole，2009）？如果只有 1000 颗子弹，而不是几百万

② A plasma is one of the four types of matter, the other three being solid, liquid, and gas. A plasma is highly charged and energetic; a neon sign is an example of a plasma.

③ The mean is the sum of a group of numbers divided by the number of entries; the standard deviation is a measure that shows the variation or dispersion of numbers around the mean.

颗子弹，具有相同的基本成分，CBLA 可能更有意义（Gianelli，2010）。再者，“来源”又是什么意思？是指某一堆（lot），某一次灌注（pour），某一坯，还是某一个盒子？

然而，元素的识别受其他因素的影响。早期使用 NAA 的研究方法一次只能分析三种元素，研究人员认为这不足以得出子弹具有同一来源的结论（Lukens and Guinn，1971；Schlesinger et al. ，1970）。随着 ICP－OES 法的问世，研究人员可以同时分析七种元素。然而，在实际运用上所受的限制却进一步制约了这一新方法的发展。在待分析的元素列表上，镉要么不存在，要么含量极低（仅占百万分之一或百万分之二）；锡同样也是无法确定是否存在的一种元素；铋和银的含量范围非常有限。这些限制使得最终分析时还是只能使用三种元素，即在早期 NAA 研究中被认为是分析价值不足的那三种（Imwinkelried 和 Tobin，2003）。

### （二）“匹配”与链接法

FBI 使用的统计方法及对利用这些统计方法解决实际问题的理论分析十分详细且复杂，本部分仅阐明有关基本假设的问题，而避免对细节进行更深入的讨论。有统计学和数学背景的人可以阅读由卡法达（Kafadar）和斯皮尔格曼（Spielgeman）在美国国家科学院报告（NRC，2009）中提供的附录。

FBI 使用了三种统计方法来确定两颗弹头是否“匹配”。第一种方法为“2－SD 重叠”（“SD，Standard deviation”，即标准差）法，即：将检材弹头与样本弹头中每个元素的平均成分的差值的绝对值与样本弹头中该元素成分的标准差进行比较④，如果差值小于每个元素的标准差之和的两倍，则认为这两颗弹头匹配。第二种方法“范围重叠法”（Range Overlap），与“2－SD 重叠法”相似，只是使用了由七个元素的最小值和最大值（构成了统计含义上的“范围”）所定义的合理区间，这一方法能降低弹头匹配的错误率（Finkelstein and Levin，2005）。最后一种方法被称为“链接法”（Chaining）。链接法

---

④ That is, if $|ave(Q) - ave(K)| < 2((sd(Q) + sd(K))$.

通过从参考样本中选取组成成分含量近似的弹头组成样本数据集[⑤]，并假设选取的弹头总体中每个弹头都是独一无二的，然后选择单个弹头与其他弹头的组成成分进行比较；如果一枚弹头与另一枚弹头匹配，那么它们所在的组将被分解并成一个新的单一组。不断重复“分组”这一过程使得组数减少而组内弹头的数量不断增加。从匹配后的检材弹头和样本弹头中记录元素组成成分数据，并与不同样本数据集中弹头的数据进行比较。如果随后的检材弹头与样本弹头的元素成分数据都属于相同数据集，那么就认为该检材弹头与样本弹头就是匹配的。但 FBI 没有具体说明该方法的一些细节，比如如何处理仅包含一个样本的弹头组成样本数据集，或者当检材弹头与多个样本数据集匹配该如何处理。值得注意的是，这些弹头是与样本数据集进行比较和匹配的，而不是与数据集中的单个样本。因此，如果弹头 A 与弹头 B 匹配，弹头 B 与弹头 C 匹配，那并不意味着弹头 A 与子弹 C 匹配（NRC，2009）。摘自美国国家科学院（NAS）报告中的图 1. 2 证实了这种情况。#1044 号弹头（随机选择，数据由第一行展示）匹配数据集中的 12 个弹头，而这 12 个弹头中的每一个又有另外的 12 个弹头与之匹配。正如 NAS 所报道的那样（NRC，2009，p. 202）：

> 在过去的 15 年里，FBI 对超过 71,000 颗子弹头进行了组成成分分析；另外还有成千上万的产品将会被分析，以及产出数以百万计的不会被分析的弹头。此外，行业专家已经提出了数千种统计聚类算法以用于识别样本数据集，但这些算法在很大程度上并不确定能否成功。出于上述原因，链接法在置信度和可靠度两方面上难以达到准确识别匹配弹头的要求。

---

⑤ “Such a population should be collected through simple random sampling from the appropriate subpopulation of bullets relevant to a particular case, which to date has not been carried out, perhaps because an ‘appropriate’ subpopulation would be very difficult to define, acquire, and test.”（NRC, 2009; p. 32）.

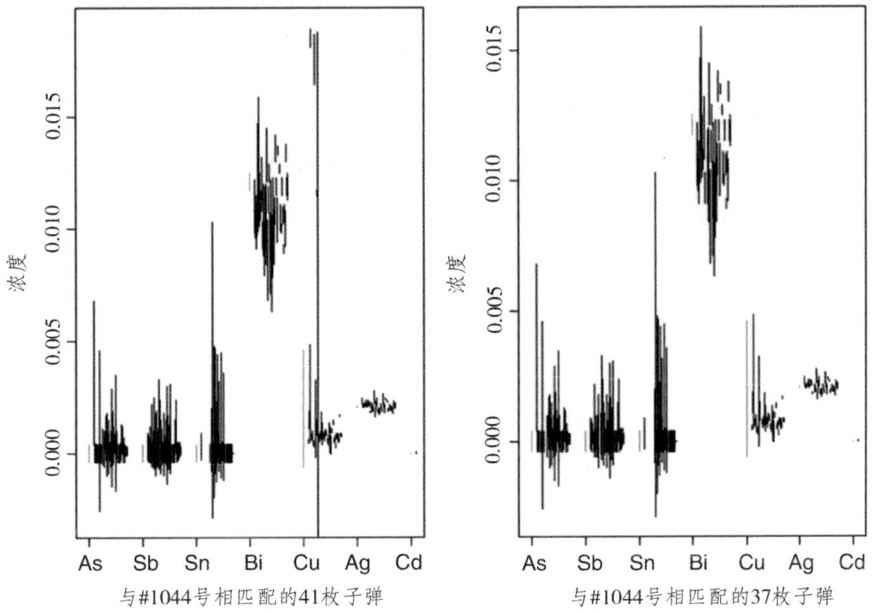


**图 1.2**

链接法图示。#1044 号弹头的 2 - SD 间隔（每个数据集的第一行）后面跟的是 41 个子弹中的每一个的 2 - SD 间隔，该间隔与#1044 的间隔重叠。值得注意的是，当间隔的范围“重叠”时，间隔的数量和变化将达到极限。

待验证的假设内容应该是“平均值不相等”（意味着无罪）而不是“平均值相等”（意味着有罪）（Spiegelman and Kafadar，2006）。

一个更深层次的、或许更根本的问题可能是，铅弹头中元素的存在和数量之间并不是相互独立的关系。这些元素的同时出现是因为铅的最初用途——制造汽车电池，在汽车电池的设计要求中，如果某些元素成分不符合规格就会导致其无法工作。弹头制造商也需要控制某些元素的成分含量（如用于使弹头硬化的锑元素）；否则，弹头将会无法正常工作（因为太硬或太软而导致无法进膛和击发）。统计学中的独立性是指一个事件发生的概率不影响另一个事件发生的概率。然而，使用 CBLA 分析，被分析的元素成分必然受其他元素的成分的影响。这意味着，对这七种元素成分进行的分析彼此之间并不独立，因此，从统计学上看，CBLA 的结果充其量也只能说是统计学上存疑，最坏的情况下甚至会产生误导性的结论。

### （三）证词中的疑问——复合问题的证明与解释

抛开统计数据不谈，FBI 检验人员在 CBLA 证据上的证词前后矛盾，而且具有误导性。例如，FBI 的一名专家在“诉埃尔哈特案”（State v. Earhart）中作证：“组成成分上无法区分的弹头”是同一个盒子中的弹药，但与此同时，组成成分相同的弹头还可能来源于同一厂商在相同或相近日期生产的不同弹药盒中。然而，他在另一份证词中说到，

> 据我所知，我们从未证实那颗弹头来自那盒弹药盒，我们是不会这么说的。我们证明的是，那枚弹头或是弹头的碎片等其他东西，到底是来自于该弹药盒，还是来自同时同地生产的其他弹药盒。
>
> （Commonwealth v. Wilcox，KY）

一些专家宣称弹头“在分析上难以区分”（该词组在表意上的模糊性在上面已有所提及），而在另一些人看来，该证词表达的意义范围十分广泛（Giannelli，2010）：

- 子弹可能来自同一批或同一批次；
- 子弹有相同来源；
- 子弹可能来自同一个弹药盒；
- 子弹来自同一盒弹药；
- 子弹可能来自同一个弹药盒或同一天制造的不同弹药盒内；
- 有着与来自同一盒弹药一致的相似来源；
- 可能来自同一个盒子；
- 一定是来自同一个盒子，或者来自同一家公司在同一天生产的另一个盒子

弹药盒中通常装有 25 至 50 发子弹，如果专家宣称检材子弹来自嫌疑人拥有的某个弹药盒，这将是极其有力的证据。

有些专家意见更绝对。例如，在美国诉 Davis 案中，专家作证说，“检材子弹和样本子弹一定是由雷明顿的同一家工厂制造的，且肯定是由来自同一批次的铅制作而成，并在同一天或相邻几天内包装，甚至可能来自同一个弹药盒内”。在 State v. Washington 一案中，这位 FBI 专家作证说，由同一熔融

源制成的子弹其基本特征是“独一无二的”。

让 CBLA 专家证言置信度跌入谷底的是凯西·伦迪（Kathy Lundy）在 Commonwealth v. Ragland 一案中所作的证言。伦迪在庭前听证会上作证说，从被害人尸体中提取的子弹碎片与在被告方父母家中发现的样本弹头在组成成分上没有区别。然而，伦迪在法庭上作证说，制造这些子弹的温彻斯特公司早在 1996 年之前购买了铅锭，并对其重新熔铸以制造子弹弹头。在庭审的交叉询问中，伦迪承认，她在召开庭前听证会之前，就知道子弹制造公司实际上在 1994 年收购了铅坯。正如我们先前讨论的，在子弹铸造过程中，铅坯的组成成分变化相比铅锭要更小，因此，采用铅坯作为原材料的温彻斯特公司可以制造出更多的具有相似成分的弹头。庭审结束后，伦迪向 FBI 承认她在证人席上做了伪证（Giannelli，2010）。

迄今为止，最糟糕的案例就是州诉埃尔哈特案，埃尔哈特被诉一级谋杀罪。美国联邦调查局的专家作证，基于 21 年的经验和研究，弹头来自同一盒弹药。埃尔哈特是在 NAS 报告发布之前被执行死刑的（Giannelli，2010）。FBI 研究人员的研究结果表明，一盒弹药中可能包含多达 14 种不同的组成成分组合（Goho，2004）。

没有扎实的客观依据及统计的大量经验是不能代替具有坚实基础的科学研究的。尽管 FBI 提供的证据中包含大量的化学数据，看似令人信服，但真相更多的是一种信念，或是未经证实的假设，而非科学（图 1.3）。

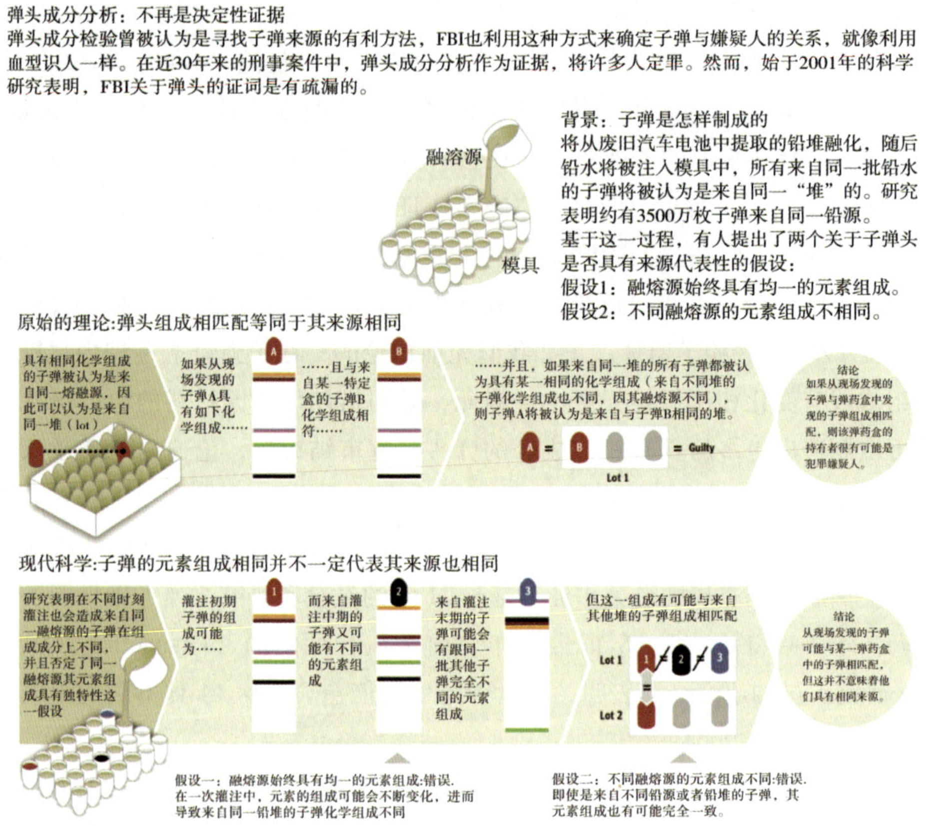


**图 1.3　CBLA 问题的要点**

## （四）弹头铅成分分析现状

FBI 于 2005 年 9 月叫停了弹头铅成分分析（CBLA），并指出 CBLA 的结论不具权威性，无论是科学家还是子弹制造商都无法确切证明弹头铅成分检验得出的两个弹头之间关联的显著性。迄今为止，没有人对 FBI 采用 CBLA 技术做过的 2500 起案件进行全面分析回顾。根据 FBI 的数据，只有 20% 案件在审判中提交了相关 CBLA 结果（FBI，2005）。当然，这未考虑刑事司法系统的另一种情形，即诉辩交易，诉辩交易是基于大家相信找到了证据而被提出并接受的认罪，没有办法计算出有多少 CBLA 报告导致犯罪嫌疑人在较短的时间内接受诉辩交易，以免继续审判并输掉官司后会承担更严重的后果。

## 四、总结

法庭科学和其他学科一样，是分类法和比较法的结合。而且，像其他科学一样，即使这些方法还没有得到证实，也至少会有文献记载。法庭科学的独特之处在于，出于侦查和审判的目的，需要解释各种各样不确定的检材。法庭科学检验人员对来源未知或不可知的样本进行的推断很大程度上取决于该专家本身和其所处的组织环境。CBLA 分析技术仅能由一个声誉极高的实验室实施，并将结果作为可靠的科学事实呈现于法庭，这种确定性又与大量的分析数据融合在一起，从而更让人确信 CBLA 结论是基于充分表征和可验证的数据得出的。正如 Tobin 和 Duerfeldt（2002）所指出的那样，

> 这些测量结果的准确性可能会让人感到迷惑。它会分散法官的注意力，并误导他们认为早期分析阶段的测量精度在某种程度上保证了后期评估阶段时最终推论的有效性。而事实上并不能有这样的保证。

CBLA 分析的缺陷众多且成因复杂（Kadafar and Mazza，2015），比如，制造商基础数据的缺乏、对弹头铅成分变化成因的理解与共识的缺乏，FBI 的组织环境决定了他们在面对矛盾的经验证据时，不愿意承认自己的错误、使用未经验证的统计方法等。此外，FBI 不愿与科学界分享数据、结果和方法，使得其采用了数十年的拙劣科学方法伤害甚至杀害了无辜的人。

对于那 2500 个处于审查过程中的案例，它们全部得以昭雪的可能性微乎其微。个别案件可能会得到处理，但如果案件中运用了像毛发检验这样已经得到了广泛应用的研究方法，在短期内重新审查完是不可能实现的。展望未来，勤勉的检察官必须明白科学研究的两大标准：有文献记载和可重复性。如果没有数据，或是样本或笔录丢失，这样的研究就只是谣传或轶闻，而不是科学；如果结论不能被共享，或是世界上只有一个人能做到，这样的研究也不能被称为科学。即使采用精确测量的先进仪器也可能会得出虚假的解释和错误的结论。“残酷的现实是，即使对检材进行了精细的测量后，微量物证分析人员也可能得出一个错误的推论”（Tobin and Duerfeldt，2002，p. 34）。由于数据太少，验证不足，仅靠一个具有多年操作经验的人的个人见解作为依据，同样的错误持续犯了许多年并被当作经验，这是法庭科学领域面临的

一大难题。在运用科学的过程中一旦出现了错误，将会带来十分可怕的后果，弹头铅成分分析（CBLA）就是一个典型的例子。

## 参考文献

Cale, C., 2015. Forensic DNA evidence is not infallible. Nature 526, 611.

Cole, S. A., 2009. Forensics without uniqueness, conclusions without individualization: the new epistemology of forensic identification. Law, Probability and Risk 8 (3), 233-255.

Cole, S. A., Tobin, W. A., Boggess, L. N., Stern, H. S., 2005. A retail sampling approach to assess impact of geographic concentrations on probative value of comparative bullet lead analysis. Law, Probability and Risk 4 (4), 199-216.

Committee on Scientific Assessment of Bullet Lead Elemental Composition Comparison, National Research Council, 2004. Forensic Analysis: Weighing Bullet Lead Evidence. National Academy of Sciences, Washington, DC.

Crispino, F., Houck, M. M., 2013. Basic principles of forensic science. In: Siegel, J., Sauko, P. (Eds.), Encyclopedia of Forensic Sciences, second ed. Elsevier, Amsterdam.

Dror, I. E., Hampikian, G., 2011. Subjectivity and bias in forensic DNA mixture interpretation. Science and Justice 51 (4), 204-208.

Federal Bureau of Investigation, 2005. FBI Laboratory Announces Discontinuation of Bullet Lead Examinations. Press release, September 01. Online at: https://www.fbi.gov/news/pressrel/press-releases/fbi-laboratory-announces-discontinuation-of-bullet-lead-examinations.

Finkelstein, M. O., Levin, B., 2005. Compositional analysis of bullet lead as forensic evidence. JL and Pol'y 13, 119.

Giannelli, P. C., 2010. Comparative bullet lead analysis: a retrospective. Criminal Law Bulletin 47, 306.

Goho, A., March 27, 2004. Forensics under fire: chemical matching of bullets comes under fire. Science News 165 (13), 202.

Houck, M., Siegel, J., 2015. Fundamentals of Forensic Science, third ed. Academic Press, Elsevier.

Imwinkelried, E. J., Tobin, W. A., 2003. Comparative bullet lead analysis evidence: valid inference or ipse dixit? Oklahoma City University Law Review 28 (1).

Kadafar, K., Mazza, A., February 24, 2015. Using faulty forensic science, courts fail the innocent. Live Science. Online at: http://www.livescience.com/49929 – faulty – forensic-science – failing – united – states – court – system. html.

Keto, R., 1999. Analysis and comparison of bullet leads by inductively – coupled plasma mass spectrometry. Journal of Forensic Sciences 44 (5), 1020 – 1026.

Koons, R. D., Grant, D. M., 2002. Compositional variation in bullet lead manufacture. Journal of Forensic Sciences 47 (5), 950 – 958.

Lukens, H. R., Guinn, V. P., 1971. Comparison of bullet lead specimens by nondestructive neutron activation analysis. Journal of Forensic Sciences 16 (3), 301 – 308.

Leonard, B., October 5, 2015. The right to competent, not perfect, counsel. Courthouse News Service. http://www.courthousenews.com/2015/10/05/the – right – to – competent – not – perfect – counsel. htm.

National Research Council (NRC), 2009. Strengthening Forensic Science: A Path Forward. National Academies Press, Washington, DC.

Nilsen, C., 1996. Managing the Analytical Laboratory: Plain and Simple. CRC Press, Boca Raton, FL.

Peele, E. R., Havekost, D. G., Halberstam, R. C., Koons, R. D., Peters, C. A., Riley, J. P., 1991. Comparison of bullets using the elemental composition of the lead component. In: Proceedings of the International Symposium on the Forensic Aspects of Trace Evidence, 57, p. 68.

Peters, C. A., 2002. The basis for compositional bullet lead comparisons. Forensic Science Communications 4 (3).

Randich, E., Duerfeldt, W., McLendon, W., Tobin, W., 2002. A metallurgical review of the interpretation of bullet lead compositional analysis. Forensic Science International 127 (3), 174 – 191.

Randich, E., Grant, P. M., 2006. Proper assessment of the JFK assassination bullet lead evidence from metallurgical and statistical perspectives. Journal of Forensic Sciences 51 (4), 717 – 728.

Schlesinger, H. L., Guinn, V. P., Hackleman, R. P., 1970. Forensic Neutron Activation Analysis of Bullet – Lead Specimens. Gulf General Atomic, Incorporated. U. S. Atomic Energy Commission Report GA – 10141.

Shapiro, J., 2007. Modeling the Supply Chain. Thompson Higher Education, Belmont, CA.

Solomon, J., November 18, 2007. FBI's forensic test full of holes. The Washington Post.

Spiegelman, C. H., Kafadar, K., 2006. Data integrity and the scientific method: the case of bullet lead data as forensic evidence. Chance 19 (2), 17 – 25.

Spiegelman, C., Tobin, W. A., James, W. D., Sheather, S. J., Wexler, S., Roundhill, D. M., 2007. Chemical and forensic analysis of JFK assassination bullet lots: is a second shooter possible? Annals of Applied Statistics 1 (2), 287 – 301.

Tobin, W. A., Duerfeldt, W., 2002. How probative is comparative bullet lead analysis? Criminal Justice 17 (3), 26 – 34.

# 第二章 毛发的显微检验

## 第一节 案例研究：科林·坎贝尔·罗斯案和詹姆斯·德里斯克尔案

亲爱的，不要为我太过担心。终有一天会证明我的清白。

——科林·坎贝尔·罗斯（Colin Campbell Ross）执行绞刑前

法医毛发检验人员面临的最大挑战就是能否让法官或是证人席上的陪审团成员采信毛发证据，使他们对毛发证据重要性的理解达到毛发检验人员的认识程度（Crocker，1991）。应对这一挑战将有助于确保毛发显微检验结果的准确性而不会因其导致错误的定罪，当然，除非毛发检验人员过分高估毛发证据的重要性。在法庭科学领域，毛发的显微检验在很多情况下是非常实用的，尤其是用于排除大量的侦查对象时。但是，当错误地使用该方法，或是夸大结果的作用，或是与陪审团沟通不畅，或是检验人员自身没有理解碰巧的“匹配”结果所蕴含的极端真实的可能性，毛发的显微检验都可能导致司法不公。曾经发生的两起案件，尽管时间相隔几十年，且分别在地球两端，但都是因为毛发检验鉴定意见导致了错案的发生。

## 一、科林·坎贝尔·罗斯案件

因虚假证人证言和夸大其词的毛发显微比对鉴定意见，28 岁的科林·坎贝尔·罗斯（Colin Campbell Ross）被判强奸和谋杀一名 12 岁少女阿尔玛·蒂尔什克（Alma Tirtschke），并被依法处决（Lack and Morgan，2005；Brennan，1922，pp. 45）。在布伦南（Brennan）所写的《枪巷悲剧》（*Gun Alley Tragedy*）一书中（Brennan，1922），当时还是初级辩护律师的布伦南剖析了 1921 年发生在澳大利亚墨尔本的罗斯案件。阿尔玛赤裸的尸体在枪巷被发现的两周后，罗斯被逮捕（McQueen，2004）。根据线人的证词，侦查人员推断阿尔玛于她遇害当天在罗斯的酒吧待了三个小时，罗斯强奸并杀害了她。检方同时找到了支持其推论的物证，他们在罗斯家客厅沙发叠着的毯子上找到了一些长发（Brennan，1922，p. 8，46）。

来自政府的生化专家分析了阿尔玛的头发和从罗斯家毯子上提取的头发，证实这些头发“来自同一个人的头皮”（Cowan，2008；Brennan，1922）。生化专家观察到从毛毯上找到的头发是浅金色的，阿尔玛的头发是深红色的，他在法庭上向陪审团解释了头发颜色不同这一矛盾：从毛毯上找到的头发一定来自阿尔玛头前部，因为长期暴露在阳光下，所以头发颜色较浅；阿尔玛的头发样本取自耳后部位，因此颜色会显得更重一些（Brennan，1922，p. 47）。生化专家谈到，当他在显微镜下检验毯子上的头发和已知样本时，观察到检材和样本头发非常相似，因为它们毛鳞片外观形态相似，而且毛髓质是相同的（Brennan，1922，p. 47），尽管检材头发的直径比已知样本的直径小，但专家最终认为：尽管毯子上的头发可能是来自阿尔玛以外的人，但可能性不大（Brennan，1922，p. 48）。

强奸并杀害一个小女孩的事实令公众震惊，凶手的残忍无情必须受到法律制裁，罗斯被卷入公众道德谴责并面临死刑。在案件审判期间，人们发现

“公众舆论被煽动起来了，在这一代人的记忆中公众舆论还从未被激怒过”（Brennan，1922）。审判结束了，罗斯付出了最昂贵的代价。他在被处以绞刑之前，对家人说“亲爱的，不要为我太过担心，终有一天会证明我的清白”（Morgan，p. 256）。当法律与正义相冲突时，人们通常会产生强烈冲动要找到并制裁这个凶残之人，这会导致侦查人员使用一切可能的手段来确定某人有罪。

此案的真相直至 80 多年后才被揭示，罗斯最终被宣布无罪（Kaladelfos，2010）。2008 年，维多利亚政府根据前图书管理员和研究员凯文·摩根（Kevin Morgan）收集的证据发布了对罗斯的死后赦免（Kaladelfos，2010）。凯文·摩根对该案所有证据进行了彻底的审查，对认定罗斯为阿尔玛谋杀案凶手的关键证据——三根金色头发进行了线粒体 DNA（mtDNA）检测，最终证实罗斯是无辜的，这些毛发并不属于阿尔玛（Kaladelfos，2010）。

罗斯的悲剧给我们留下了两个重要启示，第一，每一位参与到诉讼案件的律师及法庭专家都应当认识到，毛发证据在显微镜下呈现的微观特征绝不能用于判断来源是否同一，因为毛发的形态特点不是独一无二的，对毛发的分析具有主观性，容易产生偏见，从科学角度看，仅依据此类特征做出同一认定是不严谨的；第二，针对毛发检验，若在检验其显微镜下形态特征的同时进行 mtDNA 分析，则会明显提升毛发证据价值。如果罗斯生活在拥有现代 DNA 技术的时代，他可能不会如此蒙冤而死。詹姆斯·德里斯克尔的案子和罗斯案有很多相似之处，这两个案例都说明了显微镜下毛发形态特征的“匹配”不一定证明检材和样本来自同一人，认识到这一问题对陪审团成员尤为重要。

## 二、詹姆斯·德里斯克尔案件

詹姆斯·德里斯克尔（James Driskell）案件的审判发生在 20 世纪 90 年代，距 20 世纪初发生的罗斯案件已过去几十年。尽管世界各地的法院都从过去的错误判决中吸取了大量教训，包括科林·罗斯错案，但詹姆斯·德里斯克尔案件的错判仍与科林·罗斯案惊人地相似。加拿大人詹姆斯·德里斯克尔被判谋杀其朋友佩里·哈德（Perry Harder），部分原因是专家的证词低估了案件中的毛发证据和受害者头发样本之间存在巧合“匹配”的可能性（Manitoba，2007）。

1989 年，德里斯克尔和哈德被警方逮捕，并被指控经营“地下拆车厂”（Manitoba，2007，p. 6）。哈德向警方承认，他和德里斯克尔偷车，将其拆解，然后作为零部件出售。庭审前，两人都向律师表示将接受检察官提出的认罪协议。他们承认其中一些指控，并同意分别服刑 2 至 3 年（Manitoba，2007，p. 8）。然而，1990 年 6 月 21 日，也就是审判当日，哈德没有出现。随后警方发布了对哈德的通缉令（Manitoba，2007，p. 8）。

三个多月后，在铁轨附近的一个浅墓穴中发现了哈德严重腐烂的尸体（Manitoba，2007，p. 8）。哈德胸部中了两枪。调查人员推断，德里斯克尔为了逃避服刑而杀害哈德，于是调查人员开始对德里斯克尔立案调查。1990 年 10 月，根据两名线人提供的信息，他们说德里斯克尔承认自己杀害哈德，他被逮捕并被指控谋杀（Manitoba，2007，p. 13）。

执行逮捕的时候，警察拦住了德里斯克尔和他的朋友唐纳德·班纳曼（Donald Bannerman），他们当时正开着班纳曼的货车（Manitoba，2007，p. 146）。在哈德失踪时候，那辆货车属于德里斯克尔；1990 年 8 月德里斯克尔把它卖给了班纳曼。警察扣押了那辆货车，因为他们认为德里斯克尔可能用它来运送哈德的尸体。警察从货车中收集了 34 根毛发，送往加拿大皇家骑警法医实验室进行显微比较（Manitoba，2007，p. 147）。头发和纤维检验员托德·克里斯蒂安松（Tod Christianson）通过显微镜对 34 根可疑毛发和 26 根从哈德的墓地中找到的有代表性的头发进行检验。哈德的身体已经受到了动物的毁坏，在尸体附近发现了一团毛发。克里斯蒂安松确定，这辆货车上的 3 根头发在显微镜下与已知的头发一致。对于每一根可疑毛发，他都发现了一根与之具有相似特征的已知毛发。因此，克里斯蒂安松作证说，从货车提取的 3 根头发与哈德的毛发是一致的。在审判中，克里斯蒂安松向陪审团解释道：

> “这类分析的重点是它不是一个肯定性的鉴定，因为要做出肯定性鉴定唯一的确认方法就是观察所有人头上的头发，这是不可能的。但是，根据我的经验，仅仅是偶然捡起一根头发，它与已知样本匹配的机会是非常小的。因此，如果（从货车提取的）头发是一致的，那就意味着来自同一个人（哈德），或者来自另一个有着一模一样头发的人。”（Manitoba，2007，p. 150）

在德里斯克尔的审判中，毛发检验人员的证词是加拿大和美国毛发显微检查证据的典型表述（Manitoba，p. 165；Geddes，2015；Eabricont and Carrington，2015）。克里斯蒂安松根据推荐标准作证，他竭尽全力向法庭解释他如何比较已知和可疑的毛发并得出他们彼此相似这一结论，这些相似之处使货车里的头发很有可能来自哈德（Manitoba，p. 50）。

然而，他可能没有充分解释，为什么他得出的结论即已知头发和可疑毛发的相似性不可能是一个简单的巧合。他并没有向陪审团解释科学现状，即用描述性的形容词来解释样本匹配的可能性（Manitoba，p. 151）。显然这些词语的使用是因为没有量化的数据足以进行表达，而且陪审员对这些所谓"术语"的内在含义毫不知情。

此外，专家并没有向陪审团提供他们需要知道的所有证据，以便从毛发分析中判断巧合匹配的可能性。如果从货车上收集到的毛发与哈德的毛发相似，但实际上并不是哈德的毛发，那么就会发生巧合的匹配。陪审团需要了解的是，在一个案件中调查的毛发越多，发现巧合匹配的可能性就越大（Mantoba，p. 167）。调查人员从货车上找到了3根以上的毛发；这位专家并不是简单地找到并检验了3根毛发，然后得出结论说它们都与哈德的头发相匹配。专家通过检查从货车中找到的34根不明毛发才确定了哈德这3根头发。因此，陪审团应该考虑的问题是，34根毛发中至少有3根与已知样本巧合匹配的概率。这种可能性随着被检查的毛发数量的增加而增加。

## 三、关键技术问题：巧合匹配概率的大小未知

哈德案例说明了毛发显微技术中长期以来最关键的问题之一：巧合匹配概率的大小是未知的。哈德案中需要回答的问题是：有多少人的头发和哈德的头发相似？几年来，有多少和哈德头发相似的人曾接触过货车？考虑到这些悬而未决的问题，仅仅是在一辆被不计其数的人使用过很多年的货车地毯上发现了与哈德相似的头发，几乎没有任何意义。本案律师认为，正是由于专家证言夸大了毛发鉴定意见的证据价值，才使得其成为定罪的确凿证据。

由于陪审团成员既没有被告知，也无法得知专家检验了多少可疑毛发，他们也并未重视这个问题（Manitoba，p. 167）。此外，由于克里斯蒂安松的报告中没有说明从货车中收集到的嫌疑毛发的数量（Manitoba，p. 160），辩

护律师没有得到足够的背景信息来质疑“匹配”是否为一种巧合。这样一来，专家的报告和证词就缺乏完整性，而毛发显微检验证据的价值被夸大了，从而导致陪审团得出这一结论，即从货车中找到的3根头发很可能来自哈德。

此外，当克里斯蒂安松作证说明可疑毛发与已知样本“一致”是什么意思时，他错误地向陪审团解释说，这意味着可疑毛发具有“在生物变异范围以内，所有已知样本的特征”，但这并不是事实。这3根可疑毛发并不具备克里斯蒂安松检验的每一根已知头发的所有特征。相反，克里斯蒂安松所证明的是，在正常的生物变异范围内，这三根可疑毛发中的每根只是与已知头发各种特征的组合相同（Manitoba，p. 154）。最后，根据被夸大的毛发显微证据和两名线人的证词，德里斯克尔被判谋杀哈德，并被判终身监禁，25年后才有可能假释。

德里斯克坚称自己无罪，并于1992年提出上诉，但曼尼托巴省上诉法院驳回了其申请。在德里斯克尔被定罪9年后的2000年的夏天，该案因存在对线人作证补偿与相关规定不符的问题，引发媒体关注。曼尼托巴省助理副部长要求检察官戴尔·希尔（Dale Schille）复核德里斯克尔的案卷（Manitoba，p. 96）。调查发现，该案的一名证人在一起纵火案中得到豁免并拿到至少8万美元（Manitoba，2007，pp. 20，45，69，99；lett，2005），他威胁称如果他在纵火案中面临指控，他将撤回指控德里斯克尔的证词。调查也发现两名证人均获得了预防犯罪协会的现金补偿、证人保护和重新安置服务（同上，p. 21）。在庭审时，法庭否认给予证人保护以外的其他特殊照顾，也没有向辩护律师披露关于证人作证补偿的申请信息或者说作证动机（Manitoba，2007，p. 45）。

调查结果显示，被告和法院显然对两名证人都因在德里斯克尔案中与警方的配合而获利毫不知情。事实上，当辩护律师在庭审时就作证补偿询问其中一名证人时，该名证人甚至宣称由于在本案中履行作证义务造成了自身经济损失，这严重误导了陪审团对其作证动机的分析和判断（Manitoba，2007，p. 102）。

可以确定的是，对证人作证动机的怀疑和由此可能导致的伪证，正在瓦解德里斯克尔的定罪基础。德里斯克尔也因此重拾信心，走上艰辛的上诉之路，并幸运地发现了为无辜者辩护的协会（Association in Defence of the

Wrongfully Convicted，AIDWYC）。AIDWYC 是加拿大一个非营利性组织，该组织设立的意义在于寻找、呼吁并努力为可能被冤枉的人洗脱罪名。AIDWYC 不负所托，对德里斯克尔案进行了彻查。

2002 年，AIDWYC 认为德里斯克尔的定罪是建立在毛发显微检验的证据之上，而这些毛发检验的可靠性不如新型技术，他们说服曼尼托巴省司法部对 3 根头发进行了 mtDNA 检测。与显微镜下的毛发检测不同的是，mtDNA 检测能够以更为科学的方式识别未知毛发的提供者（Saks and koehler，2005）。德里斯克尔案件中的毛发被送往英国的法庭科学服务部（FSS）检测（Manitoba，2007，p. 155）。FSS 发现哈德已知的头发和从货车上取下的 3 根毛发之间有区别，mtDNA 证明了这三根头发并非来自哈德。此外，这 3 根毛发之间也不匹配，它们来自三个不同的个体（Manitoba，2007，p. 155）。这一发现表明，这次“匹配”的确是巧合，并证明了德里斯克尔与哈德谋杀案之间唯一的关联性物证是无效的。

尽管用于分析车上 3 根毛发的比对技术没有错误，毕竟，显微镜下 3 根毛发与已知样本相似，通过显微比对技术无法排除 3 根毛发来源于受害者，这些毛发巧合地与受害者的头发“匹配”的可能性应该以一种更易于理解的清晰表达方式向陪审团解释。由于专家本人认为巧合匹配出现的概率“很小”（Manitoba，p. 151），没有人能真正以任何权威数据来解释巧合匹配的概率是多少。由于缺乏统计数据，毛发检验技术比对的意见给陪审团留下的印象是 3 根毛发来自受害者。

该案中毛发显微检验结果经 mtDNA 检测后发现结论有误，根据加拿大《刑法》第 696. 1 条规定，德里斯克尔申请了复审（AIDWYC，2005）。在加拿大，“任何根据联邦法律或法规被定罪的人都可以提交部长审查申请”（Minister of Justice，2011）。在审查申请期间，德里斯克尔被保释。他在监狱里度过了 13 年之后终于获得了自由（AIDWYC，2005）。

根据 mtDNA 的结果，2005 年 3 月 3 日司法部撤销了对德里斯克尔的定罪。王室认为没有足够的证据进行另一场审判，对德里斯克尔的诉讼被搁置，以此结束了他的噩梦（AIDWYC，2005）。曼尼托巴省和皇后法庭现在并不否认德里斯克尔因为一项没有犯的罪行而被监禁了 13 年之久，他本不应该因此而被定罪（Manitoba，2007，p. 1）。

包括罗斯在内的其他人就没那么幸运了（Dalton，2008；Lack and Morgan，2005；Brennan，1922，pp. 45）。虽然罗斯案与德里斯克尔案的证据非常相似，但结果却大不相同，这在很大程度上是由于加拿大拒绝执行死刑以及 mtDNA 检测技术的出现。对罗斯来说，真相来得太晚了。尽管他还能再次尝到自由的滋味，德里斯克尔也有权争辩说他的真相来得太晚。其他无辜的囚犯仍被监禁，一些人在等待他们的毛发证据通过更有鉴别力的手段重新审查和检测的那一天，而另一些人则在徒劳地等待。

美国联邦调查局（FBI）早就意识到毛发显微检验证据存在问题。1996年，美国司法部研究了美国第一批 28 例通过 DNA 洗刷冤屈的案例，发现20% 的案例涉及毛发比对（Hsu，2012）。同年，联邦调查局实验室叫停了仅依据毛发形态观察认定样本匹配，并开始要求进行 DNA 检验。FBI 还需要几年的时间才能对数千起因高估头发检验比对结果而受到影响的案件进行调查。

审查发现，仅在 2010－2011 年间，就有三名男子因毛发检验显微检测证据而获罪，后被 DNA 检测证明无辜。2012 年，FBI 意识到评估该技术可靠性的重要意义，同意与无辜者计划（Innocence Project，IP）、美国国家刑事辩护律师协会（National Association of Criminal Defense Lawyers，NACDL）组成联盟，对由 FBI 进行的数千次毛发显微检验结果开展复核工作（Kaye，2015）。在美国国家科学院（National Academy of Science，NAS）2009 年发布的报告推动下，三方通力合作，开启了对毛发显微检验的证据形式的审查，该技术在 NAS 中被认为是没有任何统计学数据或科学基础支撑。在审查的三起案件中，FBI 的毛发鉴定专家给出的鉴定意见均作为重要的定罪依据，在毛发鉴定意见被 DNA 检验结果推翻后，IP 成员成功让 FBI 认识到毛发显微检验定罪过程存在的漏洞。然而，FBI 只同意审查毛发鉴定相关的专家证词内容，而拒绝对其科学性和证词有效性进行追究。尽管如此，审查结果仍然能够证明罗斯案和德里斯克尔案的错判绝非毛发显微检验造成的个别案例。

截至 2015 年，他们已经审查了 4000 余起，其中涉及毛发分析定罪的案例约 500 起（Geddes，2015）。在前 500 个案件中，FBI 提供了 268 个案例中关于毛发分析的专家证人证词（Geddes，2015）。2015 年，戈德斯（Greddes）报告说，268 个案例中 96% 的案例是基于 FBI 检验人员提供的错误或在科学上无效的证词（Geddes，2015）。这并不意味着每个由此定罪的人都是无辜的，但它确实意味着不实却令人信服的证据促成了他们的定罪。对其中一些犯人来说，现在有希望证明他们是清白的。对于其中一些人来说，已经没有机会弥补他们所遭受的司法不公，因为在 33 名被判死刑的罪犯中，已经有 9 名被执行死刑，另外有 5 名囚犯死于监狱。

审查发现，对毛发检验比对意见的夸大解释有助于将其作为确定当事人身份的证据。至少这种神奇的转变发生在陪审员的头脑中。在某种程度上，每个人都认同，FBI 处理涉及毛发检验的案件时出了很大问题。有些人，如凯伊（Kaye），指责媒体反应过度，渲染夸大事实。另一些人则渴望叫停在法庭上应用毛发显微检验技术。不管你的立场是什么，凯伊对过度反应造成的问题给出了一个常识性的反应：

> 为促进更全面地了解毛发证据被夸大的性质和程度，审查过程应更加透明，其所产生的材料应随时可供研究人员和公众查询[①]。应该相应地设立新的州或地方证据审查机构。最后，在法庭科学的所有领域都应制定明确的标准，在不夸大证据作用价值的情况下提供鉴定意见，并需实施培训和监督机制，以确保实验室人员和检察官遵守这些标准。

久经沙场的律师非常清楚如何利用专家证词操纵审判结果。在庭审开始前，当专家给出的鉴定意见由律师以一种强有力的措辞形式当庭转述并呈现在陪审团成员面前时，很轻易地将一种似是而非、模棱两可的毛发“匹配”意见夸大为认定被告有罪的证据。的确，在出台清晰规范的证据标准前，陪审团很容易被证词或语言诱导或煽动。但不可否认的是，毛发显微检验鉴定意见不足以进行犯罪个体的同一认定，任何依据毛发显微检验结构作出的定罪推论都将有可能让无辜者蒙冤。

## 参考文献

AIDWYC，2005. Jim Driskell. The AIDWYC Journal 5（Spring 2005），4. Available as of 05/21/15 at：http：//www. aidwyc. org/cases/historical/james – driskell/.

---

① This information is already available because they are part of the public record.

Brennan, T. C., 1922. Gun Alley Tragedy: Record of the Trial of Colin Campbell Ross: Including a Critical Examination of the Crown Case with a Summary of the New Evidence, third ed. Gordon & Gotch, Melbourne. Available as of 05/30/2015 at: http://nla.gov.au/nla.aus-vn4585796.

Cowan, J., 2008. Pardon Not Enough, Murdered Girl's Relative Says. Australian Broadcasting Corporation News. 2008-05-27, available as of 05/30/2015 at: http://www.abc.net.au/news/2008-05-27/pardon-not-enough-murdered-girls-relative-says/2450334.

Crocker, E. J., 1991. Trace evidence. In: Chayko, G. M., Gulliver, E. D., MacDougall, D. V. (Eds.), Forensic Evidence in Canada. Canada Law Book, Aurora, Ontario, Canada, pp. 259-299.

Dalton, S., 2008. The old Melbourne city Watch House: fast-forward to the past. Agora 43 (4), 60.

Fabricant, M. C., Carrington, W. T., 2015. The Shifted Paradigm: Forensic Sciences's Overdue Evolution from Magic to Law. Available at SSRN 2572480.

Geddes, L., 2015. Hanging by a thread. New Scientist 226 (3019), 27.

Hsu, S. S., 2012. Convicted Defendants Left Uninformed of Forensic Flaws Found by Justice Dept. Washington Post, available as of 5/9/2016 at: https://www.washingtonpost.com/local/crime/convicted-defendants-left-uninformed-of-forensic-flaws-found-by-justice-dept/2012/04/16/gIQAWTcgMT_story.html.

Kaladelfos, A., 2010. Murder in Gun Alley: girls, grime and gumshoe history. Journal of Australian Studies 34 (4), 471-484.

Kaye, D. H., 2015. Ultracrepidarianism in forensic science: the hair evidence debacle. Washington & Lee Law Review Online 72.

Lett, D., February 13, 2005. Driskell witness lied about payments: defense lawyer didn't know of $83,000 compensation package. Winnipeg Free Press. Available at Injustice Busters: "James Driskell (6)" http://injusticebusters.org/05/Driskell_James.shtml.

Lack, J., Morgan, K., 2005. Ross, Colin Campbell Eadie (1892-1922). Australian Dictionary of Biography. National Centre of Biography, Supplementary Volume, Australian National University. Retrieved 2008-05-27.

Manitoba. Commission of Inquiry into Certain Aspects of the Trial and Conviction of James Driskell, & LeSage, P., 2007. Report of the Commission of Inquiry into Certain Aspects of the Trial and Conviction of James Driskell.

McQueen, H., 2004. Social Sketches of Australia. Univ. of Queensland Press.

Minister of Justice, 2011. Annual Report. Available as of 5/26/15 at: http://www.justice.gc.ca/eng/rp-pr/cj-jp/ccr-rc/rep11-rap11/p2.html.

Neufeld, P., 2016. Telephone Conversation.

Saks, M. J., Koehler, J. J., 2005. The coming paradigm shift in forensic identification science. Science 309 (5736), 892-895.

## 第二节　毛发显微比对技术

### 一、毛发证据存在的问题

桑塔·特里布尔（Santae Tribble）、柯克·L. 奥多姆（Kirk L. Odom）、和唐纳德·盖茨（Donald Gates）现在恢复自由了，因为 DNA 分析推翻了 FBI 毛发检验人员提供的关于犯罪现场毛发可能来自他们的结果（Hsu, 2014）。美国司法部（Department of Justice, DOJ）展开了对法庭证据的审查，这是目前美国政府启动的最大规模的案件定罪后审查，包括一些死刑犯在内的数千名囚犯对此充满期待。毛发显微检验的有效性已经被质疑了一段时间，到目前为止，只有一项研究回应了这个问题。

**桑塔·特里布尔案**

有线人称特里布尔与两名男子的被害有关。特里布尔因这两起凶杀案而受审，一起因缺乏证据被判无罪，另一起（1980 年）则被判有罪并判处 20 年监禁。在定罪审判中，一名 FBI 的毛发检验人员作证说，滑雪面罩上的一根头发与特里布尔毛发的“所有微观特征都匹配”。虽然这一说法没有任何隐含的错误，但检察官在判决意见结果中错误地指出，有“千万分之一的可能性”那根头发是属于其他人的。2012 年，特里布尔的律师方对滑雪面罩上的 13 根毛发进行了 mtDNA 检测，结果没有一根与特里布尔匹配，事实上，其中一根毛发甚至都不是人的头发。

美国司法部对 FBI 毛发检验的审查着眼于问题的一端，即证词，而不是对所采用的方法的全面审查（Kaye, 2015）。美国司法部发现，除了两名检验人员外，所有人的证词都被夸大理解，比如，在没有证据支撑这种可能性的情况下，证明毛发“匹配概率很高”，或者更糟糕的是，证明了头发来自某个特定的人。那些作证的人现在面临着这样一个事实：他们关于毛发来源的一些结论是错误的。接下来的问题是：如果操作得当，毛发显微检验可以作为一种合法的证据形式被允许在法庭上使用吗？毛发检验能确定什么？毛发能识别个体吗？有哪些局限性？如何向陪审员解释这些局限？证词的缺陷是什么？以及未来毛发检验应该做些什么？

对法庭科学中毛发显微检验的重新检查可被视为是其他传统的法庭科学的一个前哨事件：刑事司法系统应该如何处理过去的法庭证言和司法鉴定方法的弱点，而不谴责当时被认为可采信、且现仍在沿用的司法鉴定方法？例如，多年来医学和诊所使用的传统的ABO血型系统②，也在法医实验室用来检验血迹，以确定包括或排除A、B或O中的一种③。如果血迹分析证实，犯罪现场血迹和嫌疑人有相同的血型（例如，B），由此可见，犯罪现场留下的血迹可能是嫌疑人留下的。如果之后的DNA检验排除了他，那是否意味着血型鉴定是错的？严格来说，答案是否定的：因为这个人的血型实际上是B，所以答案是正确的。拥有该血型的人只占人口的百分之几，嫌疑人就在这一组中。但血型不足以判断血液来源个体，无法进行同一认定。

| 柯克·L. 奥多姆案 |
| --- |
| 奥多姆是1981年发生在国会山的一起强奸和抢劫案的嫌疑人；他之所以被怀疑，是因为一名巡警认为他长得与合成画像很像。受害者指认奥多姆是攻击她的人。在随后的审判中，FBI特工作证说，受害者睡衣上的一根毛发与奥多姆的样本“难以区分”。这位特工还说，他在“过去10年里，做了成千上万次分析，却只发现了8到10次”难以分辨的毛发，这表明了毛发匹配出现的频率或概率。1981年9月9日，奥多姆被判有罪入狱。几十年后的2009年，对犯罪现场枕套和长袍上的精液的DNA检验，以及对头发的mtDNA检测都排除了奥多姆的嫌疑。结果表明与一名已被定罪的性犯罪者有关。通过对两人照片相比较，结果是奥多姆并不像罪犯。奥多姆于2012年被无罪释放。 |

这就引出了“准确度/识别率”这一概念，或者说通过给定的司法鉴定方法所能识别的细节的数量。有些方法（如DNA）比其他方法（如血型）更具特异性，例如，核DNA比线粒体DNA特异性更强。血型在案件中造成错误，说明人们对科学和科学方法的分辨率认识不足，并对“错误”存在误解

② The ABO system of categorizing blood is one of many possible systems. Serology, the identification and analysis of body fluids, was used several in forensic tests until DNA usurped their usefulness.

③ The Rhesus System, or Rh Factor, which tests for the presence of an inherited protein on the surface of red blood cells (positive means the protein is present), was not used by forensic laboratories because of the difficulty in typing the protein and the advent of DNA technologies.

（Christensen et al.，2014）。

同样的逻辑也适用于其他法庭科学检验领域，包括毛发显微检验。如果犯罪现场（或可疑）的毛发与已知个体的毛发样本表现出相同的特征，那么这些毛发可能与那个人毛发有关联。如果 DNA（核或线粒体）分析之后确定可排除可疑毛发来源于已知个体，那也不意味着毛发在视觉上不具有与已知样本相同的种类和系列的特征。通过对毛发的显微检验得出的结论可能是正确的，但它的准确性低于 DNA 分析。

DNA 分析依赖于个体的基因型、遗传图谱，而显微镜检查依赖于表型，表型是基因型以及其潜在的外在表达。基因型是恒定不变的（尽管有突变），而表型可以根据基因型与环境的相互作用而变化。

| 唐纳德·盖茨案 |
|---|
| 1981 年，一名警方线人将盖茨与发生在乔治敦大学（Georgetown University）的一起强奸杀人案联系在一起。盖茨因在一起无关案件中未能出庭而被捕，并在处理过程中提供了一份毛发样本。这名线人说，盖茨说服他一起抢劫这名学生，因其反抗盖茨将其杀死。警方向线人支付了提供情报的报酬。在庭审中，FBI 特工作证说，他将受害者身上的毛发和盖茨的毛发进行了比对，结果匹配。他记得在一万起案件中，只有两起案件无法区分两个人的毛发。盖茨于 1982 年被判有罪并处以 20 年监禁。2007 年，DNA 检测排除了盖茨的嫌疑。（关于本案更多细节及其他错案可查询网址：www. innocenceproject. org） |

激进分子以偏概全，宣称毛发显微检验是"伪科学"，并提出应将其"开除"出法庭科学领域。但这样的话又走向另一极端，从而忽视了毛发鉴定意见排除犯罪嫌疑人甚至为无辜蒙冤者辩护的证据价值。事实上，由于 DNA 检验是有损检验，会破坏毛发的结构，所以辩护律师在接手一件涉及毛发证据的案件时，他首先要寻找经验丰富的毛发鉴定专家，对毛发检材进行物理形态特征的二次比对和鉴定，而不是全盘否定毛发显微检验的意义。毛发鉴定在一些案件调查、司法诉讼、免罪辩护过程中发挥的作用是不可否认的，因此，研究毛发显微检验结果的证据价值如何以一种直观有效的方式准确展现在法庭和陪审团面前是一项迫切且重要的工作。

## 二、毛发检验的起源

在 17 和 18 世纪，一批科学家，如罗伯特·胡克（Robert Hooke）（1635－1703）、安东尼奥·范·列文虎克（Antonie van Leeuwenhoek）（1632－1723）

和亨利·贝克（Henry Baker）（1698－1774）等，期望使用一种效果令人震惊的新仪器——显微镜（Bisbing，2002）来检验毛发这一现成的标本。文艺复兴时期人们对自然和生物体很感兴趣，即描述生物学。而显微镜正是一种拓展人类对植物、动物及其组成结构进行观察的工具。随着对自然世界深度的认识和探索，人们开始渴望用一个合理的框架对生物进行分类，即分类学（Mayr，1982）。

早期的医学和法庭调查断断续续地使用显微镜观察毛发，为人类的和非人类的毛发作为常规证据奠定了基础（Balthazard and Lambert，1910；Glaister，1931；Hoffman，1898；Marx，1906）。人类学家在20世纪通过研究人类毛发来理解和描述人类的变异（Garn，1951；Trotter，1922，1930；Trotter and Dawson，1934）。法庭科学专家继续使用显微镜来鉴定和关联毛发，并将鉴定意见作为法庭证据（Gamble and Kirk，1940；Kirk，1941；Kirk et al.，1941；Kirk and DeForest，1973）。

1932年，FBI实验室成立。20世纪七八十年代，美国执法协助管理局（Law Enforcement Assistance Administration）（现为美国国家司法研究所）对非联邦法庭科学实验室予以支持，推动了刑事调查中已有科学边界的扩展。FBI对研究和培训非常重视，并在弗吉尼亚州匡蒂科（Quantico，Virginia）建立法庭科学研究和培训中心，这使州和地方实验室更为广泛地使用毛发显微检验技术。

1977年，FBI出版了一本由特工约翰·希克斯（John Hicks）撰写的关于毛发显微检验的权威著作《毛发显微检验：实用指南与手册》。这本手册是关于毛发检验的第一本出版物，有效推动了毛发显微检验成为一种法庭科学中的应用方法。如亚特兰大儿童谋杀案，辛普森案，洛奇·彼得森（Laci Peterson）谋杀案等轰动一时的案件，无论是好是坏，都使毛发显微检验引起更多关注。

许多领域科学家包括生物学、动物学、人类学、考古学、化学、化妆品化学、病理学和法庭科学都对毛发感兴趣并开展研究（Montagna and Ellis，1958；Montagna and Dobson，1969；Montagna and Parakkal，1974；Paus and Cotsarelis，1999）。其他学科对毛发的研究在本质上是微观结构或生物化学层面的，也可以是进行其他类型的检验（如测试一种新的化学染发剂）（Benner et al. , 2003；Midler and korlesking，1978；Parakkal et al. , 1963)。这些都与毛发的一般性质和特征有关。然而，唯有法庭科学专家关注毛发来源归属问题，常常要确定一根头发是否来自某特定个体。

## 三、来源归属问题

法庭科学领域的同一认定包含两个层次的信息：种属同一和个体同一。正如世界上没有两片相同的树叶，任何事物都被认为是独一无二的（Bell and Borely，1999)。有趣的是，我们可以基于客体物理和化学性质，划分标准对其进行分类和鉴别。一旦确定群属关系，识别就完成了。

令人困惑的是，“识别”一词用于法庭科学检验的多个过程阶段，如上文所述，法庭科学领域的识别一方面是指对种属来源的鉴别；另一方面“识别”是指将物证来源精确到个体的鉴别，如利用DNA、指纹、牙科X射线技术等开展的典型的个体识别。随着时间的推移，这种双重含义已经发展成为“专业术语”，虽然这是不可避免的，但是如果不理解这两者之区别，则极有可能产生误导。

检材的所有特征都可以作为判断群组关系的依据。“识别”可以是检测一种白色粉末并判定为可卡因；分析一小块有色碎片并判定其为汽车涂料；检验犯罪现场遗留的碎屑并确定其中含有狗毛。这种识别过程往往是对具有相似特征的客体的划分，称之为种属认定（Houck，2012)。在检材和研究方法允许的前提下，物证的识别可以更加具体，以致精确到个体。可以说，识别的意义或者说同一的概念是动态的。比如，在上述识别出狗毛的案例中，由于案情只涉及人体毛发，并不需要进一步精确狗毛所属个体，种属同一已经足够确定证据价值。

如果两个对象属于同一类，则说明它们可能来自同一来源，比如同一只狗。但是，“同一来源”的含义取决于很多条件，比如，检材是由什么构成的，它是如何形成的，用于分类对象的标准的特异性等。对象（本身属性）可能会限制特异性：我们不太可能对狗毛进一步分类，因为狗的品种不能通过毛发的微观特征来确定，狗毛的特异性较小（或许是混合品种)，或毛发可能受损，那么失去了进一步分类的特异性信息。

此外，在法庭科学领域，一旦分类细化到个体，定义为个体识别。与上文提到的同一认定作为关联概念，认定检材和样本来源为同一个体。从这个意义上说，个体识别是分类的逻辑理论的衍生概念。

同一认定的概念基于两个假设。第一，所有事物在空间和时间上都是唯一的；第二，事物分类所依据的属性是长期恒定的。然而，这两种假设都是有缺陷的。首先，空间唯一性的假设是可以接受的，但无法科学地证明（Cole，2009）。因此，任何可疑的物体只有一个来源的说法都是站不住脚的。任何一个类别（毛发、指纹、枪弹）的所有组成数量规模都太大，无法解释。因此，无论毛发检材与已知毛发样本有多相似，都无法科学地证明毛发检材与毛发样本的来源相同。因为没有查看毛发的所有来源。

其次，随着时间的推移，一致性的假设是一个程度的问题，而不是种类的问题。宇宙中没有永恒，只有混沌笑到最后（Lindsay，1959）。有些对象比其他对象更稳定，甚至在生物学中也是如此（Yoon and Jain，2015），但最终都会降解至使判别标准不再适用的程度。如果无法明确地将一个对象归于唯一的来源，那么法庭科学中的司法鉴定意见就应降级为基于统计方法的解释性阐述。正如舒姆（Schum，1994，p. 2）清楚地解释的那样：

> 如果存在这样的证据，就有必要提出特定的假设或可能的结论。我们经常使用大量具有附加性质的非结论性证据来完善证据体系证据：在与我们的结论相关的问题上，这些证据是不完整的，而且由于种种原因，这些证据的来源（包括我们自己的观察）并不完全可信。因此，从这些证据中得出的推论只能是概率性的。

舒姆的观点是，如果科学家们能够完全肯定他们的样本及其方法的准确性，就不需要统计数据了。法庭科学研究的是现实世界中不同对象的犯罪活动的最高程度不确定性。实验室和实际现场之间的差距是法庭科学基本原理的核心：不确定性无处不在。即使在 DNA 分析中，除了同卵双胞胎外，即使每个人的遗传物质都是独一无二的，也要用统计数据表达/描述证据价值。事实上，正是统计数据赋予了法医 DNA 分析的力量。

## 四、毛发检验鉴定

### （一）毛发的概念及作用

毛发是哺乳动物皮肤上独有的生物结构，其他动物可能也有看起来相像的结构，甚至也被称为毛发，就像狼蛛的“毛发”，但它们不是真正的毛发。

毛发生长于皮肤（表皮）上的一种叫作毛囊的结构中，毛囊是一个圆柱形管，底部有一个更宽的凹坑（图 2.1）。毛发从毛囊底部向上长到皮肤。在毛囊的底部毛乳头，毛发仍然非常柔软；随着毛囊的生长，它会慢慢变硬变干。头发是由角蛋白构成的，角蛋白是一种坚硬的、以蛋白质为基础的物质，指甲、角和鳞片也是由角蛋白构成的；硬化过程称为角质化。毛发是自然界中最耐用的材料之一。这是毛发能够成为良好的法庭证据的原因之一，它们可以长期稳定存在。

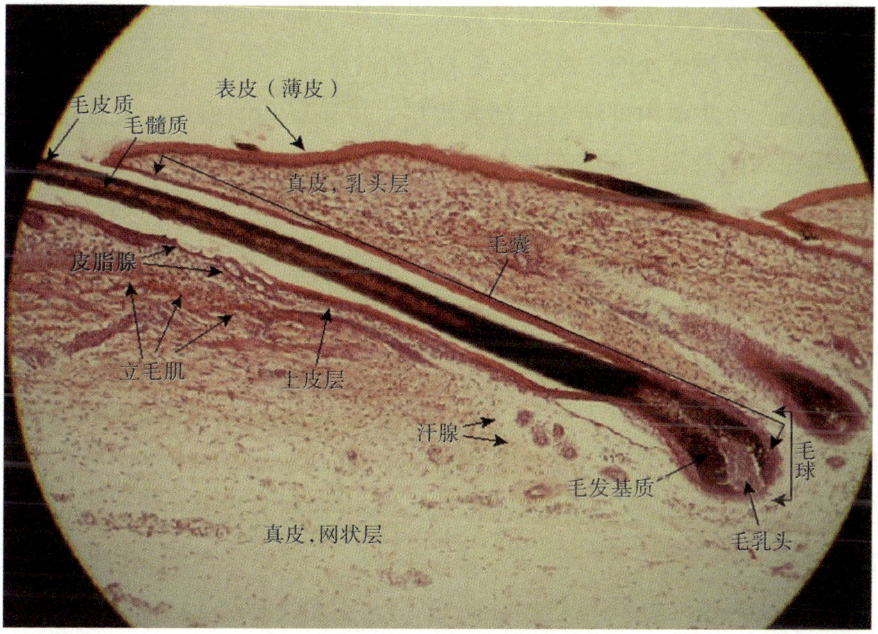


**图 2.1 皮肤、毛囊、毛发的截面**

毛发经历三个生长阶段。在活跃的生长阶段，称为毛发生长初期，毛囊不断产生新的细胞，同时毛发从毛囊底部长出。毛囊中特殊的细胞产生小的有色颗粒，称为黑色素，它赋予毛发颜色，这些细胞被称为黑色素细胞。活跃的生长阶段会持续一段时间，时间长短取决于个人的基因和毛发类型。人类最长的毛发是头发，头发的毛囊可以在生长期维持很多年。一段时间后，毛发进入静止阶段，称为毛发生长中期（退化期），在此阶段，毛囊停止了毛细胞的产生，细胞开始收缩，根部凝结成球状结构，称为根球。毛发生长中期只持续几周。最后，毛发进入休眠期，这是毛囊的静止期，细胞生产已经完全停止，根系凝结成球，毛发通过根部和毛囊底部的机械连接固定在原地。当这种机械连接通过梳理、刷洗或其他活动被打破时，毛发就会脱落。这标志着毛囊回到生长阶段，周期再次开始。据说，人类平均每天脱落约 100 根头发，这为转移和收集证据提供了充足且持续的潜在来源。

### （二）毛发的显微结构

毛发是有许多复杂的组织结构，有一些只在显微镜下可见。毛发由发根、发干和发梢三部分组成。发根是最初在毛囊中的部分。发干是毛发的主要部分，发梢是毛发最远处的一点，远离发根的端点。

毛发的三个主要内部结构包括表皮层、皮质层和髓质层。表皮层是一系列相互重叠的鳞片层，起着保护层的作用。动物毛的鳞片结构因物种而异，这些不同种类的鳞片是识别动物毛的一种有效特征。人类只有一种鳞片结构，称为叠瓦状，尽管历史上曾试图将鳞片作为人类毛发的识别工具（kirk，1940），但它们通常在法庭科学检验中没有实际应用。下一个结构是构成毛发主体的皮质层，由包含或约束其他结构的针状细胞组成，色素颗粒存在于皮质层中，分散在皮质各处，颗粒大小、形状和分布各异，这在司法鉴定中十分有用。其他结构，如皮质融合体（困在皮质内的小气泡）或卵形体（大量色素），可能不规则地出现在皮质内。毛发显微解剖为分类和比对提供了丰富的视觉信息来源。

毛发，无论是人类的还是动物的，经常与犯罪活动相关联。确定毛发的潜在来源往往是研究人员所感兴趣的，也是进行显微检验和比对的主要原因。毛发检验过程是一个法庭科学分类的过程（Hicks，1977）：

- 这是毛发吗？
- 如果是，是人类的还是动物的？
  - 如果是动物毛发，它来自哪种动物（目、属、种）？
  - 如果是人类毛发，则检验它以获得以下信息：

—属于身体哪个部位（头部、阴部等）

—血统估测（种族）

—评估发根的生长阶段和组织的现状

—评估损害、疾病和处理状况

—评估毛发是否适合显微比对

法医毛发检验与比对技术是一门以显微镜、生物学、解剖学、组织学和人类学为基础的生物学学科。

（三）如何辨别人毛和动物毛

通过简单的显微检验就可以较容易地确定毛发来自人类还是其他动物。然而，要确定是哪种动物的毛发可能要困难得多。动物毛发有一些宏观特征，便于将它们与人毛区分开来（Moore，1988）。例如，一些动物的毛发是有颜色条纹的，沿着发干（包括发梢）表现出突然的颜色变化。这是一个高度可靠的区分人类毛发和动物毛发的方法。

（四）能否判断毛发来源身体哪个部位

关于这个问题，主要集中于人类的毛发。与其他动物不同的是，人类身体上有各种各样的毛发，而动物只有三种类型，分别是皮毛、护甲和胡须。各种人类毛发的特征可以用来确定该毛发来自身体的哪个部位。可以确定的典型区域是头部（或头皮）、阴部和面部，其他身体部位胸部、腋窝和睫毛等可能有独特的特征，但只有头发和阴毛被认为适合显微比对，身体其他部位的毛发没有足够的信息进行比对，且所表述的特征极不稳定。

然而，将一根毛发判定为人类某一部位的体毛可能会对案件产生重要的影响。有这样一起案例，现场勘查时在一名未到青春期的受害者身上发现了一根成年人的阴毛，从生物学角度来讲，那个年龄的女孩不可能长出阴毛。但因为这根毛发经检验并不是真正的阴毛，所以不适合进行显微比对，然而，毛发中的 DNA 和嫌疑人的线粒体 DNA 序列相同，该证据结合其他压倒性的痕迹证据证明与犯罪嫌疑人有关，最终使得嫌疑人认罪（Ryland and Houck，2000）。因此，毛发检验的价值体现在多方面。

（五）能否通过毛发推断种族

毛发的一般形态和颜色可能表明一个人的祖先信息，但这仅仅是一种推测。与其他灵长类动物相比，人类在毛发形态上的个体差异更大，而且这种差异往往与一个人的祖先有关。为了简单且准确进行说明，我们使用三个主要的祖先群体：欧洲人、非洲人和亚洲人，在较早的人类学和法医学文献中，这些群体被称为高加索人、黑人和蒙古人种。但这些术语已经过时了，不再继续使用。使用地理术语表述群体是准确的，且潜在攻击性小，同时也具有广泛性和包容性（例如，“欧洲人”的特征也包括一些西班牙人和中东人）。

重要的是，根据毛发特征推测的祖先可能与如何确定一个人的种族无关。事实上，许多体质人类学家几乎已经放弃了将种族作为一种生物学现实的想法，而将其称为一种社会结构，且大多数是针对人口而言（Caspari，2003）。检验人员可能会依据毛发推测祖先，但建议一定要极度谨慎。诸如毛发颜色等主要特征，不需要推断其种族即可用来排除。

### （六）毛发的生长阶段

如前所述，毛发的生长经历三个阶段：生长期、退化期和休止期。虽然生长阶段似乎不重要，但有一些特征可能有额外的用途，如发根上的组织。例如，在激烈的搏斗中，强行拔下的毛发可能会带走一些毛囊组织。这种组织足以用于核 DNA 分析；如果发根没有毛囊，毛发的检验价值会降为只能进行线粒体 DNA 分析。除了从毛发中获得的任何物理或微观信息外，同样重要的是应注意毛发可以进行何种类型 DNA 检验。

### （七）病变、受损或被处理过的毛发

毛发易受疾病、损伤和各种处理方式的影响，所有这些都会被“记录”在毛发中。少数疾病可表现在毛发上，有些是遗传性的，有些是后天形成的。例如，环状发是一种遗传性疾病，毛发呈环状或带状（图 2.2）。毛发会在不同情况下受到损伤，通过检验可获得相关信息。毛发的尖端往往有不同的特征，例如，烧焦的头发呈现出特定的结构特点，剪刀、剃刀或玻璃剪断的毛发也是如此（图 2.3）。剪刀剪断的毛发有直的切面，而剃刀剃的毛发有一定角度；即使是剃须刀也会因刀片设计的不同而有所不同。烧焦的毛发会变黑，可能出现气泡或膨胀。

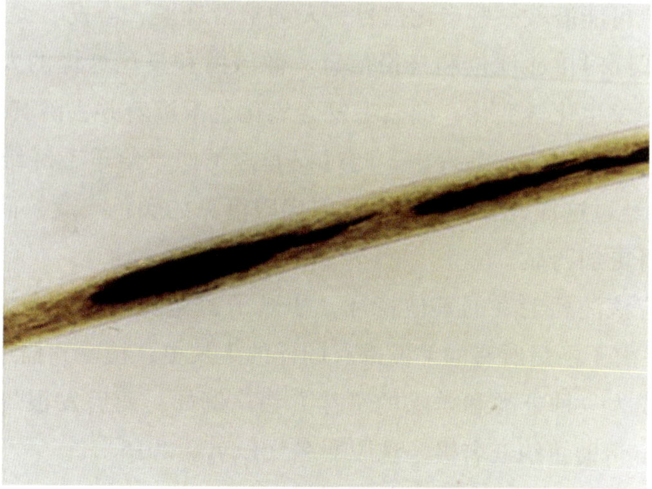

**图 2.2 环状发是一种罕见的遗传性疾病，毛发呈环状或带状**

FBI.

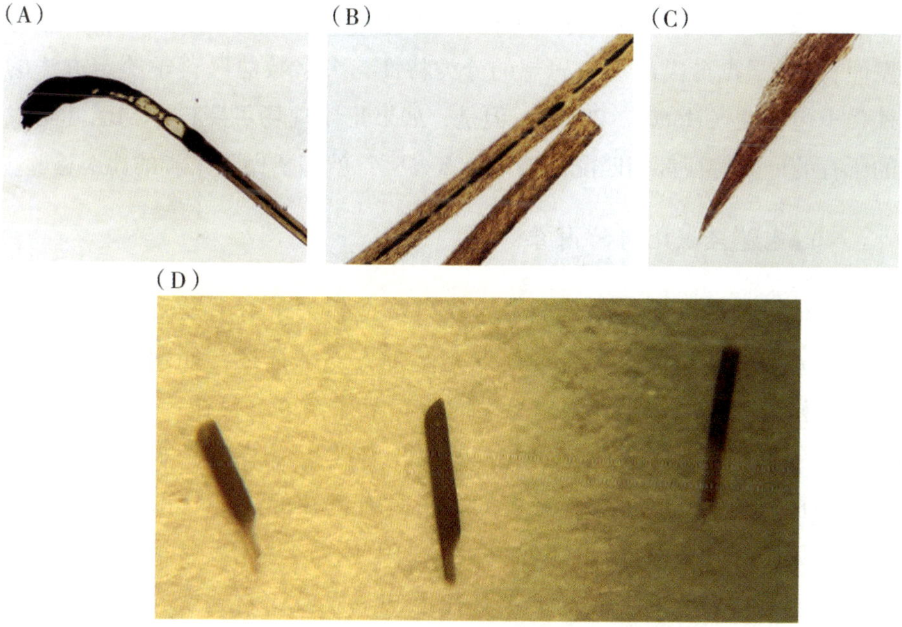

**图 2.3 毛发可以“记录”下损伤**

（A）烧焦的毛发。（B）用剪刀剪断的毛发，断端很整齐。（C）用剃刀剃掉毛发。（D）用双刃安全剃刀（上刃）和多刃剃刀（下刃）剃下的胡须；安全剃刀只切出一个平端，而多刃剃刀切进头发后，会拉一下，然后其他刀片切掉剩余部分。

（A－C）FIB and（D）Reddit user heisenbrau（downloaded October 1，2015）.

毛发中也可能潜藏一些文化信号，人类常常理发、染发、编辫、剃须等，这些处理方式同时传递地位和身份信息。像漂白和染色这样的人工处理会使毛发及其外观发生化学变化，漂白毛发会氧化色素沉着并去除其颜色，同时，一种新的颜色可以添加到毛发中，此过程非常类似于给羊毛纤维染色（两者都是毛发）。经过这样处理的部分就会有肉眼可见的颜色突变，而且会随着毛发的生长变得更加明显。

我们也应该注意毛发的其他特征，如虱子、真菌或死后发根带（Kochet al.，2013）。由于不是所有的毛发都有同样的生长史，检验和描述微观条件下的毛发可以成为一种分类和排除的绝佳方法。例如，死后发根带的鉴定（一种微观分解）帮助纽约三名男子洗脱罪名（Levy，2015）。

对毛发进行描述性的检验也是有价值的。如果要找人类毛发，而只发现了猫毛或纺织纤维，那么这个检验已经完成了。如果对金发感兴趣，却发现了棕色阴毛，就不需要别的更多操作了。如果嫌疑人染了红头发，犯罪现场的毛发也染成了红色，那么就不能排除犯罪嫌疑人，需要做进一步分析（就毛发而言）。根据分类决策树思想的分类特性，大多数法医科学鉴定方法的排除性强于包含性（Houck，2012）。但是，如果犯罪现场可疑样本与已知毛发样本的所有的分类特征都相匹配，那该怎么办呢？就需要做下一步的比对检验。

### （八）毛发显微比对的内容

与其他检验过程中类似，毛发检验人员也集中于对毛发微观特征进行比较。对于人类的毛发，这些特征可以用多种方式来描述，如图 2.4 所示。没有任何表格能确定而详尽地列出毛发的所有特征，也不存在一套标准的规范。一般是将从犯罪现场收集的检材与从相关个体身上采集的已知毛发样本进行比对。来自现场、受害者或嫌疑人的检材具有已知的出处（即已知在何处或从何物收集的毛发），但来源不明或可疑；因此，这些毛发常被称作可疑检材或毛发。而已知来源的毛发样本被称作已知毛发或比对毛发样本。比对必须在同类毛发之间进行（如头发对头发、阴毛对阴毛等），否则，其中一些种类特征将有所不同。

可疑检材可能由一根或多根毛发组成。一份已知样本应该由 50 根或更多同一区域的毛发组成，并且应该包含该区域内的毛发变化。例如，太阳穴的毛发可能变灰，染色的头发可能有条纹，或者长度可能不同。已知样本必须能够代表所讨论的身体部位。但通常情况下，由于已知样本收集的不充足妨碍了法庭科学检验。毛发样本应该尽量收集同一时期的，因为毛发的特征会随着时间而变化（请谨记，表型可能会变化，而基因型不会变）。

Root 毛根
- abundant fusi 丰富
- telogen 休止期
- anagen 生长期
- decomp 降解
- stretched 有弹性
- follicular tag 毛囊

Tip 发梢
- cut 切割
- broken 破损
- split 裂缝
- pointed 尖
- rounded 圆

Width 宽度
- coarse 粗
- fine 正常
- variation along shaft 沿轴变化
- variation w/in sample 样本间变化

Cuticle 表皮层
- clarity 清晰
- color 颜色
- damage 损坏

Scale protrusion 毛鳞片凸起
- slight 轻
- medium 中
- large 重

Scale length 鳞片长度
- short 短
- medium 中
- long 长

Scale overlap 毛鳞片重叠
- slight 轻
- medium 中
- large 重

Cuticle thickness 表皮层厚度
- thin 薄
- medium 中
- thick 厚
- fluctuation 波动

Medulla 髓质层
- absent 缺失
- translucent 半透明
- fragmented 碎片
- transparent 透明
- discontinuous 间断
- opaque 不透明
- continuous 连续
- cell shape 细胞形状
- thick 厚
- thin 薄
- medium 中

Cortex cells 皮质层细胞

Pigment 色素
- size 尺寸
- shape 形状
- density 密度
- distribution 分布
- patchy 分布不匀
- streaky 条纹状
- chaining 链状

Pigment gapping 色素间隙
- shallow 浅
- medium 中
- deep 深
- short 短
- medium 中
- long 长

Cosmetic 美发
- bleached 漂白
- dyed 染色
- time since treatment 处理后的时间

Special 特别点
- cracked 开裂
- ovoids 卵形
- double medulla 双毛髓
- diseases 疾病
- vermin 害虫

Damage 损坏

**图 2.4**

在法庭科学检验中描述毛发的一系列宏观和微观特征。这个列表并不详尽或确定；微观特征的观察涉及对客观标准的主观评价。

比对时，应先检验已知毛发。选定的样本中，一次检验一根毛发，全面描述样本中所有可观察到的特征。记录每根毛发上沿毛干方向的每个特征变化，并且对每根需要检验的毛发应重复检验。对每个个体的毛发进行的描述，应记录每个特征的特征范围和任何显著的特殊特征或不寻常的特征。本描述是针对整个样本的。可疑毛发也同样被仔细检验和描述，但是需独立检验。

最后，用比对显微镜将从已知毛发中选出的毛发与每一根可疑毛发进行比对。比对显微镜连接两个透射显微镜，以提供一个左右分开的视图。这种并排的分析要么支持、要么否定已知毛发和可疑毛发之间的明显相似性。必须考虑已知样本和未知检材的所有特征。两者之间存在一个特征的显著差异则表明它们的来源不同，可能导致不确定的结果。有几个重复的、基础的差异点则表明两者不是来自同一个体。因此，肯定性意见不仅建立在相应特征的组合上，还建立在可疑毛发和已知毛发之间没有任何差异的基础上。

毛发比对可以得出三个结论。首先，如果可疑毛发与已知样本具有相同的显微特征，则说明它们可能来自同一个体；其次，如果可疑毛发展现出与已知样本不同的显微特征，则说明可以排除可疑毛发为此来源；最后，如果可疑毛发和已知样本既有相似也有差异，则说明无法得出结论。

当一根可疑毛发与已知来源的毛发呈现肯定关联性时，存在两种可能性：一种是这两者来源相同，另一种可能是巧合，即虽然两者看起来相同，但来源不同。由于两个不同个体有可能拥有在微观下无法分辨的毛发，所以有时候在毛发比对中可能会出现巧合匹配。因此，毛发不是一种特定的个体识别方式，永远不要依赖毛发进行个体识别（Gaudette and Keeping，1974；Gaudette，1976，1999；Mann，1990；Wickenheiser and Hepworth，1990；Bisbing，2002；Houck and Budowle，2002）。

### （九）毛发检验的准确度

毛发检验的目的是使用比对显微镜将犯罪现场得到的可疑毛发检材与已知毛发样本进行比对。已有研究对毛发比对的分辨率和局限性进行评估（Gaudette and Keeping，1974；Gaudette，1976，1999；Mann，1990；Wickenheiser and Hepworth，1990；Bisbing，2002；Houck and Budowle，2002）。预估和计算“其”概率，对于显微检验来说，可能永远都不会有（Gaudette，1978，1982；Houck；1999）。毛发是复杂的生物物质，而且毛发特征在人群中的表达方式是多种多样的，同时，3D立体结构使得量化这些特征变得更加困难。基于显微检验的统计方法也很难被证明是正确的，而现在DNA分析更加容易进行个体识别。

尽管如此，迄今为止的临床研究表明了正确的毛发显微检验的有效性（表2.1）。使用统计数据来评估毛发比对的重要性，一直是广泛争论的话题（Gaudette，1976，1999，1985；Gaudette and Keeping，1974）。从发根到发梢，一根毛发的某些特征的出现通常不是一成不变的。在一些毛发中，只有轻微的变化；而在另一些毛发中，则可能有巨大变化。任一毛发的任意特征的变化都取决于遗传因素和外部因素，如生长阶段、毛发长度、健康状况、环境变化和梳理习惯。此外，毛发的特征可能会随着年龄和时尚潮流而改变。因此，像在 DNA 分析中所作的那样，建立人口统计的数据库是不现实的。

**表 2.1 毛发检验结果（Houck and Budowle，2002）**

| | | 线粒体 DNA 比对结果 | | | |
|---|---|---|---|---|---|
| | | 关联 | 不确定 | 排除 | 不充分 |
| 显微比对结果 | 关联 | 69 | 1 | 9 | 1 |
| | 不确定 | 15 | 1 | 20 | 1 |
| | 排除 | 0 | 1 | 17 | 1 |
| | 不充分 | 13 | 0 | 18 | 3 |

但是我们该如何解释毛发比对的结果？这个过程并不像想象中的那么简单。毛发显微检验结果的措辞通常采用以下形式：

- 从犯罪现场提取的一根毛发检材与被告的一根毛发样本“相似”或“一致”；
- 从犯罪现场提取的阴毛与被告的阴毛具有“相似的显微特征”；
- 从犯罪现场提取的多根毛发与被告的毛发“相似”；
- 从犯罪现场提取的毛发与被告的毛发具有“相同的显微特征”。

这个问题的核心是对以下问题的根本误解：关于毛发证据的描述性表达的准确度和科学性，上述任何陈述都不超出所谓的合理证词的范围。但是这些陈述应该具体到什么程度，并且向非专业人员传达了什么信息呢？

20 世纪 90 年代中期，法医线粒体 DNA 技术的出现标志着法医科学界生物分析的新纪元。这对于毛发检验来说尤是如此，因为它提供了一种为毛发显微检验附加信息的方法。1996 年，FBI 出台了一项政策，要求所有显微检验呈现肯定性关联的毛发都要通过 DNA 分析进一步检查。线粒体 DNA 测序增加了另一项检验，评估毛发的个体来源。无论是单独的显微镜检验还是 DNA 分析都不能提供肯定性结果，只有这两种方法互相补充，才能使所提供的信息最大化。例如，线粒体 DNA 分型常常可以区分来源不同的毛发，尽管他们具有相似或不充足的毛发显微特征；显微检验可以揭示检材为毛发，而不是不含 DNA 的合成纤维。线粒体 DNA 分型已被证明是一种有检材价值的法庭科学工具（Melton，2005）。

迄今为止，FBI 实验室开展了唯一一次的研究，对提交的人类毛发的显微检验和线粒体检验结果进行了审查（Houck and Budowle，2002）。在 170 组毛发检验中，80 组毛发显微比对结果为关联的样本中，其中只有 9 组被线粒体 DNA 检验排除。对 66 组不适合显微检验或显微检验结果为不确定的毛发进行线粒体 DNA 分析，其中 6 组没有提供足够的线粒体 DNA，另外 3 组没有得出结论性结果。这项研究证明了两种技术结合的优势。

尽管遭受到批评，但毛发仍是一种潜在的重要特征，而且显微检验和线粒体 DNA 检验的结合使得毛发检验的证明力前所未有的强大和可靠。亚里士多德说过："一个受教育者的标志是，在每一类事物的性质允许的范围内寻找精确性。"所以，在毛发显微比对中寻找或宣称比毛发本质更精确的结果，是一种很愚蠢的做法。④ 那么一个在已知毛发和可疑毛发样本之间的阳性关联意味着什么呢？这意味着可疑样本有可能和已知样本来自同一来源，仅此而已。如果这听起来不那么令人信服，那是因为至少就措辞而言，事实就是如此。由于缺乏统计依据来评估毛发结论的力度，限制了可得出的陈述的特异性。语言对于细微差别描述的精确度不如统计数据。检验人员也受困于这种不精确的方式，无法细致入微地表述检验结果。霍克（Houck）和布达尔（Budowle）的研究清晰的表明，其结果没有确定错误率。研究样本也有特殊性（迄今为止涉及毛发的案例研究），尽管以司法鉴定的标准来看样本量很大，但不足以得出更具代表性的结论。那么，如何评估毛发检验的价值和可靠性呢？

灵敏度和特异性是用于医学和其他统计应用（如流行病学）的二元分类检验（真/假、正确/错误、存在/不存在）的性能指标。使用术语如下：

灵敏度：真阳性率

④ Numerous critics and journalists have tried to say that hair microscopy was touted as a means of personal identification. Nowhere in the peer – reviewed literature and in no publicly available statement from a credible authority that the author is aware of has this claim been made with supportable data. To say that hairs have been widely called a means of positive personal identification by any individual or agency is fiction.

特异性：真阴性率

精确度（阳性预测值，或 PPV）：真阳性与所有阳性结果的比例

阴性预测值（NPV）：真阴性与所有阴性结果的比例

准确性：真实结果的比例

作为毛发检验灵敏度和特异性的一个例子，霍克和布达尔研究的结果如下所示。以下分析排除了结果为不充分的情况。通过线粒体 DNA 得出的关联和排除之间的差异（显微比较称为不能确定）小于样本量的 3%。因此，不确定的结果也被排除在外。去除不充分和不确定的结果，显微毛发比对结果（根据线粒体结果判断）如下（表 2.2）：

**表 2.2 灵敏度和选择度计算（2002）**

| | | 线粒体结果 | | |
|---|---|---|---|---|
| | | 阳性关联 | 阴性关联 | |
| 显微结果 | 阳性关联 | 69 真阳性 | 9 假阳性 | 0.88 精确度 |
| | 阴性关联 | 0 假阴性 | 17 真阴性 | 1.00 阴性预测值 |
| | | 1.00 灵敏度 | 0.65 特异性 | 0.91 准确性 |

From Houck, M. M., Budowle, B., 2002. Gorrelation of microscopic and mitochondrial DNA analys's of hairs. Journal of Forensic Sciences 4515), 1 – 4.

正如文献中所述的，毛发显微比对的排除价值（NPV = 1.0）高于关联价值（PPV，或精确度 = 0.88）。毛发显微比对灵敏度高（1.0），但只是具有中等特异性的检验方法（0.65）。在所有条件都相同的情况下，0.91 的准确性和 0.88 的精确度有利于该方法的使用。霍克和布多尔的研究数据是基于 FBI 毛发检验人员的结果，并且与他们的教育、培训和经验水平相关。

华盛顿特区的特里布尔、奥多姆和盖茨的免除起诉声明中提到，该方法在具体案例的应用上存在问题。因此，毛发显微检验在法庭调查中有实用价值，体现在个体否定和排除，但任何重要证据的阳性关联都应属于 DNA 分析的范畴。

## 五、毛发证词

### （一）证词

鉴于前面关于毛发显微检验准确性的讨论，毛发证据中非常重要的是检

验人员在作证时要保持谨慎的态度。用来描述阳性关联的显著性水平的词汇给法庭提供了一个尺度，即便是含蓄的表达（Houck，1999）。检验人员陷入了进退两难的境地：如何在不使用统计数据的情况下描述一个关联的相对程度？在不借助准定量或半定量术语的情况下哪些词可以用来表达结果的强度？只陈述两根毛发在所有观察到的特征上进行了比对，而没有比对结果意味着毛发检验意见的证据作用大打折扣，从而剥夺了检验人员作为专家的角色：他们的存在是为了就物证关联性提出明确清晰的专业意见（根据联邦证据规则 702）。诸如，“你对自己的结果有多肯定?”和“你的结果在科学上是否准确到合理的程度?”这些问题都不会帮助澄清法院的判决结果。

为此，有关阳性毛发比对的统计数字不得提交法庭。然而，他们可以在法医文献、临床上尝试评估毛发显微检验的特异性和灵敏度，或与法医基础研究相关的其他方面的研究进行讨论。由于已发表的研究的结构体系，在已发表的法医文献中使用的统计数字不适用于任何一个案例。评估也不是基于案例工作的经验，从本质上讲，个案工作不像研究那样有准确、可核实的答案。而让人遗憾的是，已存在足够多的具有警示教训性的案例。（Connors et al.，1996；Scheck et al.，2000）

### （二）司法部的毛发证词审查

美国司法部正在审查 FBI 20,000 多起涉及毛发显微检验的案例。在这些调查中，只有大约 1600 起涉及被调查的毛发和个人之间有阳性关联。美国司法部与 FBI 在此次审查中与无辜者计划和美国国家刑事辩护律师协会进行了合作。虽然包括案件档案（据推测），但个别审查员的证词是审查的焦点。在证词中寻找到三种类型的错误：

> 类型Ⅰ，检验人员阐述或暗示被调查的毛发可能与个人相关联，从而排除其他所有人。
>
> 类型Ⅱ，当检验人员给关联度分配了一种统计学上的权重或概率，或者“提供了一个毛发检材可能来自某个特定来源的可能性……这可能会导致陪审团相信可以分配有效的统计权重”（Reimer，2013）。

> 类型Ⅲ，检验人员引用了已处理的案件数或已检查的毛发数来作为支持结论的依据。

2015年4月，FBI发表声明，承认FBI检验人员在268份庭审记录中至少有90%包含错误陈述（FBI，2015）。而媒体对这一结论的重新解读令人窒息：毛发是名誉扫地的“童话证据”（Allocca，2015），而且还谎报FBI有96%的案件是错误的（Slobidian，2015）。FBI建议，由其司法鉴定机构进行毛发检验的州，应启动自己的案件审查；得克萨斯州和马萨诸塞州都已经开始了审查。毛发检验证据自查就此结束了？

并没有。在关于这个问题的激烈讨论中，凯伊对90%的数据提出了质疑：

> 基于部分关于毛发比对的科学文献，已经出现了关于毛发审查项目的公开描述，以及FBI发布的一些相关科学性错误的供词，得出了三个结论：（1）根据两根毛发的物理特征将它们关联起来至少可以稍微证明它们是否来自同一来源；（2）毛发审查项目并不影响这些关联的有效性或检验的质量；相反，它应该标记出那些被检验人员夸大匹配从而识别出证据来源的案例；（3）在已经发布的一些有争议的决定中可能有90%的数据由于夸大表述缺乏有效性和可靠性。
>
> Kaye（2015. p. 247）

检验人员真的夸大了他们的比对结果吗？很可惜，是的。毛发检验人员是否因为缺乏准确的语言，而阻碍他们精确表述结果？令人沮丧，是的。任何毛发显微检验必须进行DNA分析，通过显微镜对毛发进行定性评估，虽然如前所述在一定程度上是准确的，但评估结果仍然可能受到检查人员的个体认知偏见的主观影响。因为DNA会与显微检验进行辅助验证，个体认知偏见的问题就少了，而DNA技术可提供某些形式的统计数据表述证据价值。毛发作为证据具有一定的证明价值。迄今为止只有一项关于其数据准确性的研究，而且并不是所有人都同意美国司法部毛发审查报告中列出的规则（由NACDL概述，FBI创建）。除非像凯伊这样头脑冷静的人占了上风，否则毛发检验的未来依然还是一片黑暗。

## 六、毛发检验的前景

当毛发显微检验与DNA分析相结合，在从可疑毛发来源中排除个体时具有很强的价值。显微检验和DNA分析能够为研究提供重要信息，因为它们分析不同的特征。悬而未决的问题是在DNA分析之前应该进行何种程度的显微检验。“显微检验的水平很可能不会有任何下降，因为可以利用其尽可能多地排除与案件无关毛发并只对关联毛发进行线粒体DNA分析是必要和可取的”（Robertson，1999，p. 127）。霍克和布达尔的研究数据基于不同的原理/理论（表型和基因型）支持了这两种方法的有效性。

对于那些怀疑是否有必要对毛发进行显微检验的人，请思考以下情况。据报道，从犯罪现场遗留的手帕上找到的毛发经过线粒体DNA分析，发现毛发中含有与被告相同的线粒体DNA，概率为五千分之一。根据两个独立实验室对这些毛发在显微镜下的描述，被调查的毛发被描述为浅至红褐色，但被告为黑色短发，类似于非裔美国人。调查人员要求对这些毛发进行显微检验，并直接与被告已知的样本进行比较。被告的毛发短而黑。可疑毛发长且直，并且比已知毛发更细，除此之外，可疑毛发被漂白过。在显微镜下，可以很容易地观察到生长的毛根和漂白的毛干之间有一条清晰的分界线。被告从未漂白过头发。那么，可疑毛发不可能是被告的。它可能来自母系家族，因为线粒体DNA序列是母亲遗传的。因此，虽然线粒体DNA的结果可能导致定罪，但毛发的显微观察提供了排除被告的重要信息。这个警世故事源于一个真实的案例，案中最初根本没有进行毛发显微检验。

把科学的婴儿和证明的洗澡水一起倒掉对谁都没有好处。真正有意义的是，将研究集中于毛发显微检验分辨度的评估，以及检验人员如何将比对结果科学准确地传达给陪审团。被忽略的证据越多，刑事司法制度对受害者和被告来说就越糟糕。

## 参考文献

Alloca, S., July 7, 2015. In the public eye: FBI's fairytale hair evidence and the real – life consequences. Forensic Magazine. Online at: www. forensicmag. com/ videos/2015/07/ public – eye – fbis – fairytale – hairevidence – and – real – lifeconsequences? et_ cid =4663527&et_

rid = 454869145&location = top.

Balthazard, V., Lambert, M., 1910. Le poil de l' homme et desanimaux. G. Steinheil, Paris, France.

Ball, P., Borley, N. R., 1999. The Self - made Tapestry: Pattern Formation in Nature, vol. 198. Oxford University Press, Oxford.

Benner, B. A., Goodpaster, J. V., DeGrasse, J. A., Tully, L. A., Levin, B. C., 2003. Characterization of surface organic components of human hair by on - line supercritical fluid extraction - gas chromatography/mass spectrometry: a feasibility study and comparison with human identification using mitochondrial DNA sequences. Journal of Forensic Sciences 48, 1.

Bisbing, R., 2002. Forensic hair comparisons. In: Saferstein, R. (Ed.), Forensic Science Handbook, vol. 1. second ed. Prentice - Hall, Englewood Cliffs, NJ.

Caspari, R., 2003. From types to populations: a century of race, physical anthropology, and the American Anthropological Association. American Anthropologist 105 (1), 65 - 76.

Christensen, A., Crowder, C. M., Ousley, S. D., Houck, M. M., 2014. Error and its meaning in forensic science. Journal of Forensic Sciences 59 (1), 123 - 126.

Cole, S. A., 2009. Forensics without uniqueness, conclusions without individualization: the new epistemology of forensic identification. Law, Probability and Risk 8 (3), 233 - 255.

Connors, E. F., McEwen, T., Lundregan, T., Miller, N., 1996. Convicted by Juries, Exonerated by Science—Case Studies in the Use of DNA Evidence to Establish Innocence after Trial. US Government Printing Office, Washington, DC.

Federal Bureau of Investigation, April 20, 2015. FBI Testimony on Microscopic Hair Analysis Contained Errors in at Least 90 Percent of Cases in Ongoing Review. Press Release. Online at: www. fbi. gov/news/pressrel/pressreleases/fbi - testimony - on - microscopic - hair - analysis - contained - errors - in - at - least - 90 - percent - of - cases - in - ongoing - review.

Gamble, L. H., Kirk, P., 1940. Human hair studies II: scale counts. Journal of Criminal Law, Criminology, and Police Science 31, 627.

Garn, S. M., 1951. Types and distribution of the hair in man. Annals of the New York Academy of Sciences 53, 498.

Gaudette, B., 1976. Probabilities and human pubic hair comparisons. Journal of Forensic Sciences 21, 514 - 517.

Gaudette, B., 1978. Some further thoughts on probabilities and human hair comparisons. Journal of Forensic Sciences 23, 758 - 763.

Gaudette, B., Keeping, E. S., 1974. An attempt at determining probabilities in human scalp hair comparison. Journal of Forensic Sciences 19, 599 – 606.

Gaudette, B., 1982. A supplementary discussion of probabilities and human hair comparisons. Journal of Forensic Sciences 27, 279 – 289.

Gaudette, B., 1985. Strong negative conclusions: a rare event. Canadian Society of Forensic Science Journal 18, 32.

Gaudette, B., 1999. Evidential value of hair examination. In: Robertson, J. (Ed.), Forensic Examination of Hair. Taylor and Francis, London, UK.

Glaister, J., 1931. A Study of Hairs and Wools (Belonging to the Mammalian Group of Animals, Including a Special Study of Human Hair, Considered from a Medico – legal Aspect). Egyptian University Library, Giza, Egypt.

Hicks, J. W., 1977. Microscopy of Hairs—a Practical Guide and Manual. Federal Bureau of Investigation, Washington, DC.

Hoffman, V., 1898. Lehrbuch der perichtlichen medizin. Vienna, Austria.

Houck, M. M., Budowle, B., 2002. Correlation of microscopic and mitochondrial DNA analysis of hairs. Journal of Forensic Sciences 45 (5), 1 – 4.

Houck, M. M., October 1999. Statistics and trace evidence: the tyranny of numbers. Forensic Science Communications. 1 (3). www. fbi. gov.

Houck, M., 2012. Classification. In: Siegel, J. A., Saukko, P. J. (Eds.), Encyclopedia of Forensic Sciences. Academic Press.

Hsu, S., July 29, 2014. Federal review stalled after finding forensic errors by FBI unit spanned two decades. The Washington Post.

Kaye, D., 2015. Ultracrepidarianism in forensic science: the hair evidence debacle. Washington & Lee Law Review Online. 72, 227. http://scholarlycommons. law. wlu. edu/wlulr – online/vol72/iss2/1.

Kirk, P., DeForest, P. R., 1973. Forensic individualization of hair. Criminologist 8, 35.

Kirk, P. L., 1940. Human hair studies. 1. General considerations of hair individualization and its forensic importance. Journal of Criminal Law, and Criminology (1931 – 1951) 486 – 496.

Kirk, P., 1941. Human hair studies I. General considerations of hair individualization and its forensic importance. Journal of Criminal Law, Criminology, and Police Science 31, 486.

Kirk, P., Greenwell, M. D., Wilmer, A., 1941. Human hair studies III. Refractive index of crown hair. Journal of Criminal Law, Criminology, and Police Science 31, 746.

Koch, S. L., Michaud, A. L., Mikell, C. E., 2013. Taphonomy of hair—a study of post-mortem root banding. Journal of Forensic Sciences 58 (s1), S52 – S59.

Levy, A., April 13, 2015. The price of a life. The New Yorker. www. newyorker. com/magazine/2015/04/13/the – price – of – a – life.

Lindsay, R. B., 1959. Entropy consumption and values in physical science. American Scientist 376 – 385.

Mann, M., 1990. Hair transfers in sexual assault: a six year case study. Journal of Forensic Sciences 35, 951.

Marx, H., 1906. Ein beitrag zur identitatsfrage bei der forensicschen haaruntersuchung. Archive fur Kriminologie 23, 75.

Mayr, E., 1982. The Growth of Biological Thought: Diversity, Evolution, and Inheritance. Harvard University Press.

Melton, T., et al., 2005. Forensic mitochondrial DNA analysis of 691 casework hairs. Journal of Forensic Sciences 50, 1 – 8.

Midler, O., Karleskind, A., 1978. Hair dyes acting by oxidation. Their identication and estimation by high – performance liquid chromatography. Parums Cosmetics Aromestics 23, 77.

Montagna, W., Dobson, R. I., 1969. Advances in Biology of Skin. Hair Growth, vol. IX. Pergammon Press, New York, NY.

Montagna, W., Ellis, R. A., 1958. The Biology of Hair Growth. Academic Press, New York, NY.

Montagna, W., Parakkal, P. F., 1974. The Structure and Function of Skin. Academic Press, New York, NY.

Moore, J. E., 1988. A key for the identification of animal hairs. Journal of the Forensic Science Society 28 (5), 335 – 339.

Parakkal, P. F., Montagna, W., Mutoltsy, A. G., 1963. An electron microscopic study of the structure and formation of red pigment granules in hair follicles. Journal of Investigative Dermatology 41, 275.

Paus, R., Cotsarelis, G., 1999. The biology of hair follicles. New England Journal of Medicine 341, 491.

Reiner, N., July 2013. The hair microscopy review project: an historic breakthrough for law enforcement and a daunting challenge for the defense bar. Champion. Online at: www. nacdl. org/Champion. aspx? id = 29488.

Robertson, J. (Ed.), 1999. Forensic and microscopic examination of human hairs. In: Forensic Examination of Hair. Taylor and Francis, Philadelphia.

Ryland, S., Houck, M. M., 2001. Only circumstantial evidence. In: Houck, M. M. (Ed.), Mute Witnesses. Elsevier. pp. 117 - 138.

Saks, M. J., Koehler, J. J., 2005. The coming paradigm shift in forensic identification science. Science 309 (5736), 892 - 895.

Scheck, B., Neufeld, P., Dwyer, J., 2000. Actual Innocence: Five Days to Execution and Other Dispatches from the Wrongly Convicted. Doubleday, New York, NY.

Schum, D. A., 1994. The Evidential Foundations of Probabilistic Reasoning. Northwestern University Press.

Slobodzian, J., 2015. Hair Analysis a Discredited Tool: FBI Review Shows it Was Wrong in 96 Pct. of Cases. Philadelphia Inquirer, p. A1. May 12.

Trotter, M., Dawson, H. L., 1934. The hair of French Canadians. American Journal of Physical Anthropology 18, 443.

Trotter, M., 1922. A Study of Facial Hair in White and Negro Males, 9. Washington University Studies, p. 273.

Trotter, M., 1930. The form, size, and color of head hair in American whites. American Journal of Physical Anthropology 14, 433.

Wickenheiser, R. A., Hepworth, D. G., 1990. Further evaluation of probabilities in human scalp hair comparisons. Journal of Forensic Sciences 35, 1323.

Yoon, S., Jain, A., 2015. Longitudinal study of fingerprint recognition. Proceedings of the National Academy of Sciences. early publication, online at: http://www.pnas.org/content/early/2015/06/23/1410272112.full.pdf?sid=d0e6fe16-8ca6-4d79-8f14-abcc2b5f9189.

# 第三章 纵 火 案

## 第一节 案例研究：卡梅伦·托德·威林厄姆案

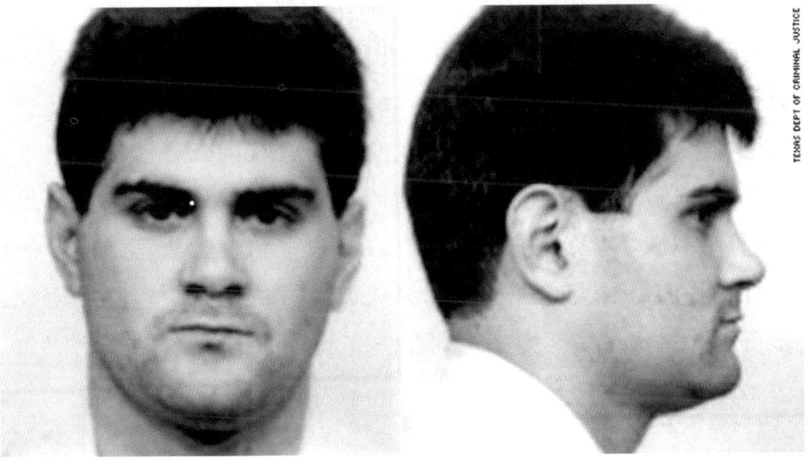


卡梅伦·托德·威林厄姆

从巫术到法律的过程缓慢而痛苦……随着人类的洞察力在岁月变迁中提升，我们会发现，曾经的真理仅仅是神话故事，曾经的科学其实是封建迷信。

（Han Tak Lee v. Franklin Tennis，2014）

### 一、案情简介

威林厄姆案是美国最受关注的纵火案之一。卡梅伦·托德·威林厄姆（Cameron Todd Willingham）因纵火导致他的三个女儿死亡而被处决，但是很多人认为他遭受的是无妄之灾，此案调查方法的有效性曾饱受诟病。随着火灾科学的发展，真相水落石出：得克萨斯州（Texas）处决的是一个无辜的人。火灾和纵火调查证据在威林厄姆的定罪中起到关键作用，随后成为记者（Grann，2009；Mills and Possley，2004）、“无辜者计划”（Innocence Project，2006）和得克萨斯法庭科学委员会（Texas Forensic Science Commission，2011）独立调查的对象。这些机构得出一致结论，陪审团所采纳的由副消防队长和助理消防队长提出的主张没有证据支持，二人的证词超出了他们的专业知识范畴。这场火灾可能只是一场意外的悲剧，威林厄姆则从未犯下罪行却被处决（Grann，2009；Innocence Project，2006）。虽然法院并没有正式宣告威林厄姆无罪，但在2012年，得克萨斯州曾牵头对本案一名监狱线人撤回证词的行为进行调查的前任法官查利·贝尔德（Charlie Baird）宣称，威林厄姆是被冤枉的（McLaughlin，2012；Baird，unpublish opinion）。

威林厄姆案证实，在纵火案调查中使用的过时调查方法以及由这些方法得出的结论是错判的根据。同时案件强调了确认偏差，调查人员得出的结论无证据和研究支持，以及辩护律师、检方、法官和上诉法官未能全面审查证据的危害性。我们需要为改进火灾和纵火调查方法进行更多基础研究，应该提供更多资源、付出更多努力来培训在法庭上面对此类证据的司法人员。

### （一）火灾经过

1991年12月23日，得克萨斯州科西卡纳（Corsicana）一幢平房起火。起火时房屋主人卡梅伦·托德·威林厄姆正在家中照顾他两岁的女儿安布尔（Amber）和一岁的双胞胎女儿卡尔蒙（Karmon）、卡梅伦（Kameron），他的妻子外出采购圣诞用品。警察和消防员将火扑灭后，威林厄姆告诉警方，火灾发生时他正在睡觉，被房间里的浓烟熏醒后出门求助并请邻居拨打了911报警电话，然后回到屋内寻找他的女儿，但是没有找到。由于火势太猛，消防队员阻止他再次进入火场。最终，他的大女儿和双胞胎女儿分别在主卧室和儿童房被发现，三人均严重烧伤。法医确定三个孩子死于吸入过量浓烟，威林厄姆脚上有轻微烧伤，肺部有烟雾。

## （二）火灾调查

科西卡纳的助理消防队长道格拉斯·福格（Douglas Fogg）最先到达现场并进行初步调查，他是一名有超过 20 年消防经验的注册火灾调查员（Certified Fire Investigator，CFI）。几天后，州消防局办公室的副消防队长曼纽尔·瓦斯克斯（Manuel Vasquez）也加入调查，他调查过 1200 多起火灾，有丰富的纵火案调查经验（Grann，2009）。瓦斯克斯和福格检查了房屋里的所有房间及其周围环境，采集样本并使用气相色谱 - 质谱联用仪（Gas Chromatography - Mass Spectrometry，GC - MS）检测是否存在助燃剂。除火灾现场外他们还进行了其他调查，包括多次采访威林厄姆和他的妻子、朋友、邻居以及火灾的目击者，查看威林厄姆治疗因火灾所受伤的医疗报告以及法医出具的三个孩子死亡报告。他们还与休斯敦警方密切合作，警方提供了威林厄姆的犯罪记录——逃学、酒后驾车、入店行窃以及家暴史。

在现场调查中，房间里到处都是燃烧的痕迹。瓦斯克斯和福格从中寻找起火原因、起火方式以及起火点的合理解释，包括电线故障的情况，确定其中 20 处以上的燃烧痕迹是故意纵火的证据。在使用 GC - MS 检测助燃剂的实验中，除一个放置烧烤架和油箱的前门门廊处的样本外，其他十多个样本的结果都是阴性。调查人员得出结论——火灾是人为故意的，这是一起纵火案件。

## （三）审判过程

卡梅伦·托德·威林厄姆被控三项谋杀罪名，应当被判死刑。如果他认罪，得克萨斯州将判他终身监禁，但是威林厄姆拒绝认罪。审判持续了两天多，检方的证据包括目击者对火灾当天所发生事件以及威林厄姆在火灾期间和之后行为的证词，前门门廊样本的助燃剂检测阳性结果，一名监狱线人证实威林厄姆对纵火杀害他的孩子供认不讳的证词，以及火灾调查员福格和瓦斯克斯的专家证词。

在火灾导致威林厄姆的女儿死亡两个月后，美国消防协会（National Fire Protection Association，NFPA）发布了一份火灾调查员指南（NFPA 921），如果遵循该指南，针对威林厄姆的证据将不攻自破，但是福格和瓦斯克斯并未遵循（Wills and Possley，2004）。他们确定了几个故意纵火的证据，例如地板上的不规则痕迹被认定为使用助燃剂形成的水坑痕迹和倾倒痕迹，儿童床下和门口的此类痕迹使检方更加确信威林厄姆计划杀死他的孩子并阻断逃生路线；烟雾造成墙壁上的多个 V 形痕迹和卧室墙壁上的近地燃烧痕迹，这与意外火灾中不会出现多个起火点的理论相悖；纱门底部烧焦的木板、地板上的龟裂纹、融化的床垫弹簧和被称为裂纹玻璃的窗上蜘蛛网痕迹证实，案发时的火比意外燃烧的火温度更高（Hurst，2004）。以上证据都证明有人故意纵火杀害了威林厄姆的三个孩子。经过 90 分钟的审议，陪审团认定威林厄姆被控的所有罪名成立，判处死刑。

（四）定罪后

威林厄姆 9 次就不同问题向得克萨斯州法院提出上诉，但是没有人质疑火灾调查员在审判中所提供专家证词的可靠性（Dioso－Villa，2013），美国地方法院驳回了他提交的人身保护令申请。由于在定罪后专家证据的程序相对复杂，法院也未对有争议的火灾调查结果提出异议（Wolf，2008）。最后，威林厄姆向得克萨斯州州长请求宽大处理，并申请暂缓 90 天执行死刑，以审查此案中可能有误的火灾和纵火调查证据。他的律师提交了一份火灾和爆炸专家杰拉尔德·赫斯特（Gerald Hurst）的报告来支持这份申请，赫斯特审查了案件中的证据，他发现福格和瓦斯克斯“认为火灾是故意纵火”的证词和结论存在错误（Hurst，2004）。赫斯特审查了福格和瓦斯克斯认定的纵火指征，对他们的解释进行了反驳并得出结论，二人判定案件为故意纵火的证据在意外火灾现场也经常出现。赫斯特还强调，助燃剂只能通过实验室的色谱分析来确定，而本案中唯一检测到助燃剂的地方是这家人烧烤的前门门廊。检方以多处倾倒痕迹为标志认为有多个起火点，因此认定威林厄姆使用了助燃剂，这个理论明显是错误的。尽管有充分的证据表明此次火灾并非人为纵火，但最终州长里克·佩里（Rick Perry）和得克萨斯州赦免与假释委员会（Texas Board of Paradons and Paroles，TBPP）还是驳回了威林厄姆暂缓执行死刑的申请，他在服刑 12 年后按计划被执行注射死刑。

## 二、定案依据

### （一）火灾和纵火调查

本案凸显了法庭采纳火灾和纵火调查证据作为专家证据时出现的关键问题。作为一门包含解释分析的重建科学，火灾和纵火调查不同于比较分析（如手印检验或工具痕迹检验）或实证分析（如化学分析、药物鉴定、法医DNA检测、射击残留物或爆炸残留物分析），也不同于精确观察（如目击者证词）（Porter，2011）。与法医的工作不同，火灾调查员必须确定是否发生了犯罪。由于不同行政管辖区的调查人员所受培训存在差异，同时调查人员掌握的资源和方法与每次调查所需的内容不一致，火灾调查工作极具挑战性（Dioso – Villa，2013；May，2011；Plummer and Syed，2012）。

### （二）基于经验的专业知识培训

威林厄姆的庭审记录显示，科西卡纳消防局的助理消防队长道格拉斯·福格在消防局工作长达22年。尽管法院承认他为专家证人并获准许其在审判中作证，但是并未提及他的资格与专业知识。州消防局副局长曼纽尔·瓦斯克斯在证词中称，他在军队工作了15年，是一名注册治安警察（Certified Peace Officer，CPO），也是有着15年工作经验的注册火灾调查员，同时是得克萨斯州执法情报协会（Texas Law Enforcement Intelligence Association，TLEIA）和北得克萨斯州火灾调查员协会（North Texas Fire Investigators Association，NTFIA）的成员。他已经调查了1200至1500场火灾，“除了少部分，大多数”都是纵火案（Statement of Facts，1992，p. 228）。他作为专家证人在审判中出庭作证至少25次，除少数民事案件外，他都代表检方。

威林厄姆案中这两名火灾调查员培训经历和经验的差异表明，目前火灾调查员作为专家证人无须出具特定证书，在进行火灾调查之前也无须接受正式培训或专业课程学习（Pioso – Villa，2013；Lentini，2006）。基于不同的培训、经验和资源，两名火灾调查员可能就同一场火灾的起因做出不同的判断，或者使用截然不同的调查方法得出相同的结论。

### （三）过时的纵火指征和第三方证据

正如下面深入讨论的，火灾调查员一直依赖师傅带徒弟的方法判断火灾是人为还是意外，其中就包括他们熟知的纵火指征，这些指征直到20世纪80年代都没有人提出异议（Lentini，2006）。瓦斯克斯、福格和火灾调查组认为纵火产生的燃烧痕迹与意外火灾不同，这个结论基于大家普遍认可的前提——使用助燃剂的火比自然燃烧的火更热更快。威林厄姆案中，福格和瓦斯克斯确定了20余种纵火指征，如融化的金属（因为金属融化需要意外火灾达不到的高温条件），龟裂纹（助燃剂在木质地板上燃烧所形成的鳄鱼状痕迹）和裂纹玻璃（窗户在房间内极端温度条件下形成的蜘蛛网痕迹）（Innocence Project，2006）。在威林厄姆案审判的20世纪90年代初，尽管已有新的证据表明，在狭小封闭空间中发生的意外火灾会出现闪络现象（译者补充：闪络是指固体绝缘子周围的气体或液体电介质被击穿时，沿固体绝缘子表面放电的现象，其放电时的电压称为闪络电压），这可能产生与纵火指征相符的现象（Dioso - Villa，2013；Lentini et al.，1993；May，2011；Plummer and Syed，2012），但福格和瓦斯克斯并没有意识到他们在威林厄姆案火灾现场观察到的纵火指征其实是自然闪络现象产生的。在威林厄姆的小房子里，热气层堆积到天花板上无法散开时就会发生闪络，导致房间内的可燃物同时着火，从而形成二人所说的纵火指征。

鉴于陪审团极其看重并高度依赖“纵火指征”的专家证词，“无辜者计划”、调查记者、法院、特别调查工作组和媒体都对威林厄姆的定罪和处决提出质疑。除了缺乏科学严谨的纵火指征之外，火灾调查员还使用了许多其他方法协助确定火灾的起因。在威林厄姆案中，福格和瓦斯克斯查阅了医疗记录和验尸报告，采访了目击者、证人及嫌疑人，研究了火灾报告，进行了现场勘查，采集样本进行GC - MS测试，并查阅了威林厄姆的犯罪记录。这些报告和收集到的调查事实辅助火灾调查员得出了火灾起因系人为的结论。

美国国家科学院（National Academy of Sciences，NAS）的法庭科学评估报告指出，火灾和纵火调查不幸与其他法庭学科一样缺乏必要的经验严谨性，所以火灾调查员不可以在法庭上提出纵火的指控。此外，他们建议将其培训、报告和证词标准化以消除这些局限性。

> 相比爆炸分析，我们需要更多地研究和探索燃烧痕迹和损伤特征的自然变化，以及各种助燃剂对其产生的影响。尽管缺乏充分研究，一些火灾调查员仍给出是否为纵火案的结论。根据提交给委员会的证词，许多通常用以证明使用了助燃剂的经验指征是有误的(如特殊的碳化痕迹、木材的“龟裂纹”)。应该设计更有科学依据的纵火调查实验。
>
> (Nation Research Council, 2009, pp. 5 -34 to 5 -35)

（四）法外因素的影响

火灾调查中的一些关键因素可能给法官和陪审员解释证词和证据带来困难。火灾调查员判断火灾是否为人为纵火应该依靠在火灾现场发现的物证，但有时也考虑被告人的犯罪前科或调查事实。在威林厄姆案中，瓦斯克斯作证说，他的结论部分基于非客观物证的外部因素，包括他的经验、培训经历以及对证人和被告人的访问。这种综合研判的观念在法庭科学领域并不少见，因为检验人员可能得益于了解案件事实，从而选择所需的检验进行准确的现场分析（Thompson，2011）。这就引发了在该案中火灾调查员是否有理由去调查被告的性格或犯罪史等问题。换言之，科学地确定火灾发生原因是否需要这些信息。即使需要一种全面的方法，也应该仅限于火灾物理科学方面。火灾调查员对被告性格的任何进一步调查，都与他们的职责相去甚远，也增加了对物证的成见和误读的风险和可能性。

（五）确认偏差

当分析者有意或无意地在某种程度上以一种支持他们的观点、假设和期望的方式去寻找或解释信息时，确认偏差就会发生（Nickerson，1998）。例如，调查事实时如知道嫌疑人供认或有类似犯罪记录，分析人员对调查结果的解释就会受到影响（Dror et al.，2006）。在威林厄姆案中，瓦斯克斯在法庭上的证词表明，他把威林厄姆看作是一个虐待妻女的丈夫，认为其对孩子的死亡有着不同寻常的反应。这些从目击者陈述及犯罪记录中获取的有关于威林厄姆性格的印象必然会影响瓦斯克斯在调查中对物证的解释。我们推断是确认偏差导致了他被定罪。当分析和结论是基于“艺术”而不是经验分析时，产生偏见的可能性就会增大。因此，瓦斯克斯认为“火灾讲述着故事”，他只是火灾的“翻译官”；福格认为“火灾告诉你……结构告诉你……这是多年的经验”（Mills and Possley，2004）。

### （六）根本争议

当检验人员在法庭上作证时，他们可能会提出超出科学方法或专业知识范围的主张，或者夸大证据的价值（National Research Council，2009），这对火灾调查员来说尤其危险。因为他们的职责是确定火灾的原因和起因，关系到案件的根本争议——是否存在犯罪、被告人到底是否为故意犯罪。

在威林厄姆案中，瓦斯克斯作证说，他认为火灾是故意纵火，还提到根据调查和他的经验，威林厄姆纵火的目的是杀死他的三个孩子（Dioso – Villa，2013；Grann，2009）。一般来说，没有任何科学方法可以明确支持有关个人动机的观点。然而，在怀疑有人纵火的情况下，火灾调查员很自然地认为他们已经找到了杀人动机的确凿证据。例如，在本案中，专家作证有一个特定的痕迹能够证明被告人在他孩子的床下和门口倒了一种助燃剂，其目的就是阻止孩子逃跑。授予某人专家资格使其既能证明犯罪行为又能证明嫌疑人意图杀死被害人，这在本质上存在较大风险。而针对这种高风险的授权，应该加大对专家资质的审查力度。

## 三、结论

1992 年，威林厄姆被判有罪并处死刑。他上诉 9 次均失败，申请 1 次人身保护令也以失败告终，赦免申请也被驳回，在被监禁了 12 年后于 2004 年被执行死刑。此后，依靠纵火指征作为火灾调查证据的做法受到火灾调查界和大众媒体的质疑和挑战。因为调查人员在调查中使用了过时的、未经认证的纵火指征，“无辜者计划”提交了一份申请，要求得克萨斯州法庭科学委员会重新调查此案。尽管本案不属于委员会的管辖范围，但出于政治考虑，委员会还是发布了一份报告称调查中使用的方法存在缺陷（Texas Forensic Science Commission，2011）。威林厄姆的定罪和死刑证明，法庭对不合理纵火证据的认可以及对没有科学基础的专家盲目依赖是非常危险的。要解决这些问题，就必须注重对专家的培训和审查，同时那些从事与火灾诉讼相关的法律从业人员也必须对火灾学和纵火学有更深入的了解。

## 参考文献

Baird, C. Cameron Todd Willingham (unpublished opinion). Available at: http: // camerontoddwillingham. com/.

Dioso – Villa, R., 2013. Scientific and legal developments in fire and arson investigation expertise in *State of Texas v. Cameron Todd Willingham.* Minnesota Journal of Law, Science and Technology 14 (2), 817 – 848.

Dror, I. E., Charlton, D., Peron, A. E., 2006. Contextual information renders experts vulnerable to making erroneous identifications. Forensic Science International 156, 74 – 78.

Grann, D., September 7, 2009. Trial by fire: did Texas execute an innocent man? The New Yorker.

Hurst, G., 2004. Affidavit by Gerald Hurst – Report on Cameron Todd Willingham, p. 3 Navarro County, Texas: 366th Judicial District.

Innocence Project, A. R. C., 2006. A Report on the Peer Review of the Expert Testimony in the Cases of *State of Texas v. Cameron Todd Willingham and State of Texas v. Ernest Ray Willis.* Innocence Project, New York.

Lentini, J., Smith, D. M., Henderson, R. W., 1993. Unconventional wisdom: the lessons of Oakland. The Fire and Arson Investigator 43 (4), 1 – 4.

Lentini, J., 2006. Scientific Protocols for Fire Investigation. Taylor and Francis, Boca Raton.

May, T. R., 2011. Fire pattern analysis, junk science, old wives tales and *Ipse Dixit*: emerging forensic 3D imaging technologies to the rescue? Richmond Journal of Law and Technology 16 (4), 1 – 50.

McLaughlin, M., 2012. Cameron Todd Willingham Exoneration was Written but Never Filed by Texas Judge. (Huffington Post).

Mills, S., Possley, M., December 9, 2004. Man Executed on Disproved Forensics: Fire that Killed his Three Children Could Have Been Accidental. Chicago Tribune.

National Fire Protection Association, 2008. NFPA 921: Guide for Explosion and Fire Investigations. Jones & Bartlett Learning, Quincy, MA.

National Research Council, 2009. In: Press, N. A. (Ed.), Strengthening Forensic Science in the United States. National Academy of Sciences, Washington, D. C, p. 254.

Nickerson, R. S., 1998. Confirmation bias: a ubiquitous phenomenon in many guises. Review of General Psychology 2（2），175 – 220.

Plummer，C.，Syed，I.，August 2012. ‘Shifted science’ and post – conviction relief. Stanford Journal of Civil Rights and Liberties VIII（2）.

Porter，G.，2011. A new theoretical framework regarding the application and reliability of photographic evidence. International Journal of Evidence and Proof 15，26 – 61.

Statement of Facts vol. XII at 228，Texas v. Willingham，no. 24 – 467（Tex. Dist. Ct. August 18，1992）.

Texas Forensic Science Commission，2011. Report of the Texas Forensic Science Commission Willingham/Willis Investigation. Texas Forensic Science Commission，Huntsville，Texas，pp. 1 – 52.

Thompson，W. C.，2011. What role should investigative facts play in the evaluation of scientific evidence? Australian Journal of Forensic Sciences 43（2），123 – 134.

Wolf，M. P.，2008. Habeas relief from bad science：does federal habeas corpus provide relief for prisoners possibly convicted on misunderstood fire science. Minnesota Journal of Law，Science & Technology 10，213.

## 第二节　正视不准确的火灾原因判定

除少数个例外，法庭科学学科都落后于许多其他学科，这很大程度上是因为法庭科学的基础不在学术界或工业界，而其发展是为了迎合司法系统对信息的需求。

与任何历史学科一样，我们很难（也许根本不可能）测算多数法庭科学方法的误差率。火灾调查是法庭科学中最难计算误差率的领域之一，在缺少火灾现场录像的情况下，人们很难确定火灾调查员的结论是否准确。尽管可以自信地说目前情况已有所改善，但仍然不尽如人意。

火灾调查不同于其他学科，甚至与其他法庭科学学科也有很大差异，因为其实践者基本上没有受过任何正规的科学教育，却总要做出关于化学、热传导、流体动力学和电力等学科的复杂解释。火灾调查员一般来自警察和消防部门，以往的培训都是在工作中由一位经验丰富的师傅将他深信的经验体系传授给新的调查员。因此，火灾调查结论的可靠性面临两大挑战：无资格的从业人员和无效的方法。

## 一、资质的缺乏

欧洲各国火灾原因调查的质量和从业人员标准差别很大（Tedim et al.，2015）。英格兰2007年创建了负责制定和维护法庭科学专家标准的监管机构，并委任了法庭科学监管员。火灾现场调查员必须符合国际标准组织（International Standards Organization，ISO）第17020条规定的标准才能通过认证；而在挪威和荷兰，中立专家需由法院任命（Stridbeck et al.，2013；Brants，2011）。加拿大虽然没有标准化的火灾现场调查培训，但是一些省级消防局已采用NFPA标准（Wright and Singer，2014）——消防局长对可能具备专家证人资格的火灾调查员，进行规范化培训。1994年，加拿大最高法院规定，专家证词能否被接受取决于它在不违背排除证据法则的前提下，协助事实调查方面的相关性和必要性，且专家是否有资质（R. v. Mohan，1994）。“有资质的专家”必须具备“通过学习或经验获得的在其作证的专业领域的特殊或者专门的知识”（R. v. Mohan，1994）。

美国联邦证据规则（Federal Rule）第702条和大多数州法规关于专家的规定都是以“有资质的专家……”开头。然而，在2010年之前，哪位专家有资质取决于专家个人，如果此人之前曾以专家身份出庭作过证，法官一般会认可其资质。现在《火灾调查员专业资格标准》（*Standard for Professional Qualifcations for Fire Investigator*）即NFPA 1033的变更改变了之前的规则。

NFPA 1033给出了客观的学科列表，要求调查人员掌握这些学科高于高中水平的知识。文件内容如下：

> 1.3.7* 调查人员至少应掌握以下科目高于高中水平的最新基础知识：
>
> （1）火灾科学
>
> （2）火灾化学
>
> （3）热力学
>
> （4）温度测量学
>
> （5）火灾动力学
>
> （6）爆炸动力学

(7) 火灾计算机建模

(8) 火灾调查

(9) 火灾分析

(10) 火灾调查方法

(11) 火灾调查技术

(12) 有害物质

(13) 故障分析和分析工具

(14) 火灾防护系统

(15) 证据记录、收集和保存

(16) 电力与电气系统（NFPA 1033，2014）

这份必备知识清单可以指导法庭判断专家是否有资质作证。尽管对专家的质疑一般是对调查方法的质疑，但现在测试火灾调查员是否掌握上述清单中所列的知识已经开始变得普遍，至少一个自称专家的人应该能准确地阐释这些学科。

《火灾和爆炸调查指南》（*Guide for Fire and Explosion Investigations*）即NFPA 921，把列表中的第一项“火灾科学”定义为“关于火灾与相关主题研究（如燃烧、火焰、燃烧产物、放热、导热、火灾和爆炸化学、火灾和爆炸动力学、热力学、动力学、流体力学、消防安全）及其与人、结构和环境之间相互作用的学科（NFPA 921，2014）”。

燃烧是一个快速氧化的过程，是伴随产生一定热和光的放热（能量释放）化学反应。热和光是能量的形式，不知道能量基本单位的火灾调查员实际上没有资格就火灾原因提出专家意见。火灾专家必须掌握的基础知识如下，但遗憾的是许多所谓的专家并未掌握（参见补充栏中的证词摘录）。

**能量**。能量是物质的一种性质，它表现为通过移动距离或传递热量对外做功的能力。能量可以改变形式（如从化学能转换为机械能），也可以转移到其他物质，但既不能凭空产生也不能凭空消失。能量以焦耳（J）或卡路里（cal）或英国热量单位（Btu）来衡量。1J 是 1 安培（A）电流通过 1 欧姆（Ω）的电阻 1 秒（S）时所产生的热量，或者是 1 牛顿（N）的力移动 1 米（m）距离所需的功。1 cal 是将 1 克（g）水的温度升高 1 摄氏度（℃）（如从14℃升至15℃）所需的能量；1 cal 等于4.184 J。1 Btu 是在1标准大气压（atm）和60华氏度（℉）的条件下将1磅（lb）水的温度升高1℉所需的热量；1 Btu 等于1055 J，252.15 cal。

**功率**。功率是物质的过程属性，它描述的是单位时间释放的能量。无论搬运重物的人是步行还是奔跑，都需要同样的能量，但之所以跑步需要更多的功率，是因为这项工作需要在更短的时间内完成。无论是用了10秒（s）还是10分钟（min），提高一定体积水的温度都需要相同的能量，但升温越快需要的功率越大，因为能量传递得更快。功率以焦耳每秒（J/s）或瓦特（W）为计量单位。

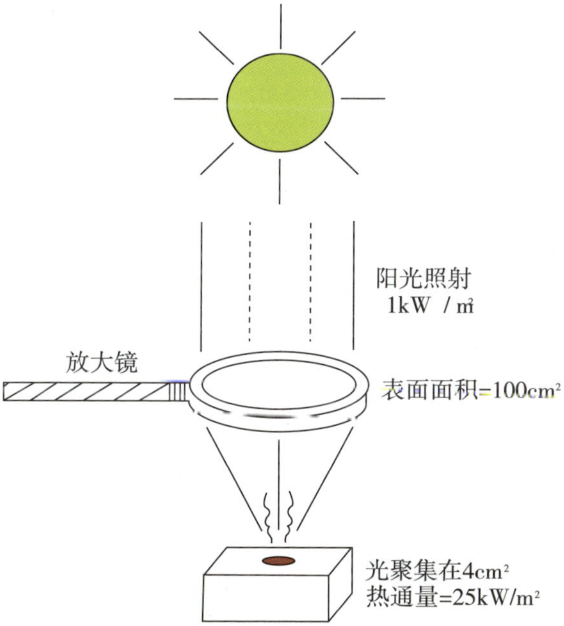


**图 3.1　用放大镜聚集太阳辐射热通量**

**热通量**。热通量是诸如火灾的过程属性，它描述的是单位面积上的功率值。1千瓦（kW）能量通过1平方米（$m^2$）的面积相当于晴天室外的辐射热通量。如果用放大镜将受热面积缩小，功率增大25倍，就会有足够的能量转移到那个区域，从而导致可燃物起火（见图3.1）。

热通量的测量单位为 $kW/m^2$ 或 $W/cm^2$。1 $m^2$ 等于10000 $cm^2$。较小的面积更有助于评估拟起火点。燃烧所需的临界辐射热通量为25～30 $kW/m^2$，看似需要很大的功率，但大多数火灾的起火点都很小，如果能量集中在小于 1 $cm^2$ 的区域，仅需 2.5～3W 就能点燃可燃物。

火灾化学涵盖了很多学科的知识，即使是调查火灾的新人也必须知道最简单的燃烧反应是氢燃烧（$2H_2 + O_2 \rightarrow 2H_2O$），最简单的碳氢化合物燃烧反应是天然气（主要成分为甲烷）燃烧（$CH_4 + 2O_2 \rightarrow CO_2 + 2H_2O$），1 体积天然气完全燃烧需要 2 体积氧气（10 体积空气）。

下面是一些可能会因为不了解火灾调查的基础知识而被禁止作证的“专家”证词。

这是来自一位负责调查火灾的电气工程师（electrical engineer，PE）的专家证词（2012 年 4 月 12 日）。

问：如何测量辐射热通量？

答：哦，我不记得具体的单位了，但我可以查一下。我只是不记得单位是什么了，因为它并不常见。

问：你知道一般情况下多少辐射热通量会导致闪络吗？

答：不知道。

问：在像今天中午一样无云的室外，1 $m^2$ 地球表面从太阳接收的辐射热通量是多少？

答：我不知道。

NFPA 1033 中列出的许多学科内容是交叉的，但是提出“排除一切意外原因”的火灾调查员必须掌握足够的电气系统和火灾保护系统知识，因为只有了解了电气系统才知道房间的线路是怎样运作的，了解了火灾保护系统才知道它们的性能是否正常。

这份证词来自一名拥有 30 多年从业经验的注册火灾调查员，他一直与上述调查员一起工作。在一场持续至少 6 小时的仓库火灾中，他“确定”有七处相邻的起火点。

问：什么是辐射热通量？

答：这是一种测量辐射热量的方法，如太阳的辐射热。

问：它是如何测量的？
答：太阳热是用温度来测量的，以℉和℃为单位。
问：有导致闪络的公认辐射热通量值吗？
答：有。
问：你知道是什么吗？
答：什么？闪络吗？
问：值是多少？
答：不知道。
问：你知道氢的化学符号是什么吗？
答：不知道，但是我知道哪里可以查到。
问：你知道氢气的化学式和化学符号是什么吗？
答：不知道。
问：或者氧的化学符号呢？
答：我知道去哪儿查。
问：再或者，你知道氧气的化学符号吗？
答：不知道，但我知道怎么查。
问：氢气燃烧的化学反应呢？
答：我不记得了。

NFPA 1033 的作者规定《火灾化学》知识时没有考虑过查资料可知的情况，但这句话确实成为许多调查人员的备用答案。

这名专家是一个有争议的厨房火灾现场的调查人员（2013 年 10 月 24 日）。

问：能量的基本单位是什么？
答：能量的基本单位是功率，另一个我忘记是什么了，但我可以查一下。
问：功率的基本单位是什么？
答：功率的基本单位我也得回去查一下。
问：瓦特是什么？请提供它的定义。
答：瓦特的定义啊，我得查查。

对专家资质的质疑通常是在法庭作出裁决之前，但事实上，当一方的专家无法回答关于火灾和能量的简单问题时，案件往往是以律师对专家不满意而了结。补充栏包含了有多年经验的注册火灾调查员的真实证言摘录，这表明通过注册与真正合格是不一样的。对专家缺乏专业资格的质疑正变得越来越普遍，作者曾见过一次对专家的成功质疑。由于这位专家无法描述氢气（$H_2$）的燃烧反应，还没有提问，法官就打断了诉讼说，“抱歉，如果你不知道 $H_2O$，你就不能在我的法庭上提出专家证词”。

这一证词是由另一名注册火灾调查员提供的，他取代了上述“专家”（2014 年 12 月 29 日）。

问：能量的基本单位是什么？

答：千瓦、瓦、马力、焦耳……我可以继续讲。

问：所有这些都是基本的能量单位吗？

答：是的。

问：功率的基本单位是什么？

答：那些是你们应了解的知识，我可以帮你查一下。

问：“瓦特”是什么？

答：是一种能量的测量单位。

问：那它是什么呢？

答：就像千瓦一样，如果我生产了——它是以瓦特先生的名字命名的。稍等，如果你想让我告诉你，我得查一下它确切的定义。

如何解决这些无资质或完全不合格的人以火灾调查专家自诩的问题，短期内没有解决方案。一名在缺乏基本知识的情况下成功获得认证并在火灾调查领域安逸混迹了 30 年的调查员，几乎不可能下定决心再去恶补专业科学知识。类似这样的调查员很有可能因为一件案子而名誉扫地。最终，当当事人决定雇佣掌握基本知识的人时，他们的业务量就会减少。但这不会改变整体情况，至少不会很快改变。正如伟大的科学家马克斯·普朗克（Max Planck）所言，“科学在一次次的烈火中涅槃重生”。把它应用到现有的情况中更贴切的阐述是，火灾调查在一次次人员更迭中浴“火”重生。

一位声称拥有高级学位的注册火灾和爆炸调查员（certified fire and explosion investigator，CFEI）认为被告人用以丙烷为燃料的除草机点燃了致命的大火，被告人因此被控谋杀罪（2010 年 11 月 11 日）。

问：你知道一标准立方英尺丙烷中有多少能量吗？

答：现在不知道。

问：你知道丙烷的化学式是什么吗？

答：目前我还不确定。

问：你能写下丙烷在空气中燃烧的化学反应方程式吗？

答：我不确定。

问：燃烧 1 体积的丙烷需要多少体积的氧气？

答：不知道。

问：你能解释一下热和温度的区别吗？

答：我的观点吗？不是 NFPA921 或任何……

问：是的，你的观点。

答：热是物体产生光和温度的产物，温度是所产生热量的自然测量值。

问：好的。能量的基本单位是什么？

答：目前我还不确定。

问：你听说过焦耳吗？

答：听说过。

问：是什么？

答：是一种能量单位，也与电有关。

问：功率的基本单位是什么？

答：交流电和直流电。

问：抱歉能再说一遍吗？

答：交流电和直流电。

问：你听说过瓦特吗？

答：听过，先生。

问：那你觉得你刚刚的回答正确吗？

答：很可能是。

问：什么是瓦特？
答：我不确定。如果能让我看一下手册，我可以给你这些答案……
问：你知道瓦特是什么吗？
答：不知道，先生。
问：好的。火的规模是怎样测定的？
答：目前我还不确定。
问：好的。什么是辐射热通量？
答：目前我还不确定。
（当检察官看到其“明星”证人在审判中的表现时，她提出了解雇）

提高申请者的质量是一个漫长的过程，这只能靠具备科学背景（不是指消防背景，而是指除消防背景外的科学背景）的人实现，并且需为符合条件的人提供相应的薪资。面对年薪 4 万美元的火灾调查员和年薪 10 万美元的消防工程师，多数大学毕业生会选择后者。除非社会将火灾调查认定为一种需要基础课程知识并且高薪的职业，否则火灾调查员不合格的问题将继续存在。

## 二、无效的方法

美国联邦证据规则第 702 条和大多数州的证据规则对方法论的阐述都多于对资格认证的阐述。该规则如下：

> 在下列情况下，因知识、技能、经验、训练或者教育而具备专家资格的证人，可以以意见或者其他的形式就此作证：
>
> （1）专家的科学、技术或者其他专业知识能帮助审判者理解证据或者裁决争议事实；
>
> （2）该证言基于足够的事实或者数据；
>
> （3）该证言运用可靠原理和方法得出的结果；
>
> （4）专家将这些原理和方法可靠地运用于案件的事实中。

虽然以上四条都提供了应对质疑的方法，却依然不符合“该证言是可靠原理与方法得出的结果”的要求，这就可能导致关于火灾来源和起因的不准确定论。

火灾调查中的“方法”错误通常不是因为行为疏忽而造成的，而是未能在灾后进行正确的分析。尽管 NFPA 921 确实规定了许多应该由火灾调查员（方法）完成的行为，但是基于科学研究（原理）对灾后物证的分析才是该文件中最重要的部分。大多数火灾调查错误可归咎于未遵循 NFPA 921 的广泛性指南对火灾进行分析解读。

1977 年，一个为美国司法部工作的航空航天公司团队首次针对火灾调查方法潜在问题进行了系统研究，他们对火灾调查员进行了调查并询问其用什么“指征”协助调查火灾并确定是否为纵火（Boudreau et al.，1977）。

司法部报告中列出的指征包括以下火灾物证：

**炸裂的玻璃**。玻璃上不规则裂纹的形成是由迅猛、强烈地加热引起的，因此是使用液体助燃剂的指征（见图 3.2）。

**焦炭的深度**。木材的燃烧深度通常用于估计燃烧持续的时间。人们普遍认为，木材以固定的速度燃烧，最深层的炭一定是燃烧时间最长的。

**分界线**。在地板或地毯上，“水坑状”分界线的存在证明存在液体助燃剂。一个木材的横截面上尖锐清晰的分界线意味着发生了快速、强烈的燃烧（见图 3.3）。

**塌陷的家具弹簧**。家具的弹簧会因为自身的重量而收缩（1150 ℉），而且由于室内装潢的绝缘作用，一般只有火从垫子内部开始或者火从外部燃烧且有助燃剂时，才有可能使弹簧塌陷（就像香烟在垫子之间滚动）。

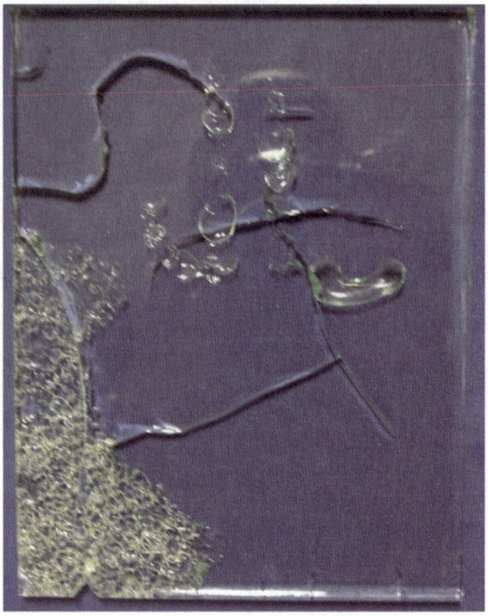

**图 3.2　炸裂的玻璃**

尽管有大量的教科书提出了相反的观点，快速加热不可能导致玻璃开裂，玻璃裂纹只能由快速冷却引起。但图中笔者使用湿棉签写下了他名字的首字母，裂纹仅出现在有水的区域。

**图 3.3　燃烧区域和未燃烧区域之间轮廓鲜明、连续、不规则的分界线**

不规则分界线是逐渐暴露和缩小的地毯对下面地板的保护所造成的。

**开裂**。混凝土对热度的反应会导致混凝土表面破碎甚至剥落，开裂碎片周围的棕色污渍表明使用了助燃剂（见图 3.4）。

除了这些“指征”之外，还有其他几个广为人知并用于火灾分析的方法，包括以下几种。

**燃料载荷**：了解建筑物中燃料的内能（而不是能量释放率）能让研究人员计算出一场“常规”火灾在一段时间内造成的破坏。一些调查人员参考了“标准温时曲线”。

**近地燃烧和地板上的洞**：由于热量是上升的，人们通常认为在地板上燃烧特别是在家具下燃烧，表明这里就是地板上的起火点。

**V 型痕迹**：V 形痕迹是由锥形火羽流和具有垂直表面的物体（例如墙壁）相互作用造成的。其角度表示燃烧的速度，角度大表示火缓慢燃烧；角度小表示火迅速燃烧，即有助燃剂的燃烧。

**时间和温度**：通过估算火的燃烧速度或确定火达到的温度，研究人员可以判定它是否“正常”加速。

所有这些“指征”现在都被准确归类为“无用科学”，但在过去的几十年里，许多无用科学已经渗透到火灾调查中。在火灾调查中引入并持续使用无效指征（所有这些都被认为是故意纵火指征）是该学科历史上的不幸，也是许多火灾调查员不愿意探讨的话题。有些人对此避而不谈，希望人们会逐渐忘记这些问题。由于未能解决火灾调查员在培训和教育方面存在的严重问题，这些谬见依然存在。更不幸的是，无辜的生命被善良但无知的调查员摧毁。

**图 3.4 正在施工的停车场天花板起火，混凝土剥落**

与希腊或罗马神话一样，没有单一的原因能够解释火灾调查的谬见如何或为何发展。当然，我们不相信任何调查员会故意公布他明知不真实的事，很大可能是由于没有道理的概括而产生的谬见。例如，在车库火灾中，调查员可能会观察到汽油容器的残骸周围有剥落痕迹，便将汽油与剥落痕迹相关联。当他再次看到混凝土碎片时，就会推断这肯定是汽油造成的。

一些错误论断由直觉上显而易见的“推论”得出，典型例子就是汽油燃烧比木头燃烧温度高的观点。任何一个点过火的人都知道，液体燃料生火更容易，短时间燃烧后，以汽油为燃料的火每单位时间释放的热量（kW）比只以木头为燃料的火高很多。因此，汽油为燃料的火焰温度一定会更高，然而，这一观点是错误的。但即使是当时公认最优秀的法庭科学专家之一保罗·柯克（Paul Kirk）也认同这一观点，在他 1969 年第一版的《火灾调查》一书中描述了检查熔融金属的作用：

> 任何熔融金属的残留物出现在火灾现场时，都可以通过金属熔点确定火的最低温度。因为只燃烧木材的火灾和添加额外燃料（如助燃剂）的火灾有效温度不同，大多数情况下研究者可以利用这一事实判断火灾是意外还是人为。
>
> 柯克（1969）

直到今天，调查员在观察到融化的铝门槛时，有时还是会推断出存在助燃剂。

1977 年一项研究的作者明确指出，这些指征没有任何科学依据，他建议进行一系列实验并为火灾调查员出版火灾调查指导手册。不幸的是，手册直到 1980 年才出版，而且没有实验数据。更不幸的是，这本手册是由世界上最受瞩目的科学和工程机构之一美国国家标准局（National Bureau of Standards，NBS，现在被称为国家标准与技术研究所，National Institute of Standard and Technology，NIST）出版的（Brannigan et al.，1980）。手册中的指征经常被引用在教科书中，因此深深地烙印于火灾调查文化中。

研究者和实验者一个接一个地验证这些指征是否真的有效，却一个接一个地证明了指征无效（Lentini，2012a；b）。此外火灾调查专业的培训方法也存在很大问题。专业团体在周末举办研讨会，故意纵一两组火再迅速扑灭，火灾调查员就可以“学习如何识别纵火”。这种培训的问题在于它无法模拟真实的火灾，因为真实火灾至少完全燃烧数十分钟。在整个20世纪80年代，这样的培训强化了一种观念：仅凭视觉观察就能判断出“易燃液体倾倒的痕迹”。

这里，调查员（CFI，CFEI）根据“倾倒痕迹”判断出第二起火点，并为一起民事纵火案作证（2013年4月25日）。

问：热量和温度的差别是什么？

答：热是由某物产生的，温度是空气或者环境的。

问：能量的基本单位是什么？

答：我不明白你的问题。

问：我不知道怎么说才更清楚。

答：你是问我能量是如何测量的，比如英国热量单位之类的，还是问热量是如何传递的？

问：不，我问的是能量的基本单位是什么？如何定义？

答：像动能、能量之类的东西，你指的是这个吗？

问：不是。我没问这个……

答：我不知道如何回答你的问题。

问：好吧。

答：好的。

问：功率的基本单位是什么？

答：我不知道怎么回答你的问题，对不起，我不明白你在说什么。

问：什么是瓦特，w－ǎ，t－è？

答：它是电力的输出单位，或者我认为它也可以用于衡量加热之类的东西，但通常在电力中被提及。

问：火的规模是如何测量的？

答：有很多方式。热量的输出，你是不是问它有多热，或者它产生了多少BTUs，或者问它覆盖的面积或者它造成了多大的破坏。

问：什么是辐射热通量？

答：我知道辐射热是什么，但是不知道辐射热通量的确切定义。

记者："通量"还是"同量"？
法官：通量，t－ō－n－g。
证人：通量，好的。
问：一般情况下多少辐射热通量会导致闪络？
答：我不知道（未完待续）。

只要对一些备受舆论关注的"纵火"案件进行仔细检查，就会清楚地发现，即使在没有易燃液体存在的情况下，充分燃烧的火灾也会形成类似易燃液体造成的破坏（Lentini，1992）。1991 年 10 月 19 日加州奥克兰市（Oakland）发生了一场毁灭性的火灾，随后进行的一项研究表明，许多之前确定的"纵火指征"都可以在那些已知是意外起火的建筑物中找到（Lentini et al.，1992）。

实验表明，通风良好的情况下，正常木材的燃烧温度与含液态烃的燃烧温度相同，甚至正常木材燃烧的温度更高。液态烃燃烧的放热率（kW）高于木材，但火焰温度（℉或℃）却没有差别。所以玻璃因快速加热而开裂的观点就不攻自破了。正如大多数化学专家所支持的观点，玻璃只有在加热后迅速冷却时才会开裂。

（续）以下摘录随后用作证据（如附录 3 所示）：国际纵火调查员协会（International Association of Arson Investigators，IAAI）的立场是，NFPA 921 号文件不仅是广为接受的火灾调查专业权威指南，还是一本重要的参考手册，它提出了确定火灾起因和原因的指导和方法。该协会使用 NFPA 921 以及包括 NFPA 在内的其他文件作为其培训和认证方案的基础。该声明重申 IAAI 对 NFPA 921 在火灾调查知识和方法中重要性的认可。
"权威"意味着该指南是公认的准确可靠的信息来源。根据其自身条款，该文件不是一份"标准"，需定期修订和更新，从而与火灾调查领域不断扩展的科学和技术知识保持同步。
问：这是 IAAI 关于 NFPA 921 和 1033 的立场声明，为什么不花点时间阅读它呢？

律师：反对。反对这种相关性或者说 IAAI 在特殊情况下立场的意义。
问：继续。
答：好的，我读过了。
问：你赞成它吗？
答：我不赞成。
问：你不赞成哪一部分？
答：权威部分。
问：你不相信 NFPA 921 文件是权威的吗？
答：是，我不相信。
问：当您调查此案例时，您是否会严格遵守 NFPA 921？
答：会的。
问：好。那您严格遵守 NFPA 921 的原因是因为它可靠吗？
答：是的，它是可靠的（未完待续）。

尽管专家在 20 世纪 90 年代揭露了许多火灾调查误区，但一些作者没能及时获取这些信息，目前仍有一些包含火灾调查误区内容的教科书正在印刷，这些书可能会被不知情的刑事司法专业人士看到，从而将错误的观念传给下一代执法人员。例如，《安全管理百科全书》（2007）（Fay，2001）和《刑事调查》第 10 版（2013）（Orthmann and Hess，2013）都重复印刷了 NBS 火灾调查手册中的 6 个火灾调查误区。目前已向作者指出这两本书中提供的信息已经过时了，但这些年来这些出版物造成的影响却不得而知。

（续）
问：您是否同意，空气存在下，氢气燃烧形成水是最简单的化学燃烧反应这一观点？
答：它……我不知道……这是不是真的。
问：你知道氢的化学符号吗？
答：我认为是 H。
问：那氢气呢？

答：我觉得依然是 H。

问：氧的化学符号是什么？

答：O。

问：氧气的化学式是什么？

律师：反对。我不知道他们之间的关系是什么，在之前我也反对过此类问题。

答：$O_2$。

问：空气中的氧气浓度是多少？

律师：反对。

答：氧气的浓度是多少？

问：对。

答：就像我们呼吸的空气一样？92%。我不知道对不对，但大概是这个范围。

随着科学的进步，许多涉嫌纵火的案件被重新审查，一些判决被推翻，但新知识的主要受益者是被指控但尚未定罪的人，以及本来会被上一代调查员指控的人。随着时间的推移，当纵火案件调查员意识到他们的决定可能会受到严重质疑时，便宣布故意纵火案件百分比下降（Mann，2009）。火灾调查误区主要是由位于马萨诸塞州昆西（Quincy）的 NFPA 内部火灾调查技术委员会编写的一份文件终止的，《火灾和爆炸调查指南》（NFPA 921）于 1992 年首次出版，之后每 3 年出版一次。该文件不断更新，第八版于 2014 年出版（NFPA 921，2014），第九版（2017 年）截至本刊发布之日仍在编写。

当 NFPA 921 首次发布时，美国绝大多数的火灾调查员都强烈反对将它作为指南，因为它与他们“学到的东西”不一致。但最终，火灾调查学科接受了这个更为科学的火灾研究方法，并且许多“旧学派”火灾调查员也退休了。火灾调查员的抵触情绪是可以理解的，毕竟承认曾将一个无辜的人送进监狱或导致一个家庭失去毕生积蓄相当于承认曾犯下不可估量的错误，相比而言，否认指南则更容易接受。

1996 年，密歇根米勒斯互助保险公司诉 Janelle R. Benfield 的案件，首次对“旧学派”火灾调查员提出了严峻挑战，其中一名未能妥善记录观察结果的火灾调查员被拒绝作证。在对这次被拒绝作证的上诉中，IAAI 提交了一份

“法庭之友”（amicus curiae）简报，支持火灾调查员不必履行严格的可靠性调查，因为火灾调查与在 1993 年多伯特决定中进行的科学测试相比更“缺乏科学性”（Burke）。不过，最终足够多的法庭裁决（包括最高法院一致通过的 Kumho Tire v. Carmichael 案的判决）说服了大多数火灾调查员必须接受 NFPA 921 中的科学方法。

很难准确说相关科学界是何时普遍接受 NFPA921 的，但 2000 年是一个重要的转折点。那一年，美国司法部发布了一份题为“纵火案与纵火现场证据：公共安全人员指南”的研究报告（图 3.5），该报告将 NFPA 921 认定为“每个火灾起源和原因判定专家的培训与专业技能基准”。同年，IAAI 首次批准通过 NFPA 921 的新版本。

**图 3.5　支持使用 NFPA 921 的美国司法部出版物（2000 年）封面**

## 三、火源测定的有效性

与30年前相比，火源测定的有效性有了显著改善，但火灾调查专业仍在努力解释火灾的复杂性。近期研究表明，与许多学科一样，火灾调查学“学得越多，知道的就越少”。这一点在2005年和2007年得到了证实，当时美国烟酒枪械及爆炸物管理局（US Bureau of Alcohol，Tobacco，Firearms and Explosives，ATF），如今用于调查当今美国许多备受瞩目的火灾事件的工作人员所做研究证实火灾调查员判断起火点的可靠性相当差。在2005年的研究中，先在两间一居室房屋中各点燃测试火，闪络后再燃烧2分钟。显而易见，除非找到正确的起火点（定义为燃料、氧气和火源聚集的地方），否则很可能会错判起火原因。

这里，一名调查员（CFI）在一个民事纵火案中作证。他仅凭“倾倒痕迹”出现在完全起火的房间便断定“纵火”（2010年11月10日）。

问：你估计房间里每包燃料的放热速率是多少？

答：我不知道。

问：你有没有想过……你对此有什么看法吗？

答：没有。

问：你估计火灾需要多少千瓦或兆瓦才能使房间发生闪络？

答：我不知道。

问：房间里出现过闪络吗？

答：我不知道。

问：你是否同意没有易燃液体参与下的火灾也可以产生不规则痕迹，比如出现在住宅主体地板上的那种痕迹。我参考的［NFPA 921 – 08的6.3.7.8.］不规则痕迹的定义。

答：不同意。

问：基于你的经验，你是否确定当看到一处易燃液体倾倒所形成的痕迹时你会认得？

答：是的。（未完待续）

“闪络”是建筑火灾扩大的一个转折点，当天花板上出现热气层时会出现这种情况。闪络之后，“房间里的火”就变成了“着火的房间”。火就像一个“泵”，增加热气层的体积和温度，直到它开始向各个方向辐射热量，包括向下。当温度接近 1200 ℉，房间里每个裸露的可燃表面几乎同时被点燃（图 3.6 说明了这一过程）。

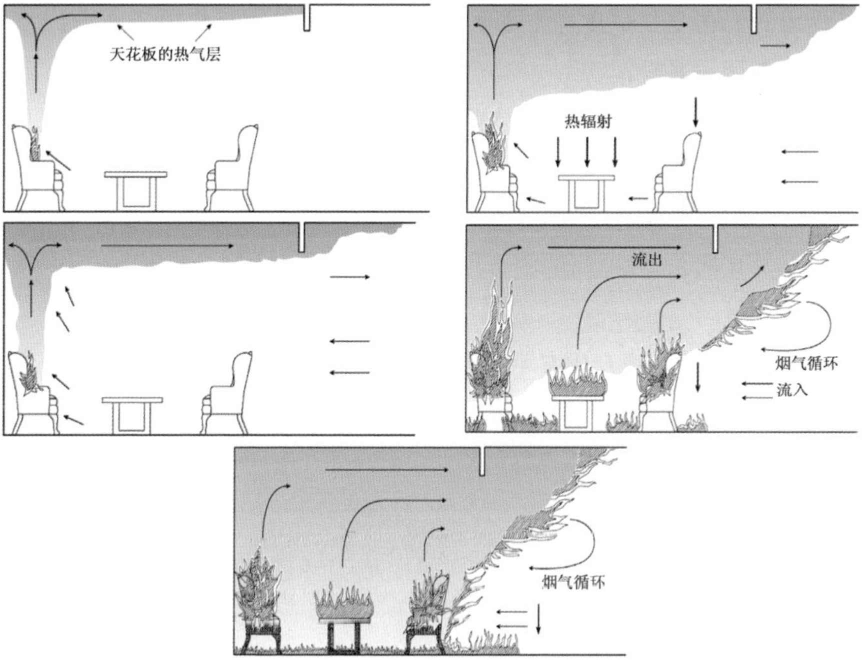


**图 3.6　一场典型室内火灾中的一系列反应**

经许可转载自 NFPA 921－2014，《火灾和爆炸调查指南》第 44～46 页。版权所有：马萨诸塞州昆西，美国消防协会，2014 年。该转载材料不是 NFPA 对所引用对象的完整官方立场，只有整体标准可代表其立场。

53 名调查员被带到了点燃测试火的两个房间，并被要求写下他们认为起火点所在的区域。根据他们对火灾痕迹的错误解读和他们坚信位置最低、炭化程度最深的焦炭即为火源的理念，在第一个房间 53 个专家中有 50 个选择了错误的区域。在第二个房间，结果相同，53 个人中只有 3 人选对了起火点所在的区域。图 3.7 是大多数调查者认为的起火点对应的燃烧痕迹。图 3.8 是真正起火点对应的燃烧痕迹。

（续）

问：你对“火灾化学”的定义是什么？

答：我不太确定该如何定义。

问：你对火灾化学的理解是什么？

答：我不知道。

问：你同意氢在空气中燃烧生成水是最简单化学燃烧反应的观点吗？

答：你能再说一遍吗？

问：你同意氢在空气中燃烧生成水是所有化学燃烧反应中最简单的观点吗？

答：我不知道。

问：氢的化学符号是什么？

律师：反对该问法。

答：我不知道。

问：你同意甲烷的燃烧是所有涉及碳氢化合物的燃烧反应中最简单的观点吗？

答：我不知道。

问：甲烷的化学式是什么？

律师：反对该问法。

答：我不知道。

问：甲烷燃烧的化学反应是什么？

律师：反对该问法。

问：如果我给你一张纸，你能把它写下来吗？

答：不能。

问：你修过哪些课程可以证明你热力学高等教育合格？

答：我不知道。

问：你知道“热力学”的定义是什么吗？

答：不知道（未完待续）。

在 2007 年的研究中，点燃了三处测试火，闪络发生后分别再燃烧 30 秒、70 秒和 3 分钟。调查员选择他们认为起火点所在的区域。在全屋燃烧 30 秒的火灾中，70 名调查员中的 59 人正确确定了起火区域；在全屋燃烧 70 秒的火灾中，

64 名调查员中有 44 人正确确定了起火区域，6 人承认他们无法判断；到燃烧 3 分钟的房屋，17 人承认他们无法判断，53 人中只有 13 人判断对了起火点所在区域。这个数字并不比抛两次硬币随机选出来的准确率更高（Carman，2009），这在火灾调查领域引发了极大的恐慌。调查火灾的起火点是火灾调查员的核心能力，但是这些测试表明，除非火灾起火点对一个未经训练的人来说也是显而易见的，否则火灾调查员根本无法确定火灾的起火点。

（续）

问：你知道温度、体积和压力之间的关系吗？

答：不知道。

问：好。你知道能量的基本单位是什么吗？

答：我认为是吸热、放热，我不太记得了。

问：能量的基本单位是焦耳吗？

答：不知道。

问：功率的基本单位是什么？

律师：反对该问法。

答：安培，瓦特。

问：如果我说了“瓦特”或“千瓦”提醒你回忆，你还记得吗？

答：能。

问：什么是“瓦特”？

答：不知道。

问：是 1J/s 吗？

答：不知道。

问：什么是“辐射热通量”？

答：我可以参考 NFPA 921。

问：好。

答：它探讨的是辐射热能，我没有看到辐射热通量。

问：如果我在一个晴朗无云的中午走在户外，那么 1 $m^2$ 地球表面从太阳接收到的辐射热通量是多少，你知道吗？

答：不知道（未完待续）。

**图 3.7　门对面墙上一个明显的空气流通痕迹**

这个痕迹在 2005 年拉斯维加斯（Las Vegas）的测试中被许多调查员误认为火灾的起火点。该痕迹底部并没有合适的点火源或燃烧源，他们可能根据痕迹的宽度推断是易燃液体沿着墙壁扩散开了。

**图 3.8　拉斯维加斯火灾实验中真正起火点上方大致为 V 形的火灾痕迹**

在全屋燃烧的火灾实验中，空气流通产生的燃烧痕迹是导致火灾调查员误判起火区域的主要因素，它通常会在闪络发生后产生，而且其本身与起火点没有任何关系。一旦发生闪络，房间里的氧气浓度就会下降到接近于零，起火点的燃烧几乎停止。房间里就像充满了热的可燃燃料和燃烧产物，它们只能在有足够氧气的情况下燃烧。因此，最剧烈的燃烧发生在燃料与氧气接触的地方。

解释由空气流通形成的痕迹并不容易，从门进入的流通空气会在门对面的墙上产生辐射热通量达 150 kW/m$^2$ 的火。图 3.9 显示了用计算机构建的 2005 年拉斯维加斯测试火灾模型，解释了为什么门对面的墙上有这么大的火。在完全燃烧的房间中，调查员应检查每一处燃烧痕迹，以确定其是否能以空气流通理论解释，如果可以的话，调查员就需要到别处寻找起火点。

（续）在这里，同一名调查员正在为后来发生的一起民事纵火案作证，该案件遭到了同一家律师事务所的反对。这一次，调查人员根据“倾倒模式”和两个连续燃烧、据称是起火点的区域判定为纵火（2013 年 10 月 4 日）。

问：你还记得 2010 年 11 月 10 日你在（之前的）案件中作过证吗？

答：记得。

问：我会给你一份证词的副本，你就能拿到这份证词。你还记得在第 74 页有人问你……

律师：请给律师一份。

问：你还记得在 74 页的时候你被问及，“你同意氢在空气燃烧形成水是最简单化学燃烧反应的观点吗？”你的回答是“我不知道”吗？

答案：记得。

问：当你给出答案的时候，你是否宣誓过？

答：是的。

问：那是在 2010 年 11 月吗？

答：是的。

问：在作证之前，你在同一年的 8 月和 9 月做过调查吗？

答：我想做过。

问：公平地说，你对此案进行调查是在 2010 年 8 月和 9 月，而我刚才引用的证词是在那之后两个月，也就是 11 月，对吗？

答：是的。

问：你知道氢的化学符号是什么吗？

答：我想是 H。
问：你知道氢气的化学式是什么吗？
答：不知道。
问：你知道氢燃烧的化学反应是什么吗？
答：抱歉，能再说一遍吗？
问：你知道氢燃烧的化学反应是什么吗？这与火灾科学有关。
答：不知道。
问：你知道甲烷的燃烧是否是所有涉及碳氢化合物的燃烧反应中最简单的吗？
答：我不确定（未完待续）。

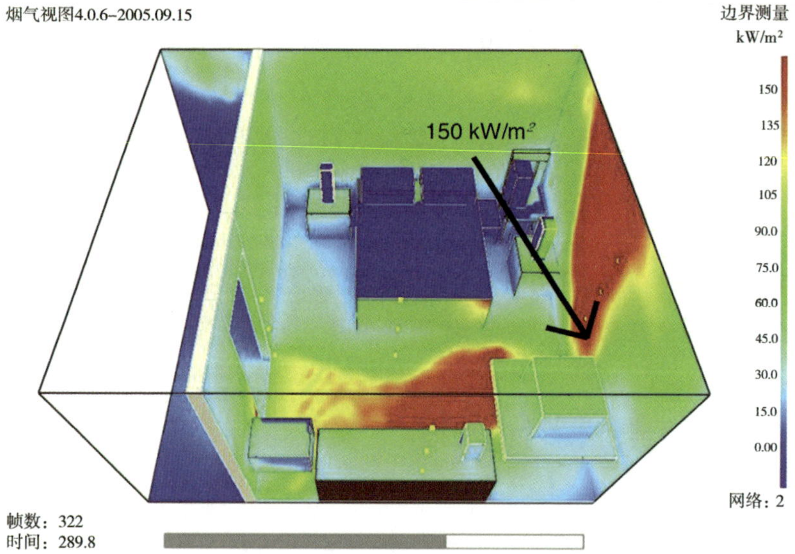


**图 3.9 用计算机程序构建的拉斯维加斯试验的火灾动力学模型**

由于氧气从门口流入，在对面的墙上形成了一个很大却没有意义的燃烧痕迹。

更复杂的是，如果火源高于地面，比如说在一个区域的顶部，那么热气层的扩散甚至可能导致火灾调查员误判起火房间。卡曼（Carman）描述了一个实验，在厨房发生的火灾导致相邻的起居室发生闪络，却不是厨房发生闪络（Carman，2011）。火源和最先被点燃的燃料并不在误判的起火点或起火区域里。借助“否定语体”的不可信方法，调查员称在起火区域没有意外着火的潜在起火点，因此火灾“肯定”是“故意的”。紧接着调查员就会认为，首先点燃的燃料“肯定”是易燃液体，而火源“肯定”是明火，不管是谁倾倒了易燃液体，他一定携带着明火。在燃烧痕迹的底部，甚至可能有一个空气流通产生的“不规则痕迹”，它被确定位于“起火点”的上方。当人们考虑如何给火通风时，通常记得热气和火焰从开口的顶部流出，而凉爽的新鲜空气从底部吸入。这导致在20世纪90年代之前，人们普遍认为地板燃烧就意味着易燃液体的燃烧，因为“热量是上升”的。错误的起火点判断，加上否定语态的推理方式就会导致调查员将意外火灾误判为故意纵火（如图3.10所示）。

（续）

问：你知道甲烷的分子式是什么吗？

答：不知道。

问：你知道甲烷燃烧的化学反应是什么吗？

答：不知道。

律师：反对这种提问方式。

问：你知道一体积的甲烷需要和多少体积的空气发生反应吗？

答：不知道。

律师：反对这种提问方式。

问：在火灾科学和针对火灾的调查中，了解温度、体积和压强之间的关系有用吗？

答：有用。

问：那温度、体积和压强之间有什么关系呢？

答：压力作用下会产生热量，所以作用于物体上的压强大小是重要的。

问：你还记得在2010年11月10日，你在为另一起案件作证时被问及是否知道温度、体积和压强之间的关系吗？

答：记得。

问：那你还记得对于这个问题，你的回答是“不知道”吗？

答：是的。

问：75 页？
答：不好意思。
问：好吧。你是在 2010 年 11 月 10 日宣誓的吗？
答：是的。
问：好吧，先生。在火灾动力学和火灾调查方面，能量的基本单位是什么呢？
答：我确定是放热和吸热。（未完待续）

**图 3.10　被误认为火灾起火点的 V 形痕迹**

这个痕迹位于墙面内部第二层，是在火灾后期形成的，是空气流通导致的结果。因为没能在 V 形痕迹下方确定起火点位置，所以调查人员推断一定是有人设计了这场火灾。

房间里发生火灾时，热量会一直上升直至遇到障碍物（如天花板），之后形成热气层。这会形成与垃圾燃烧或宿营篝火不一样的火，进而误导人们的判断。一旦热气层中的辐射热通量达到约 20kW/m$^2$，那么房间中每一个裸露的可燃物表面（包括地板和地板覆盖物）都会在几秒钟内被点燃。地板在闪络前燃烧的现象才是“反常的”。

## 四、火灾物证的常见误区

调查员理解闪络现象对提高火灾调查的准确性至关重要，但要达到专业程度还有很长的路要走。仍然有很多调查员相信与火有关的谬论，认为依靠他们多年的经验就能通过视觉观察识别出易燃液体的“倾倒痕迹”。自第一版NFPA 921问世以来，就用强烈的措辞质疑过这些证据的可靠性；2014年版还包含对于“不规则痕迹”认识的质疑。

（续）

问：能量的基本单位是什么？

答：焦耳。

问：你知道瓦特和焦耳的关系吗？

答：不知道。我可以参考NFPA 921，这份文件中有阐述，但是……

问：如果你看到过，那么你就可以在里面找到是吗？

答：是的。

问：好的。那什么是辐射热通量？

答：我认为它是……我认为它是被划分在一定范围内的面积，热量面积。

问：好的，先生。如果你要测量……试着去测量辐射热通量，你会用什么样的方法呢？

答：我不知道。

问：你知道通常情况下，辐射热通量值达到多少会引发闪络吗？

答：我不知道。

问：你提到过，你曾经修了一门课时为6小时的火灾计算机建模课程。你知道数学建模是用来做什么的吗？

答：不是很清楚。

问：你知道区域模型和场模型的区别吗？

答：不知道，我不太了解。

6.3.7.8 不规则痕迹。调查员不能仅仅通过看到地板或地板覆盖物上遗留的不规则、弯曲或“水坑状”痕迹，就断定火灾是由易燃液体引起的。在涉及全屋被烧的情况下，即使不存在易燃液体，也可以产生与其存在时所形成的相似痕迹。

6.3.7.8.2 在发生闪络、灭火时间长或建筑倒塌的情况下，经常会形成不规则痕迹，这可能是由于热气、燃烧和不完全燃烧的残

> 骸、融化的塑料或易燃液体作用形成的。如果怀疑存在易燃液体，应通过实验室分析提供支撑证据。
>
> 6.3.7.8.5 “倾倒痕迹”指一种液体被倾倒或通过其他方式被分散形成的痕迹，可以证明是故意行为。由易燃液体所形成的火灾痕迹从表面上看并不具有排他性，因此“倾倒痕迹”这一表述及其性质不应用作证据。这类痕迹的正确术语应该是一种不规则形状的火灾痕迹。在推断不规则痕迹的形成原因时，不能仅仅通过视觉断定，是否存在易燃液体应该通过实验分析来确定。

由于火灾调查员的错误分析解释而导致的误判案件数量相当大，NFPA 921 对于这类误判案件的质疑比任何其他案件都要多。

随着人们对闪络产生的痕迹有了新的认识，最先推翻了发生在亚利桑那州（Arizona）的雷·格德勒（Ray Girdler）纵火案的审判。格德勒先生的定罪依据是近地燃烧、不规则痕迹、裂纹玻璃以及一名法医毫无说服力的证词。那名法医认为，格德勒妻子和女儿体内的高羧络血红蛋白（High carboxyhemoglobin，COHb）表明案件是人为故意纵火。经过 11 天的特别听证会，法官詹姆斯·苏尔特（James Sult，八年前宣判格德勒终身监禁不得假释）裁定，曾作为判定纵火罪的火灾物证在意外火灾和人为纵火中都可以形成。

这是一起最具颠覆性的纵火案例，国家本应证明排除合理怀疑的犯罪事实却根本没有科学依据。调查员对不规则痕迹的视觉误判通常是导致案件误判的重要因素。在这些情况下，实验分析通常得到否定的结果。实验分析比火灾现场分析更客观，但实验室误差也是几次误判的重要因素。

如果火灾现场调查员误认为一处不规则痕迹是由易燃液体造成的，实验室检验人员也错误地鉴定出残留样本中存在汽油，除非辩方发现实验分析存在错误，否则嫌疑人将难逃一劫。通常情况下，卧室地毯上不会存在汽油，但如果实验室鉴定出汽油成分，那么现场调查员对于自己的判断更有信心。因此，在诉讼前期，有必要对实验结果进行验证。如果证明的确存在汽油，那么再争辩引发火灾的原因就毫无意义了。但值得注意的是，除了汽油之外，几乎其他所有的易燃液体残留物都有合理存在的解释。

比如，众所周知鞋子含有各种各样的碳氢化合物溶剂；地板涂料可能含松香水等经过几十年仍可被检测出来（Lentini，2001）的溶剂；报纸的煤油检测呈阳性，灯油混合物中的无碳检测通常也呈阳性（Lentini et al.，2000）。在没有比较样本的情况下，永远不知道环境干扰对检测结果的影响是什么，因此将微量易燃液体残留物看作是“助燃剂存在”是毫无意义的。

正是调查员对汽油存在的误判导致密歇根州戴维·李·加维特（David Lee Gavitt）被错判。火灾调查员在1985年宣布，烧死加维特妻子和两个孩子的火是他在三个位置故意用易燃液体点燃的。一位不专业的化学家用不恰当的方法得出错误的结论：17个碎片样本中有2个呈汽油阳性反应。而这个错误直到2011年检查实验室数据时才被发现。案件中还有许多其他错误，但检察官要求ATF进行了2年的审查，最后才释放加维特（Plummer and Syed，2012）。

另一个被推翻的错判是1994年乔治亚州（Georgia）的韦尔登·韦恩·卡尔（Weldon Wayne Carr）案。尽管当时火灾调查员采集的12个样本在两个不同的实验室检测均呈阴性，但他还是被判有罪。检察官南希·格雷斯（Nancy Grace）在接受美国有线电视新闻网（Cable News Network，CNN）采访前的最后一次庭审中利用一条名为布拉兹（Blaze）的犬发出的阳性示警说服陪审团相信火灾中有易燃液体。乔治亚州最高法院发现，使用未经认证的犬类示警与最早的测谎试验一样毫无科学性。

> 首次有记录的测谎试验是在古印度进行，嫌疑人进入一个黑暗的房间并触摸一头驴的尾巴，如果驴在尾巴被碰触时发出嘶叫，嫌疑犯就被宣布有罪；否则他就会被释放。现代科学已经用金属的电子盒代替了驴，但结果仍然有偶然性且毫无说服力。
>
> （Carr v. State，1997）

使用未经认证的犬类示警是对法庭和陪审团集体智慧的侮辱，但无论如何过分热心的检察官都呈上了这种伪科学证据。将此类证据与搜毒犬和搜爆犬类比是不恰当的，因为如果搜毒犬或搜爆犬向一只手提箱发出警报，但并没有发现毒品或爆炸物，不会有人被逮捕；但在使用助燃剂鉴别犬的案例中，训犬员（不是科学家）认为他们的犬比实验仪器灵敏度更高，并坚持认为这些示警（充其量是假定的测试）意味着火灾是故意纵火。这种关于灵敏度的论证并不真实，因为实验室主管分析师能够检测小至1/500滴（0.1μL）的易燃液体（Lentini，2012 a，b）。

1996年，NFPA火灾调查技术委员会宣布，“司法系统正在进行欺诈”（NFPA Technical Committee on Fire Investigations，1996），并在NFPA 921中阐明，不应将未经认证的犬类示警认定为有效证据（NFPA 921 – 14：17.5.4.7.1）。目前未经认证示警的滥用已经减少，但并没有完全禁止。2012年，最大的训犬员专业协会“助燃剂鉴别犬协会”（Canine Accelerant Detection Association，CADA）谴责了继续尝试引入未经认证示警的行为。他们说，“……任何检察官、律师或助燃剂鉴别犬的训犬员，在未经实验室分析证实的情况下，都不应作证或支持易燃液体存在”（Officers And Directors of the Canine Accelerant Detection Association，2012）。

将意外火灾误判为故意纵火的另一个常见原因是火灾调查员对“多个起火点”的认知。当发生闪络时，所有裸露的可燃物几乎被同时点燃，甚至导致远离起火点的墙裙和地板燃烧。因此，建筑物的一个区域着火，另一个区域的可燃物可能因闪络被点燃，而且因为空气流通条件不同，这两个区域会比二者之间的区域燃烧得更猛烈。因此误判出了实际上根本不存在的多个起火点。

2013年1月，美国国防研究所主办了一场名为“火灾科学与诉讼：镜中迷雾，用科学照亮道路”的研讨会，会上讨论了确定起火点方法的科学性，其中包括史蒂文·卡曼（Steven Carman）题为“空气流通在火灾调查中的影响”（The Impact of Ventilation in Fire Investigation）的文章，他是2005年《起火点准确性》论文的作者、德高望重的ATF前探员。以下是卡曼先生关于空气流通导致混淆起火点可能性的意见。

> 在同一场火灾中，闪络前和闪络后产生的火灾破坏区域可能相距较远并且没有明显的联系。闪络后的破坏可能会更严重，燃烧的时间可能更长。不熟悉闪络后燃烧性状的调查者可能会得出不相连的火是被分别点燃的结论，这进而可能导致误判火灾起因和起火点。

毫无疑问，意外的火灾基本只有一个起火点。因此，如果有可靠证据证明有多个起火点的话，将有力证明火灾是人为的。不幸的是，许多火灾调查员相信，即使整个房间都被卷入火灾中，甚至所有的破坏都是相邻的，他们也能发现存在多个起火点。

NFPA 921 讨论了多个起火点的问题，就误导火灾调查员的潜在混淆作用提出质疑，并提供了以下指南。

> 24.2.1　多起火灾。多起火灾是两个或多个独立的、无关的同时燃烧的火灾。调查人员应寻找任何可能存在的其他火堆或起火点。为了得出有多处火灾的结论，调查员应该确定任何“单独的”火灾都不是由最初的火灾引起的。
>
> 24.2.1.1　不同房间的火灾、不同楼层的火灾、建筑物内外的独立火灾都是多起火灾的例子。应搜查着火的建筑物及其周围区域，以确定是否有多起火灾。
>
> 24.2.1.2　非多次故意纵火引起的独立火灾可由以下原因导致：
>
> （1）火通过热传导、热对流或热辐射蔓延
>
> （2）火通过飞溅的燃烧着的木头蔓延
>
> （3）火通过火焰直接接触蔓延
>
> （4）火通过倒下（即掉落）的燃烧物蔓延，例如窗帘
>
> （5）火通过竖井蔓延，如管槽或空调管道
>
> （6）火在“气球构造”内的墙壁或地板空腔内蔓延
>
> （7）超负荷的电线
>
> （8）公共设施系统故障
>
> （9）闪电
>
> （10）喷雾剂容器的破裂和喷射

1989 年，李汉达（Han Tak Lee）因被指控在宾夕法尼亚（Pennsylvania）乡下的一个教堂里放火杀害自己的女儿而被判有罪。用来“证明”这场火灾是人为的“证据”包括这样的断言：在一个完全卷入火灾的房间里，有九个独立的火灾起火点。该州声称此案使用了 60 多加仑的柴油汽油混合燃料，尽管在发生火灾的小屋里没有大到可以容纳这么多燃料的容器。李汉达先生的辩护律师辩称，是精神失常的受害者纵火，但地区检察官却反驳说，凭她的智力不足以把燃料混合在一起。检察官误认为三个检测呈阳性的样本都含有

“完全相同的物质”，尽管化学专家在作证时并没有说过这样的话。

那些对李汉达先生提出不利证据的人并不比本章开头描述的那些不知道能量基本单位是什么的调查员更有资质。其中一名调查员表示，火灾燃烧速度异常快，因为它不符合“标准温时曲线”，而该曲线描述了如何进行防火测试，与实际火情如何进展并没有关系。这位证人还声称，他在 20 年的职业生涯中调查了 1.5 万起火灾。在庭审大约 10 年后，该州的首席调查员在给编辑的一封信中为自己的调查辩护称他的调查方法是庭审结束后才受到质疑的。

经历了 21 年的诉讼，得克萨斯州才承认所有纵火指征是无效的，但只留下了三个已经“丢失”了原始数据的样本。2012 年，这些样本被重新分析和比较，它们显然不是“完全相同的物质”，也很容易区分。

2014 年，联邦地方法官马丁·卡尔森（Martin Carlson）撰写了一份长达 45 页的报告，并建议释放服刑 25 年的李汉达。报告以“从巫术到法律的过程缓慢而痛苦”开篇，并指出“随着人类的洞察力在岁月变迁中提升，我们会发现，曾经的真理仅仅是神话故事，曾经的科学其实是封建迷信。这个案子就是如此。”（Tak Lee，2014）

## 五、结论

李汉达案是近 40 年来火灾调查变迁的缩影。NFPA 921 在它的前三个版本中描述火灾调查是“一项涉及艺术和科学的复杂工作”，而在 2001 年（及此后）被改为“一项融合技能、技术、知识和科学的实验”。随着科学占据主导地位，火灾调查情况已有所改善，但仍有大量调查员相信错误的指征，他们无法在调查中恰当地应用科学，因为他们不是科学家，也没有成为科学家的打算。因此，对于那些仍需使用火灾调查分析报告的人来说，还要保持警惕。

在对已处决的卡梅伦·托德·威林厄姆案件的分析中，得克萨斯法庭科学委员会列出了 17 条建议，旨在改进火灾调查的实践以及其在司法系统中的应用，其中最重要的建议是要求加强司法审查。因为火灾科学在本质上具有复杂性，火灾调查的标准也在不断演变，委员会建议对所有纵火案进行受理听证（也称为多伯特/凯利听证）（Report of the Texas，2011）。这样的听证会将产生必要的讨论，可以防止基于人格诽谤而非基于真正科学的定罪。

然而，归根结底，除非聘用火灾调查员的个人和组织能提供足够高的薪资吸引受过教育的科学工作者，否则情况仍难以改善。

## 参考文献

Boudreau, J., Kwan, Q., Faragher, W., Denault, G., 1977. Arson and Arson Investigation – Survey and Assessment. Law Enforcement Assistance Administration, United States Department of Justice, Washington, DC.

Brannigan, F., Bright, R., Jason, N., 1980. Fire Investigation Handbook. National Bureau of Standards, U. S. Department of Commerce, Washington, DC.

Brants, C., 2011. Comparing criminal process as part of legal culture. Comparative Criminal Justice and Globalization 49 – 66.

Burke, P. W. Amicus curiae brief filed on behalf of the International Association of Arson Investigators. In: Michigan Millers Mutual Insurance Company v. Janelle R. Benfield. 140 F. 3d 915 (11th Cir. 1998). Available at http://caselaw.findlaw.com/us – 11th – circuit/1396573.html.

Carman, S. Improving the understanding of post – flashover fire behavior. In: Fire and Materials, Eleventh International Conference, 26 – 28 January 2009. Interscience Communications, London. Available at: http://carmanfireinvestigations.com/publications.html.

Carman, S. Fire and Materials. In: Twelfth International Conference, 31 January – 2 February 2011. Interscience Communications, London. Available at: http://carmanfireinvestigations.com/publications.html.

Carr vs State, 1997. Ga. Lexis 104.

Fay, J. J., 2007. Investigation: arson. In: Fay, J. J. (Ed.), Encyclopedia of Security Management. Elsevier, Amsterdam, pp. 127 – 130.

From NFPA 921 – 14: 17. 5. 4. 7. 1. In order for the presence or absence of an ignitible liquid to be scientifically confirmed in a sample, that sample should be analyzed by a laboratory in accordance with 17. 5. 3. Any canine alert not confirmed by laboratory analysis should not be considered validated.

Kirk, P., 1969. Fire Investigation. John Wiley & Sons, Hoboken, NJ, p. 145.

Lentini, J., Henderson, R., Smith, D., August 1992. Baseline Characteristics of Residential Structures Which Have Burned to Completion: The Oakland Experience, Fire Technology, vol. 28 (3). National Fire Protection Association (NFPA), Quincy, MA.

Lentini，J.，Dolan，J.，Cherry，C.，September 2000. The petroleum – laced background. Journal of Forensic Sciences 45（5）.

Lentini，J.，September 1992. The Lime Street Fire：Another Perspective，the Fire and Arson Investigator，vol. 43（1）. International Association of Arson Investigators，（IAAI），Crofton，MD.

Lentini，J.，November 2001. Persistence of floor coating solvents. Journal of Forensic Sciences 46（6）.

Lentini，J.，2012a. "The Mythology of Arson Investigation，" Chapter 8 in Scientific Protocols for Fire Investigation，second ed. CRC Press，Boca Raton，FL，p. 471.

Lentini，J.，2012b. "Analysis of Ignitable Liquid Residues，" Chapter 5 in Scientific Protocols for Fire Investigation，second ed. CRC Press，Boca Raton，FL，p. 167.

Mann，D.，November 27，2009. Fire and Innocence. The Texas Observer，Austin，TX.

Millers Mutual Insurance Company v. Janelle，R. Benfield，140 F. 3d 915，11th Cir. 1998. Available at：http：//caselaw. findlaw. com/us – 11th – circuit/1396573. html.

NFPA 1033，2014. Standard for Professional Qualifications for Fire Investigator. National Fire Protection Association（NFPA），Quincy，MA.

NFPA 921，2014. Guide for Fire and Explosion Investigation. NFPA，Quincy，MA. at 3. 3. 71.

NFPA Technical Committee on Fire Investigations，August 9，1996. Existing Judicial Emergency Requiring Issuance of a Tentative Interim Amendment. NFPA，Quincy，MA.

Officers and Directors of the Canine Accelerant Detection Association，September 2012. Available at：http：//cadafiredogs. com/wp – content/uploads/2012/01/CADAS – Position – on – Testifying – to – Negative – Samples. pdf.

Orthmann，C. H.，Hess，K. M.，2013. Criminal Investigation，tenth ed. Delmar Cengage Learning，Clifton Park，NY，pp. 492 – 493.

Plummer，C.，Syed，I.，2012. 'Shifted science' and post – conviction relief. Standford Journal of Civil Rights and Civil Liberties 8（2），259 – 297.

Report of the Texas Forensic Science Commission，Willingham/Willis Investigation，April 15，2011. Available at：http：//www. fsc. state. tx. us/documents/FINAL. pdf.

Stridbeck，U.，Magnussen，D.，Svein，P.，2013. Prevention of Wrongful Convictions：Norwegian Legal Safeguards and the Criminal Cases Review Commission. University of Cincinnati Law Review 80（4），15.

Tak Lee，H. Petitioner，vs. Franklin Tennis，Respondent，case 4：08 – cv – 01972 – WJN document 80 filed, June 13, 2014.

Tedim, F., Xanthopoulos, G., Leone, V., 2015. Forest Fires in Europe: Facts and Challenges. Wright, J. D., Singer, J., 2014. Fire and Explosives. Routledge.

# 第四章　婴儿摇晃综合征

## 第一节　案例研究：肯·马什案

每一代人都有许多近乎宗教信仰的正统观念，如果历史上有什么事情是必然的，那就是昨天坚持的许多信仰将成为明天嘲笑的对象。

——迈克尔·曼斯菲尔德
（Michael Mansfield）

肯尼思·马什
照片由海迪克鲁斯与加州无辜者计划提供
摄于加州西部法学院

### 一、案情简介

两岁的菲利普·比尔（Phillip Buell）死于严重的头部创伤，医生推定只有其母亲的男友肯尼思·马什（Kenneth Marsh）能造成这样的伤。医学专家证词表明，马什一定使用暴力剧烈摇晃过菲利普，并且反复将菲利普的头撞向坚硬的钝物上，这等同于婴儿在高速交通事故中受到撞击的伤害。

马什却讲述了另一个故事：1983 年 4 月，当时他在照顾女友两岁大的孩子，为了去取真空吸尘器，他将孩子留在客厅的沙发上。当他回到客厅时，发现两岁的菲利普躺在沙发附近的壁炉前，没有了反应，身边还散落着打碎的糖果盘玻璃（*People v. Marsh*，1985）。马什立刻拨打了 911，医护人员随后立即将菲利普送至医院（Warter，2004；California Innocence Project）。

医生很快得出了结论：菲利普的伤是因为他曾受到暴力袭击（Warter，2004）。由于当时马什是与菲利普独处，因此医生们不相信马什的解释。于是，马什便成了本案唯一的嫌疑人。当菲利普的母亲，布伦达·比尔·瓦尔特（Brenda Buell Warter）到达医院时，菲利普还活着。显然没有进行尸检，但医生们依然告诉瓦尔特：菲利普被谋杀了（Warter，2004）。

圣迭戈（San Diego）警方的侦查人员一开始是相信马什的解释的——马什说菲利普受伤和死亡的原因是因为从沙发意外跌落至壁炉。但由于医生认为菲利普是被谋杀的，他们强烈要求逮捕马什。马什甚至是在菲利普的死因得到正式确认、尸检报告和死亡证明公布之前就被逮捕了。最后，医院的医生，包括负责解剖的病理学家，都确定菲利普死于暴力摇晃和撞击，并认定死亡原因为婴儿摇晃综合征（Shaken baby Syndrome，SBS）及虐待性头外伤（Abusive Head Trauma，AHT）。在敦促当地检方办公室起诉马什后，医生们提供了庭审所需的证词及照片。

正如我们总能在涉及婴儿摇晃综合征或虐待性头外伤的案例中见到的那样，所有的医生都作证说菲利普的伤情极为严重，仅从沙发掉下来就造成这样的损伤在医学上不成立。医学专家意见也一致排除了意外死亡，认为受伤原因是剧烈的摇晃，随后菲利普的头直接接触到一个钝物，受到了相当于汽车高速相撞或从很高的高度跌落的力的作用，比如从二楼的窗户坠落（People v. Marsh）。马什自己也承认，他是事发时唯一在场的成年人（People v. Marsh）。因此，马什是唯一有足够力量造成菲利普头部损伤的人。

这种被全世界医生和法庭普遍接受的医学诊断使得马什被定罪（Donohoe，2003；Le Fanu，2004；Squier，2010）。只有极个别医学专家认为婴儿摇晃综合征或虐待性头外伤诊断依据并不科学。如果婴儿表现出了三联症状：硬膜下血肿（大脑的覆盖物——也叫硬脑膜——和大脑表面之间的血液积聚），视网膜出血（RHs）和脑水肿，那么造成损伤的一定是照顾婴儿的那个人——他/她曾暴力摇晃过婴儿（Donohoe，2003）。如果这个人是被虐婴儿母亲的男友，嫌疑就更大了（Showers et al.，1985）。因此，马什便成了该案嫌疑人。

然而，看似符合逻辑的科学论证建立在最不靠谱的假设之上。医生们仅仅因为菲利普的伤势过重，就假设其一定是由残忍的外力故意造成，而不可能是意外或其他原因导致的；如果菲利普出现三联征，那么一定是由暴力摇晃引起；菲利普受的伤害如此之重，一定是当时照顾菲利普的人对他进行了残忍的伤害。就这样，在这些假设的基础上建立起来的婴儿摇晃综合征或虐待性头外伤诊断，加上马什也承认他是唯一在场的成年人，形成了指控马什所需要的完整证据链。

马什罪名成立的最大假设是只有暴力袭击才能导致菲利普受到这样的伤害。医生们作证说菲利普从沙发上跌落的距离不足以造成他所受的伤害。不幸的是，马什被定罪时医生们并没有充分考虑菲利普在去世之前的健康状况。与许多婴儿摇晃综合征或虐待性头外伤案例一样，菲利普在受伤致死前已经存在健康问题（Warter，2004）。值得注意的是，医疗记录显示菲利普甚至在出生前就已经存在生理病变。菲利普出生前 18 小时母亲羊膜破裂，生产的过程又很复杂，菲利普在产道停留的时间过长，医生不得不借助产钳辅助分娩。这造成了菲利普头面部的损伤和眼部血管破裂，同时菲利普被诊断为新生儿黄疸和衣原体肺炎，囟门过大，这可能导致囟门闭合迟缓（Warter，2004）。

除了复杂的出生过程导致的症状以外，出血性疾病也有可能会造成“经典的”婴儿摇晃综合征或虐待性头外伤三联征（硬膜下血肿，视网膜出血和脑水肿），它们经常容易被误认为是虐童的表现（Warter，2004）。巧合的是，菲利普本身就患有出血性疾病。1983 年 1 月，菲利普因为出现了呕吐、便秘和胃痉挛的症状，瓦尔特带他来到医院检查。医生发现菲利普存在失血过多的情况。经过一段时间治疗后，菲利普又因失血性休克被母亲送至急诊室。此次就诊发生在菲利普死亡前 3 周。

现如今许多专家坚信，分娩并发症（就像菲利普的母亲出现的情况）可以导致婴儿出现与婴儿摇晃综合征或虐待性头外伤相同的症状。因此，菲利普案件中其同时存在分娩并发症和出血性疾病，如果其从高处跌落并撞到坚硬物品上，就有可能出现婴儿摇晃综合征或虐待性头外伤症状，而并非故意伤害。

此案的悲剧在于，尽管菲利普的医疗记录显示他曾有过出血性疾病，事发当天的就诊途中，医生仍然给他注射了甘露醇。甘露醇加剧了菲利普脑出血和肿胀症状，严重恶化了菲利普的病情，使其症状看起来更符合“菲利普被虐待的证据”。

在审判马什时，菲利普大部分的医疗记录和可能死于先天疾病的解释并未公开，医生们一致的证词令人信服。没有专家能够反驳医生们惊人一致的证词。任何陪审团成员听到指挥马什的证词，都会视他为一个使用暴力蓄意谋杀无助婴儿的残忍怪物。马什于 1983 年 11 月 28 日被判二级谋杀罪，处以 15 年监禁（People v. Marsh；Warter，2004）。

## 二、定罪后上诉

马什被定罪后，案件经历了一系列上诉和人身保护令申请程序，包括以证据不足及菲利普尸体照片具有不利于被告的诱导性为由，直接上诉至加利福尼亚（California）第四区上诉法院，第四区上诉法院维持了原判，马什向圣迭戈高等法院申请的人身保护令也被驳回了。大约 10 年后，有赖于医学的进步和婴儿摇晃综合征或虐待性头外伤病理机制的阐明的解除，马什的律师根据新发现的证据，向圣迭戈高等法院申请人身保护令，然而法院再次驳回了申请。

在整个过程中，菲利普的母亲，布伦达·比尔·瓦尔特始终是马什的坚强支持者。瓦尔特解释说，她知道，如果事发当天是她和菲利普同处一室，那么被起诉谋杀的就会是自己了（Warter，2004）。瓦尔特始终坚信马什是无辜的。瓦尔特的努力换来了与律师特蕾西·恩布勒姆（Tracey Emblem）和加州无辜者计划的合作。恩布勒姆提供了无偿服务，他调查和学习了相关医学研究，起草了大量的人身保护令申请书，反驳了陪审团认定马什有罪的所有证据。2002 年，加州无辜者计划和恩布勒姆共同递交了申请。

在人身保护令决议前，2004 年 8 月 4 日，圣迭戈地方检察官邦尼·杜马尼斯（Bonnie Dumanis），配合马什的申请，同意了肯·马什的人身保护令并重启审判（Warter，2004）。在了解到婴儿摇晃综合征假设受到质疑并存在缺陷以后，杜马尼斯将菲利普的医疗记录等证据送到独立的病理学家那里进行重新检验。病理学家分析了证据，查阅了菲利普的病历，发现证据不足以支持菲利普被虐待、或者说菲利普被马什虐待的判断。

2004 年 8 月 10 日，被错误关押 21 年后，肯·马什的罪名被撤销，他终于重获了自由。同时没有证据显示马什存在犯罪行为，也没有证据证明他曾伤害过菲利普，马什没有被重审也就不足为奇了。

### 三、诉讼导向的科学研究

马什仅是世界范围内武断的婴儿摇晃综合征判决的受害者之一。过去，人们相信出现三联征就代表着婴儿被暴力摇晃、虐待过，不管全世界医学界如何争论，生病和受伤的婴儿依然可能会依据婴儿摇晃综合征或虐待性头外伤被认定为受到过虐待。在法国，司法机关的数据显示，每 10 万名婴儿中有 2. 9 名婴儿的死因要归于婴儿摇晃综合征（Tursz and Cook，2004）。这个数字在不同的国家也有所不同，瑞士大约为 10 万名婴儿中有 14 名，爱沙尼亚为 40 名（Lips and Manconi，2010），美国为 30 名，英国 14 名，苏格兰 25 名（Mann et al. ，2015）。

英国法庭每年审理约 250 个婴儿摇晃综合征案件（Levin，2011）。著名儿科神经病理学家沃尼·斯奎尔（Waney Squier）医生深信其中有约一半是错案（Levin，2011）。斯奎尔医生在国际上享有盛誉，她研究婴儿脑部外伤已逾 30 年（Squier，2008）。斯奎尔医生认为诊断婴儿摇晃综合征或虐待性头外伤时必须考虑除了三联征之外的因素（Squier，2008）。持这一意见的并非她一人，至少在某种程度上，英国办理婴儿摇晃综合征或虐待性头外伤案件的做法得到了改善。现如今，英国检察官办案指南明确表示，不能仅仅依据三联征以过失杀人、谋杀未遂或袭击的罪名起诉犯罪嫌疑人（BBC News，UK，2011；Corwn Prosecution Service）。

加拿大和澳大利亚的司法系统也改进了他们办理婴儿摇晃综合征或虐待性头外伤案件的程序（Jenecke，2014）。澳大利亚不再允许检方仅依靠三联征提起公诉（Jenecke，2014）。加拿大政府在安大略省投入了超过 800 万美元用于婴儿摇晃综合征的相关判决的系统性回顾。多达 1000 页的调查结果报告对许多与三联征相关的问题判决进行了质疑。该报告显示，医学研究表明，三联征不再是婴儿受到虐待的决定性证据，而且短距离的跌落也可能会对婴儿造成致命的伤害（Jenecke，2014）。

虽然研究提供了令人信服的证据证明三联征不足以作为判决的唯一依据（Sperhake and Matschke，2014），一些国家也驳回了检方仅依据三联征提起的诉讼（Jenecke，2014），但美国仍然存在仅依靠医学诊断认定的虐童行为或者仅凭借被告承认自己为唯一在场成年人的口供而作出的判决（Jenecke，2014；*Maze v. Lester*；Miller et al.，2015；Pishko，2014）。据美国执法部门估算，每年有大约 200 起婴儿摇晃综合征判决（Jenecke，2014）。这其中 50% ~ 75% 都是仅以三联征作为虐童的证据的（Pishko，2014；Bazelon，2011）。其部分原因在于支持婴儿摇晃综合征的医生还在遵循综合征的旧教条（Tuerkheimer，2014；Pishko，2014）。他们依然认为在大部分婴儿摇晃综合征案件中的婴儿没有明显的外伤或感染（Health Research Funding，2015），所以内部损伤（例如三联征）就是婴儿摇晃综合征诊断和认定的依据。这令人非常不安，因为国际公认的医学事实是硬膜下血肿，视网膜出血和脑水肿（即三联征）可由多种原因造成，然而这种事实还未被人完全认知（Findley et al.，2015；Miller et al.，2015；Emerson et al.，2007；Squier，2011；Christian et al.，2009）。

美国法庭仍然根据婴儿摇晃综合征的旧学说进行判决，部分归咎于美国的司法系统忽视科学理论发展、因循守旧的行事方式。尽管在步入 21 世纪的前几年里，医学专家们的观点迅速改变，但提供婴儿摇晃综合征证言的那些专家依据的仍然是旧学说，因此辩护律师针对婴儿摇晃综合征证据提出的质疑常以失败告终（Jenecke，2014）。事实上，多数初审法庭在面对受到质疑的婴儿摇晃综合征专家证言时，都会选择采信这些备受争议的证据（Jenecke，2014；Tuerkheimer，2014）。这是由于美国的法庭曾有判例采信了某些医生和科学家作为婴儿摇晃综合征案件的专家证人提出的专家意见。

很明显，无论在哪个国家，都有太多的父母和看护人员任由这些以虐童相关的医学诊断为依据而提起的诉讼摆布。然而，以诉讼为导向的婴儿摇晃综合征或虐待性头外伤学说缺乏足够的证据证明虐待事件确实发生过。

研究者发现指出，虐童研究面临着一系列问题（Lantz，2004；Donohoe，2003）。没有研究者会真的去摇晃活着的婴儿，以此判断损伤程度。而使用尸体进行的研究又有局限性（Donohoe，2003）。尽管力图重现损伤的生物力学研究提供了有用的信息，但它们不能明确解决所有婴儿摇晃综合征案件的问题（Donohoe，2003）。这使得执法机关处于一种难以为继的境地。的确，当无辜的、无助的婴儿受到原因未明的伤害甚至由此导致死时，必须采取某些措施，以防伤害再次发生。归咎最后一位照顾婴儿的人，似乎也是合情合理的。在没有外部损伤时，我们本能地会去认为有内部损伤发生。而最初婴儿摇晃综合征被提出时，就给检方和执法机关搭建了解释无辜受害者损伤或死亡问题的方法和证据框架（Lantz，2004）。

不过，现在我们知道了这套框架存在漏洞。诺尔曼·古特克尔希（Norman Guthkelch），一名小儿神经外科医生，因最先发现和记录三联征并与摇晃行为进行了关联而备受信赖，他一直以来都关注着三联征如何判定虐童（Bache et al.，2015；Shapiro，2011）。他担心医生和法医仅依赖三联征，而忽略了其他导致婴儿死亡的因素（Shapiro，2011）。检方和法庭在处理这些案件时一定不能仅仅依赖于这套三联征框架，而必须依据案件中可证实的证据。该领域的研究确有难点，儿童会受到没来由的伤害也确实可怕，但这些事实无法形成逻辑链条或者得出超出相关数据的结论（Donohoe，2003；Tuerkheimer，2014；Jenecke，2014）。

## 四、无罪推定

在被证明有罪之前，每个人都是清白的。这几乎已是全世界范围内的共识[①]。婴儿摇晃综合征或虐待性头外伤诉讼违背了这一法律的基本核心

① See Article 6（2）of the 1950 European Convention on Human Rights, which provides："Everyone charged with a criminal offence shall be presumed innocent until proved guilty according to law." See also Article 14（2）of the 1966 International Covenant on Civil and Political Rights, which provides："Everyone charged with a criminal offence shall have the right to be presumed innocent until proved guilty according to law" and Article 8（2）of the 1969 American Convention on Human Rights, which provides："Every person accused of a criminal offence has the right to be presumed innocent so long as his guilt has not been proven according to law." See https：//www. icrc. org/customary – ihl/eng/docs/v2_ cha_ chapter32_ rule100_ sectionc for a complete list of instruments that guarantee this right around the globe. American Convention on Human Rights, adopted by the OAS Inter – American Specialized Conference on Human Rights, San José, 22 November 1969, also known as Pact of San José, Article 8（2）.

（Wrennall et al.，2015）。婴儿摇晃综合征/虐待性头外伤案件与纵火类案件诉讼一道，仅依据被告承认自己在场，以及专家证言就认定犯罪事实存在。

一旦有了婴儿摇晃综合征或虐待性头外伤的医学诊断，那么伤害发生时，与婴儿共处一室的人就会被判故意伤害或者谋杀儿童罪。证明其主观意图仅仅依据专家意见：暴力摇晃或外部钝力伤害的程度有多大。因此，给照看儿童的人定最严重的罪只需要医学专家证言就足够了（Wrennall et al.，2015）。而反驳医学诊断和证明无罪的举证责任则被顺理成章地转移给了辩方。

这种举证责任的转移只会雪上加霜——因为案件经常带有令人感到毛骨悚然和心碎的特质。医生和检察官的“武器”是婴儿可怕的尸检照片。仅凭这一点就能让陪审团和审判人员义愤填膺，迫切要求严惩凶手。法庭展示了由控方提供的被有意放大几倍的尸检照片，令人触目惊心的同时也彻底操控了马什的审判（People v. Marsh，1985）。上诉时，法庭记录了相关细节：

> 不顾马什的反对，控方将 7 张色彩鲜明的尸检照片放大并投影到屏幕上，展示给陪审员看。最不可怕的一张照片是死者颅骨内部留下的严重血块（证物 22）。有一张照片中展示了几乎是被害人裸体的全貌，当中的特写镜头是暴露在外的大脑外表面的情况：被剥下的血淋淋的头皮就吊在上面，背景是孩子溅满了血、“开膛破肚”的躯干——胸腔外翻，内脏外露。另一张照片展示了被害人头部和颈部的情况：一半头皮被剥了下来，垂在脸上，另一半向后剥开，露出了右脑。还有一张照片展示了左脑的大量血块和头后被切开的一块头骨。
>
> People v. Marsh（1985，p. 997）

上诉法院指出，由于这些照片是与菲利普在世时的其他几张照片依次出示的，所以其诱导性被大大加深了。（People v. Marsh，1985，p. 999）。这些照片不仅令人毛骨悚然，甚至采纳它们也并非基于任何必要的合法目的。在直接上诉中，法院裁定，由于无可辩驳的医学证词已经确定了菲利浦受伤的确切位置和性质，这些令人心痛的尸体照片几乎没有额外的证明价值，“它们只会煽动陪审团情绪”（People v. Marsh，1985，p. 997）。

然而，马什的判决却依然没变。尽管美国存在判例：出示不必要的恐怖照片会使被告失去公平审判的机会（*People v. Burns*，1952；*People v. Cavanaugh*，1955），而且还要推翻原判，但上诉法院给出的结论却是："这七张血淋淋的尸检照片并没有诱导陪审团作出判断。"（People v. Marsh，1985，p. 998）有这些一致、确凿的专家证言作为压倒性证据，加之辩方缺少对菲利普受伤的医学解释，法庭出示这些照片的程序错误都被认为无关紧要。

此外，法庭采纳了科学上存疑的、毫无根据的概念，顺理成章地将可怕的画面灌输进事实审判者的大脑中。在这起案件中，陪审团被告知菲利浦受伤的原因是头部直接接触了钝物，接触的力量相当于汽车高速相撞或从高处坠落导致的伤害（People v. Marsh，1985，p. 991）。在婴儿摇晃综合征或虐待性头外伤案件的审判中，人们会听到关于被害人曾遭暴力的证言，比如"被告一定是抱起了孩子，用头撞向硬物，或者用什么东西击打了孩子的头，例如圆头锤"。有时候，为了便于陪审团理解，专家们会用摇晃玩具娃娃的方式向陪审团说明婴儿被摇晃的剧烈程度和持续的时间。这些画面极具煽动性，更重要的是，它们没有科学依据。

此外，照看婴儿的人在发现婴儿没有反应时，一个自然的反应就是推挤或轻轻摇晃婴儿，看看是否能唤醒他。承认自己这种下意识的行为"摇晃"过婴儿，经常被当成被告人进行过暴力、冷血袭击的供述扔到陪审团面前（Maze v. Lester；Cavazos v. Smith，2011，p. 5）。在梅兹（Maze）诉杰丽·莱斯特（Jerry Lester）一案中，上诉法院拒绝免罪是因为梅兹自己承认，他是唯一一个在婴儿的反应变得迟钝时与婴儿待在一起的人。而且，尽管梅兹最初否认他摇晃过婴儿，他最终也承认"推挤"过婴儿，试图叫醒他。虽然梅兹坚持说他从未以可能会造成伤害的方式暴力地摇晃过婴儿，但梅兹因承认推挤过婴儿而被视为认罪（Maze v. Lester）。雪莉·史密斯（Shirley Smith）也曾面临相同的境遇。她孙子去世后，社工告诉她，死因是婴儿摇晃综合征（Cavazos v. Smith，p. 5）。史密斯告诉社工婴儿在睡梦中对她的触碰没有反应，所以她才会抱起婴儿，"轻轻摇晃，推挤"以唤醒他。史密斯想到她的轻微摇晃可能会伤害到孩子，于是说了一些话，大意为"哦我的天啊，我做了些什么？我做了些什么？哦我的天"。这段对话随后被当成了证明她有罪的证据。

十多年前，辩护只能依靠全世界为数不多的那些不完全相信婴儿摇晃综合征/非意外伤害诊断的专家（Donohoe，2003；LeFanu，2004；Squier，2010）。即使到了2017年，被告在受审时仍得不到专家对他们辩解的支持（Hartshorne and Miola，2010）。通常情况下，辩方专家证人的证词会被那些仍然完全坚守婴儿摇晃综合征或虐待性头外伤原则的知名专家所反驳（Tuerkheimer，2014；Simmons，2014）。尽管现有的证据“可以表明，婴儿摇晃综合征的说法更像是一种信仰，而非科学命题”，这种情况依然存在（Del Prete V. Thompson，2014；引自 Wrennall et al.，2015）。

此外，陪审团倾向于为案件中说法更一致的一方寻找证据（Tuerkheimer，2014，p. 49）。正如马什的审判中那样，婴儿摇晃综合征案件中的控方通常会呈现出一个能让陪审团产生共鸣的环环相扣的故事。控方的说法似乎植根于数十年的科学研究，看似无可辩驳。最终，虽然理论上被告不负有证明责任，证明存在其他原因导致婴儿死亡，但是在通常情况下，被告如果不承担这种责任，就别想被无罪释放（Tuerkheimer，2014）。实际上，马什因法庭上看上去无可辩驳的婴儿摇晃综合征或虐待性头外伤专家证言被定罪。上诉中法庭不顾审判法庭采纳尸检照片的严重程序错误维持了原判，——因为没有专家能反对婴儿摇晃综合征/虐待性头外伤学说或提供另一种菲利普损伤的解释。上诉法院明确表明，阻止他们推翻马什的判决的唯一原因是缺少对菲利浦被害一事可行的专家解释（People v. Marsh，1985，p. 999）。

尸体解剖照片和造成这种伤情所需力量的解释关联在一起，使得“让被告看起来像个怪物”这件事变得相对容易了。被告过往发怒的情形也被采纳进来。如果一个被指控的看护人员过去没有任何暴力行为，而且挖不出来任何黑料当作证据采纳，那么他（她）至少也有过愤怒的时候。在婴儿死亡前后，看护人员生活中出现的任何压力源都是看护处于怒火爆发边缘的证据。此外，那些最了解被告人的人，以及那些为被告人稳定的性格作担保的人的意见往往会被忽视（Sweeney，2005）。陪审团更倾向于相信专家证词，并根据专家提出的环环相扣的虐待理论，轻而易举地驳回被告人具有良好品格的证据。

## 五、结论

大多数人都想保护儿童，我们都应该这样。这是一种高尚且正义的召唤。

但往往是这种善良的愿望使人们误入歧途，不仅是对那些被错误指控或定罪的人，比如肯尼思·马什和许多其他父母和看护人，而且对我们最想保护的人——婴儿来说也是如此。我们起诉看护人员涉嫌虐童，进而造成冤假错案、被告家庭支离破碎的案例已经证明非程序、不公平的正义有多容易伤害我们试图保护的孩子们（K. v. Miazga，2003）。审理米亚兹加案（Miazga）的法院陈述道：

> 对社会真正有威胁的是对儿童保护反应过激，这些反应往往受到当时政治正确或当时意识形态的推动，而这些意识形态又被当作推翻客观、理性、常识和久经考验的法律传统的理由。这种反应不仅危害到无辜者的自由，而且还间接地危害，有时甚至直接危害到作为保护工作对象的儿童的安全与福利。

统计数字显示，我们在保护儿童安全方面做得很好，除了一件事——政府介入并将婴儿的生理病症解释为虐童，造成了家庭支离破碎，儿童也因此受到伤害（Riggs and Hobbs，2014）。我们应当认识到，如果婴儿患了病并表现出三联征，婴儿的父母或看护人员会立即被判定为对婴儿有威胁，导致婴儿和其他兄弟姐妹从家中隔离出去（Miller，2015；Luttner，2014）。被判定为施虐的父母可能会被起诉、被社会隔离，有时甚至面临终身监禁的刑罚。这不仅毁掉了父母的生活，也给幸存的婴儿和兄弟姐妹造成了终生难解的伤害。这样的情景应该令全世界的刑事司法系统都警醒：他们正在对儿童造成不可理喻的伤害。正如培根所说，一次犯罪污染了水流，而一次不公正的审判则污染了水源。法院和控辩双方律师都应意识到这些不必要的伤害，并应努力让这种政府裁定的虐童案件不再出现。

## 参考文献

Bache，B.，Barnes，P.，Beech，B.，Bellone，F.，Bohan，T. L.，Bonnell，H. J.，Gabaeff，S.，et al.，2015. Open Letter on Shaken Baby Syndrome and Courts：A False and Flawed Premise.

Bazelon，E.，2011. Shaken – baby syndrome faces new questions in court. New York Times. Available at：http：//www. peterdale. co. uk/wp – content/uploads/2012/02/SBS nyt-Feb2011. pdf.

BBC News, UK, 2011. Shaken Baby Syndrome Guidance Issued by CPS. Available at: http: //www. bbc. co. uk/news/uk - 12129860.

California Innocence Project, Read their Stories: Kenneth Marsh. Available at: http: //californiainnocenceproject. org/index. php/about - the - project/6 - kenneth - marsh.

*Cavazos v. Smith* (2011). 132 S. Ct. 2, 565 U. S. 1, 181 L. Ed. 2d 311.

Christian, et al., 2009. Abusive Head Trauma in Infants and Children, 123 Pediatrics 1409. Crown Prosecution Service. Available at: http: //www. cps. gov. uk/legal/l_ to_ o/non_ accidental_ head_ injury_ cases (which advises prosecutors that "To prove a AHT case you will usually require the Triad of injuries plus supporting evidence").

*Del Prete V. Thompson*, 2014. 90710 F. Supp. 3d 907 (N. D. Ill. 2014, f10, pp. 957 - 958).

Donohoe, M., 2003. Evidence - based medicine and shaken baby syndrome Part I: literature review, 1966 - 1998. The American Journal of Forensic Medicine and Pathology 24, 239.

Emerson, M. V., et al., 2007. Ocular autopsy and histopathologic features of child abuse. Ophthalmology 114, 1384 - 1394.

Findley, K. A., Johnson, D. R., Judson, K. H., Staas, M. L., Redleaf, D. L., Hyman, C. J., July 6, 2015. Shaken Baby Syndrome/Abusive Head Trauma: A Complicated Child Welfare Issue. 37.

Hartshorne, J., Miola, J., 2010. Expert evidence: difficulties and solutions in prosecutions for infant harm. Legal Studies 30 (2), 279 - 300.

Health Research Funding, 2015. 27 Horrifying Shaken Baby Syndrome Statistics. Available at: http: //healthresearchfunding. org/shaken - baby - syndrome - statistics/.

Jenecke, C. A., 2014. Shaken Baby Syndrome, Wrongful Convictions, and the Dangers of Aversion to Changing Science in Criminal Law, vol. 48. University of San Francisco Law Review, p. 147.

*K. v. Miazga*, 2003. SKQB 559 (CanLII). http: //canlii. ca/t/1g4gw.

Lantz, P. E., 2004. The evidence base for shaken baby syndrome: response to Reece et al from 41 physicians and scientists. BMJ 329 (7468), 741 - 742.

Le Fanu, J., 2004. Confounding the experts: the vindication of parental testimony in shaken baby syndrome. In: Narrative Research in Health and Illness, p. 223 (Chapter 13).

Levin, A., 2011. At Least Half of All Parents Tried over Shaken Baby Syndrome Have Been Wrongly Convicted, Expert Warns. Daily Mail. Available at: http: //www. dailymail. co. uk/femail/article - 1382290/At - half - parents - tried - shaken - baby - syndrome - wrongly -

convicted – expert – warns. html#ixzz3G2d7KDzg.

Lips, U. , Fanconi, M. , August 2010. Shaken baby syndrome in Switzerland: results of a prospective follow – up study, 2002 – 2007. European Journal of Pediatrics 169 (8), 1023 – 1028.

Luttner, S. E. , 2014. Shaken Baby Syndrome: Inadequate Logic, Unvalidated Theory, Insufficient Science. Argument 1.

Mann, A. K. , Rai, B. , Sharif, F. , Vavasseur, C. , 2015. Assessment of parental awareness of the shaken baby syndrome in Ireland. European Journal of Pediatrics 1 – 7.

*Maze v. Jerry Lester*, 2014. No. 11 – 6141 (6th Cir. 2014).

Miller, D. , Barnes, P. , Miller, M. , 2015. The significance of macrocephaly or enlarging head circumference in infants with the triad: further evidence of mimics of shaken baby syndrome. The American Journal of Forensic Medicine and Pathology 36 (2), 111 – 120.

National Registry of Exonerations, Browse Cases: Kenneth Marsh. Available at: http://www. law. umich. edu/special/exoneration/Pages/casedetail. aspx? caseid = 3407.

*People v. Burns*, 1952. 109 Cal. App. 2d 524, 541 [241 P. 2d 308] .

*People v. Cavanaugh*, 1955. 44 Cal. 2d 252, 268 – 269 [282 P. 2d 53] .

*People v. Marsh*, 1985. 175 Cal. App. 3d 987 – Cal: Court of Appeal, 4th Appellate Dist. , 1st Div.

Pishko, J. , 2014. How Can Doctors Be Sure a Baby's Been Shaken? The Atlanitc. Available at: http: //www. theatlantic. com/health/archive/2014/11/how – can – doctors – be – sure – a – babys – been – shaken/382632/? single_ page = true.

Riggs, J. E. , Hobbs, G. R. , 2014. The relationship between "protection of" and "violence against" infants and young children: the U. S. Experience, 1940 – 2005. Social Sciences 3, 394 – 403.

Shapiro, J. , 2011. Rethinking Shaken Baby Syndrome, Available on NPR, Postmortem: Death Investigation in America. Available at: http: //www. npr. org/2011/06/29/137471992/rethinking – shaken – baby – syndrome.

Showers, J. , Apolo, J. , Thomas, J. , Beavers, S. , 1985. Fatal child abuse: a two – decade review. Pediatric Emergency Care 1 (2), 66 – 70.

Simmons, J. , 2014. Ironic simplicity: why shaken baby syndrome misdiagnoses should result in automatic reimbursement for the wrongly accused. Seattle University Law Review 38, 127 – 161.

Sperhake, J. P. , Matschke, J. , 2014. "Shaken baby syndrome" and forensic pathology. Forensic Science, Medicine, and Pathology 10 (2), 251 –252.

Squier, W., 2008. Shaken baby syndrome: the quest for evidence. Developmental Medicine and Child Neurology 50 (1), 10 –14.

Squier, W., 2010. 'Shaken Baby Syndrome' – a Response by Dr Waney Squier. Estimating 70,000 SBS/NAT Convictions in the United States and the United Kingdom Combined, Available at: Family Law Week. News (12/04/2010).

Squier, W., 2011. The 'shaken baby' syndrome: pathology and mechanisms. Acta Neuropathologica 122, 519.

Sweeney, J., 2005. Bucking the system. British Journalism Review 16 (4), 47 –53.

Tuerkheimer, D., 2014. Flawed Convictions: Shaken Baby Syndrome and the Inertia of Injustice. Oxford University Press.

Tursz, A., Cook, J. M., 2014. Epidemiological data on shaken baby syndrome in France using judicial sources. Pediatric Radiology 44 (4), 641 –646.

Warter, B. B., Summer 2004. Toddler's Accidental Death Ends with Babysitter's Murder Conviction – the Ken Marsh Story. Justice: Denied, Issue 25, Available at: http://justicedenied. org/issue/issue_ 25/ken_ marsh. html.

Wrennall, L., Bache, B., Pragnell, C., et al., 2015. Open Letter on Shaken Baby Syndrome and Courts: A False and Flawed Premise, Argument & Critique. Received Jan. Published Feb http://www. argumentcritique. com/special – edition. html.

## 第二节　婴儿摇晃综合征及虐待性头外伤

### 一、概述

父母和其他人承担着养育和保护我们社会中最宝贵和最脆弱的成员——幼儿的责任。毫无疑问，有些人有时会放弃这种责任，对幼儿造成可怕的伤害。有史以来，一直就有文字记录表明，虐童现象存在于宗教仪式、团体和个人行为中，参与者甚至包括了家庭成员，甚至是父母（Heins，1984；Caffey，1972a）。本章只涉及一种形式的虐待，即婴儿摇晃综合征或虐待性头外伤。我们将专门回顾摇晃假说的历史沿革。它作为一种可能存在的致病机制，是近 50 年来争论的焦点。

没有什么能比 20 世纪 70 年代初婴儿摇晃综合征概念的引入更能影响认

定虐童的主流方法了。这意味着，人们对虐婴的看法发生了巨大的变化：人们第一次广泛地接受，在没有任何客观证据（如骨折或瘀痕等外伤）证明存在击打或暴力行为的情况下，可以从大量颅内症状推断婴儿遭受的伤害。

在更为全面的历史背景下回顾当前关于婴儿虐待性头部伤的想法是很有意义的。它告诉我们，在不同的时间节点，我们的观点是如何改变的，以及在这些改变的过程中，如何忽略了先前已知的关于婴儿颅内病理学和解剖学的实际情况的，还有以前我们认为自然而然出现的特征又是如何被误解为伤害结果的。

## 二、虐童研究发展进程

### （一）婴儿摇晃综合征之前的虐童研究

海因斯（Heins）曾写过一篇出色的综述，当中记录了最早的虐童历史（Heins，1984）。古代文化中，人们接受杀婴的行为，它是在资源稀缺的情况下处理不想要的孩子的一种方式。早期罗马法律赋予了父亲对婴儿绝对的生杀大权，但教会有责任用割礼和洗礼等宗教性质的行为来取代杀婴和祭祀，通过这些行为，家庭和教会对婴儿施以保护。然而，教会并不总是仁慈的，清教徒规定对不听话的儿童处以死刑，而且还认为鞭笞有助于儿童摆脱天生的堕落。杀婴和遗弃婴儿（特别是遗弃私生子）的行为一直持续到 19 世纪。

奈特（Knight，1986）引用了一首设得兰群岛地区（Shetland Islands）的古挪威童谣："孩子不会安静下来，孩子不会安静下来，抓住它的腿，把它撞到墙上，否则孩子不会安静下来。"

1860 年，塔迪厄（Tardieu）在巴黎撰写了第一篇有关虐童的论文。他描述了 32 个 17 岁以下受虐儿童的案例，其中有 18 例涉及解剖病理学。大多数儿童表现出疏于照顾、患病或营养不良的迹象；受到虐待的表现是新旧不一的挫伤、烧伤或鞭打痕迹。施虐人包括学校教师和雇主，但最多的——塔迪厄将其注释为"痛苦的发现"——是父母。塔迪厄特别指出了英国雇主在强迫童工劳动中的骇人行径。

这篇文章与我们这里所说的非意外伤害的概念关联有限，它仅记录了 2 个骨折案例，并且只有 3 个案例涉及颅内病变。其中一名 2 岁儿童头部和四肢有瘀伤，“血液聚积于整个大脑”，另一名儿童脑膜感染，并且有“脑挫伤和脊髓挫伤”，第三名儿童有“脑积水”。我们没有足够的信息来详细评估这些案例。

外部损伤的证据对认定这些儿童是否受到过虐待很重要，奈特（1986）突出强调了塔迪厄论文中的一些例子，其中包括：

> 暴行的性质及其在被害人身体上留下的痕迹千差万别。然而，存在一些几乎在所有案例中都能找到的共同特征，这尤其需要引起法医的注意……我们通常会认为孩子身上有挫伤是因为玩的时候或者意外情况摔倒了。但如果你能注意到那些伤痕几乎覆盖了全身，挫伤的位置又不合常理，那么鉴别就会很容易。

因此看来，当前针对虐待的主流认定标准与之相去甚远。

在随后的近百年中，关于虐童的文章鲜少出现。接下来，放射科学的发展又重燃了人们兴趣的火花，还带来了基于放射学原理认定虐待行为的新方法。新的认定方法可以发现骨骼的变化，比如愈合性骨折，这在临床检查中是无法检测到的（Knight，1986）。

当前主流虐童概念发展至此，有三个人贡献突出。卡菲（Caffey），论文产出最多的儿科和放射科医生。肯普（Kempe），成功引起媒体和司法机关关注的儿科医生。古特克尔希（Guthkelch），神经外科医生，他试图科学解释虐待性头外伤的潜在机理。他们论文中详尽描述的检验过程可以告诉我们这一概念是如何兴起的，特别是卡菲的论文，也反映出了他自己观点近三十年的演变。

卡菲最初对婴儿硬膜下出血（SDH）合并新鲜及正在愈合骨折的现象感到困惑。1946 年，他描述了 6 个案例（Caffey，1946）。卡菲描述了两种以前无法识别的体征，他将其归因于骨损伤：干骺（长骨末端的生长板）碎裂，长骨表层（皮质）和覆盖膜增厚但未发生骨折。他描述的几个婴儿有普通疾病的症状，一名患者患有新生儿出血性疾病，这是由于维生素 K 水平不足引起的，另一名患者有瘀点性出血，这是一种在出血障碍中常见的皮肤小出血。一人营养不良，两人存在中耳化脓性感染。两个婴儿诊出视网膜出血。卡菲认为唯一的替代诊断是维生素 C 缺乏（坏血病），但他认为骨骼检查结果与诊断结果不一致，并坚持认为骨折是人为造成的，尽管有一次骨折是在婴儿住院期间发生的。他没有对案例中的外伤进行解释。最近涉及这篇论文的综述表明，坏血病可以解释这些病例（Clemetson，2006），同时将维生素 D 缺乏和其他代谢性骨脆弱综合征列为关键的鉴别诊断（Ayoub et al.，2014）。

卡菲（1965）在美国儿科学会的演讲中谈到了临床病史在诊断虐待中的重要性（Caffey，1965）。他提到了抽打和殴打，但他没有提到鞭打也是造成伤害的原因。他确实提到了意外摔倒造成的创伤："我看过一个孩子的 X 光片，据说他是从纽约一所公寓的 11 楼摔下来的，最严重的伤似乎是一根腓骨骨折。"同时，通常情况下，儿童在从只有 2 到 3 英尺的高度摔下就可能出现严重的硬膜下血肿。这一解释并没有被当前主流观点所接受，特别是还被杜海姆（Duhaime）明确否定了（1992）。

1962 年，肯普在一篇他自认为有"里程碑意义"的文章中创造了"虐童综合征"一词。他成立了一个虐童研究小组，调查了 700 多名 3 岁以下可能受到过伤害的儿童。认定存在虐待嫌疑的标准是：硬膜下血肿、多处出现的不明原因且愈合程度不同的骨折、发育不良、软组织肿胀、皮肤擦伤、损伤程度和类型与病史不一致和儿童突然死亡。这些婴儿通常还有健康状况不佳、营养不良、皮肤卫生状况不佳以及疏于照顾等症状。肯普考虑了几种骨骼病变的鉴别诊断，包括坏血病、梅毒和成骨不全，但没有考虑佝偻病或维生素 D 缺乏。他分析了可能的损伤原因，比如父母可能会在自己突然发怒、无法控制的时候拖拽孩子的四肢或摆动婴儿的身体。只有一个病例提到了摇晃：一个七个半月大的婴儿。X 光显示他在 2 周到 4 个月大的时候有骨骼病变，"在拍摄前 4 至 6 周，他被人抓着腿摇晃。"

肯普急于让他的同事们相信虐童事实的存在，因为他觉得临床医生很难相信父母会伤害他们的孩子。这引起了媒体的广泛关注，接下来的三年中，有将近 300 篇科学论文相继发表。肯普应邀与儿童局的成员会面，研究联邦需要采取的措施，并起草了一份示范性报告法规。在 4 年内，美国 49 个州颁布了报告法规（Heins，1984）。

在此之前，学者们对虐待儿童的研究大多是观察性的，仅有案例报告支持，而没有研究或实证证据。1971 年，古特克尔希参考了奥玛耶（Ommaya）在临床和生物力学上的最新系统性研究，据此提出婴儿无头部外伤时发生硬膜下出血的病理机制。古特克尔希描述了 23 个案例，当中的婴儿大部分都在 18 个月龄以下，他们的父母已经被证实侵犯了他们或有侵犯他们的重大嫌疑。这些婴儿中有 13 个患有硬膜下出血，其中 5 个没有头外部碰撞的证据。更多的婴儿有瘀伤，长骨骨折 6 例，颅骨骨折 8 例。古特克尔希只在一名婴儿的案例中提到了视网膜出血，并指出它是硬膜下血肿的标志："囟门鼓起合并双侧视网膜出血可能是硬膜下血肿造成的……"

古特克尔希写道："很显然，婴儿相对较大的头部和脆弱的颈部肌肉使其特别容易受到挥鞭样伤害"，同时提出了大胆的假设：摇晃时的挥鞭样动作会使桥静脉破裂。桥静脉是将血液从大脑表面输送到静脉窦的通道，桥静脉通过硬脑膜后变粗，将血液输送到颈静脉，流回心脏。古特克尔希注意到这些婴儿中呈现的硬膜下出血有 78% 是双侧同时出现的，相比之下成人只有 50% 的概率。为解释这个差异，他提出了如下理论："脑部很容易形成几近对称且沿前后方向的旋转加速张力——这可能是婴儿更容易形成双侧硬膜下血肿的原因。"然而，事实上，婴儿硬膜下出血不仅具有双侧性，而且呈现了薄层（片状）分布，这与大龄儿童和成人中见到的大面积的占位性出血形成鲜明对比（Geddes et al.，2001a，b），因而与桥静脉破裂假说并不一致。桥静脉虽然数量很少，但血容量很大，一条桥静脉的血液流量能达到 5 毫升每分钟（Mortazavi et al.，2013）。即使是一条桥静脉破裂也会造成大面积的占位性血肿，而不是摇晃综合征中典型的薄层出血。

虽然这项以假设为基础的科学研究相当新颖，但古特克尔希没有考虑将这些发现推及尚未发育完全的婴儿是否合适。2002 年，奥玛耶写道："用手摇晃一下婴儿，甚至是在一段时间内多次摇晃婴儿都不能造成我们在动物模型中产生的挥鞭样损伤的速度和严重程度。"随后，生物力学研究证实了这一点。

在 1971 年的研究结束后的一年里，卡菲又发表了两篇文章。第一篇发表于 1972 年 2 月，改写自他在儿科放射协会的讲话（Caffey，1972a）。题目是《亲子创伤应激综合征（卡菲 – 肯普综合征），（虐待婴儿综合征）》。卡菲明确表示，创伤放射学体征是"发现和研究父母 – 婴儿创伤应激（The Parent – Infant Traumatic Stress，PITS）综合征的关键和基石。"他将创伤的放射学鉴定定义为儿科整个领域中检验疾病病因的最佳方式，超过了各种感染的血清学和皮肤测试，甚至白血病的血细胞计数。他声称自己在 1946 年发表的文章“标志着在发现和研究父母—婴儿创伤应激综合征方面迈出了第一步。长久以来，这些症状都是被忽视的，从未受到怀疑。它像芝麻开门一样的咒语，打开了一个充满未知、涉及创伤医学、家庭伦理学、社会学和与法律相关疾病交叉研究领域的洞穴。”

卡菲让人们注意到了不同愈合阶段的骨折作为重复性虐待指征的意义。与他之前发表的文章不同，他认同了巴洛（Barlow）的看法，即婴儿的一些骨损伤可能是先天佝偻病造成的，但这并没有改变他对其病因的看法。他指出，早产儿和双胞胎兄弟姐妹中“否认有外伤”的概率很高，但排除了婴儿过于虚弱造成病因的可能性。他认为虐待更容易发生在“有特殊情形影响的”情况下，例如畸形、早产、多胞胎、被寄养、被领养和变为继子女。与早期的研究（Tardieu，Kempe）相反，卡菲说，受虐待的婴儿没有疏于照顾或缺少食物，反而几乎总是干净的，且衣食无忧。

这篇演讲中第一次提出：摇晃属于一种虐待行为。这是基于 1956 年《新闻周刊》（Newsweek）的一篇文章提出的。文章描述的是一位保姆杀死了她看护的 3 个婴儿，还打过 12 个孩子的事情。卡菲援引她的话说，她摇晃了其中一个婴儿。这是他第一次提出摇晃：“这些死亡和伤害显示，摇晃幼儿<u>可能是</u>严重的脑、骨骼损害和死亡的重要原因，特别是当摇晃频繁地重复时。”即便如此，卡菲用的措辞仍是试探性的：“这些伤亡显示”和“摇晃……可能是一个重要原因”（下划线为作者所加）。他认同古特克尔希（1971 年）的研究，认为摇晃是造成硬膜下出血的机制和原因。

卡菲继续指出，轻微“但仍然剧烈”的摇晃可能是造成智力发育迟缓和脑瘫的一个重要原因。他还举了一些常见的例子，如“抱在大腿上摇”“抛向空中”“每次喂食后拍打背部”“拍嗝”等。他认为所有这些都能够诱发危险的加速—减速力，导致颅内血管和大脑的“拉伸和挤压”。

1972 年 6 月，卡菲在第 10 届亚伯拉罕·雅各比奖颁发仪式发表演讲，该演讲的内容于同年晚些时候发布（Caffey，1972b），题为《婴儿摇晃的理论与实践》。文章中，他介绍了“挥鞭样摇晃”的术语：“过去 25 年中，证据逐渐累积，直接或间接地表明对受虐婴儿的挥鞭样摇晃和震颤是造成骨骼和脑血管病变的常见原因；而后者是最严重的急性并发症，也是迄今为止最常见的婴儿早逝原因”，并引用了三篇他自己的文献。这是他发表的第二篇指出以下看法的论文：挥鞭样伤害或摇晃可能导致健康婴儿骨折和颅内损伤而无外伤迹象。

在这次演讲中，卡菲梳理了发生过的27起虐待案例，包括新闻周刊中提到的臭名昭著的保姆虐童案例。这些案例中大多数婴儿都出现了长骨骨折的情况，还有一些出现了硬膜下出血和视网膜出血的症状。在其中一些案例中，摇晃被认为是一种致病机制。他第一次讨论了视网膜出血，认为其无疑将成为诊断“亚临床隐性慢性硬膜下出血”的重要标志和挥鞭样摇晃导致脑损伤的“有效筛查试验”。不过，视网膜出血被看作是硬膜下血肿存在的标志。这反映了同时期神经外科专家的观点，即无论病因，视网膜出血就是硬膜下出血的“病理描述”（Till，1968）。

卡菲此时对挥鞭样损伤的假设如此自信，以至于他觉得它可能发生在任何稀松平常的情况下。他写道：“医生和家长通常意识不到平常地、随意地、习惯性地反复摇晃婴儿的致病性。”他列举了一些行为，比如把婴儿抛向空中和他玩耍，还质疑了婴儿摇摇椅、跳跳椅、跷跷板、秋千、自行车和经常在高低不平的道路上疾驰的摩托车的致病性。收音机、电视、电话和吸尘器的空气振动也可能会干扰婴儿所需的静止状态，而“内源性创伤的暴力形式”，如破伤风或癫痫的反复抽搐，被认为是造成挥鞭样脑损伤的原因。卡菲认为，婴儿可能会对自己造成威胁，因为“婴儿在出生后的最初几个月里，他自己会有节奏的挥鞭样习惯，如头部翻滚摆、身体摇晃和头部撞击，这些都可能会对大脑和静脉造成伤害。”他接着指出，以前人们认为脑血管损伤是由产前感染、先天性畸形、出生损伤和遗传代谢性疾病造成的，但“毫无疑问”，它其实是因为“在出生几周和几个月内经历了未被发现、被忽视的和不明显的挥鞭样摇晃”。他得出的结论是，双侧硬膜下出血和频繁的双侧视网膜出血是由间接的加速—减速牵引的挥鞭样摇晃导致的，而头部没有明显的撞击痕迹，通常面部或头皮没有瘀伤，也没有颅骨骨折。

这篇论文的奇特之处在于卡菲不但颠覆了硬膜下出血和视网膜出血的理论——它们以前被认为同时出现在非创伤性和创伤性情况的婴儿身上，还颠覆了人们对于一些自然和先天性疾病的过程的认识：他都把它们归咎于遭受过外伤。

1974 年卡菲整理发表了他在 1973 年 5 月的演讲稿（Caffey，1974）。他当时已有 79 岁高龄，距离发表第一篇相关文章也已过去 28 年。卡菲谈到了“婴儿挥鞭样摇晃综合征”，也引入了一种新的综合征：“婴儿潜在挥鞭样摇晃综合征”。视网膜出血的重要性愈显，不是硬膜下出血的指征，而是挥鞭样损伤的结果。卡菲建议，检测致病性挥鞭样摇晃的常规方法中应当增加眼底检查项目。

至此，他所描述的婴儿挥鞭综合征的基本要素包括“双侧硬膜下血肿和双侧眼内出血”，“没有头部外伤或颅骨骨折”，“伴有长骨骨膜（即覆盖在骨头表面的致密纤维膜）牵拉性损伤，而没有骨折和四肢皮肤的创伤性变化”。卡菲很清楚，在没有外部创伤的情况下出现这一系列现象，表现出的是一种“非同寻常的诊断矛盾”。

在显示有硬膜下、蛛网膜下及软脑膜下出血症状的 8 例尸检和 1 例手术观察的案例中，3 例有脑组织挫伤或撕裂伤，4 例有桥静脉撕裂，有些撕裂位于硬脑膜大静脉管道壁的位置（矢状窦），来自大脑的血液从该位置流出。在本文和之前的任何一篇论文中，卡菲都没有对骨 X 光片的发现进行病理解释。

卡菲描述的损伤机制是由于头部快速、反复的加速—减速屈曲运动，头部反向伸展。在每一起案例中，他都认为这个动作与下巴撞击胸部和头枕部撞击背部有关。卡菲没有提到，在解剖学和生理学上无法完成后一动作。

为了支持他的摇晃假说，卡菲引用了婴儿可能受到摇晃影响的其他报告，但《新闻周刊》中的保姆的供词提供了“迄今为止关于婴儿挥鞭样摇晃综合征（WLS）最全面的坊间证据”。直到 40 多年后的今天，保姆的供词仍然是摇晃假说的唯一证据②。

在这最后一篇论文中，卡菲提出了他的第二种综合征，“婴儿潜在挥鞭样摇晃综合征”，表现为“轻度精神发育迟滞”和“轻度脑瘫”，是“习惯性、适度、随意地挥鞭样摇晃动作”造成的。他的假设如下：

> 没有人研究过婴儿受到这种“轻度”攻击的确切频率、猛烈程

② “*The consistent and repeated observation that confessed shaking results in stereotypical injuries that are so frequently encountered in AHT—and which are so extraordinarily rare following accidental/impact injuries—is the evidentiary basis for shaking*”（Dias，2011）.

> 度和致病性，因此这些信息都不得而知，连不那么确切的信息也无从知晓。然而，鉴于所有正常婴儿的大脑都很容易受到挥鞭样摇晃的力度影响，而且这些随意的轻度摇晃通常会在长时间内反复出现，因此，在许多类似的案例中，习惯性挥鞭样摇晃在某种程度上的致病假设似乎是合理的。所以，挥鞭样摇晃可能会导致多次、少量但可叠加的颅内和眼底出血，这些慢性积血会引起脑部和眼部的永久性功能障碍……这些事实很可能是真的，如果对所有婴儿的眼底进行常规、定期的检查，即使是看起来很健康的婴儿，也能发现视网膜出血的迹象，这样就可以尽早停止习惯性的随意摇晃。

这段文字表明，卡菲的观点是推测性的，没有任何实验证据支持，和他发表的其他文章一样。在卡菲发表第一篇论文和最后一篇论文之间近 30 年的时间里，唯一一次引入科学证据的是古特克尔希的动物研究。

至此，受到虐待的表现为：硬膜下和眼底出血，没有头部外伤或颅骨骨折，同时长骨的影像学变化中未出现骨折或者皮肤上没有瘀伤或肿胀。这是第一次在没有任何直接证据的情况下，可以认定存在创伤。

### （二）1972 年以来摇晃假说的发展进程

卡菲和肯普所做的工作让医生和公众意识到了虐童现象存在的现实。临床医生非常清楚婴儿可能会被虐待——甚至是被父母虐待，这种虐待可以解开婴儿出现硬膜下和眼底出血却无创伤迹象之谜。

人们似乎都没有回想一下：这些论文没有科学支持，仅基于观点和假设，就深深地影响了人们对虐童的看法。是 20 世纪 70 年代初的时代思潮导致了这些论文被如此广泛且不加批判地接受吗？以下几种解释或许能够回答这个问题。

一个原因是多种形式的虐童行为剧增：从宗教到伪装型孟乔森综合征和"强制医疗"（最近引入的一个术语，指父母或看护者为孩子寻求不必要或可能有害的医学治疗）。另外，一些为数不多但具有影响力的儿科医生——包括国家婴儿摇晃综合征中心的顾问或主任——"向医生、医院和执法人员推广定义了新术语的医学书籍"。数百名医生追随他们的脚步……（他们）成功引发了一股依据婴儿摇晃综合征诊断虐童的起诉热潮。③

另一个推动婴儿摇晃综合征接受度指数增长的重要因素是强制报告规定的实施（Uscinski，2006）。人们显然希望能够识别（最好能阻止）虐待行为，而且认定和报告虐待行为也明显是伦理、人道主义责任和临床职责，然而强制报告规定又使其成了一项法定义务，还附带了不履行义务的严重后果。

美国首次将强制报告规定写入立法草案是在 1963 年，目前这一规定在 50 个州有关虐童的法律中都有体现。“随着 20 世纪 60 年代‘儿童受虐综合征’的流行受到广泛关注，美国每个州都要求特定种类的专业人士向儿童保护机构报告疑似虐待的情况。1974 年，国会通过了《儿童虐待预防和处理法案》，为符合联邦标准的州提供财政资助（Appelbaum，1999）。”

强制报告规定的优点在于，它赞同虐童是不可接受的，还强调了专业人士保护儿童的责任（Goodyear-Smith，2012），但是还没有证据证明该体系实现了以上目标；“指导制定强制性规定的假设在很大程度上是错误的，”该体系“已经将公共儿童福利机构转变为调查机构，弱化了其本身职能对提供社会服务本身的参与”（Melton，2005）。

古德伊尔-史密斯（Goodyear-Smith）（2012）注意到，全球范围内都没有证据能证明强制报告规定降低了虐待情况的发现率，而且可能出现越来越多的虚假报告，会对受影响的家庭造成不必要的伤害，同时带来应接不暇的儿童保育服务。吉尔伯特等人（2012）在回顾 6 个国家关于虐童的趋势和政策时，没有发现一致证据证明他们认定的虐童现象有所增减。更令人担忧的是，尽管几乎没有证据证明这些政策的有效性，将婴儿从家中带走的案件处理比率却不断上升，大量婴儿受到了影响。

多年来，澳大利亚一直有人担心报道中不断上升的虐待事件数量。一项对 1990 年和 1991 年西澳大利亚出生的儿童的研究表明，超过 13% 的儿童在 18 岁前曾被报告给儿童保护组织（受到虐待），尽管其中 71% 的儿童并未被虐待。该研究者认为，在英美法系国家，错误报告率不会小于这个数字（Bilson，2013）。对强制报告的担忧如此之大，以至于南澳大利亚的政界人士呼

---

③ http：//www. laweekly. com/film/is – shaken – baby – syndrome – the – new – satanic – panic – a – new – doc – revealsthe – same – experts – behind – both – 5481984.

吁彻底改革或放弃该政策，而该区是第一个采用强制报告政策的。④

### （三）婴儿摇晃假说面临的挑战

摇晃假说很大程度上是基于轶事和一小部分儿科医生的观点，令人惊讶的是，在近 15 年的时间里，没有人尝试为该综合征提供科学和证据支持，也没有人质疑其有效性。该综合征受到的质疑主要来自两个方面的研究：生物力学（研究机械或物理力量对生物系统的影响）和解剖病理学研究。

**1. 生物力学研究**

杜海姆，神经外科医生，1987 年发表了她对婴儿摇晃综合征在临床、病理和生物力学方面的研究（Duhaime，1987）。她以临床病理体征为出发点指出，婴儿摇晃综合征以视网膜出血、硬膜下或蛛网膜下腔出血为特征，且很少或没有外部创伤体征。杜海姆承认，摇晃通常没有病史，而且这种摇晃机制是根据颅内出血的模式假设的。她还承认挥鞭样损伤导致桥静脉撕裂，从而导致硬膜下和蛛网膜下出血。杜海姆回顾了 7 年来在费城儿童医院见到的所有婴儿摇晃综合征病例，并且与宾夕法尼亚大学生物工程系合作，共同进行了基于婴儿模型的生物力学研究。

这项临床研究涉及 48 名婴儿，他们都有详细的临床信息。所有受试者都有被虐待或疏于照顾的征兆并排除了目击到或有据可查的意外创伤。看护人员被特别问及摇晃的问题，只有一个婴儿被摇晃过。63% 的婴儿头部受到过钝击，13% 的婴儿没有头部外伤痕迹，但身体其他部位有创伤，25% 的婴儿头部或其他部位都没有受到创伤。共有 13 名婴儿死亡并接受尸检，这些婴儿都有头部钝击伤痕迹；其中 7 名婴儿的击打痕迹在活体上并不明显，只在尸检中发现。

生物力学研究用的是 1 个月大的婴儿模型。每个模型都受到成人反复的剧烈晃动，仿真头受到金属杆或软质表面的冲击。研究人员记录了角加速度和角速度。撞击产生的平均峰值加速度为 428. 18G，而摇晃产生的平均峰值加速度为 9. 29G；撞击产生的加速度比摇晃产生的加速度高出近 50 倍。杜海

④ Richardson, T. 2015 Parties push to scrap mandatory child protection reports, 29 June. http: //indaily. com. au/news/2015/06/29/parties - push - to - scrap - mandatory - child - protection - reports/.

姆得出的结论是，撞击造成的伤害在脑震荡、硬膜下出血和轴索损伤的计算范围内，而摇晃造成的伤害远低于阈值。她说，这些结果与病历观察结果一致，所有婴儿摇晃综合征的致命病例都有头部受到撞击的迹象，“基于这些观察结果，我们相信单靠摇晃并不会产生婴儿摇晃综合征”。

杜海姆对婴儿摇晃综合征进行了总结，“至少其最严重的情况通常不是仅由摇晃引起的。虽然摇晃可能是这个过程的一部分，但这些婴儿更有可能遭受钝击。”“除非存在诱发因素，如硬膜下积液，脑萎缩，或血管纤维瘤，否则玩耍、喂食、荡秋千、甚至看护人员为了训练婴儿而做出的更有力的摇晃行为都不会导致孩子出现婴儿摇晃综合征致死。”

不过，杜海姆补充了一个推测，“最常见的情况可能是一个孩子被摇晃，然后被扔到婴儿床或其他物体表面上，撞到后脑勺，经历一次短促时间的减速运动”。相比之下，这项研究要传达的信息更像是上述推测，而不是她的研究结果。

在 1988 年的另一份报告中，杜海姆写道，婴儿摇晃综合征“用词不当”，因为它“所暗示的损伤机制不能解释放射学或病理学的检查结果”（Duhaime et al.，1988）。又过了一年，有人提出了“摇晃撞击综合征”的概念（Bruce and Zimmerman，1989），然而同样，摇晃和抛扔的机制依然是推测性的。

随后的生物力学研究证实，成人摇晃动作所产生的力量不足以引起硬膜下出血，而且远低于短距离跌落撞击所产生的力量。普兰格（Prange）用了一个假人（模拟 1.5 个月大的婴儿）来研究高度较低的跌落、摇晃和遭受撞击的反应（Prange et al.，2003）。他发现，与剧烈摇晃或者从不足 1.5 米的高度跌落相比，坚硬表面施加的撞击更能产生被认为是造成临床上严重脑损伤所需的力量。他比较了软硬表面对冲击的不同影响，发现摇晃假头和泡沫（外层无罩）对假头的撞击都不足以造成硬膜下出血或脑白质损伤。他没有研究床垫（外层有罩）或软材料填充的家具的撞击。

普兰格使用了从自己以及杜海姆的研究中得到的数据，探究了摇晃对婴儿脖子的影响。他发现摇晃会对婴儿颈部产生负重，因此可能会导致颈部损伤（Prange and Myers，2003）。在现实生活中，挥鞭样动作对婴儿和儿童颈部可能存在破坏性影响的依据是机动车事故中婴儿的挥鞭样损伤的描述性报告。这些婴儿有颈椎骨折和脱臼的情况，但没有硬膜下和视网膜出血的记录

（Winter et al.，2003；Fuchs et al.，1989；Johnston，2004）。综上所述，这些研究表明，由摇晃或挥鞭样动作引起的负重会对婴儿颈部造成伤害，其程度远低于引起视网膜和硬膜下出血所需的程度。克里斯蒂安（Christian）和布洛克（Block）（2009）认为虐待性头外伤患儿“有时会存在颈椎损伤和缺氧、缺血引起的继发性脑损伤”，布伦南（Brennan）等（2009）发现颈髓损伤在有致命性虐待性头外伤患儿中常见但并不普遍。马特西斯（Matshes）等（2011）对颈部脊髓及相关神经进行了详细的研究。他发现，在他认为受到摇晃的婴儿的这些神经周围有出血。他认为颈部在摇晃时受到的损伤，特别是隔膜神经的损伤，是导致呼吸困难、组织缺氧和脑缺氧损伤的原因。

2003 年科里（Cory）和琼斯（Jones）创建模型来复原杜海姆的生物力学研究。他们的模型有各种规格的头部、颈部和身体，具体做法是：来回摇晃这些模型，使它们下巴撞胸部或枕部撞到背部。所有的女性志愿者和部分男性志愿者在剧烈地摇晃模型 10 秒钟后表现出严重疲劳，据此，科里和琼斯认为能使大脑受到损伤的持续摇晃行为根本无法实现。他们设定了一个预期会发生脑震荡和硬膜下出血的加速度阈值，发现仅在一次测试中，通过摇晃产生的角加速度超过了脑震荡阈值的 2/3。没有一个测试达到硬膜下出血所需的阈值。和卡菲（1974）一样，他们也考虑了下巴撞击胸部和枕部撞击背部的动作，认为“如果在解剖学上可行的话”，这些动作会对单纯晃动造成致命的头部伤害的能力产生“深远的影响”。琼斯当时已经表明枕部撞击背部的动作受颈部解剖结构的限制（Jones et al.，2015）。尽管所得的数据显示，摇晃甚至没有达到硬膜下出血的阈值，但研究人员对使用的模型持保留态度，并得出结论：根据杜海姆的工作，不能明确说明“单纯的摇晃”不会对婴儿造成致命的头部伤害。

近年来，为进一步探讨婴儿头部损伤的生物力学问题，许多计算模型应际而生。这些模型在很大程度上依赖于之前使用假人的研究得到的数据。罗思（Roth）等人（2006）使用了一个半岁婴儿的头部模型，其结构的每个信息要素都使用计算机建模（有限元建模），最终得出结论：摇晃和撞击带来的冲击都可以使桥静脉破裂，导致硬膜下血肿。基于该模型，从 1.5 英尺的高度坠落对桥静脉的拉伸作用多于晃动产生的拉伸作用。不过该模型并没有得到验证，也没有与现实生活中的伤害进行比较。

研究虐待性头外伤对眼睛的影响也引入了计算机算法模型（Rangarajan et al.，2009）。但这些方法也有局限性，“因为使用模型对组织形变和压力进行的预测受到几何应力、解剖学、组织材料特性和组织间作用的影响，所以在计算模型所受压力时，研究人员应该意识到，这些不准确的输入将产生错误的输出，导致计算机模型给出的结果与现实中真实反应之间的相似性很小，甚至完全不相似”。“由于儿童眼部组织的特性和组织间作用尚未被测定或阐明，因此目前无法用有限元模型模拟儿童眼睛的反应。此外，我们还不知道视网膜承受多少压力会产生损伤，所以这些模型不能用于预测视网膜出血或其他眼部损伤的发生”（Margulies et al.，2009）。最近一个关于摇晃对婴儿头颈部影响的计算机模型（Jones et al.，2015）给出了与之前的假人模型相似的结果。与之相同，这个模型也被认为只是进一步研究损伤的平台，不能解决当前的争论。作者写道：“到目前为止没有研究数据能够证明，单靠摇晃——不结合撞击——就能够超过硬膜下出血的伤害阈值。”

卡菲确认了从低处跌落导致严重颅内损伤或死亡的可能性，随后的一些病例报告证实了这一点（Plunkett，2001；Steinbok et al.，2007）。曾有录像记录下了一名23个月大的幼儿从攀爬架上跌下的致命一幕。研究人员在生物力学实验室重建了这次跌落的过程，随即测得了模拟跌落时特定的加速度（van Ee et al.，2009）。兰茨（Lantz）报告了一例7个月大的婴儿从楼梯上跌落后出现了视网膜出血和硬膜下出血并最终死亡的案例，同时还回顾了19篇涉及儿童从楼梯或低处跌落后严重受伤或死亡的研究（Lantz and Couture，2011）。

**2. 解剖学和病理学研究**

对摇晃假说最大的病理学方面的挑战来自格迪斯（Geddes）等人的研究（2001a，b）。这项意义深远的工作彻底改变了人们对婴儿大脑损伤的理解，使人们重新考虑之前关于婴儿硬膜下出血的性质和来源、以及婴儿此后可能持续清醒的时间的看法。

格迪斯对大量可能遭受脑损伤的婴儿进行了细致的观察。大脑功能紊乱（脑病）与硬膜下出血，可合并表现为易怒、嗜睡、癫痫或意识丧失，它们以前被认为是由于脑白质神经纤维的机械性断裂（弥漫性轴索损伤），在成人脑外伤中很常见。相反，她发现大多数婴儿存在大脑肿胀，伴有血液或氧气供应不足（低氧缺血损伤）的指征。只有少数婴儿有轴索损伤，且仅限于脑干中很小而特定的区域，大脑从那里连接到脊髓。

这些发现具有重大意义：尽管神经纤维断裂可直接导致功能失常，但肿胀的速度因人而异，有时需要长达48 小时才能达到峰值。这就给了婴儿一个“清醒期”，此时它们只有轻度症状，甚至看起来很好。这就意味着，那些认为被摇晃过的婴儿一定会立即丧失意识的想法——已经成为婴儿摇晃综合征定义的固定部分（Duhaime et al.，1998）[5] ——是非常错误的。由此可见，那种认为在婴儿昏迷时在场的人必须对其昏迷负责的想法也是错误的。

关于清醒期的问题并没有就此解决，争论还在继续。格迪斯的工作表明，婴儿摇晃综合征在神经病理学上呈进行性脑肿胀，这就说明可能存在一个清醒期。在这段时间里，婴儿可能会出现一些常见的症状，比如呕吐、易怒或警觉性的微妙变化，这些症状可能无法被父母或看护人员识别，同时大脑会进一步肿胀。

2008 年 12 月，加拿大首席检察官启动了对涉及婴儿摇晃案件的医学/法律审查。审查委员会在“损伤时间”的标题下方写道：

> 虽然儿童在受到外伤性脑损伤后不会看上去完全正常，可能会出现多种症状，但其中许多症状会比较模糊并且具有非特异性，这就限制了人们对外伤性脑损伤进行认定。研究表明，小孩（尤其是婴儿）出现意识模糊症状时，其头部外伤的诊断会被忽略，因为这些症状可由其他多种原因引起。因此，在受伤当时和意识丧失/昏倒之时中间会有数小时甚至数天的潜伏期。孩子呈现“清醒”状态（似乎是功能在某种程度上仍在运作）的这个期间限制了人们确定损伤时间的能力，并且还与婴儿受到剧烈摇晃即丧失意识的说法相矛盾，而这种说法从前被用于认定在婴儿昏倒时与其共处的成人有罪。
>
> Ebbs et al.（2011）.

卡萝尔·珍妮（Carol Jenny）博士也接受这种存在清醒期间可能性的观

---

⑤ *“An alert, well – appearing child has not already sustained a devastating acute injury that will become clinically obvious hours to days later.”*

点。她在 2013 年的一次演讲中说道："我从这起案例中得到的启示是，当我们评估病例时，需要非常谨慎，要结合损伤时间，病历记录也应尽可能详细。我们需要观察婴儿细微和并不那么细微的改变，同时，你知道，还要考虑其他可能的假设。也许在婴儿昏倒时那个和婴儿待在一起的人没有那么做。"⑥

在格迪斯的研究中，婴儿脑干损伤较小，且不威胁生命。有些婴儿没有表现出客观体征（擦伤、颅骨骨折、颅外损伤等）来证明他们曾遭暴力，格迪斯表示，想要伤害婴儿可能也不需要使用暴力。格迪斯的研究还提出，正如古特克尔希在 1971 年所指出的那样，在那些所谓的婴儿摇晃的案例中，硬膜下出血是弥漫性的薄层出血，与通常在年纪稍大的患者大脑单侧的厚的占位血肿大不相同，后者通常与创伤有关。格迪斯质疑婴儿硬膜下和视网膜出血是由剧烈摇晃和挥鞭样摇动引起的这一传统假设是否正确，并继续研究了其他可能的机制。他的观点在当时备受争议，成为了尖锐评论的众矢之的（Punt et al.，2004），如今这些研究却已成为主流，被广泛接受。

2003 年，格迪斯（Geddes，2003）发表文章，对婴儿摇晃综合征假说提出了另一个质疑，这一次他激怒了更多的人。文章的题目采用了提问的形式："非创伤性婴儿死亡的硬脑膜出血：它能解释'婴儿摇晃综合征'出血的原因吗?"格迪斯描述了 50 名没有外伤的婴儿的硬脑膜出血，同时提出，有些婴儿硬膜下出血可能是由于严重缺氧、脑肿胀和中心静脉压升高的联合作用。这种作用会使血液从硬膜部位的血管漏出，造成硬膜下出血；从眼底部位的血管漏出，造成视网膜出血。额外的血液动力学方面的力会加剧这种情况，如静脉高压、血压持续升高、偶发血压飙升。这些正是婴儿在经历了一段时间的缺氧和随后的心肺复苏以及机械通气后会遇到的情况。

格迪斯提出，在这种情况下，硬膜下出血和视网膜出血不是外伤性桥静脉破裂的结果，而是未发育完全的现象。100 年前，库欣（Cushing）曾提出了几乎相同的假设，即婴儿硬膜下出血"可能是分娩时过度创伤的直接结果，也可能是因为产后窒息造成了严重静脉淤血，从而使血管受到的压力过大；同理，在接下来的几个月里，它们也可能因百日咳发作或剧烈惊厥引起的被动充

---

⑥ Jenny C. Medical Aspects of Child Abuse & Neglect. Conference. Schneider Children's Medical Center of Israel. October 9，2013.

血而破裂”。

格迪斯的成果极具影响力，也颇有争议。这些论文被通俗地称为格迪斯Ⅰ，Ⅱ和Ⅲ，2003年的论文也被称为“格迪斯假说”，据我所知，这是被误解得最深的研究之一，不管是在有关虐童的文献中还是在法庭上。

### （四）格迪斯和2005年的上诉法庭

格迪斯真正发挥作用体现在2005年，上诉法院同时审理了涉及四起婴儿摇晃综合征案件。判决书中提到了格迪斯假说的核心要义，“这些上诉的核心，上诉书和上诉人的基本论点，是对公认的‘婴儿摇晃综合征’假说的质疑；或者说，我们认为用‘非意外头部损伤’形容更合适（Non－accidental Head Injury，NAHI）”（Gage，2005 R v Harris）。虽然这四个案件是独立的，每个案件都有其特定的事实和特点，但检察署的两个主要目标是“支持皇家检察署所采取的对待婴儿摇晃综合征案例的方法”和“消除法庭审判中的单一假设问题”⑦。

这些上诉案件变成了两种假说的战场：格迪斯假说对阵婴儿摇晃综合征假说。格迪斯观察到（2006），“公开或非公开的虐待案件的辩护建立在‘格迪斯假说’的基础上，让一群‘婴儿摇晃综合征’专家愤怒不已。他们多年来一直依据那些特殊病理现象来诊断‘剧烈摇晃’。警方与皇家检察署对我们的假设对起诉的影响感到沮丧，他们决定联合起来进行反击，确保我们的研究不可信”。

尽管如此，格迪斯对婴儿摇晃假说的实质性质疑已经被随后的研究证实。肯普等人（2003）在影像学的基础上证实：从那些可能受过伤害的婴儿的脑部扫描图中可以观察到，弥漫性脑肿胀和低氧缺血损伤的发生率很高。奥赫米亨（Oehmichen）等（2008）对18名婴儿进行了神经病理学研究。尽管他们在区分创伤性缺氧轴索损伤时遇到了很大困难，也无法证实格迪斯发现的

---

⑦ In a lecture to a Meeting convened by Nottingham Pediatric Radiology Department in 2006 Howard Cohen, First Senior Treasury Counsel (for the respondents) identified five objectives for these appeals. The first two are cited above; the other three objectives were “to give guidance to the criminal justice system in how to deal with expert witnesses; to ensure that SBS cases can be prosecuted in the future and to uphold the convictions in the four conjoined cases.”

脑干轴索损伤，但他们最终确认了格迪斯的观察结果：这些婴儿大多死于脑灌注不足而非创伤性脑损伤。

万雄（Vinchon）证实了格迪斯观察到的硬膜下出血呈薄膜型的现象可能是患者年幼的一个特征，而不能指明出血原因（Vinchon et al.，2002，2010）。自从格迪斯论文发表以来，影像学研究表明，几乎有一半的健康无症状的婴儿硬膜下有少量出血，而出血的部位与那些被认为受到摇晃的婴儿相同（Whitby et al.，2004；Looney et al.，2007；Rooks et al.，2008）。病理学家也意识到婴儿硬膜内和硬膜下出血极其常见，即使是那些没有外伤或明显缺氧迹象的婴儿身上（Gilles and Nelson，2012）。大量病例研究证实了这一点，并表明了婴幼儿硬膜出血和缺氧之间的联系，支持了格迪斯提出的假设III，证实了库欣观察到的产后窒息患儿身上会出现硬膜下出血的现象（Scheimberg et al.，2013；Cohen and Scheimberg，2009；Cohen et al.，2010）。非创伤类疾病中，硬膜内出血经常合并硬膜下出血，而且如果出血量大的话，血会渗入硬膜下腔室（Cohen and Scheimberg，2009；Scheimberg et al.，2013），这是证明硬脑膜（而非桥静脉断裂）才是轻微的、薄膜型出血来源的有力证据。胚胎学和解剖学研究也支持这一观点；未发育完全的硬脑膜中的血管在出生时比其他任何时候都更脆弱和复杂（Browder et al.，1975；Mack et al.，2009），而且在健康新生儿和被诊断有婴儿摇晃综合征的婴儿脑部经常出现硬膜下出血的位置，这些血管的分布尤其广泛（Rooks et al.，2008；Hymel et al.，1997；Duhaime et al.，1998）。

公认的婴儿摇晃综合征假说认为，在摇晃时桥静脉破裂是硬膜下出血的原因（Guthkelch，1971）。这在解剖学上几乎是不可能的，因为单个静脉的破裂都会产生大占位的新鲜血块，而这在婴儿摇晃综合征中是看不到的。即使是婴儿摇晃综合征的坚定支持者现在也认为，新的研究已经改变了我们的认知，硬膜下血肿可能是因为硬脑膜静脉出血，而不是仅有桥静脉出血一种可能（Slovis et al.，2012）。

近一个世纪以来，人们已经认识到，与出生有关的出血可能会持续存在，并在大脑周围长期积聚，随后可能出现一些症状。人们认为婴儿慢性硬膜下出血很常见，且难以诊断。它的症状包括（按照出现频率高低排序）：抽搐、呕吐、易怒和昏迷。一半以上的婴儿合并有陈旧性出血和外伤，但只有一小部分（98 个婴儿中有 11 个）有颅骨骨折的症状。大约 1/4 的婴儿有视网膜出血（Guthkelch，1953；Ingraham and Matson，1944）。婴儿猝死综合征的常规尸检中最常发现的就是陈旧性硬膜下出血（Rogers et al.，1998；Keeling，2009）。这些陈旧性出血在硬膜下形成了一层薄膜（Squier，2011），没有专业的成像技术是看不到的。它们的病理特征为大量薄壁血管上有反复的非外伤性出血点（Friede，1989；Squier and Mack，2009）。原发性新鲜硬膜下出血在慢性脑外疾病中可以被发现，可能是由疾病和脱水诱发的（Vinchon et al.，2010）。

因此，小范围新鲜出血合并慢性硬膜下出血不能作为因出现意外或被虐待而受到外伤的证据。值得注意的是，在昏迷和复苏后出现的小范围的新鲜出血通常被认为是昏迷的原因。它们更有可能是昏迷导致的结果，硬膜上大量纤细的血管出血的原因是缺氧和苏醒期间血管内压力发生的变化。

和硬膜下出血一样，视网膜出血在新生儿中也比较常见，发病率大概在 1/3 左右（Baum and Bulpitt，1970；Emerson et al.，2001；Forbes et al.，2010）。2010 年马特西斯提供了直接支持格迪斯假说关于视网膜出血的证据：视网膜和视神经鞘出血与持续缺氧、再灌注、脑肿胀和心肺复苏密切相关（Matshes，2010）。

## 三、摇晃假说的支持证据

婴儿摇晃综合征有史以来最令人费解之处就是肯普、古特克尔希和卡菲所描述的综合征是如何被“提炼”[⑧] 成“三联征”的。单这一个三联征就构成了认定婴儿摇晃综合征和虐待的依据，在文章中被广泛提及，还成了多次

---

⑧ Greeley, 2014. “The complex features of AHT are often disparagingly distilling [sic] simply to “The Triad”; a term devoid of any real clinical meaning and not used at all in practice.”

提起诉讼的依据[⑨⑩]。

## （一）三联征的起落浮沉

三联征的确切来源已不可考，但其最初使用是在 1974 年卡菲的文章发表之后到 1998 年之间。1998 年，一群进行虐童预防的儿科医生在评论那位摇晃看护对象的波士顿保姆露易丝·伍德沃德（Louise Woodward）的案件时写道，“婴儿摇晃综合征（不管有无撞击的证据）”现在是典型的临床表现和病理现象，这种几乎独一无二的损伤类型在病情严重时具有诊断特征——严重脑损伤继发的大脑肿胀（脑水肿），脑内出血（硬膜下出血），眼底层出血（视网膜出血）。请那些质疑这些诊断特征特定性的人先在同行评议的文献中提出质疑，再在法庭上推测其他原因（Chadwick et al. , 1998）”。这显然不同于卡菲和肯普最初提出的骨折合并硬膜下出血是认定虐待的基本要件的概念。

1992 年杜海姆试图制定一种算法来辅助认定虐待（Duhaime et al. , 1992）。她没有正式定义三联征，但是她表示：“视网膜出血与幼儿遭受的伤害密切相关，像硬膜下出血和弥漫性轴索损伤一样，更可能是由于头部受到的旋转力而不是平移力造成的。”她对 100 个不超过 24 个月大、因头部外伤入院的婴儿进行了研究。她根据详细的生物力学问卷、体检和放射学检查结果来认定伤害的性质是意外还是虐待，而认定婴儿事实上曾遭虐待的依据是看护人承认自己虐待过婴儿。这些婴儿也接受了眼科检查，但伤害性质的分类与检查结果无关。社会服务机构或预防虐童的咨询机构也参与了对虐待存在与否的评判，杜海姆对这些机构分别进行了分析。

---

⑨ R v Harris 2005 “65. The triad of injuries becomes central to a diagnosis of NAHI when there are no other signs or symptoms of trauma such as bruises or fractures.”

⑩ A Local Authority v S [2009] EWHC 2115 (Fam) 40. “The Local Authority's case is that there was a single primary event, which provides a full explanation for every relevant observation. It all, they submit, fits with a traumatic infliction of a shake or a shaking/impact event which led to Z exhibiting the classic triad of injuries.” “62. Each of the doctors I have enumerated are of the view that other injuries, such as grip marks, bruises or fractures, either seen externally or at post – mortem, (called during the course of the case as “external injuries”), are neither inevitable nor necessary in order to conclude that trauma is the cause of the triad in a child.”

在这个算法中，认定婴儿受到虐待的根据是：“（1）长骨骨折愈合等原因不明的损伤；（2）无外伤病史的机械性损伤；（3）有曾受外力的病史，但作者认为它们在机械性损伤不足以造成特定类型的损伤，同时病历中的说法不断变化或病情发展存在矛盾。”但是，“如果病历中明确描述了从高度低于 3 英尺的地方跌落，则视为伤害‘微不足道’，当需要解释为什么损伤程度很严重，而病例内容千变万化或病情发展相互矛盾的时候，就要假定婴儿受到了非意外损伤”。

因为从低处跌落被当成了“微不足道”的事，或者说病例有伪造的迹象，所以这些案例都被归类为虐待。在这样的前提下，作者得出的结论就不足为奇了——“单纯从低处跌落很少会导致严重的原发性脑损伤”，而归为意外伤害的只有“那些由机动车事故和从特别高的地方坠落造成的伤害”。这些结论是由一种循环逻辑得出的，杜海姆研究中采用的诊断标准取决于作者对机械损伤后果的主观感受以及父母如何解释婴儿的病情。由于没有“统一标准”或相应的虐待测试作为参考，这项研究得出的算法似乎成了虐待性头外伤诊断中最普遍采用的“基准”，为许多关于这一问题的研究打下了基础。因此任何采用相同诊断标准的研究都存在同样的循环和逻辑谬误，导致它们在诊断虐待性头外伤时都不可靠。

2001 年美国儿科学会的政策声明则更加离谱，它规定内科医生可以假定任何有颅内出血症状的婴儿受到了虐待。[11]

同年，美国儿科学会发布技术报告，将婴儿摇晃综合征定义为“一种明确的医学指征”，识别的依据为“见于婴儿身上的临床表现，包括视网膜出血、硬膜下出血或蛛网膜下腔出血，几乎或完全没有颅外伤的迹象”。这篇文章支持三联征；“硬膜下出血是由连接硬脑膜和软脑膜蛛网膜的小桥静脉破裂引起的，这是摇晃的常见后果。这种出血可能在半球间裂隙中最明显，在半球凸起处最小。可能最终仅出现脑水肿伴蛛网膜下腔出血。儿童可能有硬膜下出血、蛛网膜下腔出血的症状，抑或两者皆有。颅内或视网膜出血可为单

---

⑪ *“While physical abuse has in the past been a diagnosis of exclusion, data regarding the nature and frequency of head trauma consistently support a medical presumption of child abuse when a child younger than 1 year of age has intracranial injury.”*

侧或双侧。肉眼可见的脑挫伤并不常见，但弥漫性轴索损伤比较普遍。”骨损伤是卡菲提出的概念中的一个重要组成部分，在此处并未提及，作者建议“其他损伤的证据，如瘀伤、肋骨骨折、长骨骨折和腹部损伤，都应当仔细搜索并记录下来”。

报告指出，“在4岁以下的婴儿中，谋杀是非正常死亡的主要原因。婴儿受到的严重伤害，特别是那些致命伤，很少是意外事故导致的，除非有另一种明确的解释，例如机动车碰撞造成的创伤”。疾病中心2011年公布的数据显示，在1岁以下的婴儿中，意外伤害是第五大常见死因，谋杀甚至不在十大死亡原因之列。在1~4岁的婴儿中，意外（非故意）伤害是最常见的死亡原因，其次是先天性畸形，而谋杀排在第三位，占比不到1/4。

2004年《英国医学杂志》的一篇社论自信地断言三联征具有诊断价值。标题是“婴儿摇晃综合征的病理诊断依据是三联征，而非特定损伤”。它指出，三联征的存在使得作出“有把握的诊断”和得出“曾施以过大力量的结论”成为可能。这篇文章甚至认为，三联征还能认定损伤机制、评估外力程度（Harding et al.，2004）。

2005年，英格兰上诉法院将三联征正式写入法律之中：“公认的假说，其根据是对颅内三联损伤研究的结果，这些损伤包括脑病变（定义为影响大脑功能的大脑疾病）；硬膜下出血（SDH）；视网膜出血（RH）。”法官们在他们的结论中进行了提醒：“然后，我们将求助于合理得出的推论。我们的做法非常谨慎，既考虑到问题的严重性，也考虑到（如前所述）仅仅存在三联征并不会自动或必然得出认定曾有非意外头部损伤和（或）非法杀害的结论。必须考虑到特定案件的所有事实（Gage，2005）。”为了消除上诉中可能引起的任何怀疑，专家们为被告写了一封信来确认他们的看法：“脑病、硬膜下出血和视网膜出血作为脑损伤指标的三联征经受过时间的考验”（Richards et al.，2006）。

婴儿摇晃综合征发展史上的另一重要事件发生在2009年。当时美国儿科学会发布了一份政策声明，竭力主张改变这一术语。这份声明特别敦促改变术语以紧跟人们对病理机制的理解加深的步伐，包括承认钝力撞击和摇晃都能造成损伤、认同儿科医生应该“在描述头部和脑部受到的伤害时，接受一个不那么机械的术语——虐待性头外伤”。虽然声明认为应该放弃“婴儿摇晃综合征”这个术语，但摇晃作为一种机制不能被抛弃，因为“病例清楚地表明这一结论，即摇晃会存在于一些受到伤害的情形中”。在研究提及的病例中，加害人承认，“所描述的摇晃机制的共性以及鲜有的撞击迹象说明摇晃是虐待性头外伤的一个重要机制。此外，钝挫伤或撞击加摇晃可能导致婴儿头部受伤”。这篇文章并未定义三联征，但却提到了一个与其略有不同的一系列症状，即“婴幼儿的头部受伤引起的大脑、脊柱和颅骨损伤”。

2011 年，英国皇家检察署效仿美国修改了“非意外头部损伤案件”（前称婴儿摇晃综合征）的“法律指导”。诊断的依据还是原来的三联征：“儿童非意外头部伤的病理特征通常包括颅内损伤的一组症状（有时也称三联征）：视网膜出血（眼底出血）；硬膜下出血；脑病（影响大脑功能的损伤）”，但也发现了其他有用的诊断特征：“损伤通常是由一个单独的看护人在没有任何其他证人的情况下造成的”及“病历不全或陈述不当，且与伤害的严重程度不相符”。

从婴儿摇晃综合征到虐待性头外伤的改变已问题重重，其中一个术语可能意味着未知的机制，但另一个却意味着主观意图，术语的问题尚存争议。拜厄德（Byard）又在一场法医学论坛上提出了“致命颅脑损伤”这一术语，但这一术语并没有提到的事实是：疑似受到虐待的婴儿颅内的检查所见可能不是致命损伤，而且也可能根本未见损伤。古特克尔希在其研究成果成为婴儿摇晃综合征发轫之始的 40 年后，又提出了“婴儿视网膜 – 硬膜出血综合征”⑫ 这一术语，该术语准确描述客观现象，没有任何机械的推测。

三联征似乎始于那些支持婴儿摇晃综合征假说的人的文章，现在却被这些曾经的支持者判了死刑。2011 年，卡萝尔·珍妮，前文引用的 1998 年和 2006 年两封快讯文章的共同作者，公开声明“三联征是虚构的”⑬。2012 年格里利（Greeley）在一篇社论中引用了一个不同的三联征：“这两篇报道……都分别证明了视网膜出血、硬膜下出血和肋骨骨折能够精确诊断虐待性头外

⑫ Guthkelch, A. N., 2012. Problems of infant retino – dural hemorrhage with minimal external injury, Houston. Journal of Health Law & Policy, 201 – 208, ISSN: 1534 – 7907.

⑬ Carole Jenny, Presentation, The Mechanics: Distinguishing AHT/SBS from Accidents and Other Medical Conditions, slide 11, New York City Abusive Head Trauma/Shaken Baby Syndrome Training Conference (Sept. 23, 2011) athttp: //www. queensda. org/SBS_ Conference/SBC2011. html.

伤。”而两年后，他又竭力否定三联征的使用：“虐待性头外伤的复杂特征常常会简单、轻蔑地提炼（原文如此）为三联征；这个术语没有任何真正的临床意义，在实践中也根本没有使用过（Greeley，2014）。”即使是那些先前表示支持摇晃假说的人现在也拒绝承认三联征的诊断价值。

2015 年，美国儿科学会发表了一篇临床报告（Christian，2015），其中没有定义三联征，但写道：“与受到严重意外伤害的儿童相比，虐待性头外伤患儿更容易发生硬膜下出血、视网膜出血以及相关的皮肤、骨骼和内脏损伤”。同年，考利（Cowley）注意到“在诊断虐待性头外伤时，越来越多的医生不再仅仅关注三联征损伤，即视网膜出血（RH）、硬膜下出血和脑病变。（Cowley et al.，2015）”

### （二）元分析

实证研究没有得到新的证据能为“摇晃是三联征和健康婴儿昏迷的病因”这一概念提供科学依据。然而，法院经常对现有文献进行一系列元分析，作为支持虐待性头外伤鉴定的基础。威尔士卡迪夫大学（University of Cardiff in Wales）的一个研究小组对现有的虐童文献进行了一系列的元分析。虽然这项工作的目的之一是提高虐待行为认定的准确性，但作者也将他们的研究直指法庭上的证人。他们认为，他们的工作将“帮助讨论社会福利的临床医生、执法人员或其他参与儿童保护过程的专业人士进行讨论”，“那些在法庭上作证的人必须能够用科学证据支持他们的观点”。这些文件很重要，因为它们经常被用来支持诉讼。

2011 年，马圭尔（Maguire）开展了一种针对虐童的预测性测试（Maguire et al.，2011）。之前提及的卡迪夫大学的研究小组进行了一项验证实验，结果表明：该预测性测试在测试新数据时表现良好（Cowley et al.，2015）。

在开发预测性测试时，马圭尔和她的同事回顾了 8000 多篇文章，选择了 14 项关于具体症状（包括：窒息；视网膜出血；肋骨、颅骨和长骨骨折；癫痫发作；头部或颈部擦伤）和虐童之间相关性的最佳研究。就这些元分析而言，马圭尔没有试图去判断基础研究中将案例分为“虐待”、“意外”或“先天”是否正确，而是采用之前发表的“虐待行为等级量表”中的前两个级别⑭：

> 1. 在会诊中或民事、家事及刑事法庭庭审过程中证实的虐待行为，或者由加害人承认或证人亲眼目睹的虐待行为。
>
> 2. 经包括多学科评估在内的规定标准确认的虐待行为。

这些定义引出了一些问题：规定的标准是什么？它们是如何建立起来的？法院依靠的是什么样的证据？多学科评估的内容是什么？

为确定这些标准的来源，通过对研究中引用的文献进行回溯，我们发现了一篇关于儿童烫伤的综述（Maguire et al.，2008），接着又发现了一篇关于瘀伤随时间变化的论文，但这篇论文没有关于认定虐待行为的信息（Maguire et al.，2005）。因此，我们无法确定所采的标准是什么，标准又是如何确定的，以及如何认定虐待行为。不过，这个小组已经发表了许多关于虐童的其他研究，这些研究确实指出了认定标准。2003 年，肯普发表了一篇名为“非意外脑损伤中的窒息和脑肿胀”的文章。肯普采用了格迪斯等人主张的虐待标准（Geddes et al. 2001a，b）⑮。格迪斯对她所采用的虐待的界定标准有些顾虑，因此对其局限性进行了补充说明：

> 在收集非意外伤害系列案例的过程中遇到的主要问题之一是病历可能不准确，而且很少有人承认自己伤害过孩子。

---

⑭ The other three are:

“3. diagnosis of abuse defined by stated criteria;

4. abuse stated as occurring, but no supporting detail given as to how it was determined;

5. abuse stated simply as “suspected,” no details on whether it was confirmed or not.”

⑮ (1) head injury where there was a confession by the perpetrator;

(2) cases where nonaccidental head injury was established as a result of criminal conviction in the criminal court where there were unexplained extracranial injuries;

(3) cases where there were unexplained injuries elsewhere in the body, other than head injury, but no conviction (all diagnosed at case conference except two who died);

(4) cases where the carer was convicted of injuring the child, but in which there was no extracranial injury;

(5) cases where there was major discrepancy between the explanation given by the carer and significant injury, such as a skull fracture, or if the history was developmentally incompatible.

> 通常在发现硬膜下出血或视网膜出血（即仅依据病理）时，人们会首先怀疑存在虐童的可能。然而，如果想要提供可靠的数据，仅依靠这些症状判断是站不住脚的，因为它可能是由意外伤害导致。
>
> 为了尽可能地确定我们确实是在处理头部伤害的案例，我们制定了这项研究的诊断标准（见“方法”部分）。即便如此，我们仍然清楚某一类别（在没有颅外损伤的情况下被定罪）的12个案件极有可能事实上并不是非意外伤害案件，尽管他们的病理被广泛认为是虐童的证据，或者至少是“高度暗示”存在虐童事实。缺乏科学客观的依据来认定案件性质为非意外伤害是许多系列文献的另一个缺点，包括临床和法医学系列文献。

而肯普的研究中并未引用格迪斯对虐待界定标准的局限性进行的说明。

2002年，在一篇名为“婴儿硬膜下出血调查”的论文中，来自卡迪夫研究小组的肯普指出，在查证虐待行为时，“必须提早与所有机构代表商议鉴定方案，讨论调查结果，并就虐童事实存在的可能性达成共识”。这些机构代表包括“多机构的团队成员；儿童保护方面的儿科专家；儿科神经学家或神经外科医生；神经科放射学家；眼科医生；地方儿童保护小组的社工，还有警察”。虽然有人可能会认为这是后面建立的诊断标准所依据的多学科评估基础，但我们没有可行的方法确定这一推测，原因在于，我们并未了解到任何可以界定虐待的诊断标准，导致引文无法继续追踪。

马圭尔声称她的预测性测试“证实了虐待性头外伤与特定临床症状组合的联系”，但仔细查看这项研究就会发现，她的说法并不合理，案例被归类为虐待还是非虐待，依靠的完全是假设，在元分析中，这些分类又被用来证明这些假设。鉴于这样的循环逻辑，元分析无法为认定虐待行为提供证据基础；而只能简单地预测特定的检验结果被归类为虐待或是非虐待的可能性，从而预测看护人员因虐待行为被指控的可能，而不管分类的准确性如何。2013年，马圭尔承认了研究中循环逻辑的问题，以及临床意见在案例分类中的作用。她特别明确地指出，这些基础性研究很大程度上是根据杜海姆或其类似的标准进行的，其中包括调查人员认为即使在无外伤病史的情况下也可以认定虐待行为存在的假设。

无独有偶，皮托（Piteau）在 2012 年独立发表了另一篇元分析文章，题为“虐待性与非虐待性头外伤相关的临床和放射学特征：一篇系统性综述”。它以 21 项被认为质量较高的研究为基础，同时使用马圭尔等级量表来认定虐待行为。皮托认识到了循环逻辑的问题[16]，并指出基础研究受到了选择偏倚、信息偏倚和混杂偏倚的限制，其中一些研究还存在数据缺失、可控因素少和认知偏差等缺陷。

皮托和马圭尔的研究被誉为有关虐童研究进展的重要一步：“这两份报告使用了不同的调查方案，在相同的研究框架下对不同的数据进行了分析，分别确认了视网膜出血、硬膜下出血和肋骨骨折对虐待性头外伤诊断的精确度。在相同的研究框架下分别使用不同的方法能够得出相似的结论，这让我们意识到这些经常用于诊断虐待性头外伤的临床表现确实有据可依（Greeley，2012）。”

格里利甚至连作者提到的局限性都没有发现。此外，卡迪夫团队研究报告的作者们最近承认，“必须要考虑模型的循环逻辑问题；在缺乏能作为统一标准的测试的情况下，我们诊断虐待性头外伤的依据不应仅限于临床特征，而应对案例进行各方面的多学科评估。然而不可避免的是，这种评估将受到模型中各种因素的影响（Cowley et al.，2015）”。

在医学或其他科学领域中，很少有研究像这样——依靠循环论证，可控因素少，还将重大偏倚当作是认知上的进步，认为其足够可靠，能提高诊断精度，能做出重大医疗决定，还能作为刑事或民事（决定将婴儿从父母身边带走）判决的坚实证据基础。

---

⑯ “This meta - analysis was made difficult by inconsistencies in the criteria used to determine the etiology for head trauma, inconsistencies in defining and reporting clinical and radiographic variables, and a moderate to high degree of statistical heterogeneity between studies. As there are no standardized criteria for the definition of abuse, most authors developed their own criteria, and many of these are fraught with circular reasoning. The diagnosis of AHT relies on historical features, clinical findings, and radiological interpretations, and it is these same criteria that are used to categorize head trauma as abusive and nonabusive. We attempted to address this limitation by using a published scale to rank the quality of the criteria used for defining abuse and examined our results for all eligible studies, as well as for those using high - quality criteria. However, for features that have been traditionally associated with abuse (such as subdural hemorrhage and retinal hemorrhage), this ranking scale does not compensate well for circularity and thus our results must be interpreted cautiously.”

## 四、三联征将何去何从

三联征曾经是认定虐待行为的主要依据，先是被修改而后被废除。在超过 40 年的时间里，没有新的经验证据支持婴儿摇晃假说。迪亚斯（Dias）说：“不幸的是，目前还没有人提出一个连贯而全面的论点来证明摇晃是导致虐待性头外伤的机制（Dias，2011）。”他还说，就像 1974 年卡菲所说的那样，看护人员承认自己摇晃过孩子“是摇晃行为的证据基础”。但这些自述的话语又有多可靠呢？与临床证据相比，高达 63% 的自述都不可靠，因为当看护人员承认自己“就是摇了摇”婴儿时，临床证据却表明孩子受到过撞击（Dias，2011）。亚当斯鲍姆（Adamsbaum）研究了婴儿摇晃综合征案例中的自述，认为“加害人的自述不是科学证据”，且“这些陈述都不是在孩子住院期间作出的。所有的自述都是在被警方羁押或司法调查期间，也就是诊断作出的几周或几个月后”。此外，就影像学证据而言，“重复摇晃和硬膜下出血程度之间不存在相关性”（Adamsbaum et al.，2010）。2011 年，英国皇家检察署提供了更多质疑供述的理由：“有证据表明，非意外头部损伤案件中的嫌疑人有时会承认‘摇晃’过孩子，因为他们认为比起承认打了孩子，这样可以尽量减轻他们的犯罪情节。”

20 世纪 80 年代后期至今的研究已经质疑了每一个支持婴儿摇晃综合征的所谓的特征，薄层硬膜下出血未被证明是外伤性桥静脉破裂的结果，而更可能是因为硬脑膜功能未发育完全导致的。功能性脑病不是由于大脑神经纤维的创伤性撕裂，而是由一系列继发性事件导致的，包括脑水肿、血液和氧气供应不足，并不是外伤特定的症状，更体现不出受到过虐待。婴儿视网膜出血会出现在正常出生的婴儿身上，还可由许多先天因素引起，其中上述生物力学研究表明，摇晃产生的加速度比低空坠落要小。

## 五、结论

从神经病理学家的角度来看，三联征代表了三种密切相关的病理生理现象，它们是未发育完全的大脑由于各种原因（包括创伤）形成的继发事件的一部分。最重要的是，这些事件通常发生在发育不完全的大脑中，大部分在一岁以下。我们需要把注意力转移到理解这三个特征的原因上，而不是去猜测三联征的发病机制。

不仅是医生，连婴儿摇晃综合征的主要倡导者也改变了他们的观点，法院也开始意识到这一科学正在改变。在英国的一个家事案件审理过程中，贝克（Baker）法官说："当我听到专家关于硬膜下血肿的证言时，我被所有专家那种字斟句酌的表达意见的方式所震撼。很明显，在过去的十年里，这一领域的医学知识理论有了相当大的进展。"他援引了一位支持婴儿摇晃假说的知名专家的话："我们的知识有巨大的缺口。任何人说的任何话——包括我在报告中所说的那些话——都是有根据的推测，而不是科学证明的事实。（Baker，2012）（Case GF11C00125 re RH，JS，and KS）。"与此同时，因为担心婴儿摇晃综合征诊断缺乏可靠的证据基础，美国和瑞典推翻了相关的判决。瑞典带头挑战主流观点，并对假说的科学基础进行了独立和详尽的审查。这一天来得太晚了。

总之，我们必须记住，如果父母和其他看护人员确实伤害了婴儿，那么虐待行为必须尽早发现和处理。但这样做风险也很高，因为我们也许会错误地把孩子从慈爱的父母身边带走，造成不可估量的伤害。这对儿科医生和法庭来说都进退两难。一旦提及虐待行为，审判就很难保证公正。1972 年卡菲就说过，"'被虐待的孩子'这个词很容易激怒听众，让他们在充分的医学研究和法律调查完成之前过早地对被告父母产生偏见。在父母的罪行被裁定之前，使用虐童这个词可能是非常不公平的"。我们应当一直谨记这条忠告。

## 参考文献

Adamsbaum，C.，Grabar，S.，Mejean，N.，Rey－Salmon，C.，2010. Abusive head trauma：judicial admissions highlight violent and repetitive shaking. Pediatrics 126（3），546－555.

Appelbaum，P. S.，February 1999. Child abuse reporting laws：time for reform? Psychiatric Services 50（1），27－29.

Ayoub，D. M.，Hyman，C.，Cohen，M.，Miller，M.，2014. A critical review of the classic metaphyseal lesion：traumatic or metabolic? American Journal Roentgenology 202（1），185－196.

Baker，J.，2012. In the Matter of the Children Act 1989 and in the Matter of JS（A Minor）

Case GF11C00125.

Baum, J. D. , Bulpitt, C. J. , 1970. Retinal and conjunctival haemorrhage in the newborn. Archives of Disease in Childhood 45, 344 – 349.

Bilson, A. , Cant, R. , Harries, M. , Thorpe, D. , 2013. A longitudinal study of children reported to the child protection department in western Australia. British Journal of Social Work 1 – 21. http: //dx. doi. org/10. 1093/bjsw/bct164.

Brennan, L. K. , Rubin, D. , Christian, C. W. , Duhaime, A. C. , Mirchandani, H. G. , Rorke – Adams, L. B. , 2009. Neck injuries in young pediatric homicide victims. Journal of Neurosurgery. Pediatrics 3 (3), 232 – 239.

Browder, J. , Kaplan, H. A. , Krieger, A. J. , 1975. Venous lakes in the suboccipital dura mater and falx cerebelli of infants: surgical significance. Surgical Neurology 4, 53 – 55.

Bruce, D. A. , Zimmerman, R. A. , 1989. Shaken impact syndrome. Pediatric Annals 18 (8), 482 – 489 492.

Caffey, J. , 1946. Multiple fractures in the long bones of infants suffering from chronic subdural hematoma. The American Journal of Roentgenology and Radium Therapy 56 (2), 163 – 173.

Caffey, J. , 1965. Significance of the history in the diagnosis of traumatic injury to children. The Journal of Pediatrics 67 (5), 1008 – 1014.

Caffey, J. , 1972a. The parent – infant traumatic stress syndrome; (Caffey – Kempe syndrome), (battered babe syndrome). The American Journal of Roentgenology, Radium Therapy, and Nuclear Medicine 114 (2), 218 – 229.

Caffey, J. , 1972b. On the theory and practice of shaking infants. Its potential residual effects of permanent brain damage and mental retardation. American Journal of Diseases of Children 124 (2), 161 – 169.

Caffey, J. , 1974. The whiplash shaken infant syndrome: manual shaking by the extremities with whiplash – induced intracranial and intraocular bleedings, linked with residual permanent brain damage and mental retardation. Pediatrics 54 (4), 396 – 403.

Chadwick, D. L. , et al. , 1998. Shaken baby syndrome—a forensic pediatric response. Pediatrics 101, 321 – 323.

Christian, C. W. , Block, R. , 2009. Abusive head trauma in infants and children. Pediatrics 123 (5), 1409 – 1411.

Christian, C. W. , 2015. The evaluation of suspected child physical abuse. Pediatrics. 135 (5), e1338 – e1354. www. pediatrics. org/cgi/doi/10. 1542/peds. 2015 – 0356.

Clemetson, C. , Spring 2006. Caffey revisited: a commentary on the origin of "shaken baby syndrome" . Journal of American Physicians and Surgeons 11 (1).

Cohen, M. C. , Scheimberg, I. , 2009. Evidence of occurrence of intradural and subdural hemorrhage in the perinatal and neonatal period in the context of hypoxic Ischemic encephalopathy: an observational study from two referral institutions in the United Kingdom. Pediatric and Developmental Pathology 12, 169 – 176.

Cohen, M. C. , Sprigg, A. , Whitby, E. H. , 2010. Subdural hemorrhage, intradural hemorrhage and hypoxia in the pediatric and perinatal post mortem: are they related? An observational study combining the use of post mortem pathology and magnetic resonance imaging. Forensic Science International 200, 100 – 107.

Cory, C. Z. , Jones, B. M. , 2003. Can shaking alone cause fatal brain injury? A biomechanical assessment of the Duhaime shaken baby syndrome model. Medicine, Science, and the Law 43 (4), 317 – 333.

Cowley, L. E. , et al. , 2015. Validation of a prediction tool for abusive head trauma. Pediatrics 136 (2), 290 – 298.

Dias, M. S. , 2011. The case for shaking chapter 41. In: Jenny, C. (Ed. ), Child Abuse and Neglect, Diagnosis, Treatment and Evidence. Elsevier Saunders.

Duhaime, A. C. , Gennarelli, T. A. , Thibault, L. E. , Bruce, D. A. , Margulies, S. S. , Wiser, R. , 1987. The shaken baby syndrome. A clinical, pathological, and biomechanical study. Journal of Neurosurgery 66 (3), 409 – 415.

Duhaime, A. C. , Gennarelli, T. A. , Sutton, L. N. , Schut, L. , 1988. "Shaken baby syndrome": a misnomer? Journal of Pediatric Neurosciences 4 (2), 77 – 86.

Duhaime, A. C. , Alario, A. J. , Lewander, W. J. , Schut, L. , Sutton, L. N. , Seidl, T. S. , Nudelman, S. , Budenz, D. , Hertle, R. , Tsiaras, W. , 1992. Head injury in very young children: mechanisms, injury types, and ophthalmologic findings in 100 hospitalized patients younger than 2 years of age. Pediatrics 90 (2 Pt 1), 179 – 185.

Duhaime, A. C. , Christian, C. W. , Rorke, L. B. , Zimmerman, R. A. , 1998. Nonaccidental head injury in infants – the "shaken – baby syndrome" . The New England Journal of Medicine 338 (25), 1822 – 1829.

Ebbs, D. A. , Pollanen, M. , Huyer, D. , Henein, M. , Nethery, M. , 2011. Committee Report to the Attorney General: Shaken Baby Death Review. Toronto, Ontario.

Emerson, M. V. , Pieramici, D. J. , Stoessel, K. M. , Berreen, J. P. , Gariano, R. F. ,

2001. Incidence and rate of disappearance of retinal hemorrhage in newborns. Ophthalmology 108，36 –39.

Forbes，B. J. ，Rubin，S. E. ，Margolin，E. ，Levin，A. V. ，2010. Evaluation and management of retinal hemorrhages in infants with and without abusive head trauma. Journal of AAPOS 14，267 –273.

Friede，R. L. ，1989. Subdural haematomas，hygromas，and effusions. In：Friede，R. L. (Ed. )，Developmental Neuropathology，vol. 2. Springer – Verlag，pp. 198 –208.

Fuchs，S. ，Barthel，M. J. ，Flannery，A. M. ，Christoffel，K. K. ，1989. Cervical spine fractures sustained by young children in forward – facing car seats. Pediatrics 84 (2)，348 –354.

Gage，L. J. ，2005. R – v – Harris and others. [2005] EWCA Crim 1980.

Geddes，J. F. ，Hackshaw，A. K. ，Vowles，G. H. ，Nickols，C. D. ，Whitwell，H. L. ，2001a. Neuropathology of inflicted head injury in children. I. Patterns of brain damage. Brain 124 (Pt 7)，1290 –1298.

Geddes，J. F. ，Vowles，G. H. ，Hackshaw，A. K. ，Nickols，C. D. ，Scott，I. S. ，Whitwell，H. L. ，2001b. Neuropathology of inflicted head injury in children. II. Microscopic brain injury in infants. Brain 124 (Pt 7)，1299 –1306.

Geddes，J. F. ，Tasker，R. C. ，Hackshaw，A. K. ，Nickols，C. D. ，Adams，G. G. ，Whitwell，H. L. ，Scheimberg，I. ，2003. Dural haemorrhage in non – traumatic infant deaths：does it explain the bleeding in ‘shaken baby syndrome’？Neuropathology and Applied Neurobiology 29 (1)，14 –22.

Gilbert，R. ，et al. ，2012. Child maltreatment：variation in trends and policies in six developed countries. Lancet 379，758 –772.

Gilles，F. ，Nelson，M. ，2012. The Developing Human Brain：Growth and Adversities. Mac Keith Press.

Goodyear – Smith，F. ，2012. Should New Zealand introduce mandatory reporting by general practitioners of suspected child abuse？NO. Journal of Primary Health Care 4 (1)，77 –79.

Greeley，C. S. ，2012. The evolution of the child maltreatment literature. Pediatrics 130 (2)，347 –348.

Greeley，C. S. ，June 2014. “Shaken baby syndrome” and forensic pathology. Forensic Science，Medicine，and Pathology 10 (2)，253 –255. http：//dx. doi. org/10. 1007/s12024 –014 –9540 –0.

Guthkelch, A. N., 1953. Subdural effusions in infancy: 24 cases. British Medical Journal 1, 233 - 239.

Guthkelch, A. N., 1971. Infantile subdural haematoma and its relationship to whiplash injuries. British Medical Journal 2 (759), 430 - 431.

Harding, B., Risdon, R. A., Krous, H. F., March 27, 2004. Shaken baby syndrome Editorial. BMJ 328 (7442), 720 - 721.

Heins, M., 1984. The "battered child" revisited. JAMA 251 (24), 3295 - 3300.

Hymel, K. P., Rumack, C. M., Hay, T. C., Strain, J. D., Jenny, C., 1997. Comparison of intracranial computed tomographic (CT) findings in pediatric abusive and accidental head trauma. Pediatric Radiology 27, 743 - 747.

Ingraham, F. D., Matson, D. D., 1944. Subdural hematoma in infancy. Journal of Pediatrics 24, 39. Johnston, R. A., 2004. Paediatric spinal injuries. Injury 35 (2), 105 - 106.

Jones, M. D., Martin, P. S., Williams, J. M., Kemp, A. M., Theobald, P., October 2015. Development of a computational biomechanical infant model for the investigation of infant head injury by shaking. Medicine, Science, and the Law 55 (4), 291 - 299. http://dx.doi.org/10.1177/0025802414564495 (Epub 2014 Dec 30).

Keeling, J., 2009. Sudden unexpected death in infancy. In: Paediatric Forensic Medicine and Pathology (Edward Arnold, 2009), p. 218.

Kemp, A. M., Stoodley, N., Cobley, C., Coles, L., Kemp, K W., 2003. Apnoea and brain swelling in non - accidental head injury. Archives of Disease in Childhood 88 (6), 472 - 476 (discussion 472 - 476).

Kempe, C. H., Silverman, F. N., Steele, B. F., Droegemueller, W., Silver, H. K., 1962. The battered - child syndrome. JAMA 181, 17 - 24.

Knight, B., February - March 1986. The history of child abuse. Forensic Science International 30 (2 - 3), 135 - 141.

Lantz, P. E., Couture, D. E., 2011. Fatal acute intracranial injury, subdural hematoma, and retinal hemorrhages caused by stairway fall. Journal of Forensic Sciences 56 (6), 1648 - 1653.

Looney, C. B., Smith, J. K., Merck, L. H., et al., 2007. Intracranial hemorrhage in asymptomatic neonates: prevalence on MR images and relationship to obstetric and neonatal risk factors. Radiology 242, 535 - 541.

Mack, J., Squier, W., Eastman, J. T., 2009. Anatomy and development of the meninges:

implications for subdural collections and CSF circulation. Pediatric Radiology 39, 200 – 210.

Maguire, S., Mann, M. K., Sibert, J., Kemp, A., February 2005. Can you age bruises accurately in children? A systematic review. Archives of Disease in Childhood 90 (2), 187 – 189.

Maguire, S., Moynihan, S., Mann, M., Potokar, T., Kemp, A. M., December 2008. A systematic review of the features that indicate intentional scalds in children. Burns 34 (8), 1072 – 1081. http://dx.doi.org/10.1016/j.burns.2008.02.011 (Epub 2008 Jun 6).

Maguire, S., Kemp, A., Lumb, R., Farewel, D., 2011. Estimating the probability of abusive head trauma: a pooled analysis. Pediatrics 128, e550.

Margulies, S., Coats, B., Christian, C., Forbes, B., Duhaime, A. C., 2009. What can we learn from computational model studies of the eye? Journal of AAPOS 13 (4), 332.

Matshes, E., 2010. Retinal and optic nerve sheath haemorrhages are not pathognomonic of abusive head injury. Abstract: American Association of Forensic Sciences Conference.

Matshes, E., et al., 2011. Shaken infants die of neck trauma, not brain trauma. Academic Forensic Pathology 1 (1), b – f.

Melton, G. B., January 2005. Mandated reporting: a policy without reason. Child Abuse & Neglect 29 (1), 9 – 18.

Mortazavi, M. M., Denning, M., Yalcin, B., Shoja, M. M., Loukas, M., Tubbs, R. S., July 2013. The intracranial bridging veins: a comprehensive review of their history, anatomy, histology, pathology, and neurosurgical implications. Childs Nervous System 29 (7), 1073 – 1078. http://dx.doi.org/10.1007/s00381 – 013 – 2054 – 3 (Epub 2013 Mar 2).

Oehmichen, M., Schleiss, D., Pedal, I., Saternus, K. S., Gerling, I., Meissner, C., 2008. Shaken baby syndrome: re – examination of diffuse axonal injury as cause of death. Acta Neuropathologica 116 (3), 317 – 329.

Ommaya, A. K., Goldsmith, W., Thibault, L., 2002. Biomechanics and neuropathology of adult and paediatric head injury. British Journal of Neurosurgery 16 (3), 220 – 242.

Plunkett, J., 2001. Fatal pediatric head injuries caused by short – distance falls. The American Journal of Forensic Medicine and Pathology 22 (1), 1 – 12.

Prange, M. T., Myers, B., 2003. Pathobiology and biomechanics of inflicted childhood neurotrauma response. In: Reece, R. M., Nicholson, C. E. (Eds.), Inflicted Childhood Neurotrauma. AAP Monograph, pp. 237 – 243.

Prange, M. T., Coats, B., Duhaime, A. C., Margulies, S. S., 2003. Anthropomorphic simulations of falls, shakes, and inflicted impacts in infants. Journal of Neurosurgery 99 (1), 143 - 150.

Punt, J., Bonshek, R., Jaspan, T., Mcconachie, N., Punt, N., Ratcliffe, J., 2004. The 'unified hypothesis' of Geddes et al. is not supported by the data. Pediatric Rehabilitation 7 (3), 173 - 184.

Rangarajan, N., Kamalakkannan, S. B., Hasija, V., Shams, T., Jenny, C., Serbanescu, I., Ho, J., Rusinek, M., Levin, A. V., 2009. Finite element model of ocular injury in abusive head trauma. Journal of AAPOS 13 (4), 364 - 369.

Richards, P., et al., 2006. Shaken baby syndrome. Archives of Disease in Childhood 91, 205 - 206. http://dx.doi.org/10.1136/adc.2005.090761.

Rogers, C. B., Itabashi, H. H., Tomiyasu, U., Heuser, E. T., 1998. Subdural neomembranes and sudden infant death syndrome. Journal of Forensic Sciences 43, 375 - 376.

Rooks, V. J., Eaton, J. P., Ruess, L., et al., 2008. Prevalence and evolution of intracranial hemorrhage in asymptomatic term infants. American Journal of Neuroradiology 29, 1082 - 1089.

Roth, S., Raul, J. S., Ludes, B., Willinger, R., 2006. Finite element analysis of impact and shaking inflicted to a child. International Journal of Legal Medicine 121 (3), 223 - 228.

Scheimberg, I., Cohen, M. C., Zapata Vazquez, R. E., et al., 2013. Non - traumatic intradural and subdural hemorrhage and hypoxic ischaemic encephalopathy in fetuses, infants and children up to 3 years of age. Analysis of two audits of 636 cases from two referral centers in the UK. Pediatric and Developmental Pathology. http://dx.doi.org/10.2350/12 - 08 - 1232 - OA.1.

Slovis, T. L., Strouse, P. J., et al., 2012. The creation of non - disease: an assault on the diagnosis of child abuse. Pediatric Radiology 42 (8), 903 - 905.

Squier, W., Mack, J., 2009. The neuropathology of infant subdural haemorrhage. Forensic Science International 187, 6 - 13.

Steinbok, P., Singhal, A., Poskitt, K., Cochrane, D. D., 2007. Early hypodensity on computed tomographic scan of the brain in an accidental pediatric head injury. Neurosurgery 60 (4), 689 - 694 (discussion 694 - 685).

Tardieu, A., 1860. étude médico - légale sur les sévices et mauvais traitements exercés sur des enfants. Annales d'Hygiène Publique et de Médecine Légale 13, 361 - 398.

Till, K. , 1968. Subdural haematoma and effusion in infancy. British Medical Journal 3, 400 - 402.

Uscinski, R. H. , 2006. Shaken baby syndrome: an odyssey. Neurologia Medico - Chirurgica (Tokyo) 46 (2), 57 - 61.

Van Ee, C. A. , Raymond, D. , Thibault, K. , Hardy, W. , Plunkett, J. , 2009. Child ATD reconstruction of a fatal pediatric fall. ASME International Mechanical Engineering Congress and Exposition IMECE2009 - 12994.

Vinchon, M. , Desurmont, M. , Soto - Ares, G. , De Foort - Dhellemmes, S. , 2010. Natural history of traumatic meningeal bleeding in infants: semiquantitative analysis of serial CT scans in corroborated cases. Childs Nervous System 26, 755 - 762. http: //dx. doi. org/10. 1007/s00381 - 009 - 1047 - 8.

Vinchon, M. , Noizet, O. , Defoort - Dhellemmes, S. , Soto - Ares, S. , Dhellemmes, P. , 2002. Infantile subdural hematomas due to traffic accidents. Pediatric Neurosurgery 37, 245 - 253. http: //dx. doi. org/10. 1159/000066216.

Whitby, E. H. , Griffiths, P. D. , Rutter, S. , et al. , 2004. Frequency and natural history of subdural haemorrhages in babies and relation to obstetric factors. Lancet 363, 846 - 851.

Winter, S. C. , Quaghebeur, G. , Richards, P. G. , 2003. Unusual cervical spine injury in a 1 year old. Injury 34 (4), 316 - 319.

# 第五章　咬 痕 证 据

## 第一节　案例研究：雷·克朗案

最为黑暗残酷的极权就是在法律外壳与正义名义下的长治久安。

——查尔斯·孟德斯鸠

（Charles de Montesquieu）

**雷·克朗（Ray Krone）**
**照片由埃德温·谢（Edwin Tse）**
**与无辜者计划的见证人提供**

我是美国第100个洗脱罪名的死刑犯。根据咬痕证据，我被判犯有谋杀、绑架和强奸罪。咬痕“专家”证实，受害者尸体胸部和颈部的咬痕与我的牙齿形状吻合，而我的牙齿是独一无二的，这在当时足够证明我是凶手。尽管除咬痕外大量证据（包括鞋印、手印和唾液中的DNA）都指向凶手是其他人而不是我，但由于咬痕证据的存在，这些证据都被忽略了。以下是我被判死刑的故事。

## 一、案情简介

周日上午，亚利桑那州凤凰城的一家社区酒吧的老板准备开门营业时，发现酒吧前门没有锁，他进门检查收银机和保险柜，一切正常。虽然他能辨别出这些地方已经打扫过，为第二天的营业做好了准备，但他奇怪为何夜班经理金·安可娜（Kim Ancona）未锁柜门，钱包还放在柜台上。当酒吧老板走进男卫生间后，发现金死在了血泊中，身上有刺伤，浑身上下只穿着袜子。

警方调查了金的谋杀案，没有破门而入的证据，也没有抢劫的迹象，因此，他们认为犯罪嫌疑人与金有关系。侦查人员给金的同事打电话，询问她有无约会对象。其中一名员工提到了我的名字，她说金喜欢一个名叫雷·克朗的人。那便是我噩梦的开始。

## 二、定罪经过

### （一）审讯过程

几个小时后，当我在距社区酒吧约半英里的家中时，两名身着西装的男子来到我家门口。其中一个人问我是不是雷·克朗，是否认识金·安可娜。我回答道："我是雷·克朗，但我不认识任何名叫金·安可娜的人。"他们互相对视了一眼，怀疑地问道："你不认识CBS Lounge的金·安可娜?"我告诉他们我曾在社区酒吧喝过酒，有一个名叫金的女孩在那工作，我不知道她姓什么。他们再次交换了眼神，然后怀疑地说："你不知道她姓什么吗？你难道不是她男朋友吗?"我否认了，并询问他们发生了什么事。其中一名男子亮出了他的警察身份，说金已经死了。我惊呆了，我认识的一个人死了，警察是来问我关于她被谋杀的事。我邀请他们进门细聊，但他们坚持要去警局询问我。

他们把我关在一个小审讯室里，在接下来的3个小时里，不停地问我，金和我约会多久了，约会的地方在哪里，她去过我家多少次。而我一直回答道，我们是在酒吧认识的，而且从未约会过。他们让我脱掉衬衫和运动鞋，捺印手印，拍全身和头部特写照片，甚至拿了一块看起来就像从一次性咖啡杯的底部掉下来的两个圆圈粘在一起的泡沫塑料，让我在上面咬一口，继续翻来覆去地问着关于男女朋友的问题，我也一直配合他们。

3 小时后，我回到家，以为一切都结束了。我没有谋杀金，也不知道为什么会有人杀她。当金被谋杀时，我正在家里的床上躺着，我室友可以证明。我如此配合是因为确信司法系统就是如此运作，警方可以尽职尽责，证明我的清白。

但这件事情并没有结束。第二天是星期一，当我下班回家时，有一个警察在等我，他说："克朗先生，我并不认为你的话都是真实的，我想消除你的嫌疑，也希望你配合我。"警察希望我到警局回答更多问题，我同意了。我刚一进入审讯室，他就砰地关上了我身后的门，拿出了为期三个小时的搜查令，要提取我的血液样本、头发样本和牙齿模型。

我有点生气了，我不停地配合他们，他们却咄咄逼人，但无论如何我也一直在配合。他们在我的两只手臂上抽了血，取了我全身的毛发样本，给我的牙齿打了 4 次石膏，不停拍照，在我嘴里戳了有两个半小时。结束后继续审讯我，警察用拳头猛击桌子，大吼道："现在是时候坦白了，我知道是你杀了她，你为什么不承认，让大家都可以回家？"

我受够了，我一直以我的正直与荣誉感为骄傲。我曾服役过美国空军和美国邮局，我现在的老板也对我的正直和荣誉感充满信心，但这个甚至不认识我的人，竟然称我为骗子、强奸犯和凶手。我从椅子上站起来，告诉他我对他、警察局以及调查的看法。我说："你为什么要浪费我的时间？为什么不找真正的杀人凶手呢？而且 3 小时到了。"我很生气，他送我回了家。

### （二）逮捕经过

第二天，1991 年 12 月 31 日下午 4 点，我刚下班回家，听到了刹车声，看到一大群警察全副武装，拔枪大声喊道："不许动，你被捕了。"他们把我按到地上，铐上手铐，以谋杀、绑架和性侵犯的罪名将我逮捕，随后将我带到马里科帕县（Maricopa County）监狱。这一切令人难以置信，我从未坐过牢，甚至在高中时都没有被留校察看过。

我不知道我为什么会在监狱里，我太天真了，前几个小时我担心的竟然是，“我锁车了吗？我这周末举办了一场大型垒球锦标赛，他们是否需要我帮忙？谁来喂我的狗？”事实上，我仍相信警察会继续调查，他们会查明我所说的一切都是真的，在某一个时间他们会回来告诉我，我可以回家了。我让家里人不要担心，因为我并没有杀人，事情很快就会解决。家人相信我，因为他们了解我。

### （三）初审

在我见到我的公共辩护人那天，她告诉我“你被指控犯有谋杀罪、绑架罪和性侵犯罪。你可能会被判有罪，但我们将在上诉时反驳”。我抓狂了，之后她便离开，那是我最后一次看到她。随后，法院指派了另一名律师，并给了这位新律师5000 美元代表我处理此案。律师要我接受认罪协商，但我拒绝了。此后，他并没有做任何有关案件的调查。在金的尸体被发现 7 个月后，该案进行审判，我坐在被告席上，旁边坐的律师既不知真相，也不知道如何为我辩护。我终于知道他们为什么让我咬了泡沫塑料，为什么让牙医检查我的牙齿。

检察官拿出的脚印、手印和毛发证据均与我不相符，所以他们聘请了一位咬痕专家。这位咬痕专家证实，死者身体上的咬痕与我的牙齿排列相吻合，形状独一无二，并且这些咬痕是在金的死亡时形成的，这将凶手指向我，案件就此结案。就是这一位法庭专家将我与犯罪现场关联到一起，证明是我袭击了金，并证明我是卑鄙和残忍的，而他则因此获满足，殊不知他对无助的受害人造成了怎样的折磨。

由于我年轻时曾经发生过车祸，下颚骨折过，牙齿因此受损，所以我的咬痕是独一无二的。检察官告诉陪审团，咬痕就像是手印。专家用我的牙齿制作的石膏模型与金的身上咬痕的图片进行了比较，并告诉陪审团我的牙齿能够与该咬痕完美匹配（见图 5. 1）。

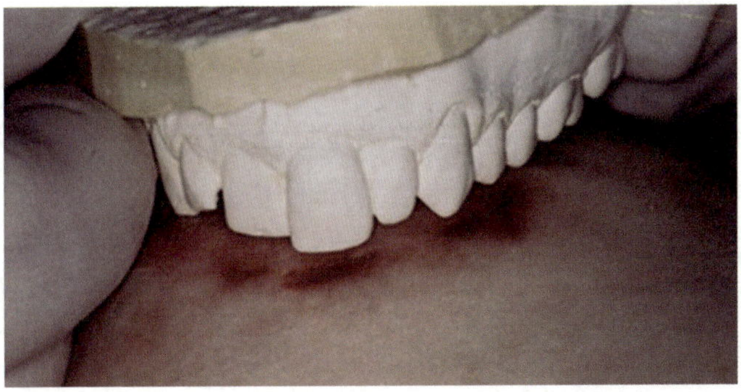

**图 5.1 克朗的牙模图片**

（四）证据：覆盖在咬痕上的雷·克朗牙齿模型

检方的专家是副验尸官雷蒙得·劳森（Raymond Rawson）博士，他是一个令人印象深刻的人。劳森是一名大学教授，也是内华达州的参议员。他出类拔萃，谈吐文雅，且话语极具说服力。就像大多数陪审团一样，这个陪审团也自然而然地被一个确凿的科学证据所左右——除了我，没有人能够在金身上留下这样的咬痕。

这位专家获得了 5 万多美元的报酬，是我辩护人报酬的 10 倍。司法系统的混乱程度让我瞠目结舌，如噩梦一般，我所奉献的国家将我视作敌人。

劳森最有说服力的证据是一盘录像带，上面显示的是我的牙齿图片正好覆盖在金身体上的咬痕照片上，且能够完美匹配。相比而言，我辩护律师的证词相形见绌。

审判持续了 3 天半，警方、专家和侦探占用 3 天的时间。最后一天，我走上了被告席，但却被检察官彻底毁灭了。我的室友为我作证，但检察官对其证词表示怀疑，立即指出我们曾一起在空军服役，彼此认识超过 10 年，在他需要帮助的时候，我总是在他身边。检察官最后问他："你难道不会为他说谎吗？"我的室友怎么回答并不重要。这就是全部。

陪审团仅商议了 3 个半小时后，就判定我犯有谋杀和绑架罪。4 个月后，我又回到法庭，接受宣判。我被贴上了冷血杀手、无情怪物的标签，并被判处死刑。

### （五）上诉

当我在死囚监狱中挣扎时，我的案子已经移交给亚利桑那州最高法院。在初审时，我的律师曾拒绝承认这盘录像带中我的牙齿与咬痕匹配的内容，但法官驳回了异议，视频证据被呈上法庭；在审判进行时，我的律师又提出根据该判决，他需要30天的时间来准备对咬痕证据进行辩护。但法官驳回了他的请求，审判继续进行。亚利桑那州最高法院裁定初审法院违反了证据公开规则。被告有权知道对其不利的证据，并有时间准备充分的辩护，检方不应该在最后一刻才展示证据。亚利桑那州最高法院裁定，如果没有这一咬痕证据，我甚至不会被起诉，咬痕是判定我有罪的关键证据。因为初审法官没有给我的律师足够的时间来准备反驳咬痕录像证据，亚利桑那州最高法院决定对我重新审判。

### （六）二审

我家人意识到问题的严重性，取出了他们的退休基金，抵押了房子，尽其所能雇用律师。这与我被捕的前几天不同，那时我说一切都会过去，因为我没有做错任何事。我在死囚监狱待了3年，每次我离开牢房的时候，这一层的人在自己的牢房望着我，经过每个牢房，听着一声声呐喊："要上路了啊"，我知道这些人其实是在为自己的将死呐喊。我对司法系统不再抱有任何幻想，所以我们找了一位熟悉我案子的律师，他答应处理这个案件，并要求我们支付费用。

第二次审判于1996年2月开始，持续了6周半，有近30名专家作证，三名咬痕专家为辩方作证。我的家人每天来法庭，我姐姐和我凤凰城的朋友也都在法庭。即将真相大白的感觉真好，律师做了该做的工作，并发现侦查人员实际上已经在咬痕区域擦拭并提取了唾液样本，对该唾液样本进行了DNA检验后，发现与我的DNA不匹配。

当然，和往常一样，检方对陪审团作出最终陈述，"你可以忽视那个DNA证据，它毫无意义，与本案无关，不要让辩方误导你，这正是他们在整个审判过程中一直想做的。这个DNA证据很容易解释，金·安可娜是个服务员，她每天都会接触玻璃杯和瓶子。这个DNA只是偶然从别人的玻璃杯上转移过来的。”

陪审团商讨了 3 天半后，依然判定我有罪。我看向起诉席，他们欢呼雀跃，击掌庆祝，仿佛刚赢了一场大赛。最令我绝望的是，当宣判“有罪”的时候，我听到我母亲和姐姐绝望的哀号声。我转身看向她们，只见她们脸上写满了恐惧。对我和我的家人来说，这不是一场游戏。

5 个月后，我再次来到法庭接受宣判。我的律师查阅了案件中所有指向其他人的证据。遍布现场的 9.5 码匡威鞋印，与我 11 码的鞋完全不符；在男洗手间的水槽、纸巾架、垃圾桶上的指纹和掌纹，没有一个与我的匹配；刀被冲洗并晾干后，藏在垃圾桶下；尸体上的毛发 DNA 与我不匹配，在金乳房的咬痕处提取到的唾液 DNA 也与我不匹配。

当我的律师结束辩护后，法官说这个案子将困扰他一生。他很难相信像我这样的人会犯下这种罪行。但更让人难以置信的是，像我这样没有犯罪的人会坐在他面前为没有犯下的罪行接受审判。换句话说，他不相信是警察弄错了。尽管如此，他对我的罪行心存疑虑，因此，他没有判处我死刑，而是以谋杀罪判处我 25 年有期徒刑。然后，他又因为绑架罪判处我 21 年有期徒刑，并连续执行。由于咬痕证据让法官和陪审团确信我有罪，我再也出不去了，我会死在监狱里。

## 三、新的 DNA 证据

2001 年，亚利桑那州立法机构通过了一项新法律，允许没有检测过 DNA 的囚犯进行 DNA 检验，前提是 DNA 检验与判定是否有罪有直接关系。警方保存了金的衣服，法官下令对衣服进行 DNA 检验。就像往常一样，检方反对检测，说这是无用功，是在浪费法院的时间和金钱，但法官还是同意检测。实验室检验了金衣服上的 DNA，发现与我的 DNA 不匹配。这对我和我的家人来说是个好消息，陪审团和法院一直未能发现从咬痕区域提取到的唾液 DNA 与案件的相关性，但仅凭这项发现不足以推翻对我的判决。

幸运的是，实验室的检验比法院的要求更近了一步。一名实验室技术员决定将金衣服上发现的 DNA 到国家 DNA 数据库中进行比对检验，结果比对上一名男子，该男子在金被谋杀几周后因对一名儿童实施性侵犯而被判处 10 年有期徒刑。该男子正因另一起性侵谋杀案假释，他当时住的地方离金遇害的酒吧只有几步之遥。

该男子还在一份录音声明中承认，金被谋杀当晚他在酒吧里。因为喝醉了，他不记得那天晚上发生了什么事，但第二天早上醒来的时候，他发现自己浑身是血。

我的律师递交了DNA检验结果和真凶向检察官认罪的记录。检察官拒绝承认这一新证据的重要性，他对我的律师说，“克朗哪儿也去不了，我们知道是他干的，并且有确凿的证据”。在他看来，咬痕证据胜过DNA证据，看来我们还有一仗要打。

一位记者听说了我的情况后，在当地报纸头版发表了一篇报道，情况迅速发生了变化。他向公众告知，尽管很明显是其他人强奸并谋杀了金，但我仍在执行无期徒刑。这件事引起了公众关注，检察官办公室开始感到压力。

2002年4月8日，在被监禁10年后，我的律师打来电话问我想要什么。如果我想吃什么就吃什么，这意味着什么？我听不懂他在说什么。想到我在监狱里吃的食物，这似乎有点不切实际。然后他告诉我，他刚刚和检察官谈过，我当天就可以回家了。我是美国第100个洗脱罪名的死刑犯，我终于回家了。

## 四、结论

我希望我的经历能够起到警示作用。我们永远不应该忘记，如果警察只是做好本职工作而没有将所有的精力放在逮捕我上，那么另一个女孩就不会被杀害金的真正凶手性侵了。侦查人员将注意力全部集中在我身上，一直在寻找关键的证据让陪审团相信我是凶手，而忽略了指向凶手的证据。咬痕给了他们所需要的证据，他们认为咬痕证据是我侵害金的可靠科学证据，并以此给我定罪。虽然我的牙列可以和咬痕相匹配，但事实上这完全是错误的。幸运的是，DNA证据留存了下来，并且亚利桑那州启动了定罪后的DNA检验程序。但是其他人就没这么幸运了，在某些情况下，没有DNA证据可供检测；在一些州，没有定罪后对DNA证据进行检测的程序。鉴于已知的咬痕证据导致的误判，暂停使用咬痕作为唯一证据是合理的。尽管如此，咬痕证据仍然是现在一些案件定罪的依据，是用于判定有罪的科学证据。虽然咬痕证据的有效性和科学性受到质疑，但仍支付咬痕专家大笔金钱出庭作证。在我看来，法院应该立即拒绝此类专家证据，因为这些完全错误的专家证据对陪审团影响极大。

## 第二节　咬痕证据

本节分为三个部分：首先，回顾法庭科学意见在刑事司法系统中的演变和发展，以及咬痕证据存在的问题。其次，通过回顾威廉·理查兹案（William Richards）基于咬痕鉴定的伪科学及其他法庭科学实验室分析得出的错误定罪结论，简要说明法庭科学改革是如何影响诉讼的（Richards，2012）。最后，对 2015 年提交给得克萨斯州法庭科学委员会（Texas Forensic Science Commission，简称 TFSC）的一份免责诉讼中的咬痕证据进行批判性审查。“钱尼诉州政府案”（Chaney v. State）的无罪判决是由被撤销的咬痕证据和排除被告史帝文·钱尼（Steven Chaney）的定罪后 DNA 检验推动的（Chaney，1989；The Innocence Project，2015）。TFSC 运用科学的方法对咬痕倡议者的陈述及其法律历史进行了分析后决定，不建议在得克萨斯州刑事司法系统中使用咬痕证据来进行个体识别（Forensic Dentistry Online，2015）。

### 一、咬痕证据的兴衰

美国法院开展了对法庭接受或拒绝的法庭科学意见的系统大审查，其结果是，用于人身识别的咬痕证据（指来自瘀伤，而非唾液、牙组织 DNA）存在缺陷。咬痕证据可能是美国 50 个州历史上曾采纳的最典型的失败、不科学的方法。

将“科学”引入警务犯罪调查始于 19 世纪末的欧洲。德国、法国和英国因早期使用微量物证分析、毒理学（类似福尔摩斯的化学实验）、弹道学和手印识别技术备受称赞。同时，他们也通过对人身体特征的采集和对“犯罪人颅骨特征”[i] 的识别来进行犯罪调查分析。从历史上看，称之为颅相学，心理学家创造了一组已知罪犯的基本照片和颅骨排列，这些罪犯的面部特征是对人类犯罪“群体”的一种描述或预测（Davies，1955）。就像科学家们发现新事物一样，优生学运动在当时的美国非常流行，并一直持续到 20 世纪上半叶，这促使警方认为使用颅相学无可非议（Davies，1955；Dikötter，1998）。

不幸的是，共享流行的观点仍是法庭科学分析人员的文化主流。法庭科学之变革，需要科学家铁面无私并立场坚定地驳斥一些流行观点，包括揭穿错误的法庭检验方法。可悲的是，几十年来，“法庭科学检验方法”或称为“警察科学”中某些传统主流方法或是在某种程度证明有效、在一定范围慎用、被认为无效或完全拒绝，或是在从业者群体达成默契情况下慢慢不使用，简单地抛弃。

公众必须知道，法庭科学界不同于其他领域，自然科学界的科学家的研究采用实证和重复性实验进行确证实验，而大学及工程应用中的法庭科学家则形成了一种混合模式，通常是由实践中的问题驱动研究，并拥有由司法“看门人”控制的刑事司法系统作为其受众。从现实意义上讲，这种模式揭示出法院系统是“批准”同意法庭科学意见的最终仲裁者，这些专家意见被认为是非常重要地回答或暗示与案件重要问题相关的事实。此外，很明显，通过司法科学审查而进行的审查已明显过时，在系统内部使用中，各州任意使用且自相矛盾。（Frye，1923；Subsumed in Daubert，1993）

法官和律师很少精通科学方法，他们更依赖于先前发表的关于法庭科学的司法意见。威廉·理查兹在加利福尼亚被判谋杀罪即为典型的例子，极具讽刺意味的是，某个州法院被要求推翻其在 1975 年做出的“马克思公诉案”（People v. Marx）的判决，这一判决在全美引发了司法部门接受咬痕证据的连锁反应（Bowers，1996）。大多数州忽略了一个事实，即在检方的咬痕专家看来，马克思的咬痕是“不寻常的”，他们认为马克思案中的咬痕是“人类皮肤记录中最明确、最独特和最深的咬痕之一”（People V，1975；Vale et al.，1976）。

## 二、威廉·理查兹案

威廉·理查兹案证明了咬痕证据是多么恐怖。以下是他的故事，由“加州无辜者计划”提供。

1993 年 8 月 10 日，帕梅拉·理查兹（Pamela Richards）被人勒死，同时被人用两个拳头大小的岩石重击，头骨被击碎。帕梅拉去世时，她与丈夫威廉·比尔·理查兹（William“Bill”Richards）住在加利福尼亚州圣贝纳迪诺一个偏远的沙漠社区。这对夫妇当时正在盖房子，暂时住在房车里，靠汽油发电机供电。

1993 年 8 月 10 日，令比尔·理查兹终生难忘。邻居们看到比尔和帕梅拉牵手散步，同事们也说，比尔正常上轮班，看起来情绪正常。与往常一样，比尔打卡下班，因为家里没有制冷设备，所以他用在工作时制得的冰装满了自己的冰柜。他开车回家，到家里时刚过午夜，他惊讶地发现房车和在建房屋内的灯都关着。到车棚重启发电机后，他去房车找帕梅拉，准备问她为什么发电机没有运转。当他走向房车时，被帕梅拉半裸的身体绊倒了，他伸手触摸，发现帕梅拉的头部遭受重击，大脑暴露在外。比尔立即拨打了 911，警察没有立即赶到，在接下来的半小时内他又打了两次电话。

最后，一名警察在深夜 12 点 32 分到达现场，但是重案组警察直到凌晨 3 点 15 分才赶到。因为天很黑，重案组警察决定在天亮时，也就是 3 小时后，才开始处理现场。

警方在等待天亮时，未能保护好犯罪现场。狗在房子里乱跑，覆盖了脚印和血迹，破坏了现场，还部分破坏了帕梅拉的尸体。

由于警察未能在犯罪现场找到其他人，比尔被指控谋杀妻子。比尔身上没有抵抗伤，也没有认罪。经过三次审判，陪审团判决比尔谋杀了帕梅拉。比尔的定罪很大程度上是由于检方在证词和法庭辩论中一再声明，除了比尔之外不可能有人谋杀帕梅拉，因为没有证据表明除了比尔和帕梅拉还有其他人在犯罪现场。检方在帕梅拉的指甲中发现了一根比尔衬衫上的蓝线，他们还发现帕梅拉的尸体上有一处咬痕，且与比尔的牙齿排列相匹配（见图 5.2）。比尔被判处终身监禁。

## 三、帕梅拉手上咬痕的尸检照片

如果警方在 1993 年 8 月 11 日清晨及时进行了适当的勘查，很可能会提取到足以证明比尔无罪的证据。比尔给出了一个明确的时间线，说明他何时下班以及他开车回家需要多长时间。警方本可以进行简单的死亡时间检验，以确定帕梅拉的死亡时间。他们可以通过提取并鉴定殴打帕梅拉岩石上的手印是否与房车、房屋、汽车内的比尔手印一致以及擦拭帕梅拉身上的咬痕获得可用于 DNA 检验的唾液进而确定真正的凶手并非比尔，但他们并没有这样做。尽管 20 世纪 90 年代早期的技术可对犯罪现场的部分证据进行 DNA 检验，但这种检验尚无定论，并不足以帮助比尔免于牢狱之灾。

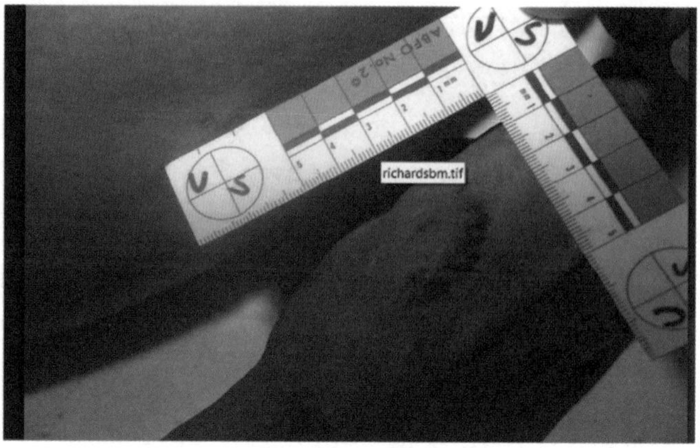


**图 5.2　Pamela 手上咬痕的尸检照片**

2001 年，“加州无辜者计划”代表比尔提交了定罪后的 DNA 检验议案。申请 DNA 检验的物品包括凶器、房子里的几件血迹斑斑的物品，以及帕梅拉指甲下发现的毛发。DNA 检验结果表明，凶器上的 DNA 和帕梅拉指甲下的毛发 DNA 既不是比尔的也不是帕梅拉的。

圣贝纳迪诺高级法院（San Bernardino Superior Court）的法官布莱恩·麦卡维（Brian McCarville）同意比尔从 2009 年 1 月开始进行证据听证会。听证会在那一年的春季和夏季分别持续了好几天。在听证会上，“加州无辜者计划”对比尔 1997 年受审时定罪的证据提出质疑，曾在 1997 年指证比尔为凶手的两位咬痕专家向法庭解释了为什么现行的咬痕科学会否认比尔的牙齿排列与帕梅拉身上的咬痕匹配。检方称，在帕梅拉指甲中发现的蓝色纤维与比尔当时穿的那件衬衫相匹配，但在警方将帕梅拉的尸体从犯罪现场转移到太平间之前的照片中显示，手指甲中没有蓝色纤维，表明纤维很有可能来自实验室。“加州无辜者计划”提供的 DNA 证据显示在帕梅拉死前，是与另外一名持凶器的男子而不是比尔在搏斗。

在听证会结束时，基于提交的证据，麦卡维法官判决撤销对比尔的定罪：“基于纤维……以及 DNA 和咬痕证据，法院发现整起案件都存在问题，而且比尔已经确立其举证责任，目前的证据均指向其无罪。咬痕证据不仅有问题，它还将比尔排除在外。DNA 证据表明，除了比尔和受害者外，还有其他人在犯罪现场。”

比尔的庆祝是短暂的。地区检察官对麦卡维法官的判决提起上诉，并请求高级法院在上诉之前暂缓撤销判决，加州上诉法院推翻了麦卡维法官的裁决（California Innocence Project）。

加州最高法院也否决了比尔无罪。当加州法院宣布针对比尔的咬痕证据是专家意见证据，它不可能是错误的时候，它的逻辑被延伸到极限。在法院作出令人难以置信的裁决后，立法机构改变了州法令的措辞，明确指出，专家证词可能是错的，属于错误证据救济标准的范畴。基于这一法律的澄清，"加州无辜者计划"向加州最高法院提交了另一份人身保护申请，比尔继续等待对其案件的判决。在推翻1997年理查兹案的法庭之战中，有多种层次的免罪策略。下面这封信是为了支持比尔努力摆脱有缺陷的法庭证据和推测性的专家证词，它暗示了得克萨斯州最新的法庭科学改革行动。

**回复：威廉·理查兹**

尊敬的先生/女士：

我正在写关于您即将对威廉·理查兹的假释申请请求的评论。首先请允许自我介绍一下，我是一名执业牙医，在加利福尼亚州从事法医牙科检验工作已有数十年。自1983年以来，我的法庭工作包括协助文图拉县法庭办公室处理身份不明的人体遗骸和涉及牙科的证据。在这方面，我审查了多例疑似咬痕损伤的案例，不断认识到咬痕鉴定的法庭"专业"是一门伪科学，在没有DNA证据的情况下是不可靠的。最近，得克萨斯州法庭科学委员会承认，数十年来法庭认定的咬痕证据是不成熟的，并且在两周前建议得克萨斯州司法机构不再允许咬痕鉴定专家接手刑事案件。

"得克萨斯州一个有影响力的科学委员会于周五呼吁停止在刑事审判中使用咬痕识别技术，其认为该技术的有效性尚未得到科学证实。"（http://www.nytimes.com/2016/02/13/us/texas-panel-calls-for-an-end-to-criminal-ids-via-bite-mark.html?_r=0）

两位法医同事斯帕波（Sperber）和戈尔登（Golden）在理查兹先生1997年最终审判中向陪审团证实，受害者帕梅拉手上的皮肤伤痕是人类的咬痕，而且牙印瘀伤的特征与理查兹先生那颗弯曲的上牙特征极度匹配，该特征在人群中只占2%。

请注意在2008年，理查兹在圣贝纳迪诺举行的短暂但成功的人身保护听证会上，两位同事都基于1997年理查兹被判有罪以来的科学发展，撤回了自己的证词。

自1997年以来，我一直参与理查兹先生的案件，当时在定罪的那次审判前，我在庭外对他进行了检查，准备证明帕梅拉手上的咬痕不是比尔的牙齿造成的。我提取了比尔牙齿的蜡样样本，重点检查我同事证实的单张尸检照片中的复制区域。

结果显然支持比尔是清白的。然而，在法庭上，比尔最终被判有罪。法官拒绝了理查兹先生的重新审判请求，他的动机是基于我对检方提供的证据所作的"从头开始"的分析，以及其公然误判，这将他与可怕的犯罪联系在一起。

这是19年前的事了，比尔·理查兹需要看到自由之光。

我希望您主持的诉讼能够对法律程序产生广泛的影响，即：使用白宫、美国国家科学院和得克萨斯州法医学委员会都认为应"根除"的证据判处理查兹入狱的法律程序是"不可靠"的，也"不建议"在刑事法庭程序中使用。

科学确实在进步，加利福尼亚州的刑事司法系统也应随之完善。

此致

敬礼

C. 迈克尔·鲍尔斯（C. Michael Bowers），牙科和法学博士

美国法庭科学学院研究员

文图拉县法医办公室，法医牙科顾问

执业犯罪现场分析人员

国际鉴定协会

## 四、关于咬痕鉴定的综合性评述

下面介绍州诉钱尼案（State v. Chaney）启发的对TFSC的诉状，该诉状总结了明确且令人信服的推理，以及与错误使用皮肤损伤（而非咬痕DNA）确定的与重案犯有关的事实。本节包含钱尼对TFSC的控诉。本部分由"纽约无辜者计划"项目的巴里·谢克（Barry Scheck）、皮特·纪菲尔德（Peter

Neufeld)、克里斯·法布里坎特(Chris Fabricant)和丹娜·德尔加(Dana Delgar)以及达拉斯公设辩护人办公室的朱莉·莱斯(Julie Lesser)共同撰写。该诉状广泛引用了由亚利桑那州立大学法学教授迈克尔·萨克斯(Michael Saks)专家组提交的法庭之友简报(在此描述为科学家简报),其作者由 34 位杰出的法律界、法庭科学界和实务专家组成[ii]。

2015 年 7 月 22 日
得克萨斯法医科学委员会
1700 北国会大道,445 号
奥斯汀,得克萨斯 78701

尊敬的委员:

请接受代表我们的客户史蒂芬·马克·钱尼(Steven Mark Chaney)以及"无辜者计划"提交的申诉。我们要求得克萨斯州法庭科学委员会(以下简称委员会)行使其法定职权,调查和报告刑事诉讼中使用的咬痕证据的"完整性和可靠性"。①

"无辜者计划"是一个全国性的诉讼和国家政策组织,旨在通过 DNA 检验为被错判的人洗脱罪名,完善刑事司法体系,防止未来的误判。迄今为止,已有包括 18 名死囚犯在内的 330 名美国人,[iii]通过 DNA 检验被证明是无罪的。从这些无罪判决中可以得到的一个教训是,在约一半的无罪案件中,法庭科学的错误应用是导致最初错误定罪的主要原因之一。一些法庭技术的问题尤其突出,其中,在目前使用的这些法庭技术中,对得克萨斯州刑事司法系统的可靠性和公平性构成最严重威胁的是咬痕比对证据。事实上,尽管它的应

① Forensic odontology is not specifically enumerated as an accredited field of forensic science. *See* 37 Tex. Admin. Code § 28.145. However, it may be treated as a form of impression evidence, *see Milam v. State*, No. AP-76, 379, 2012 WL 1868458, at *12-*13 (Tex. Crim. App. May 23, 2012) (unpublished opinion), which may thus be conducted out of an accredited laboratory, giving the Commission additional jurisdiction. *See* Tex. Crim. Proc. Code Ann. § art. 38.01 (4) (a) (3).

用相对较少，但迄今为止，至少有 24 个案例因咬痕证据而被错误定罪或起诉[②]，其中至少有 2 例是在得克萨斯州[③]。咬痕证据导致了如此多的误判并不奇怪。正如这份申诉所指出的，没有任何一种经过验证且可靠的科学能够支撑咬痕证据，即使是构成咬痕证据最基本的假设也会被否定。此外，咬痕证据“常常与高度敏感和有偏见的案件相关，一旦检验专家要将咬痕与嫌疑人匹配起来，将会承受很大的压力”。[见附录 A，洗脱罪名的人名单（http：//www. innocenceproject. org/wp – content/uploads/2016/07/Description – of – Bite – Mark – Exonerations – as – ofJuly – 2016_ final. pdf）和 B，2009 NAS Report（https：//www. ncjrs. gov/pdffiles1/ nij/grants/228091. pdf）]。因此，应用咬痕分析完全是主观的，这大大增加了咬痕案件误判的风险。

鉴于完全缺乏科学支撑的咬痕分析以及使用该技术错误定罪的严重风险，咬痕是该委员会在得克萨斯州履行其法定职责、“推进法庭科学的完整性和可靠性”的一个理想且关键的契机。见 Tex. Crim. Proc. Code Ann. § art. 38. 01（4）（a – 1）。因此，我们要求本委员会对咬痕证据进行彻底调查，包括对咬痕证据的回顾及展望。回顾过去，我们要求委员会审核那些提供咬痕比对证据的案例；展望未来，我们要求委员会宣布暂停在刑事诉讼中咬痕比对证据的使用，直至该技术得到科学验证且证明可靠为止。这样做不仅可以促进该机构的法定职责，而且有助于确保不再有无辜的得克萨斯人因为这种危险且不可靠的“科学”而被监禁。

### （一）咬痕分析的可靠性尚未证实

在刑事审判中使用咬痕比对证据是基于一系列未经证实的假设。首先，咬痕比对证据假设牙齿的咬合面（即牙列）是独一无二的；其次，它假定人类皮肤能够准确地记录牙列的独特特征；再次，它假定法医牙科检查员能够

---

② See Amanda Lee Myers, *Men Wrongly Convicted or Arrested on Bite Evidence*, Associated Press, June 16, 2013, available at http：//news. yahoo. com/men – wrongly – convicted – arrested – bite – evidence – 150610286. html；Amanda Lee Myers, *Bites Derided as Unreliable in Court*, Associated Press, June 16, 2013, available at http：//news. yahoo. com/ap – impact – bites – derided – unreliable – court – 150004412. html；see also Appendix A, List of Bite Mark Exonerations.

③ For more on the exonerations of Calvin Washington and Joe Sidney Williams, and the probable wrongful convictions of Steven Mark Chaney and others in Texas, *see infra*.

准确地将牙列与咬痕联系起来；最后，咬痕比对假设在所有的上述情况成立的条件下，法医牙科检查员可以提出科学有效的判断来证明该关联的价值。但是，正如这封信说明的那样，没有任何科学支持这些假设，因此也没有任何科学支持可以通过人类皮肤上的咬痕认定犯罪嫌疑人的结论。

**1. 科学从未证明牙列是独一无二的**

咬痕比对证据的第一个假设是人类的牙列是独一无二的，但这一假设从未被科学证明是有效或可靠的。2009 年，美国国家科学院（National Academy of Sciences，NAS，一个由美国最有成就的科学家组成的组织）根据国会的一项提案，负责就与科学技术有关的问题向国家提供公正、客观的意见，[④]第一次由独立的证据科学组织对咬痕证据进行了审查。经过近 4 年的工作，基于全面的文献综述和大量来自科学家、执法人员、医学检验员、犯罪实验室人员、侦查人员、律师和专业标准制定组织负责人的广泛证词，NAS 发表了其前沿且权威的报告。尽管该报告诟病了许多法庭学科的科学基础，但其对咬痕证据的评价最为尖锐和致命，NAS 认为这种技术缺乏科学有效性，且从未被证明是可靠的。

特别是 NAS 否定了关于咬痕分析的第一个假设，认为该假设是毫无科学根据的，他们认为“人类牙列的独特性还未得到科学的证实”。在 NAS 报告提出之后发表的科研成果也表明，牙列不具备独特性且其独特性也不可能得到科学的证实。这项研究指出，牙齿咬面特征有限，可能只包括一个咬痕内少于 8 颗牙齿的狭窄表面（而一般成年人的 32 颗牙齿有 5 个侧面），这可能并不是唯一的。[⑤]事实上，这些研究发现在某些人群中，牙列之间存在“随机

---

④ *See* National Academy of Sciences, available at http：//www. nasonline. org/about – nas/mission/.

⑤ Bush, M. A. , Bush, P. J. , Sheets, H. D. , 2011. Statistical evidence for the similarity of the human dentition. J Forensic Sci 56 (1), 118 – 123 (observing significant correlations and non – uniform distributions of tooth positions as well as matches between dentitions); Sheets, H. D. , Bush, P. J. , Brzozowski, C. , Nawrocki, L. A. , Ho, P. , and Bush, M. A. , 2011. Dental shape match rates in selected and orthodontically treated populations in New York State：a two dimensional study. J Forensic Sci 56 (3), 621 – 626 (finding random dental shape matches); Bush, M. A. , Bush, P. J. , Sheets, H. D. , 2011. Similarity and match rates of the human dentition in 3 dimensions：relevance to bitemark analysis. Int J Leg Med 125 (6), 779 – 784.

匹配”现象。[⑥]两名研究人员布什夫妇（Bush and Bush）在一份研究报告中表明：“在测量误差范围内，人类前牙的咬合面（即牙列）并不是唯一的，仅涉及前牙的咬痕尤其如此。”

**2. 即使牙列是独一无二的，人体皮肤也无法准确记录牙列的特征**

即使有科学的证据证明牙列是独一无二的，也没有证据能证明人类皮肤能够准确地记录这些特征。NAS 报告发现，“如果牙列是唯一的，而将这种唯一的图案转移到人体皮肤上，且皮肤维持这种独特性的能力尚未得到科学的证实……”

此外，正如假定的牙列具有独特性一样，在 NAS 报告发表后，一项新的系统研究表明人体皮肤准确记录牙列这种能力永远无法实现。这项经过同行评议的研究表明，由于其各向异性、粘弹性和非线性的特性，人体皮肤不能准确地记录人类牙齿中可能存在的独特性特征。[⑦]这项研究表明，皮肤的自然张力和组织运动通常会使咬痕变形。[⑧] 由于咬合角度与方式的不同，以及咬痕平行于张力线还是垂直于兰格线，同一齿列的咬痕可能会出现本质的不同。[⑨]其他研究表明，皮肤的承痕重现性不好，以至于同样排列的牙列可能会产生完全不同的咬痕。更让人担忧的是，这项研究还揭示了牙列可能与其非同源咬痕最匹配。[⑩]

因此，目前的研究强烈认为，“即使人类的牙列是独一无二的……人体的皮肤也无法准确记录这种独特性，无法对咬痕进行准确比较”，“皮肤上的咬

---

⑥ *See supra note* 5.

⑦ I Bush, M. A. , Bush, P. J. , Sheets, H. D. A study of multiple bitemarks inflicted in human skin by a single dentition using geometric morphometric analysis. forensic science international. 211 (2011), 1 – 8; Bush, M. A. , Thorsrud, K. , Miller, R. G. , Dorion, R. B. J. , Bush, P. J. , 2010. The response of skin to applied stress: investigation of bitemark distortion in a cadaver model. J Forensic Sci 55 (1), 71 – 76; Bush, M. A. , Cooper, H. I. , Dorion, R. B. J. , 2010. Inquiry into the scientific basis for bitemark profiling and arbitrary distortion compensation. J Forensic Sci 55 (4), 976 – 983; Miller, R. G. , Bush, P. J. , Dorion, R. B. J. , Bush, M. A. , 2009. Uniqueness of the dentition as impressed in human skin: a cadaver model. J Forensic Sci 54 (4), 909 – 914 ( “Miller, Uniqueness”).

⑧ Bush, M. A. , Miller, R. G. , Bush, P. J. , Dorion, R. B. , 2009. Biomechanical factors in human dermal bitemarks in a cadaver model. J Forensic Sci 54 (1), 167 – 176.

⑨ *Id.*

⑩ Miller, Uniqueness. See infra on the wrongful conviction of Ray Krone.

痕会随着时间的推移而改变，并且可能由于皮肤的弹性、咬痕表面的不均匀性以及肿胀和愈合产生变形”。这些特性可能严重限制法医牙科学的有效性。

**3. 法医牙科专家无法准确地将牙列与咬痕联系起来**

咬痕分析的第三个错误假设是，法医牙科专家可以准确地将牙列与咬痕联系在一起。NAS 发现“不同的分析方法可以得出不同匹配概率的结论，但关于这些分析方法的一致性并没有科学依据，包括不同专家之间和同一专家前后结论的一致性。”事实上，“用于表明咬痕可用作证据所需个体特征的类型、质量和数据的标准尚未建立”，见附录 B 第 176 页（NAS 报告）。这是咬痕比对中一个特别严重的问题，因为随着时间的推移，皮肤愈合或腐烂的方式是不可预测的，因此，没有方法来解释这些过程造成的损伤变形。因此，试图将某一特定的牙列与人类皮肤上的咬痕联系起来的专家充其量只能做出指导性的推测。

此外，虽然美国法医牙科学委员会（American Board of Forensic Odontology，ABFO，法医牙科学唯一的委员会认证机构）已就一系列关于咬痕与嫌疑人之间关联的结论发布了“指南”，但没有要求其成员采用所建议的术语，也没有提供任何关于如何界定各种结论的标准。更重要的是，这些指导方针的制定并不科学，仅仅通过与会成员举手表决制定而成。参见附录 B，NAS 指出，“ABFO 指南并未指出使用每种方法确定咬痕是否与一个人的牙列有关，其可能性有多大”，即使在使用 ABFO 指南时，不同专家给出的结果也大相径庭……

最终，NAS 得出的结论是，法医牙科学专家缺乏“稳定、准确地证明证据与特定个人或来源之间存在联系的能力”。见 NAS 报告附录 B175 页。即“没有足够的科学依据可以得出这样的结论：咬痕比对可以得出确定的匹配结论。”（强调补充）。

**4. 牙列特征与咬痕即使“匹配”，也不具备关联证明价值**

即使有科学证据支持这样一种观点，即在牙列和咬痕之间可以准确地建立一种联系，咬痕分析仍然无法在其最终假设中对这种联系的证明价值作出科学有效的评估。但正如 NAS 指出，随机匹配的概率无法确定，因为“目前没有既定的科学表明，人群或亚人群中可能导致相同咬痕的比例是多少”。同上 174 页（“到目前为止，关于随机匹配可能性的统计学证据仍无法得到支持”）。

该委员会最近就涉及显微毛发比较案件中相同类型的科学无效证词进行了审查。在承认其毛发检验员已经做出了不恰当的同一认定言论，并夸大已知和疑似毛发之间关联证据的价值数十年之后，（FBI）与国家刑事辩护律师协会和“无辜者计划”一起，对数以千计的案件进行了前所未有的审查，以寻找超出科学界限的证词。[11]

FBI 还培训了数百名州和地方审查员，让他们提供类似的有问题的证据。随后委员会对这些案件进行了审查，以“确定 FBI 发现的问题是否也存在于现在州、县和市实验室提供的证词中”[12]。案件审查将考虑：（1）“报告或证词中是否包含身份证明”；（2）“报告或证词所指定的概率或统计权重”；（3）“报告或证词包含任何其他可能具有误导性的陈述或推论。”[13] 委员会最终得出结论：

> 针对毛发的关联性，毛发检验员不能提供科学、有效的频率估计。检验员的证词反映了这样一个事实，即毛发比对不能用于个体识别。换句话说，从更广泛范围看，一根已知的毛发样本可能与某一群体其他人的毛发无法明确区分。因此，检验人员不应就这种概率或正相关的似然性发表专家意见。[14]

这些限制同样适用于咬痕证据，见 NAS 报告附录 B176 页。（咬痕证据、被质疑的文件检验证据以及显微毛发检验证据都曾以大致相同的理由被批评过）。事实上，咬痕证据甚至更受限制，因为之前讨论过皮肤的变形特性，意味着咬痕比对专家甚至不能有效地将咬痕和牙列联系起来。

---

⑪ Spencer Hsu，July 17，2013. US reviewing 27 death penalty convictions for FBI forensic testimony errors，Washington post. Available at：http：//www. washingtonpost. com/local/crime/us – reviewing – 27 – death – pen – alty – convictions – for – fbi – forensic – testimony – errors/2013/07/17/6c75a0a4 – bd9b – 11e2 – 89c9 – 3be8095fe767_ story. html.

⑫ Texas Forensic Science Commission，*Statement Regarding Texas Hair Microscopy Review Texas Forensic Science Commission*，available at：http：//www. fsc. texas. gov/sites/default/files/Statement% 20re% 20Texas% 20HM% 20Review% 20Final% 20Draft% 5B1% 5D. pdf.

⑬ *Id.*

⑭ *Id.*

## （二）咬痕证据的高错误率

由于咬痕缺乏科学依据，所以咬痕证据容易出现严重错误也就不足为奇。事实上，“科学家简报”也曾表明，“法医牙科学的错误率可能是所有法庭鉴定专业中最高的”。最近，ABFO执行委员会的副主席进行了一项令人瞩目的新研究，着重强调了咬痕证据的高错误率。这项名为《使用ABFO咬痕决策树构建咬痕有效性评价》的研究表明，即使是ABFO最有经验的法医牙科学专家也无法就损伤是否为咬痕达成一致，更不要说它是否由某个特定的人造成的了。

作为构建有效性研究的一部分，研究向103名经ABFO委员会认证的牙科医生展示了100个伤痕照片，要求他们回答三个问题：第一，是否有足够的证据表明此伤痕为人类咬痕；第二，是否与ABFO决策程序一致，伤痕可以区分出“确实是人类咬痕”“不是人类咬痕”“可能是人类咬痕”三种结论（ABFO指南目前提供的三种选择）；第三，如果是人类的咬痕，它是否具有明显的、可识别的牙列和牙印。[⑮] 39名牙科医生（占ABFO牙科医生总数的近40%）回答了全部的100个问题，得到了近4000个结果。普雷蒂和弗里曼医生（Drs. Pretty and Freeman）没有检查结果的基本真实性，即牙科医生们是否准确地而非仅在一个更宽泛的层面上确定了他们看到的伤痕类型，以及他们是否同意彼此的看法。研究结果非常不乐观，对于绝大多数的咬痕，法医牙科学家的判定大相径庭。《华盛顿邮报》在报道中指出，在受害者是否提供了足够的信息以确定其咬痕来源的问题上，是“咬痕专家在进行分析之前应该回答的最基本的问题”：

> 在100个照片案例研究中，39名牙科医生仅就其中的4个案例达成了一致意见。对于第一个问题，100个案例中只有20个案例达成90%以上的共识；当牙科医生们完成第二个问题（照片上的伤痕

---

⑮ Radley Balko, April 8, 2015. A bite mark matching advocacy group just conducted a study that discredits bite mark evidence. Washington post, Available at: http://www.washingtonpost.com/news/the-watch/wp/2015/04/08/a-bite-mark-matching-advocacy-group-just-conducted-a-study-that-discredits-bite-mark-evidence/.

> 确实是人类的咬痕）时，100 个案例中只剩下 16 个是 90% 以上的牙科医生所一致同意的，38 个案例是有至少 75% 的牙科医生一致同意的……当牙科医生完成第三个问题时，意见明显不一致了，在最初的 100 个案例中，仅有 8 个案例是 90% 以上的牙科医生意见一致的。⑯

这些结果令人深感不安。一群杰出的科学家在审查该研究结果后得出结论，“如果牙科检验员无法就损伤是否有足够的信息来判断它是否属于同一咬痕、是否属于咬痕达成一致意见，那他们的话就毫无科学依据”（科学家简报）。

由于缺乏咬痕比对证据的科学依据，构建有效性研究的结果并不令人惊讶，也不异常。2013 年 5 月发表在《法庭科学杂志》上的一项研究在很大程度上预示了其结果。⑰该研究指出，“尽管大多数牙科专家提出，他们能够在一定的程度上确定什么是咬痕，什么不是咬痕，但几乎没有证据支持这种说法”⑱。为了缩小这一差距，研究人员让 15 名澳大利亚法医牙科专家检查了 6 张可能是咬痕的图片，其中 5 张已被活着的受害者确认是由牙齿所造成的。⑲然后，研究人员以叙述的形式询问牙科专家这些伤痕是否是咬痕。与构建有效性研究一样，“从业者之间的结论差异很大”⑳。因此，“定性数据明确证实了这样一个事实，那就是咬痕分析中即使是最基本的假设，即咬痕的来源，也有不同的意见”㉑。该研究得出了进一步的结论，“这种不一致表明了咬痕分析方法存在根本缺陷，应该引起人们对咬痕与牙列匹配得出结论可靠性的

---

⑯ Radley Balko，April 8，2015. A bite mark matching advocacy group just conducted a study that discredits bite mark evidence. Washington post，Available at：http：//www. washingtonpost. com/news/ the – watch/wp/2015/04/08/a – bite – mark – matching – advocacy – group – just – conducted – a – study – that – discredits – bite – mark – evidence/.

⑰ Mark Page et al. ，May 2013. Expert interpretation of bitemark injuries—a contemporary study. J Forensic Sci 58（3），664.

⑱ *Id.*

⑲ *Id.* at 665.

⑳ *Id.* at 671.

㉑ *Id.* at 668.

关注”[22]。

如果咬痕分析人员在第一时间无法正确识别人类的咬痕，那么要求他们对犯罪者作出结论时情况会变得更加复杂。多项研究结果表明，在咬痕比对中，“假阳性率高得令人不安”[23]，例如：

- 1975 年的一项研究发现，咬痕检验人员“对咬痕……进行鉴定的错误率有 24%”，当咬痕产生 24 小时后再拍照，其假阳性率高达 91%；该项实验研究是在猪皮上遗留“理想的实验条件”的咬痕。
- 1999 年 ABFO 咬痕研讨会上，“ABFO 牙科专家试图将四个咬痕与 7 个牙齿模型相匹配”，假阳性率达到了 63.5%。
- 2001 年的一项关于“猪皮上咬痕”的研究结果显示，“不同法医牙科专家……的假阳性率为 11.9% 至 22.0%”[24]。

这些研究表明，咬痕证据根本不能按照它的从业者所声称的那样去做。

### （三）咬痕导致的多起司法误判

#### 1. 史蒂芬·马克·钱尼案

简言之，没有科学证据可以证实牙齿的咬合面是独一无二的，且可以准确地反映在人体上，也没有证据证实专家可以客观、系统地记录这种独特性，也就是说没有任何学科能够“确认咬痕比对的科学基础”。见 NAS 报告附录 BA 第 175 页。而且，现有的科学也否定了它。咬痕研究人员玛丽（Mary）和皮特·布什（Peter Bush）在钱尼案的证词中指出；

> “咬痕分析的基本原则无科学基础，NAS 报告证实了我们的研究，表明它们不可能有科学基础。”咬痕比对方法容易出现严重的错误，然而，我们的当事人史蒂芬·马克·钱尼以及其他与像他一样的人，仍在得克萨斯州和其他地方的监狱里备受煎熬，而这一切只

---

[22] Mark Page et al., May 2013. Expert interpretation of bitemark injuries—a contemporary study. J Forensic Sci 58（3），670.

[23] C. Michael Bowers，2006. Problem – based analysis of bitemark misidentifications：the role of DNA. 159S Forensic Sci Int'l S104，S107.

[24] C. Michael Bowers，2006. Problem – based analysis of bitemark misidentifications：the role of DNA. 159S Forensic Sci Int'l S104，S106.

是归因于基于伪科学的主观推测。

1987 年 12 月 14 日，钱尼被指控谋杀约翰·斯维克（John Sweek）并被判处终身监禁。他被定罪的主要原因是两名法医牙科专家在其证词中指出，钱尼的牙齿与一名受害者尸体上的咬痕相符，该咬痕非钱尼所留的可能性只有百万分之一。检方告诉陪审团，仅凭这一证据就可以定罪：

> 最重要的是，我们有咬痕证据。我不会仅仅依据网球鞋的证据，以及钱尼对威斯特法伦探员或对举报人的证言。但是，我要求根据咬痕证据定罪……同时，黑尔斯医生也宣称，只有百万分之一的人才可能会留下同样的咬痕。你难道还需要其他证据吗？㉕

检方的陈述达到了其预期的效果，一名陪审员在判决后的证词指出，“我做出决定的原因是咬痕”㉖。

如果没有法医牙科专家提供的证据，对钱尼先生的指控就不可能成立。1987 年 6 月，毒贩约翰·斯维克和妻子萨利（Sally）在东达拉斯的公寓被谋杀，两人的喉咙被割，身上有多处刺伤，㉗随后钱尼被捕㉘。谋杀案发生前，斯维克夫妇在他们的公寓贩卖可卡因至少 2 年了。家属告知警方，由于欠了上线卖家的钱，他们曾扬言要杀死约翰。㉙家属认为上线卖家中有一个名叫胡安·冈萨雷斯（Juan Gonzalez）的男子有重大嫌疑，此人是在达拉斯毒品交易中活跃的“墨西哥黑手党”成员。在谋杀案发生之前，冈萨雷斯显然一直在寻找约翰，家属因此怀疑他参与了谋杀。㉚

基于家属提供的信息，警方最初的怀疑对象是冈萨雷斯，但斯维克的一个朋友及客户告诉警方，他认为钱尼有杀人动机，因为钱尼欠了斯维克大约 500 美元的毒品，因此警方最终逮捕了斯维克的老客户兼朋友钱尼先生。㉛虽

---

㉕ Tr. II 801－02.

㉖ Tr. II Vol. 9，p. 6.

㉗ *Chaney v. State*，775 S. W. 2d 722，723（Tex. Ct. App. 1989）.

㉘ *Id.*

㉙ *E. g.*，First Trial Tr. （“Tr. I”）158－61，167；Detective Westphalen Investigative Notes，Dallas Police Department File（“W. Notes”）150.

㉚ *E. g.*，W. Notes 185.

㉛ *E. g.*，Second Trial Transcript（“Tr. II”）200－207；Tr. I 146－47；*Chaney* at 775 S. W. 2d at 724.

然有9名证人证实钱尼不在场，确认了他在凶杀案发生当天的行踪（除了两起吸食大麻轻罪之外，没有其他犯罪记录），但州法院还是对他进行了审判。[32]

检察官在结案陈词中告诉陪审团，到目前为止，证明钱尼有罪的最有力证据是两名法医牙科专家的证词。吉姆·黑尔斯（Jim Hales）和霍默·坎贝尔（Homer Campbell）医生也曾在得克萨斯州对卡文·华盛顿和乔西尼·威廉姆斯的错误判决起着关键作用。他们两人都证实，约翰前臂上的咬痕和钱尼的牙列相吻合。坎贝尔医生证实，咬痕是由钱尼留下的，这一点从牙科医学上来说是有一定的把握的。黑尔斯也证实，除了钱尼之外，其他人仅有“百万分之一”的可能留下同样的咬痕。

如今，我们知道针对钱尼的咬痕证据就是无稽之谈，不应提供给陪审团。NAS也认为由黑尔斯和坎贝尔医生提供的证据毫无根据且站不住脚，大量的科学证据已经证明这种证据是错误的。首先，从科学角度来看，声称将钱尼与咬痕“匹配”的证词，或以其他方式证明咬痕是由钱尼所留的证词，是不可靠的。NAS报告中指出：“科学依据不足以支撑咬痕比对可以得出匹配结论这一观点”（重点补充）；钱尼案科学家简报指出，“越来越多的人认为牙列具有独特性的假设是未经证实且不可靠的……”在布什的书面报告中也有这样的观点，“咬痕比对证据可以让牙科医生确定特定牙列在人体皮肤上留下特定的痕迹（即个体认定）……这一观点是没有科学依据的。事实上，我们可以从研究中得知，皮肤的变形效应会导致非同源牙列与咬痕的随机匹配”。

黑尔斯医生认为，除了钱尼先生之外的其他人仅有“百万分之一”的可能性能留下这样的咬痕，这进一步证明了咬痕证据缺乏科学依据的特点。NAS报告强调：“目前还没有既定的科学表明，人群或亚人群中可能产生相同咬痕的概率是多少”。科学家简报中写道：“不幸的是，法医牙科专家所掌握的信息非常少，无法对随机匹配的概率进行可靠的评估……实际的概率是未知的，因为还没有进行人群研究来确定应该要考虑哪些特征，更不用说牙齿的形状、大小、位置等在人群中存在的实际变化情况。”布什在研究报告中写

---

[32] *E. g.*, Tr. II 530 – 41, 636 – 644, 644 – 58, 659 – 670, 711 – 723, 670 – 711, 740 – 46; 724 – 727; 727 – 730; *Chaney* at 775 S. W. 2d at 724 – 25.

道："黑尔斯声称，除了钱尼之外，其他人仅有'百万分之一'的可能性留下相同咬痕"，这一观点现在已经被我们以及 NAS 所做的调查研究所否认，根本没有科学依据或其他任何数据来支持随机匹配的可能性。此外，这种缺乏理论基础的统计证据，与 NAS 最近审查存在缺陷的显微毛发证据情况完全相同。

根据得克萨斯州新颁布的受质疑的科学法规第 11.073 条，钱尼先生目前正在对自己的定罪提出申诉，钱尼能否最终从法院获得救济，尚无定论。但基于目前的情况，依据完全不可靠且没有科学依据的证据，继续监禁像钱尼这样的人是不公平的，委员会可以且应当避免得克萨斯州类似的案件再次发生。

**2. 咬痕证据导致的多起错误定罪**

咬痕证据曾直接导致了至少 24 起错误定罪或起诉，雷·克朗的案件就是一个典型案例。克朗经常光顾的一家酒吧的一名酒保被谋杀后，他被错误定罪并判处死刑。[33]警方对克朗先生特征明显的牙齿做了一个泡沫塑料咬痕模型，以便与受害者身上发现的伤痕进行比较，此后，他因牙齿弯曲而被媒体称为"牙齿杀手"。[34]

克朗先生在两次审判中被判有罪，两次审判的主要依据是经 ABFO 委员会认证的雷蒙得·劳森医生（Dr. Raymond Rawson）的证词，他指出，受害人身上的咬痕与克朗的牙齿相符。克朗在监狱中服刑 10 年，其中有一段时间是在死囚牢房里度过的，之后通过 DNA 检测洗脱罪名。DNA 检测排除了克朗的嫌疑，但证明另一名住在受害者附近的男子有罪。这名男子当时正因另一桩性侵案服刑。[35]在受害者身上发现的咬痕和克朗先生牙齿的照片（见图 5.1）有力地证明了一个无辜者的牙印可以和真凶的牙印多么相似。

罗伯特·李·斯汀森（Robert Lee Stinson）也因强奸和谋杀一名老妇而在监狱中服刑 20 多年，但他并没有犯下这一罪行。一名法医牙科专家告知警

---

[33] Innocence Project, *Know the Cases: Ray Krone*, http://www.innocenceproject.org/Content/Ray_Krone.php.

[34] Appendix A List of Bite Mark Exonerations.

[35] Innocence Project, *Know the Cases: Ray Krone*, http://www.innocenceproject.org/Content/Ray_Krone.php.

方，行凶者缺少一颗牙，警察给斯汀森讲了个笑话，让他大笑并露出了牙齿。[36] 斯汀森最终被定罪的主要依据来自一名法医牙科专家的证词，他说，受害者身上的咬痕“肯定是斯汀森的牙齿留下的”，并宣称结论“不会出错”。[37] DNA 证据后来证明，尽管牙科专家的证词如此肯定，但斯汀森是无辜的。[38] 克朗和斯汀森的故事只代表了使用这种所谓的科学证据导致的一小部分误判。[39]

除了将无辜之人监禁几十年外，咬痕证据还会任由真凶逍遥法外，继续强奸和行凶杀人，至少多增加一起不必要的死亡案例。[40]在咬痕证据比对后，列文·布鲁克斯（Levon Brooks）被错误地判定强奸和谋杀了一个 3 岁的女孩，不仅给他错误定罪，而且还让真正的凶手贾斯汀·阿尔伯特·约翰逊（Justin Albert Johnson）逍遥法外。约翰逊逃避了应有的惩罚后，又奸杀了另一个 3 岁的孩子。[41]在第二个孩子被杀之后，咬痕证据指控了另一个无辜者肯尼迪·布鲁尔（Kennedy Brewer）。布鲁尔被判犯有谋杀罪和性骚扰罪并被判处死刑，部分原因是有证据显示在受害人身上发现的所谓咬痕“确实且毫无疑问”是由他留下的。[42] DNA 证据最终证明了布鲁尔的清白和约翰逊的

---

[36] Innocence Project, *Know the Cases*: *Robert Lee Stinson*, http: //www. innocenceproject. org/Content/ Robert_ Lee_ Stinson. php (another dentist also testified that the bite mark evidence was "high quality" and "overwhelming").

[37] *Id.*

[38] *Id.*

[39] In addition to Ex. A, the Innocence Project's list of known bite mark wrongful convictions and indictments, more about other wrongful convictions can be found in the Washington Post's exhaustive four – part series on bite mark evidence. *See*, *e. g.*, Radley Balko, *How The Flawed 'Science' Of Bite Mark Analysis Has Sent Innocent People To Prison*, Washington Post, February 13, 2015, *available at* http: //www. washingtonpost. com/news/the – watch/wp/2015/02/13/how – the – flawed – science – of – bitemark – analysis – has – sent – innocent – people – to – jail/. ("[T] he scientific community has declared that bite mark matching isn't reliable and has no scientific foundation for its underlying premises, and that until and unless further testing indicates otherwise, it shouldn't be used in the courtroom.").

[40] Innocence Project, *Know the Cases*: *Levon Brooks*, http: //www. innocenceproject. org/Content/Levon_ Brooks. php ("[I] t could be no one but Levon Brooks that bit this girl's arm."); Shaila Dewan, *New Suspect Is Arrested in 2 Mississippi Killings*, N. Y. TIMES, February 8, 2008, http: //www. nytimes. com/2008/02/08/us/08dna. html? _ r =0 ("Mr. Johnson had been excluded in both cases by bite – mark comparisons.").

[41] *See* Innocence Project, *Know the Cases*: *Kennedy Brewer*, http: //www. innocenceproject. org/Content/Kennedy_ Brewer. php.

[42] *Id.*

定罪。[43]

### 3. 得克萨斯州的错案：卡文·华盛顿案和乔·西尼·威廉姆斯案

得克萨斯州也没有逃脱咬痕证据错误定罪的灾难。卡文·华盛顿和他的共同被告乔·西尼·威廉姆斯因一件他们没有犯过的谋杀案而在监狱里度过数年之后被洗脱罪名。1986 年 3 月 1 日，安妮塔·怀特（Juanita White）[44]的

---

[43] *Id.* In a similar story, Dane Collins was wrongfully charged with the rape and murder of his stepdaughter based largely on bite mark evidence. Though the state ultimately did not proceed against Mr. Collins, "the DA gave several public interviews stating that while there was not enough evidence to try the case, he believed Collins was guilty of the crime." See Appendix A List of Bite Mark Exonerations. Fifteen years later, DNA from a databank was found to match DNA left at the crime scene; the real perpetrator was already serving a sentence of life imprisonment for the kidnapping and rape of another woman. *See* Jeremy Pawloski, *Plea in '89 Slaying Eases Parents' Pain*, Albuquerque Journal, August 14, 2005, available at http://abqjournal.com/news/state/380765nm08-14-05.htm.

[44] Ms. White was also the mother of David Wayne Spence, another person possibly wrongfully convicted and executed in Texas on the basis of bite mark evidence. *See.* Michael Hall, *The Murders at the Lake*, Texas Monthly, April 2014, http://www.texasmonthly.com/story/investigating-the-lake-wacomurders?fullpage=1 (Hall, *Murders*). Mr. Spence, along with three co-defendants, was convicted in 1985 of the murders of three teenagers in Waco, Texas. *Id.* The prosecution's theory was that Muneer Deeb, the 23-year-old operator of a convenience store, had hired Mr. Spence and brothers Tony and Gilbert Melendez to kill an employee on whom, like all his employees, he had taken out a life insurance policy. The state theorized that Mr. Spence killed another woman by mistake, along with two other teenagers who had witnessed the crime. *See* National Registry of Exonerations, *Muneer Deeb*, https://www.law.umich.edu/special/exoneration/Pages/casedetail.aspx?caseid=3168 (Deeb Registry). The state's major evidence of guilt was the testimony of Dr. Homer Campbell that "Spence was 'the only individual' to a 'reasonable medical and dental certainty' who could have bitten the women." Hall, *Murders supra.* Mr. Deeb and Mr. Spence were both convicted at trial in 1985, with Mr. Spence sentenced to death; the Melendez brothers pleaded guilty. In 1992, Texas Criminal Court of Appeals overturned Mr. Deeb's conviction on the basis of improperly admitted informant testimony; he was then acquitted on retrial. See Deeb Registry supra. Despite substantial doubts about his guilt, Mr. Spence was executed in 1997. *See* Bob Herbert, *The Wrong Man*, N. Y. Times, July 25, 1997, available at ("Mr. Spence was almost certainly innocent. This is not a hypothesis conveniently floated by deathpenalty opponents. Those who believe that David Spence did not commit the crime for which he died include the lieutenant, now retired, who supervised the police investigation of the murders; the detective who actually conducted the investigation, and a conservative Texas businessman who, almost against his will, looked into the case and became convinced that Mr. Spence was being railroaded."). Both Gilbert Melendez and Mr. Deeb have since passed away from natural causes. Tony Meldenez, who remains incarcerated, has recently sought and obtained DNA testing on, among other items, shoelaces used to tie up the victims; results of these tests have yet to be made public. See Cindy V. Culp, *Evidence From Lake Waco Murders Case To Be Sent To Arkansas Lab*, WacoTrib.com, April 4, 2013, available at http://www.wacotrib.com/news/courts_and_trials/evidence-from-lake-waco-murderscase-to-be-sent-to/article_fd971525-8adf-5375-b683-d0ab1b7717bf.html.

尸体在其家中被发现，其生前曾遭到殴打和强奸，身上存在咬痕。[45]

检方提供的证据证明怀特先生和威廉姆斯先生在谋杀怀特女士后的第二天开着她的车，并在她被杀的那天晚上卖掉了她的部分物品。[46]起初，法医牙科专家吉姆·黑尔斯告诉警方，这个咬痕是由华盛顿形成的，但到了审判时，另一名法医牙科专家霍默·坎贝尔得出结论，这一咬痕来源于威廉姆斯先生。[47] 坎贝尔在两次审判中都作证，华盛顿的牙齿与怀特身上的咬痕一致，从而将两人和犯罪联系起来。[48]

1992 年，得克萨斯州刑事法院上诉撤销了威廉姆斯的定罪，确定华盛顿的指控被错误采纳。对威廉姆斯的指控最终被驳回，他于 1993 年获释。[49] 华盛顿仍被监禁，继续寻求 DNA 检验。2001 年，他得以进行 DNA 检验，正如控方在审判中声称的那样，在华盛顿家中发现的衬衫上的血液不是受害者的。后来的 DNA 检验证明华盛顿和威廉姆斯与受害者体内的精液不一致，精液中的 DNA 与另外一名嫌疑人相匹配，他在怀特遇害后不久也曾犯下类似罪行。[50]

（四）委员会介入的必要性

咬痕证据是不科学且不可靠的，因此不适用于刑事诉讼。布什的证词中指出，“除非关于牙列的独特性和人类皮肤能够记录这种独特性能力的前提能够得到科学证明，否则不应在刑事诉讼中使用咬痕比对证据”。科学家简报中写道：“咬痕识别的基础是不合理的。”因此，它为该委员会提供了一个绝佳的机会来进行法定授权，以评估并报告该学科的“完整性和可靠性”。见［Tex. Crim. Proc. Code Ann. § art. 38. 01（4）（b－1）（1）］。彻底审查咬痕科学的基础并对以其为证据的案件进行审核将减轻咬痕证据已对得克萨斯州刑事司法系统造成的恶劣影响，暂停对咬痕证据的使用可以防止其进一步造成损害。

---

㊺ Innocence Project, *Know the Cases*: *Calvin Washington*, http://www. innocenceproject. org/cases－falseimprisonment/calvin－washington.

㊻ *Id.*

㊼ Hall, *Murders*, *supra note* 44.

㊽ *Id.*

㊾ National Registry of Exonerations, *Joe Sidney Williams*, available at https://www. law. umich. edu/special/exoneration/Pages/casedetail. aspx? caseid＝3748.

㊿ *Id.*

见 Tex. Crim. Proc. Code Ann. § art. 38. 01（4）（b－1）（3）（调查可能包括拟定一份书面报告，其中包含……由委员会确定的其他相关建议）。

这样的报告和审核不仅在委员会的法定权力范围内，而且其作为独立机构的介入是非常必要的，可以确保咬痕不再用于得克萨斯州无辜者的错误定罪。

华盛顿邮报今年早些时候发表的一系列文章揭示了ABFO长期存在的压制异议和惩罚审查的模式和做法（Hawkins，2015；p. 39）。文章显示，最近，ABFO试图在美国法庭科学院面前对其最著名的批评者之一C. 迈克尔·鲍尔斯（C. Michael Bowers）博士提起报复性的道德诉讼，以求让他停止批评。除了这种“赤裸裸地试图清除对ABFO造成麻烦的人”之外，华盛顿邮报的报道还揭露了ABFO为让玛丽和皮特·布什医生不发表看法所做的努力。他们对咬痕分析背后的基本假设进行了最实质性的（实际上也是唯一的）科学研究。华盛顿邮报称，一开始，布什夫妇的基础研究得到了ABFO的欢迎和支持，直到他们“开始得出使整个学科受到质疑的结果……”一旦布什夫妇的研究结果清楚地表明进行咬痕证据比对是没有科学依据的，法医牙科学界就发起了“一场质疑其研究结果可信度的恶劣运动”。这些咬痕的支持者发起运动旨在让批评者闭嘴，并压制表明咬痕无效的科学，因此，作为一个不受逮捕和恐吓的独立机构，该委员会有充分理由进行干预。

我们代表钱尼和其他像他一样的人，要求该委员会采取行动，挽回咬痕证据及其支持者对得克萨斯州刑事司法的公正性所造成的损害。通过进行调查和审核，呼吁暂停咬痕证据的使用，该委员会不仅要维护得克萨斯州法庭科学中的可靠性和公正性，而且还要确保像卡文·华盛顿和乔·西尼·威廉姆斯这样的错误定罪成为历史。

衷心感谢您，

巴里·谢克（Barry Scheck）

M·克里斯·法布里坎特（M. Chris Fabricant）

丹娜·M·德尔加（Dana M. Delger）
无辜者计划
沃斯街 40 号 701 室
纽约，邮编 10013
(212) 364-5997

朱丽·莱斯（Julie Lesser）
免责律师
达拉斯县公设辩护律师办公室
北岸大道 133 号 2 栋 9 楼
得克萨斯州达拉斯 75207 214-653-3564

## 参考文献

Bowers, C. M. , 1996. A Statement Why Court Opinions on Bitemark Analysis Should Be Limited, ExpertLaw Library: Forensic Identification. Available at: http://www.expertlaw.com/library/identification/bite_ marks. html.

*Chaney v. State*, 775 S. W. 2d 722 (Tex. App. 1989).

California Innocence Project, Current Case, William Richards. https://californiainnocenceproject. org/read-their-stories/william-richards/.

Daubert v. Merrell Dow Pharmaceuticals, Inc. , 509 U. S. 579, 113 S. Ct. 2786, 125 L. Ed. 2d 469 (1993).

Davies, J. D. , 1955. Phrenology, Fad and Science: A 19th Century American Crusade, vol. 62. Yale University Press.

Diköter, F. , 1998. Race culture: recent perspectives on the history of eugenics. The American Historical Review 103 (2), 467-78.

Forensic Dentistry Online, 2015. Texas Will Look Back at Bitemarks. Available at: https://www. forensicdentistryonline. org/texas-will-look-back-at-bitemarks/.

Frye v. United States, 293 F. 1013 (Court of Appeals, Dist. of Columbia 1923).

Hawkins, 2015. *Va. attorney general says DNA evidence exonerates convicted murderer*. The Washington Post. Available at: https://www. washingtonpost. com/local/public-safety/va-attorney-general-says-dna-evidence-exonerates-convicted-murderer/2016/04/06/

9dd277f2 – fc3c – 11e5 – 80e4 – c381214de1a3_ story. html? postshare = 4581460048517647& tid = ss_ tw – bottom%29.

The Innocence Project, 2015. Dallas District Attorney and Innocence Project Move to Reverse Conviction Based on False Bite Mark Testimony, News and Events. Available at: http: // www. innocenceproject. org/news – events – exonerations/2015/dallas – district – attorney – and – innocence – project – move – to – reverse – conviction – based – on – false – bite – mark-timony#sthash. DSPqqD5u. dpuf.

In re Richards, 289 P. 3d 860, 55 Cal. 4th 948, 150 Cal. Rptr. 3d 84 (2012).

*People v. Marx*, 54 Cal. App. 3d 100, 126 Cal. Rptr. 350 (Ct. App. 1975).

Vale, G. , Sognnaes, R. , Felando, G. , Noguchi, T. , 1976. Unusual three – dimensional bite mark evidence in a homicide case. Journal of Forensic Sciences 21 (3), 642 – 652. http: //dx. doi. org/10. 1520/JFS10538J ISSN: 0022 – 198.

## 尾 注

i. Popular Science July 1939. http: //blog. modernmechanix. com/head – measurements – help – to – identify – criminals/#more.

ii. Editors' Note: Minimal edits and slight modifications are included in this document for clarity and economy purposes.

iii. At time of printing, this has increased to 338, with one more bitemark exoneration having been added. Keith Allen Harward from Virginia served 33 years in prison. Harward is the 25th exonoree who was wrongfully convicted based on erroneous bitemark evidence. See: https: //www. washingtonpost. com/local/public – safety/va – attorney – general – says – dna – evidenceexonerates – convicted – murderer/2016/04/06/9dd277f2 – fc3c – 11e5 – 80e4 – c381214de1a3_ story. html? postshare = 4581460048517647&tid = ss_ tw – bottom).

# 第六章　枪弹痕迹检验

## 第一节　案例研究：安东尼·辛顿案

科学进步的同时，法律也在判例的积淀下逐渐建立。科学认为个人品行是由先天继承和后天培养综合决定，而法律则认为人类可以超越这些影响因素并自由行使意愿。科学是以合作的模式展开，而大多数法律机构是在控辩双方对抗的模式下进行。[1]

——大卫·L. 弗洛伊曼

(David L. Faigman)

## 一、案情简介

安东尼·辛顿（Anthony Hinton）因两起从未参与的抢劫谋杀案，在一个宽5英尺长7英尺的牢房中度过了30年。经过多年的牢狱生活，他对美国刑事司法体系有了深刻的体会。在被定罪之前，一名看守曾警告说，他是否犯谋杀罪无关紧要，重要的是他是一个黑人，所以要“为此付出代价”。（Johnson，2015）后来的事实也验证了看守的话。司法部门给辛顿委派了一位辩护律师，但这个律师既不懂得如何为死刑案件辩护，也不知道如何聘请一位专家辅助人对枪弹痕迹证据进行反驳，而这些证据足以决定辛顿的命运。与此同时，律师的辩护能力也不足以与检方团队及专家辅助人的能力相提并论。根据专家的证词，犯罪现场的弹头发射自辛顿的手枪，为此辛顿被判有罪并花费了数十年的时间来证明自身清白以重获自由。在辛顿最终改判无罪后，他分享了在狱中的体会：

> 人们告诉你正义女神什么也看不见，然而我想说的是正义女神可以看见。她看见了你是什么种族，她看见了你在哪里上大学，她看见了你的经济情况，她看见了一切，并用看到的一切来决定事情的走向，决定你是否能回家。当她看到我的时候，她知道我应该去牢房了。
>
> Johnson（2015）

安东尼·辛顿因对约翰·戴维森（John Davidson）和托马斯·韦恩·瓦索（Thomas Wayne Vason）犯有一级谋杀罪而被判处以电椅方式执行的死刑。此外，他也是另一起抢劫案和谋杀未遂案的嫌疑犯。根据专家证词，这三起犯罪现场中提取的弹头均发射自他家中的枪支，辛顿因此获罪。

警方认为，这两起谋杀案的案情相似，受害者都是餐馆的夜班经理，他们在闭店后准备离开餐厅时被一位陌生持枪者搭话，并被胁迫重新进入餐厅打开保险箱，将保险箱内的现金尽数交于抢劫犯。最终，受害者均躺在了餐馆的冷藏室中，头部有2处致命枪伤。

勘查人员从每名受害者的尸体内各取出了两枚0.38mm口径的弹头，他们将此移交法庭科学部（Department of Forensic Sciences，DFS）鉴定以检验确认这些弹头是否均由同一支枪发射。在对戴维森谋杀案的弹头进行最初检验后，DFS 的枪弹痕迹检验人员大卫·希金斯（David Higgins）认为：难以认定这些弹头发射自同一支枪［Egual Justice Initiative（EJI）. 2015］。

希金斯的上司劳登·亚茨（Lawden Yates）对从瓦索谋杀案中提取的两枚弹头和戴维森谋杀案中提取的两枚弹头进行了比对检验。亚茨断定：四颗子弹均由同一支枪发射。在与亚茨沟通后，希金斯改变了原先的观点，他们随后向调查人员提交最终报告称：四枚子弹均由同一支枪发射（EJI，2015）。

由于现场没有留下任何指纹，并且唯一的目击者也已被灭口，调查陷入了僵局。直到伯明翰（Birmingham）地区发生了第三起抢劫案，案犯抢劫谋杀未遂且其作案手法与前两起案件完全一致。在第三起案件中，夜间经理西德尼·斯莫（Sidney Smotherman）被搭话的方式与戴维森和瓦索案如出一辙。然而，斯莫记得有关前两起谋杀案的新闻报道，因此当持枪者强迫他进入储藏室并要开枪射击时，他举起双手并迅速逃离。随后斯莫虽然滑倒但还是设法将储藏室的门关上。门关上时会自动上锁，持枪歹徒被锁在了房间外面。

其中一枚弹头射中了斯莫的手指并擦伤了他的头部，但无生命危险，斯莫拨打了 911 报警电话并接受了治疗。在斯莫的口袋里发现了一枚弹头，在储藏室中找到了另一枚弹头。两枚弹头随后被移交至 DFS 进行检验，希金斯和亚茨认为这两枚弹头与从戴维森和瓦索体内取出的弹头发射自同一支枪（EJI，2015）。

虽然在斯莫案件现场依旧未能提取到指纹，但斯莫向调查人员描述了匪徒的样貌，并从一些嫌疑人的照片中辨认出了辛顿。值得一提的是，斯莫同时也辨认称列昂·佩里（Leon Perry）是袭击了他的人。佩里是一名职业足球运动员，在斯莫被袭击不久后赶到现场营救。更值得注意的是，斯莫是在得知嫌疑人的名字是辛顿后立即选出印着“AH”缩写的辛顿的照片。

辛顿住在他母亲的家里，调查人员从辛顿母亲家中找到了一把 0.38mm 口径的史密斯威森（Smith & Wesson）手枪。随后希金斯和亚茨对这把枪进行了试射。最终他们认定，三个抢劫案中提取的弹头正是来自这把手枪。辛顿因此被逮捕，随后被指控一级谋杀罪。

## 二、案件审理

在辛顿案的审判中，检验人员认为射击斯莫的弹头与从戴维森和瓦索的尸体中提取的弹头均发射自辛顿家里的那支枪（Hinton v. Alabama（2014）134 S. St. 1081）。州检察官根据斯莫提供的目击者证词及上述检验结论，将辛顿与斯莫抢劫案联系起来。因此，枪弹痕迹证据是案件的关键。在枪弹痕迹检验中，检验人员借助显微镜比较犯罪现场的弹头与某枪支射击后弹头上的痕迹，以此来认定两者是否发射自同一枪支。该理论认为，即使是同一型号的不同枪支之间也存在细微差异，这些细微差异在枪支击发时会在弹头上留下特异性的痕迹，而这些痕迹的特异性足以认定检材弹头是否由样本枪支射出。州检察官认为，基于三起案件的相似程度，结合对弹头和收缴转轮手枪射击痕迹的检验结论，辛顿毫无疑问是前两起谋杀案的凶手。

枪支的鉴定证据对此案至关重要。在案件现场凶手均未留下指纹等痕迹，也没有任何其他物证，且在辛顿的家中或车上也未发现任何能证明有罪的证据。将辛顿与两起谋杀案联系起来的唯一依据，就是案件现场的弹头和辛顿的史密斯威森手枪的对比结果。两位专家在没有任何附加说明的情况下，信誓旦旦地断定，在三个犯罪现场发现的六枚弹头是用同一支手枪发射的，而这支枪正是从辛顿母亲家中找到的那把转轮手枪。陪审团认为，从科学的角度来看，每起谋杀案现场提取的弹头都只可能来自辛顿的手枪。辩护律师根本无法动摇陪审团对这一事实的认定。

在审判前的准备过程中，辛顿的律师提出聘请一位枪弹痕迹专家证人的要求。法官批准 1000 美元作为专家出庭经费，并在记录中说明：

> 我并不知道我能够批准的出庭经费限额具体是多少。但是就我目前所知，每一件案件我能够批准的出庭经费最高为 500 美元（本次审理涉及两份谋杀指控，已作合并处理），这两件案件我也按照每件案件 500 美元的标准批准费用。所以如果你想增加专家数量，我可以另行处理并记录，同时我也必须确认一下我是否还能够再批复额外费用来聘请专家。我目前已经批复了 500 美元，这是据我所知我能够批准的最大数额。如果有必要的话，我也可以确认一下，但

我想这是我能批准的上限了。

Ex Parte Hinton, No. 1051390 (Ala. Oct. 17, 2008)
(quoting Tr. 10).

辛顿的律师虽然认为唯一一位同意以 1000 美元出庭作证的专家并没有发挥实际作用，但是也没有进一步寻求资金支持。然而，他并不知道在辛顿审判前两年，亚拉巴马州（Alabama）就已修改了关于每起案件审理中聘请有关专家费用为 500 美元限额的法规［§15 - 12 - 21（d），Ala. Code 1975］。聘请专家的费用上限已被取消，辛顿理应得到与他的需求更相称的专家帮助。因此只要他们事先得到审判法院的批准，辛顿就有权获得任何合理的费用资助。

最终，辩方聘请了顾问工程师安德鲁·佩恩（Andrew Payne）作为专家证人，他并不具备枪弹痕迹鉴定领域的专业知识，鉴定能力也无法与控方专家相比，在枪弹痕迹鉴定方面更非权威。佩恩出庭时说，他对这三起案件中的每枚弹头与从被告家中收缴的手枪进行了鉴定，结论是无法确定案件现场的子弹是由史密斯威森手枪发射。佩恩认为，辛顿手枪枪管中的膛线已经锈蚀，因此任何专家都无法确定子弹是否由该枪射出。他还认为，从三个案件现场提取的弹头互相之间也无法认定发射自同一支枪。与之相反的是，控方的两名专家确信所有六枚涉案弹头都从辛顿的史密斯威森手枪射出。

在控方提问环节，佩恩受到控方的强烈质疑。佩恩向陪审团承认，他在辛顿受审前 8 年内只出席过 1 次涉及枪弹痕迹鉴定案件的审理。他承认无法操作枪弹痕迹检验时所需使用的显微镜，并且在检验过程中他需借助控方专家的帮助进行操作。佩恩承认在鉴定时只使用了一只眼睛，而这种观察方式会加大痕迹比对时的难度。此外，佩恩的专业领域是军事管理，而非枪弹痕迹检验。佩恩没有接受过现代检验方法和程序的训练，他在该案审判前半个多世纪获得土木工程专业学位。而控方专家则经过系统学习并拥有多年枪弹痕迹检验的相关经验。

最后，控方人员就辩方专家佩恩与控方专家亚茨和希金斯的鲜明对比向法官陈述：

作为法官，您有事实和证据认定的选择权。我向您请求拒绝接受佩恩的证词，因为佩恩与控方专家实在没有可比性，一方根本不具备专业知识和经验，而另一方则是日复一日年复一年地从事相关检验工作，并且是全州公认的行业专家。您是公正的仲裁者，所以请您相信亚茨的证词。

[Hinton v. Alabama，134 S. Ct. 1081. 571 US.，188 L. Ed. 2d. I（2014）quoting Tr. 1733－1734]

尽管辛顿坚称自己是无辜的，是斯莫无端指认了他，并且也申请了几名证人证明在斯莫抢劫案发生时，辛顿与他们一起在一个安全仓库工作，但法官还是宣判他的两项谋杀罪名成立，并判处死刑。

枪弹痕迹证据是辛顿案件的审理基础。控方人员在一次质证听证会上承认，该案件仅依靠了控方专家的证词，并称“如果亚拉巴马州枪弹专家提出的证据不充分，那么，该案应当宣判无罪……”该案由于缺乏其他证据而草率结案，一位亚拉巴马州法官评论说：“在我任职期间，我从未见过一起一级谋杀案件结案的唯一证据居然是来自枪弹痕迹专家的证词，这真是骇人听闻……”[Hinton，2006 WL 1，125，605，at*69（Cobb，J.，dissenting）].

## 三、定罪后程序

1990年，辛顿提交了一份申请，要求获得减刑。他在申请中称，他的律师在审判过程中没有为其聘请合格的枪弹痕迹专家，且没有起到真正辩护作用。3名美国权威枪弹痕迹专家检验了3起抢劫案的弹头痕迹。兰尼·伊曼纽尔（Lannie Emanuel）、雷蒙·库珀（Raymond Cooper）和约翰·狄龙（John Dillon）均得出结论，没有证据能够证明控方的结论——即3起案件现场弹头是由同一支手枪发射（EJI，2015）。尽管枪弹与工具痕迹检验协会（Association of Firearms and Toolmark Examimers，AFTE）曾发布行业鉴定标准，要求枪弹痕迹检验人员在得出不同鉴定结论时应当相互沟通，但是亚茨拒绝与伊曼纽尔、库珀和狄龙会面讨论双方不同的鉴定结果（EJI，2015）。因此，也许永远不会有人知道控方专家当时是如何认定6枚弹头和辛顿的手枪存在关联。

在定罪后程序中，库珀陈述：辛顿的手枪从机械性上讲，不可能击发出与犯罪现场相同痕迹的子弹。伊曼纽尔、库珀和狄龙用显微镜分别对6枚现场弹头进行比对，认为这些弹头不可能发射自同一支手枪；辛顿家中的这把转轮手枪根本无法与案件现场的弹头相关联。上述证词完全推翻了对辛顿的指控。

1990 年至 2013 年期间，辛顿仍在死囚监狱中服刑。亚拉巴马州法院收到原案件证词被推翻的消息后再次展开讨论，主要围绕着辛顿案中律师所聘请的工程师佩恩是否有资格就该案中的枪弹痕迹证据提供专家证词。2013 年，亚拉巴马州刑事上诉法院裁定佩恩具有足够的资格作为一名枪弹痕迹专家作证。

随后，美国最高法院驳回了原案的审理结果。美国最高法院同时认为：无法确定是否由于律师辩护能力的不足干扰了陪审团的判断，以至于最终影响整个案件的审理结果，因此该案需要发回重审。在辛顿的律师提交证词——“案件现场弹头不可能由辛顿家中的转轮手枪射出”13 年后，辛顿的定罪审判终于被驳回，他重新获得了审理的机会。初审法院很快决定不起诉辛顿，因为没有足够的证据能够证明他有罪。

辛顿从死囚牢房走出，重获自由。他的律师认为死囚生涯浪费了辛顿多年的生命，尽管可靠的证据证明他无罪，但控方拒绝重新调查此案。

总结该案，控方专家经鉴定后认为在 3 起案件现场提取到的 6 枚弹头均由辛顿的手枪击发，专家意见足以证明辛顿有罪并判处他死刑。然而，此案中专家的意见误导了审判结果，因为现在和一直以来“在枪弹痕迹检验领域，几乎完全缺乏客观统计数据支撑”（Biasotti，1959；Schwartz，2004；Garrett，2016）。事实上，专家证词中所称“挑出特定枪支或其他工具作为物证痕迹形成的唯一来源”这一说法是未经过事实验证的，若法庭采纳了这一证词，很可能会对法官和陪审团造成误导（Schwartz，2004）。

## 参考文献

Alabama statute，1975.（§ 15 – 12 – 21（d），Ala. Code.

Biasotti，A. A.，1959. A statistical study of the individual characteristics of fired bullets. Journal of Forensic Sciences 4，34.

Equal Justice Initiative，Anthony Ray Hinton，March 2015.

Ex Parte Hinton，October 17，2008. No. 1051390 Ala.

Faigman, D. L. , 2000. Legal Alchemy: The Use and Misuse of Science in the *Law. Yale Journal of Law and Technology*: Vol. 2 (1), Article 3. Available at: http://digitalcommons.law.yale.edu/yjolt/vol2/iss1/3.

Garrett, B. L. , 2016. The constitutional regulation of forensic evidence. Washington and Lee Law Review 73.

Hinton, 2006. WL 1, 125, 605, at *69 (Cobb, J. , dissenting).

Hinton v. State, 1988. 548 So. 2d 547 Ala. Crim. App.

Hinton v. State, Feburary 15, 2013. No. CR-04-0940 Ala. Crim. App.

Hinton v. Alabama, 2014. 134 S. Ct. 1081, 571 U. S. , 188 L. Ed. 2d 1.

Johnson, C. G. , 2015. 30 Years on Death Row: A Conversation with Anthony Ray Hinton. The Marshall Project. Available at: https://www.themarshallproject.org/2015/04/09/30-years-on-death-row-a-conversation-with-anthony-ray-hinton#. CRdsN1Ky9.

Schwartz, A. , 2004-05. A systemic challenge to the reliability and admissibility of firearms and toolmark identification. 6 The Columbia Science and Technology Law Review 2, 32.

Silva, D. , 2015. Anthony Ray Hinton, Alabama Man Who Spent 30 Years on Death Row, has Case Dismissed. NBC News. Available at: http://www.nbcnews.com/storyline/lethal-injection/anthony-ray-hinton-alabama-man-who-spent-30-years-death-n334881.

## 第二节　枪弹痕迹检验证据新观察：从近期的质疑、调查及案例的角度

### 一、引言

在美国，利用枪弹痕迹检验技术调查犯罪可以追溯到20世纪20年代。[①]枪弹痕迹检验理论基础是枪支在击发时均会在子弹表面留下特异性的痕迹，

---

① *Reference Manual on Scientific Evidence* (Third Edition), Committee on the Development of the Third Edition of the Reference Manual on Scientific Evidence, Committee on Science, Technology, and Law, Policy and Global Affairs, Federal Judicial Center, National Research Council of the National Academies (hereinafter Reference Manual on Scientific Evidence), at 91.

且这些痕迹在该枪每次击发后都能重复稳定出现。[②] 因此，很多检验人员坚信“每一枚子弹都能反映某支枪独一无二的射击痕迹，可以用来排除其他枪支”[③]。换句话说，枪弹痕迹可以用来做同一认定[④]，而这长期以来都符合美国法律中专家证人证词可采性的主要标准[⑤]，美国法院在长达 80 多年的时间里一如既往地认可枪弹痕迹的鉴定结论[⑥]。

在这期间，偶尔也出现过对法庭科学中同一认定结论是否可靠和准确的相关质疑。[⑦] 然而在新世纪之后，这种质疑的声音愈加强烈。2009 年，美国国家科学院（National Academy of Science，NAS）发布了具有里程碑意义的报告——《加强美国法庭科学——未来之路》，其中写道：“除了 DNA 分析，没有一种法庭科学检验方法能非常准确地将物证与某一特定个体或造痕体相联系”[⑧]。该报告对法庭科学检验人员（包括枪弹痕迹检验人员）鉴定的能力提出了强烈质疑。

此后，一些辩方人员在庭审时对枪弹痕迹证据提出质疑，理由是这种证据并不可靠；[⑨] 另一些人则声称，在 NAS 报告中枪弹痕迹检验被称为是“新发现的证据（Newly Discovered Evidence，NDE）”，这将使他们降低对该类证

---

② Donald E. Shelton, Twenty－First Century Forensic Science Challenges for Trial Judges in Criminal Cases：Where the “Polybutadiene” Meets the “Bitumen,” 18 WIDNER L. J309, 335－36 (2009).

③ Adina Schwartz, *Challenging Firearms and Toolmark Identification—Part One*, champion, Oct. 2008, at 14.

④ Comm. on identifying the needs of The Forensic Sci. Cmty., Nat’l Research Council of the Nat’l Academies, Strengthening forensic science in the United States：A path forward 7 (2009) [hereinafter Strengthening].

⑤ Sarah Lucy Cooper, Judicial Responses to Challenges to Firearms Identification Evidence：A need for New Judicial Perspectives on Finality, 31 T M. Cooley L. Rev. 457, 464 (2014).

⑥ *Reference Manual on Scientific Evidence*, *supra* note 1, at 91 (“The technique subsequently [after the 1920s] gained widespread judicial acceptance and was not seriously challenged until recently.”).

⑦ *See generally Michael J. Saks*, *Merlin and Solomon*：*Lessons from the Law’s Encounters with Forensic Identification Science*, 49 Hastings L. J. 1069.

⑧ *Strengthening*, *supra note* 4, at 7.

⑨ *See generally* Cooper, *supra* note 5.

据的信任。[10] 然而，美国法院照例拒绝这两类主张，[11] 在判例法发展的同时，美国也在全国范围内努力推动法庭科学证据的发展，[12] 其中包括许多旨在开展枪弹鉴定基础理论的研究[13]。

本节内容从美国刑事司法系统对枪弹痕迹检验证据的使用开始，向读者引出相关的案例、文献和建议。第一部分简要介绍了枪弹痕迹检验的发展历程。第二部分总结了近期对该学科的质疑和旨在提高枪弹痕迹鉴定准确性的基础研究工作。第三部分介绍了 2005 年至 2015 年对枪弹痕迹检验鉴定提出质疑后的司法回应，展示了当前的司法审判模式。展示的案例分为三类：（1）法院对枪弹痕迹专家证词内容加以限制的案例；（2）法庭忽视 NAS 报告中有关枪弹痕迹证据观点的案例；（3）促进控辩双方在法庭中的对抗，以消除枪弹痕迹证据存在的薄弱环节的案例。然而，上述案例中也引发了一些问题，有些问题涉及专家证词中专业术语的表述，其他的则是重视司法程序而忽视一般科学方法以及在评估证据科学性时律师、法官和陪审团遇到的困难。第四部分的结论是，科学、法律和刑事调查的交叉领域无疑将继续发展。然而，鉴于越来越多的人意识到错误的鉴定结果会导致冤假错案，[14] 所有利益攸关方都必须高度重视并参与协助刑事司法程序，以确保审判结果尽可能地公正准确。

## 二、枪弹痕迹检验的发展历程

刑事侦查通常会涉及三种枪支——步枪、手枪和猎枪。[15] 表面硬度较高的

---

⑩ *See generally* Sarah Lucy Cooper, Judicial Responses to Shifting Scientific Opinion in Forensic Identification Evidence and Newly Discovered Evidence Claims in the United States: The Influence of Finality and Legal Process Theory, four BRIT. J. Am. Legal Stud. 649 (2015).

⑪ *Id.*

⑫ For example, the National Commission of Forensic Science was established in 2013. *See National Commission on Forensic Science*, US Dep' t Just., http://www.justice.gov/ncfs (last visited Mar. 20, 2016).

⑬ A summary of some of these studies in provided in Part II of this chapter.

⑭ The Innocence Project has found that 47% of the wrongful convictions identified by post - conviction DNA evidence are attributable in some way to erroneous science. *See The Causes of Wrongful Conviction*, Innocence Project, http://www.innocenceproject.org/causes - wrongful - conviction (last visited Mar. 21, 2016).

⑮ *Reference Manual on Scientific Evidence*, *supra* note 1, at 91.

枪支机件与相对较软的弹头、弹壳表面接触时，通常会在弹头、弹壳表面留下痕迹。为了鉴定某检材子弹是否击发自某样本枪支，检验人员通常会将检材子弹与样本枪支所击发子弹的表面痕迹进行比对。[16] 值得注意的是，法庭科学检验人员通常都拥有执法资格。[17]

出于鉴定需求，检验人员需要了解多种形式的痕迹特征。枪支击发后，会在子弹表面留下两种形式的痕迹：线形痕迹和凹陷痕迹。线形类痕迹似短的抓痕，通常是在弹头穿过枪管时产生。凹陷类痕迹是在击针接触底火后由弹膛的各个机件产生，通常为窝或者坑状（如击针头、弹底窝、拉壳钩和抛壳铤痕迹）[18]。枪弹射击痕迹可以分为三类：种类特征、次种类特征和个体特征。种类特征具有该类枪"独特的设计特点"，并且会在该类的每支枪射击的子弹上反映出来[19]。种类特征是由设计因素决定的，在枪支加工生产前就已经确定。[20] 个体特征对于某支枪来说是特定的，并且在枪支机件表面上呈现随机性，具有微观缺陷和分布不规则的特点。[21] 次种类特征则介于种类特征和个体特征之间[22]，是在加工一批特征相似但又各不相同的枪支机件时所形成[23]。

80 多年来，枪弹痕迹检验人员在比对检验时所用的最主要工具就是比对显微镜。[24] 比对显微镜是由两个通过比较桥连接的复合显微镜组成，检验人员

---

⑯ *Strengthening*, *supra* note 4, at 152 – 3.

⑰ See, Jennifer E. Laurin, *Criminal Law's Science Law*: *How Criminal Justice Meets Changed Scientific Understanding*, 93 Tex. L. Rev. 1751, 1765 (2015). This factor can mean that the relevant forensic examinations are neither typically rooted in research that has application beyond criminal investigations, nor practiced by professionals outside of law enforcement. Forensic examiners, in this environment, are inhibited by the fact that these disciplines can be fragmented, poorly regulated and lack standardised practices, as well as resources. Research into their methods can be limited, unpublished and narrowly circulated, and there is often a lack of will to pursue validation of the methods they employ.

⑱ *See* Schwartz, *supra* note 3, at 11 – 12.

⑲ *Id* at 12.

⑳ *Reference Manual on Scientific Evidence*, *supra* note 1, at 92.

㉑ Schwartz, *supra* note 3, at 12.

㉒ *See Id.* (stating that subclass characteristics differ from individual characteristics because they are shared by more than one tool, but they cannot fall under class characteristics because every tool in that class does not share them).

㉓ *Id.*

㉔ Robert M. Thompson, *Firearms Identification in the Forensic Science Laboratory*, at 8, available at, http: //ndaa. org/pdf/Firearms_ identity_ NDAAsm. pdf.

在放大的情况下可以同时比较两个物体。[25] 在确定检材与试射样本具有的种类特征之后，检验人员倾向于使用比对显微镜进行比对。[26]

在没有比对显微镜之前，检验人员使用显微照片进行比对。[27] 如今，检验人员可以借助枪弹图像技术和国家级数据库，如国家综合枪弹信息网（National Integrated Ballistics Information Network，NIBIN）完成工作。[28] 诸如“NIBIN”这样的数据库能够帮助检验人员快速在其他地方出现的物证中找到可能的嫌疑样本。[29] 此外，升级后的技术可以“对痕迹表面的三维形状进行测量，将痕迹的深度也纳入比对范围。”[30] 这项技术提高了检验人员的工作能力，像 NIBIN 这样的数据库可以让检验人员更加了解不同枪支的痕迹类型，并且可以像“搜索引擎”一样检索物证检材[31]。尽管如此，“最终的鉴定结果依旧主要依靠传统的显微比对，而非计算机图像分析”[32]。

很多枪弹痕迹检验人员认为，通过这种客观的对比，他们可以得出该弹头是否由某支枪发射，而非其他枪支。1998 年，枪弹痕迹鉴定领域的权威协会 AFTE 制定了一套详细的检验标准，规定了检验人员何时可以得出某种确定性结论（即 AFTE 规则）[33]。当前，AFTE 检验标准已成为枪弹痕迹检验的规范标准。根据 AFTE 检验标准，检验人员可做出以下四类鉴定结论之一：（1）认定同一（identification），（2）无结论（inconclusive），（3）排除（elimination），（4）没有比对条件（unsuitable for comparison）。[34] 值得注意的是，这些鉴定结论是针对枪支鉴定整体而言，而非仅针对待检验的特定个体痕迹。AFTE 规则规定鉴

---

㉕ Robert M. Thompson, *Firearms Identification in the Forensic Science Laboratory*, at 8, available at, http://ndaa.org/pdf/Firearms_ identity_ NDAAsm. pdf.

㉖ *Strengthening*, *supra* note 4, at 155.

㉗ Thompson, *supra* note 24, at 8.

㉘ *Id* at 29 – 30 (summarizing NIBIN). *See generally*. https://www. atf. gov/firearms/national – integrated – ballistic – information – network – nibin.

㉙ *Strengthening*, *supra* note 4, at 153.

㉚ *Id.*

㉛ Thompson, *supra* note 24, at 30.

㉜ *Strengthening*, *supra* note 4, at 153.

㉝ Ass'n of Firearms & Toolmark Exam'rs, *Theory of Identification as It Relates* to Toolmarks, 30 Ass'n Firearms & Toolmark Examiners J., no. 1, 86 Winter 1998.

㉞ *Id.* at 86 – 87.

定结论不能存在同一支枪不同组成部分相互矛盾的检验结果，如：击针头痕迹认定同一、弹底窝痕迹无法确定以及抛壳挺痕迹可以排除的情况。相反，规则规定鉴定结论是检验人员综合枪支各组成部分检验结果后综合判断可能得出的结论㉟。

要得出“认定同一”结论则需要检材与样本之间具有“足够的”一致性。㊱ 根据1992年AFTE的检验鉴定规则，“认定同一”结论得出的前提是出现“明显重复稳定出现的痕迹”㊲，表现为“痕迹形状相同或表面拼接吻合”㊳。同一性重点强调“应与其他枪支个体特征明显不同，而与同一支枪个体特征高度一致”㊴。结论中所称“认定同一”是指“两种痕迹从数量和质量上具有高度的一致性，其他造痕客体不可能产生如此一致的痕迹”㊵。该解释认为，鉴定结论的阐释尽管是主观的，但“是基于科学原则，是基于检验人员的学习和经验的”㊶。

## 三、有关枪弹痕迹检验的近期质疑和研究

近几十年来，致力于“还原案件真相”的法庭科学一直就其能否得出准确科学的鉴定结论而遭受质疑，这其中便包括枪弹痕迹检验㊷。21世纪后，这些质疑越来越具有针对性。本节内容主要介绍了一些重要报告中质疑的具体内容，以及近期旨在提高法庭科学鉴定基础知识的研究工作。

### （一）近期质疑

2008年，对于枪弹痕迹鉴定领域的关注上升到了国家层面。美国国家科学院国家研究委员会在2008年发表了《枪弹痕迹图像报告》（Ballistic Ima-

---

㉟ *Id.*

㊱ *AFTE Theory of Identification*, available at: https://afte.org/about-us/what-is-afte/afte-theory-of-identification.

㊲ *Id.*

㊳ *Id.*

㊴ *Id.*

㊵ *Id.*

㊶ *Id.*

㊷ See, generally, *Strengthening*, *supra* note 4.

ging Report)，重点聚焦于构建国家枪弹痕迹数据库的可行性。[43] 委员会强调，该报告并不是旨在对枪弹痕迹检验这一学科进行总体评估，然而，在评估枪弹痕迹数据库的可行性时，报告提到枪弹痕迹能够反映某一支枪的特定性这一理论并没有得到充分证实。[44] 特别是，该报告发现有关枪弹痕迹特定性和稳定性这两大基础假设的有效性并没有被充分论证。[45] 委员会认为，需要大量的实验研究才能科学地对痕迹特定性进行界定，甚至需要定性地描述痕迹具备特定性[46]。

《枪弹痕迹图像报告》发表时，美国国家科学院也正在针对法庭科学进行更广泛的审查。2005 年，美国国会委托美国国家科学院对美国法庭科学的过去、现在和未来的情况进行汇报总结。[47] 经过司法和科学领域的专家学者两年多的通力合作，《加强美国法庭科学——未来之路》报告（简称 NAS 报告）在 2009 年问世。[48] 该报告提出，法庭科学体系存在“严重问题”[49]，面临诸多挑战，[50] 造成多起冤假错案[51]。尽管这些结论在当时并非“新质疑”，但是在美国国家科学院的报告中却是首次承认相关观点。NAS 报告得出了一个在当时前所未有的结论，即基于现实数据，除了 DNA 检验技术外，“没有一种法庭科学方法被科学严谨地证明某一种检材能够与样本百分之百认定同一”[52]。

NAS 报告在对枪弹痕迹检验深入评估后认为，总体来说，种类特征能够“有助于缩小造痕枪支范围”[53]，个体特征“在某些具体情况下能够确定检材

---

[43] Comm. To assess the feasibility, accuracy, and technical capability of A Nat' l Ballistics Database, Nat' l Research Council of The Nat' l Academies, Ballistic Imaging (Daniel L. Cork Et Al. Eds. , 2008) [Hereinafter Ballistic Imaging Report] .

[44] *Id.* at 3. *See also* United States v. Taylor, 663 F. Supp. 2d 1170, 1176 (D. N. M. 2009) (discussing the focus and scope of the Ballistic Imaging Report).

[45] Taylor, *supra* note 44 at 1175.

[46] *Id* at 1175 – 76.

[47] *Strengthening*, *supra* note 4, at xix.

[48] *Id.* at xix – xx.

[49] *Id* at xx.

[50] *Id* at 4 – 5.

[51] *Id* at 4.

[52] *Id* at 7.

[53] *Id* at 154.

弹头、弹壳的击发来源”[54]。然而，NAS 报告认为“工具痕迹和枪弹痕迹检验的基础理论知识十分薄弱”[55]，为使个体化识别精准并具有可重复性，必须加大对基础理论的研究。[56] 报告同时指出 AFTE 规则不够明确具体，尤其是在规定检验人员得出“同一认定”的意见方面。NAS 报告评价说，“AFTE 文件作为行业内的权威标准甚至没有考虑（更不用说解决）有关差异性、可靠性、可重复性的问题，针对得出某种鉴定结论应当完成的检验次数等问题也未进行探讨”[57]。

因此，NAS 报告对枪弹痕迹检验方法的准确性以及鉴定结论的可靠性提出了强烈的质疑。值得注意的是，FBI 在 NAS 报告发表的几个月后表达了对枪弹痕迹检验价值和有效性的肯定和支持。一名 FBI 工具痕迹和枪弹痕迹检验人员并于 2009 年 7 月发表文章，[58] 认为：该学科的传统研究方法“极具价值并十分可靠”[59]，同时提出需进一步探究发展。认为应将该领域的研究工作分为两类：第一类，检验人员鉴定能力的相关研究；第二类，自动识别系统检验比对的相关探究。关于检验人员的鉴定能力，鼓励增加盲测和黑箱测试，并且注意到测试的外部因素能够影响测试本身的客观性；同时鼓励将上述测试推广到更多的实验室中，并提出应减轻实验室检验人员的工作负荷。关于后一观点，倡议应研究开发自动识别系统，并寻求证明自动识别系统的识别能力。[60]

### （二）相关研究近况

NAS 报告促进了美国旨在提高法庭科学应用及其鉴定结论可靠性的相关

[54] Taylor, *supra* note 44 at 154.

[55] *Id* at 155.

[56] *Id* at 154.

[57] *Id* at 155.

[58] See, Stephen G. Bunch et al. , Is a Match Really a Match? A Primer on the Procedures and Validity of Firearm and Toolmark Identification, available at, https://www. fbi. gov/about – us/lab/forensic – science – communications/fsc/july2009/review/2009_ 07_ review01. htm.

[59] *Id.*

[60] *Id.*

举措。[61] 美国司法部已经为这项工作投入了数百万美元，例如，NAS 报告发布后，美国司法部宣布其通过了美国国家司法研究所（National Institute of Justice，NIJ）的基础法庭科学研究项目申请，并在 2010 年投入 710 万美元资助该项目研究[62]；更为重要的是，2013 年成立了国家法庭科学委员会（National Commission on Forensic Science）[63]，该委员会与国家标准与技术研究所合作，致力于提升法庭科学鉴定工作的准确性及鉴定结果的可靠性[64]。迄今为止，该组织已设立了若干小组委员会，审查处理各类相关问题，包括鉴定资格认证、实际操作培训、基础学科探究、法律及证词报告培训等。[65]

在国家层面倡导开展基础研究的同时，旨在提高枪支鉴定结论准确性的基础研究已经进行。在 NAS 报告公布后，美国国家司法研究所资助了旨在促进该学科发展的多个研究项目，其中包括如何提升 NIBIN 系统在犯罪调查中鉴定枪支能力的研究，[66][67] 以及利用红外成像方法采集及检验痕迹的探究[68]。

NIJ 还资助了旨在巩固枪弹痕迹检验科学基础的研究项目，均针对 NAS 报告中所关注的核心问题，进行实证研究，特别是在痕迹的稳定性和差异性方面，研究结果表明鉴定错误的概率较低。2012 年的一项研究分析了连续生

---

[61] Note that *Strengthening* also identified multiple studies aimed at developing "a statistical foundation for assessing the likelihood that more than one tool could have made specific marks by assessing consecutive matching striae..." *Strengthening*, *supra* note 4, at 154 n. 63.

[62] See, *Department Of Justice Awards More Than $7.1 Million InFiscal Year* 2010 *For Fundamental Forensic Science Research*, US Dep't Just., http://ojp.gov/newsroom/pressreleases/2010/NIJ10143.htm (last visited Mar. 20, 2016).

[63] *See National Commission on Forensic Science*, US Dep't Just., http://www.justice.gov/ncfs (last visited Mar. 20, 2016).

[64] *Id.*

[65] *See National Commission on Forensic Science*, US Dep't Just., https://www.justice.gov/ncfs/subcommittees (last visited Mar. 20, 2016).

[66] Nancy Ritter, *Study Identifies Ways To Improve AFT Ballistic Evidence Program* (2012), available at https://www.ncjrs.gov/pdffiles1/nij/247878.pdf.

[67] For example, the toolmarks made by screwdrivers. See, L. Scott Chumbley, *Quantification of Toolmarks*, *Final Technical Report* (2010), available at https://www.ncjrs.gov/pdffiles1/nij/grants/230162.pdf.

[68] Francine Prokoski Use of Infrared Imaging, a Robust Matching Engine, and Associated Algorithms to Enhance Identification of Both 2D and 3D Impressions (2009), available at https://www.ncjrs.gov/pdffiles1/nij/grants/227933.pdf.

产加工的 10 支鲁格手枪射击弹壳弹底窝痕迹的稳定性和差异性，统计分析了检验人员得出正确鉴定结论的准确性，结论是错误率不到 0.1%。[69][70]

2013 年，一项研究得出的鉴定错误率低于 1.2%。[71] 该实验旨在测试“检验人员能否利用加强版弹头痕迹鉴定系统（Enhanced Bullet Identification System，EBIS）从 10 支连续生产加工的格洛克（Glock）手枪击发弹头中选出哪一枚检材弹头与样本弹头发射自同一支枪”[72]。研究认为枪弹痕迹鉴定意见是“符合客观实际的”[73]，但同时也承认不能“绝对”，若要得出“绝对确定”的结果，就意味着要检验世界上每一支枪，而这显然是不可能完成的。[74] 此外，也不可能用数学术语来表达“实际的不可能”[75]。然而，该报告得出如下结论：

> 基于工具和枪弹痕迹检验领域大量诸如此类的基础性研究结果，以及经过实际工作检验和经验丰富的专家的同行审查，可得出如下合理结论，即不可能出现其他枪支所形成的弹头、弹壳痕迹，与检材痕迹的相似程度比认定同一的检材与样本相似程度更高的情况[76]。

因此，目前的研究结果在一定程度上对《法庭科学加强之路》报告中提出的质疑做出了回应。“这项研究的结果加之过去的相关研究表明，存在足够的证据来证明枪弹及工具痕迹检验具备科学基础。”[77]

综上，对于 NAS 在《法庭科学加强之路》报告中所提及的重要质疑，现已有大量的研究正在开展并尝试解决这一问题。然而，还有更多的工作需要

---

[69] Thomas G. Fadul Jr et al. , An Empirical Study to Improve the Scientific Foundation of Forensic Firearm and Tool Mark Identification Utilizing 10 Consecutively Manufactured Slides, at i, available at, https://www.ncjrs.gov/pdffiles1/nij/grants/237960.pdf.

[70] *Id.*

[71] Thomas G. Fadhul Jr et al. , An Empirical Study to Improve the Scientific Foundation of Forensic Firearm and Tool Mark Identification Utilizing Consecutively Manufactured Glock EBIS Barrels with the Same EBIS Pattern at I, available at, https://www.ncjrs.gov/pdffiles1/nij/grants/244232.pdf.

[72] *Id* at 1 – 2.

[73] *Id* at 34.

[74] *Id.*

[75] *Id.*

[76] *Id.*

[77] *Id* at 37.

完成，这不仅是在枪弹痕迹检验领域，更是在于司法科学实践、执法实践、立法程序和社会参与者固有思维观念的转变。[78] 由数据可知，美国联邦政府[79]和各州[80]对于促进法庭科学发展均付诸行动，并对科学研究、政治、刑事司法政策的革新付出大量努力，这一研究领域应当得到持续发展。

## 四、2005～2015 年，司法部门对枪弹证据的质疑作出回应而引起的新讨论及相关问题

在过去的十年里，美国法院收到了许多对枪弹痕迹检验证据可靠性和准确性提出质疑的法律申诉。本节总结了部分申诉的内容、法院的回应以及由此引发的问题。

### （一）申诉的理由

一般来说，申诉者有两种理由。第一类，申诉者认为，有关的枪弹痕迹检验证据不应该被采纳，因为这些证据不符合证据的可采性标准。关于美国专家证人证据的可采性标准由美国最高法院制定（Daubert v. Merrell Dow Pharmaceuticals，Inc. ）[81]。道伯特（Daubert）案将法庭证据的可采性标准变革为审查科学证据背后的原则和方法，而非仅仅考量专家证据的结论是否被科学界普遍接受。[82] 道伯特规则的标准主要有以下几个方面：（1）检验鉴定所依据的科学理论和技术方法必须能够得到检验；（2）该项科学理论和技术方法必须公开发表并得到同行认可；（3）有基础研究证明其错误率；（4）鉴定专家必须有资格进行该项鉴定，鉴定的结果可由其他专家用同样方法获得；（5）专家必须以通俗、简洁的语言向法庭解释该科学原理和鉴定的结果，使

---

[78] *See generally* Cooper，S. L. ，2016. Forensic science identification evidence：tensions between law and science，The Journal of Philosophy，Science & Law.

[79] For example，see the comments of the Deputy Attorney General，available at https：// www. justice. gov/opa/speech/deputy – attorney – general – sally – q – yates – delivers – remarks – during – 68th – annual – scientific.

[80] For example，Texas has established the Texas Forensic Science Commission. See，http：// www. fsc. texas. gov/

[81] Daubert v. Merrell Dow Pharmaceuticals，Inc. ，509 U S. 579（1993）.

[82] *Id* at 595.

法庭和陪审员能够正确理解。[83] 申请者提出的第二类理由认为，依据美国 NDE（Newly Discovered Evidence）规则，枪弹痕迹鉴定证据是“新”证据，并以此为由请求减轻刑罚。[84] NDE 规则因州而异，但通常要求申诉人出示的证据满足以下要求：（1）申请的证据结论在审判时未能呈现；（2）已通过合理形式向法院提交该新证据；（3）新证据不仅仅是原有证据的重复或者新证据有利于辩方；（4）新证据具有使判决变更的效果。[85]

### （二）对申诉者的司法回应

通过对 2005 ~2015 年判决的案例进行统计可发现，提出申诉的案件可以划分为三类。第一类是法庭明确对枪弹痕迹检验做出限制的案件；第二类是法院忽视 NAS 报告中有关枪弹痕迹检验观点而做出判决的案件；第三类是法院鼓励控辩对抗以消除枪弹痕迹检验薄弱环节的案件。每一类的司法案例都展示了当前有关枪弹痕迹检验证据司法决策的趋势及这些做法可能存有的问题。

**1. 法庭明确对枪弹痕迹检验人员做出规定限制的案例**

在一些案件中，枪弹痕迹检验证词被明确限制不允许出现痕迹具有特异性的表述。这些案件引起有关枪弹痕迹证据可否被采纳的申诉。

部分法院在 NAS 报告发表之前就对此类证词提出关注。在 2005 年格林案（United States v. Green）中，[86] 初审法院认同了专家的证词“弹壳来自某支特定的手枪，并可排除其他所有枪支”，但对上述结论作出限制，格特纳（Gertner）法官说：“检材确定与样本来源同一，这个结论远远超出了（专家的）检验方法和检验数据所能达到的范围”[87]。因此，格特纳法官只允许专家阐述他对弹壳痕迹的观察和鉴定内容。[88] 几周后，同一法院在审理蒙泰罗案（United States v. Monteiro）[89] 时也出现类似的质疑。在蒙泰罗案中，专家证词将检材弹壳与蒙泰罗的枪联系起来，而辩方提出法院不应当采纳枪弹痕迹专

---

[83] Daubert v. Merrell Dow Pharmaceuticals, Inc., 593 -4 U S. 579 (1993).

[84] *See generally* Cooper, supra note 10.

[85] See, Keith Findley, Defining Innocence, 74 Alb. L. Rev. 1157, 1197 (2011).

[86] United States v. Green, 405 F. Supp. 2d 104 (D. Mass. 2005).

[87] *Id.*

[88] *Id.*

[89] United States v. Monteiro, 407 F. Supp. 2d 351 (D. Mass. 2006).

家的证词。法院驳回了辩方的请求，认为法庭科学检验的基础科学原理是正确的。[90] 但是，鉴定结论具有主观性，而且目前没有可靠的统计或科学方法能够使专家得出一个绝对意义上确定的鉴定结果，专家只能使用合理的、非绝对性的结语阐释鉴定结果。[91] 值得注意的是，蒙泰罗案与2014年罗梅罗案（Arizona v. Romero）有明显不同。[92] 蒙泰罗案的申诉者认为，法院应当减少采纳不利于蒙泰罗的枪弹痕迹检验证词。[93] 复审法院认同初审法院的审理结果，认定同一结论在“相对合理的范围内才能够得出”[94]，而并非专家最初的表述——检材与样本100%能够认定同一。[95]

2007年，在迪亚兹案[96]（United States v. Diaz）中，加利福尼亚州（California）法院驳回了枪弹痕迹检验结论的相关申诉。依据蒙泰罗案的判例，法院要求检验人员在“认定同一”结论前面添加范围限制，即“仅在合理范围内”[97]。与蒙泰罗和迪亚兹案判例相同，2008年的格林案[98]（United States v. Glynn）中法院同样驳回了辩方的相关申诉。在格林案中，格林认为证词不具有合法性，他认为该证据所使用的方法不够科学可信。法院的结论是，枪弹痕迹检验“不仅缺乏科学的严谨性，而且比许多其他法庭科学证据具有更大的不确定性”[99]。因此，“评价枪弹痕迹检验仅凭借主观意识且与直觉判断无区别显然也是不公平的”[100]。但因为法院发现，枪弹痕迹检验具有“充分的

---

[90] United States v. Monteiro, 407 F. Supp. 2d 366 (D. Mass. 2006).

[91] *Id* at 372.

[92] State v. Romero, 236 Ariz. 451 (2014). Note this decision was vacated in part by the Arizona Supreme Court in State v Romero 365 P. 3 d 358 (2016). This was on the basis that trial court erred when it excluded the expert that the defense wanted to use to challenge the firearms identification evidence against the defendant, a decision the Arizona court of appeals affirmed. (“We vacate paragraphs 19 through 32 of the opinion of the court of appeals and remand to that court to determine if the error in excluding Dr. Haber’s testimony was harmless”). *Id at* 364.

[93] *Id* at 456.

[94] *Id* 456 – 7.

[95] *Id.*

[96] United States v. Diaz, No. 05 – 00, 167, 2007 WL 485, 967, at ∗1 (N. D. Cal. Feb. 12, 2007).

[97] *Id.* at ∗1, ∗14.

[98] United States v. Glynn, 578 F. Supp. 2d 567 (S. D. N. Y. 2008).

[99] *Id* at 574.

[100] *Id* at 572.

经验支持，以保证其证据的可采性”[101]。法院所关注的是“如何能够正确对待枪弹痕迹检验证据而不是给陪审团留下‘它的可靠性远大于其不足之处’的感觉”[102]。法院认为允许检验人员在陈述鉴定时添加“在合理范围内能够确定”会对陪审团造成误导，从而令陪审团对相关专业知识的性质存在误解。[103]为解决这个问题，法院采取如下三个措施：（1）仅允许专家在证词中使用“很有可能”的术语；（2）禁止专家陈述其结论在任何条件下都是“确定的”；（3）禁止专家陈述枪弹痕迹检验是一门科学。[104]

在 NAS 报告公布后，一些法院进一步对枪弹痕迹检验人员使用的法律术语作出限制。例如，在泰勒案[105]（United States v. Taylor）中，枪弹痕迹证据意在证明被告的步枪可能与敲诈勒索案中的检材弹药相匹配，而被告拒绝承认该证据。[106] 法庭最终采纳了上述证据，但与蒙泰罗案和迪亚兹案判例类似，其要求检验人员添加“在枪弹痕迹检验范围内具有合理程度的同一性”的表述。[107]

在 2010 年的维尔洛克案[108]（United States v. Willock）中，被告被指控诈骗、行贿、吸毒、阴谋煽动等罪名。在这起案件中，马里兰州（Maryland）地方法院采纳了地方法官格里姆（Grimm）的建议——应对枪弹痕迹检验人员的法庭证词中的确定性程度加以限定。[109] 格里姆法官依据《枪弹痕迹图像》报告和 NAS 报告提出这一建议。在该案中，该州的一名检验人员对另一名佚名的检验人员得出的鉴定结论表示“附议”[110]。法院随即规定检验人员只允许就自身的鉴定结果得出结论，并且不允许“任何关于确定性程度的描述”[111]。在地方法官看来，本案的处理方式是对上述格林、泰勒、迪亚兹和蒙泰罗案

---

[101] United States v. Glynn, 578 F. Supp. 2d 574 (S. D. N. Y. 2008).

[102] *Id.*

[103] *Id.*

[104] *Id.* at 568 – 9.

[105] United States v. Taylor, 663 F. Supp. 2d 1170 (D. N. M. 2009).

[106] *Id.* at 1171 – 2.

[107] *Id.* at 1180.

[108] United States v. Willock et al., 696 F. Supp. 2d 536 (2010).

[109] *Id.*

[110] *Id* at 574.

[111] *Id* at 549.

中的处理方式进行了补充。[112] 他还建议，检验人员在排除其他枪支时，其证词内容不仅不能够包含“在全部枪支中”，也不能包含“在实际可能范围内”的表述。[113] 也就是说，法官的另一个建议是，遵循格林案中使用的“很有可能”的语言表述规范，或者最多允许遵循蒙特罗、迪亚兹和泰勒案中“在合理范围内能够确定”的表述。[114]

在皮图·希昂案[115]（Commonwealth v. Pytou Heang）中，希昂申诉称，法院不应该采纳枪弹痕迹检验人员作出的检材弹头击发自其 AB－10 手枪[116]的证词。法院承认枪弹痕迹检验的准确性、可靠性和科学基础在《枪弹痕迹图像》和《加强之路》中受到了质疑，[117] 并认为枪弹痕迹检验主要存在两方面的问题。首先，“几乎没有”相关科学证据支持每一支枪都在其射击的弹药上留下了“独一无二”的痕迹这一观点，[118] 其次，个体特征的“同一认定”具有极强的主观性。[119] 为了解决这些问题，法院要求“检验专家在充足的个体特征基础上得出检材弹头或弹壳是由样本枪支射出的结论时，应当添加‘合理范围’作为限制”[120]。

最近的一些案例也沿用了相同的判决方式。2015 年，阿什伯恩案[121]（United States v. Ashburn）中，检验人员不能陈述“100% 确定”“能够认定同一”，也不能陈述“经检验可以排除其余所有枪支”[122]。该案中，检验人员需在结论前加上“在合理范围内能够确定”或“在枪弹痕迹检验合理范围内

---

[112] United States v. Willock et al.，696 F. Supp. 2d 574（2010）.

[113] *Id.*

[114] *Id.* The U. S. District Court adopted “Recommendation（1）“［t］hat Sgt. Ensor not be allowed to opine that it is a “practical impossibility” for any other firearm to have fired the cartridges other than the common “unknown firearm” to which Sgt. Ensor attributes the cartridges”; Recommendation（2）“that Sgt. Ensor only be permitted to state his opinions and bases without any characterization as to degree of certainty.”）Id at n. 26. ［fnrId15］.

[115] Commonwealth v. Pytou Heang，942 N E. 2d 927（Mass. 2011）.

[116] *Id.* at 937－8.

[117] *Id.* at 938.

[118] *Id.* at 941.

[119] *Id.*

[120] *Id.* at 944－5.

[121] United States v Ashburn，88 F. Supp. 3d 239（2015）.

[122] *Id* at 250.

能够得出”[123]。

上述案例显示出法庭对枪弹痕迹检验证词采纳程度有降低的趋势。在这些案例中，法院拒绝采纳绝对表述的证词（如有关个体特征的证词），要求检验人员在非绝对范围内陈述鉴定结论。这是一种司法尝试，目的是解决有关枪弹痕迹证据合理性的质疑。[124] 然而，这一做法也可能存有问题。调查显示，法官和陪审团均可能认为所谓可能性的表述仅出于鉴定责任的严谨表述。[125] 因此，尽管限制检验人员陈述的措辞范围，也很可能无法阻止陪审团误认为检材和样本枪支之间存在绝对的“认定同一”。换句话说，这一做法可能无法阻止当前陪审团对枪弹检验结论产生的误解。

邦尼·拉尼根（Bonnie Lanigan）提到，对陪审团来说，这些替代短语可能带来困惑，如“枪弹痕迹确定性”这个词。首先，“枪弹痕迹”这个词本身就不是一个准确的名词术语，因为它包含了所有的弹药，因此对于陪审团来说“枪弹痕迹确定性”可能和“科学确定性”没什么区别,[126] 这两个短语都暗示这个学科中存在不确定性[127]。而法庭的处理方式恰恰可能加大了这种困惑，例如，法院可能要求检验人员限定表述范围，但同时允许检验人员表述“认定同一”是在“合理的确定性程度上”得出。在这种情况下，陪审团成员仍然可以听到“认定同一”一词，这促使他们认为检验人员最终得出了认定同一的结论。

研究表明，陪审团成员在面对法庭科学证据时要进行复杂的评估。有证据指出，陪审团成员对法庭科学证据的看法“是由自身固有的观念和心理预估加上专家证词所决定的……”[128] 他们评估中定性的方面是由证据的可信度、

---

[123] United States v Ashburn, 88 F. Supp. 3d 250 (2015).

[124] *See generally* Cooper, supra note, 78.

[125] Dawn McQuiston – Surrett & Michael Saks, *Communicating Opinion Evidence in the Forensic Identification Sciences: Accuracy and Impact*, 59 Hastings L. J. 1159, 1188 – 9 (2008).

[126] Bonnie Lanigan, Firearms Identification: The Need for a Critical Approach to, and Possible Guidelines for, the Admissibility of “Ballistics” Evidence, 17 Suffolk J. Trial & App. Advoc. 54, 71 (2012).

[127] *Id* at 72.

[128] William C. Thompson & Eryn J. Newman, Lay Understanding of Forensic Statistics: Evaluation of Random Match Probabilities, Likelihood Ratios, and Verbal Equivalents, 39 Law & Hum. Behav. 332 (2015).

鉴定错误的风险程度、该证据与案中其他证据的关联程度以及他们从媒体和文献中对该领域的了解程度共同决定，[129] 而限制专家证词的表述并没有考虑这些复杂的评估。

术语表述方面的限制仅能掩饰枪弹痕迹检验中主观经验带来的不确定性。事实上，美国国家法庭科学委员会已经认识到了这一点。小组委员会注意到这些范围性术语在科学上是毫无意义的。[130] 法庭之外的专家不会使用这些词，法律程序也不应该规定这些词使用。[131] 此外，委员会还指出法庭科学工作者“不应该支持或提倡使用这些术语”[132]。

**2. 法庭忽视 NAS 报告中有关枪弹痕迹证据观点的案例**

NAS 报告具有里程碑意义。因此无论是以第一类理由（不符合证据的可采性标准）或是第二类理由（依据 NDE 规则，枪弹痕迹是新证据）选择申诉的人，多数均援引 NAS 报告称枪弹痕迹证据可信度低，法庭不应该予以采纳。本节的案件展示了法庭对 NAS 报告中观点做出回应的两种情况。

部分法院实际上采纳 NAS 报告中的观点，并限制检验人员的表述范围。包括前面提到的泰勒案、希昂案、维尔洛克案和阿什伯恩案的案例。例如，希昂案中法院援引了 NAS 报告，指出“枪弹痕迹证据的准确性和可靠性是近期法律和科学关注的焦点”[133]。在维尔洛克案中，上诉法院采纳了地方法官的建议，限制检验人员的证词所传达的确定性。法院注意到地方法官的建议是“根据”《枪弹痕迹图像》和 NAS 报告中所聚焦的话题，即“对枪弹痕迹的科学基础提出了质疑”[134]。在阿什伯恩案中，法院总结了在 NAS 报告中所关注的内容并强调了报告的观点，即在某些情况下，个体特征可能“能够证明其

---

[129] William C. Thompson & Eryn J. Newman, Lay Understanding of Forensic Statistics: Evaluation of Random Match Probabilities, Likelihood Ratios, and Verbal Equivalents, 39 Law & Hum. Behav. 346 (2015).

[130] *See*, *e. g.*, the sub-committee's "Views Document" concerning the phrase "reasonable scientific certainty" *available at* http://www.justice.gov/ncfs/file/795336/download.

[131] *Id.*

[132] *Id.*

[133] Heang, *supra* note 115, at 937-38.

[134] Willock, *supra* note 108 at 546.

特定来源"[135]。

部分法院在利用道伯特规则分析证据时也参考了 NAS 报告以评估枪弹痕迹证据是否满足道伯特规则中的证据要求。因此在一些案件中，上述参考成了一项特殊条件。如在泰勒案中，法庭在道伯特规则的前提下同时分析了 NAS 报告的证据标准问题发现"枪弹痕迹检验人员面临的最大阻碍可能是没有所谓的'完美比中'"[136]。法院将此归因于 AFTE 检验规则的模糊性，该理论"没有提供任何统一的数字标准以供检验人员来确认是否比中"[137]。因此，检验很大程度上依据检验人员的主观判断。[138] 法院认为 NAS 报告已经认识到这一问题，但没有表示这种质疑是否影响专家证词的采纳。[139] 然而，法院注意到尽管不是全部检验人员都能相应遵守 AFTE 规则，但枪弹痕迹检验人员普遍接受此规则。[140] 相较而言，阿什伯恩案则利用 NAS 报告进行鉴定错误率的审查。法院表示由于缺乏客观标准，无法系统估计错误率的大小，而来自检验能力测试的数据则表明该学科的错误率很低，[141] 这一结论对该类证据的可采纳程度有利。[142]

在其他案件的审判中，NAS 报告未被法院参照。例如，在奥特罗案[143]（United States v. Otero）中，辩方提到了 NAS 报告并以此为基础，认为法庭不应采纳枪弹痕迹检验证据。辩方提到的"枪弹痕迹具有稳定性和特异性的观点并没有得到科学论证"[144]。随后法庭利用道伯特规则对证据进行了分析，发现该证据满足道伯特规则的全部标准，其间法院并没有将 NAS 报告中的观点纳入分析中。在琼斯案（Jones v. United States）中，法庭也采取了类似的

---

[135] Ashburn, *supra* note 121 at 245.

[136] Taylor, *supra* note 105, at 1177.

[137] *Id.*

[138] *Id.*

[139] *Id* at 1177 – 78.

[140] *Id* at 1178.

[141] Ashburn at 246.

[142] *Id.*

[143] United States v. Otero, 849 F. Supp. 2d 425 (2012).

[144] *Id* at 430.

做法。[145] 在该案中，作为弗莱（Frye）规则中的一项权利，[146] 申诉人向法院申诉称枪弹痕迹检验中的特征匹配方法不能被普遍接受。[147] 法院并没有接受这一理由，只是在审判书的脚注中提到了 NAS 报告。[148] 同样，在兰斯福德案（United States v. Wrensford）中也可以看到类似具有明显倾向性的处理方式。[149]

还有部分法院则对 NAS 报告没有予以重视。例如，在朗格卢瓦案[150]（State v. Langlois）中，法院承认“近年来，枪弹痕迹检验的科学基础受到越来越多的批评和审查”[151]。朗格卢瓦引用 NAS 报告中的观点并称“没人能够真正找出枪弹痕迹检验证据的科学性与准确性在哪里，它更像是介于巫术和软科学（人文科学）之间的一门学科”[152]。法庭则直接否定了这一观点，并解释道：

> NAS 报告中的内容富有现实意义，然而，报告的主要目的是对法庭科学各个领域的科学基础进行重新评估，并总结相关领域的研究现状。它的目的并不是要对刑事诉讼中早已应用多年的枪弹痕迹证据的可接受性提出质疑，事实上国家研究理事会（National Research Council，NRC）的作者在这方面没有提出任何建议。[153]

NAS 报告提出应进行更多的基础性探究，但法庭认为“枪弹痕迹检验人员所做的鉴定内容并没有因该建议而变得像科学垃圾或者‘巫术’”[154]。除此之外，法庭认为 NAS 报告并没有对“枪弹痕迹检验人员的工作是否符合证据可采信标准，他们的证词是否应该被采纳”这一问题进行回应。[155] 总而言之，

---

[145] Jones v. United States, 27 A. 3d 1130 (2011).

[146] The "Frye" standard was the leading admissibility framework employed in America prior to *Daubert*. To be admissible under Frye, expert evidence had to "generally accepted" by the relevant expert community. See, Frye v United States 293 F. 1013 (D. C. Cir. 1923).

[147] Jones, *supra* note 145 at 1136 – 37.

[148] *Id* at note 8.

[149] United States and the People of the Virgin Islands v Wrensford, 2014 WL 3, 715, 036 (2014).

[150] State v. Langlois, 2 N E. 3d 936 (2013).

[151] *Id* at 944.

[152] *Id* at 945.

[153] *Id* at 945 – 46

[154] *Id* at 946.

[155] *Id*.

NAS 报告“并没有涉及法律问题”[156]。

上述案例说明，NAS 报告认为枪弹痕迹证据不可靠，而法院则强烈反对该观点。但他们对报告的态度有些自相矛盾，一方面，法庭更倾向于忽视报告中所提及的观点，并且继续墨守成规地采纳枪弹痕迹证据。但另一方面，法庭又想要重视起《加强之路》报告中的观点，毕竟这些观点可以进一步完善枪弹痕迹证据的有效性。总的来看，由于《法庭科学加强之路》报告存在缺乏法律证据可采性和法律实践的相关内容，法庭更倾向于忽视该部分。尽管此类做法遭到了包括《法庭科学加强之路》的委员会联合主席哈里·丁·爱德华（Harry T. Edwards）法官在内的反对。[157]

正如前文所述，尽管在 NAS 报告公布后法庭可能对法庭科学证据持更加严谨的批判性态度，但是报告本身并没有影响该类证据的可采性。[158] 这个观点受到了其他学者的认同，这些学者正在研究报告公布后枪弹痕迹检验有关的案例判决。[159] 正如科勒（Cole）和埃德蒙（Edmond）所言，“NAS 报告仅仅是一个法律问题……”[160]

（1）新证据申诉与 NAS 报告

申诉者多数认为，报告中涉及的枪弹痕迹检验证据是一种新证据。然而，法院一般不认同于这一观点，[161] 如下文的案例所示。

例如，在 2011 年的鲁埃斯诉杜内案[162]（Rues v. Deuuey）中，杜内认为 NAS 报告涉及枪弹痕迹证据的观点符合 NDE 规则，他应当获得减刑。第八巡回上诉法庭认为报告中的质疑并非“新”内容，所以维持了原判。这是因为在 2009 年之前相关的质疑在学术期刊上就已经刊载。因此，NAS 报告并不

---

[156] *Id.*

[157] 157 Harry T. Edwards, The National Academies of Sciences Report on Forensic Sciences: What it Means for the Bench and the Bar, 51 jurimetrics 1 (2010).

[158] Sarah Lucy Cooper, The Collision of Law and Science: American Court Responses to Developments in Forensic Science 33 Pace L. Rev. 234, 301 (2013).

[159] *See generally* Simon A. Cole & Gary Edmond, Science Without Precedent: The Impact of the National Research Council Report on the Admissibility and Use of Forensic Science Evidence in the United States, four Brit. J. Am. Legal Stud. 585 (2015).

[160] *Id* at 596.

[161] *See generally* Cooper, supra note 10.

[162] Rues v. Denney, 643 F. 3d 618 (eighth Cir. 2011).

“构成新的事实”，因为它“没有提出任何新的问题”[163]。

在福斯特案[164]（Foster v. Florida）中，佛罗里达州最高法院参考了约翰斯顿案（Johnston v. State）的判例，驳回了一项类似的索赔要求。[165] 约翰斯顿申诉被拒绝的理由有：（1）2009 年 NAS 报告引用的材料出版早于约翰斯顿犯罪发生的时间，其他材料则是在他寻求救济期间出版；（2）报告缺乏针对性，尽管申诉者称“NAS 报告可以提供一个标准，来找寻审判中证明力不足或有漏洞的证据”，然而申诉中没有任何证据表明本案中使用的法庭科学证据不可信。[166] 佛罗里达州最高法院发现同样的推理也适用于福斯特案，并且援引了一些认为枪弹痕迹证据不符合 NDE 规则的案例。[167] 法院同样指出，福斯特未能“以任何具体方式证明案件的审判方法或证据存有漏洞”。[168]

2014 年的塞拉亚案[169]（Arizona v. Celaya）中，塞拉亚认为法院驳回了他的证据听证请求是错误的，因为报告揭示出枪弹痕迹证据的确定性问题构成了 NDE 标准中的新证据要求。[170] 在对塞拉亚的初审审判中，两名专家作证说，“毫无疑问”在塞拉亚的卡车中发现的那枚子弹是由杀死受害者的那把枪发射的。[171] 上诉法院裁定初审法院未能举行证据听证会属于滥用自由裁量权，但就 NAS 报告涉及的枪弹痕迹证据是否符合 NDE 规则并未表明态度（也未对此举行相关听证会）。最终，上诉法院驳回了初审法院关于拒绝为塞拉亚举行证据听证会的裁定，并休庭举行证据听证会。[172] 然而，上诉法院最终认为“尽管必须对此类问题进行审查，但塞拉亚的申诉内容过于消极化，因而没有依据报告中的观点（如特异性结论并不适用于枪弹痕迹检验）将其认定为新的证据形式”[173]。

---

[163] *Id* at 622.

[164] Foster v Florida, 132 So. 3d 40 (Fla. 2013).

[165] Johnston v. States, 27 So. 3d 11 (Fla. 2010).

[166] Foster, *supra* note 164, at 72.

[167] *Id.*

[168] *Id.*

[169] Arizona v Celaya, Not Reported in P. 3 d, 2014 WL 4, 244, 049 (Ariz. App. Div. 2).

[170] *Id* at *5.

[171] *Id.*

[172] *Id* at *6.

[173] Cooper, *supra* note 10, at 666.

在这些案例中，NAS 报告的作用逐渐被边缘化。法庭认为这份报告没有提供新的事实，因为它引用了以前的研究结果，并且缺乏对个案的指导性。研究表明，法院对其他类型法庭科学证据的处理方式也如出一辙。[174] 法院高度重视申诉内容对案件的针对性，而对于申诉者而言很难将报告所关注的一般性问题应用于具体案件的具体问题，即很难建立所谓的针对性。[175] 目前，申诉者未能将 NAS 报告的观点与个案建立联系。[176]

值得一提的是，司法干预曾认定弹头铅成分分析（Comparative Bullet Lead Analysis，CBLA）证据符合 NDE 标准。

CBLA 证据曾被用来证明“子弹来自同一个弹药盒、同一个制造商，在时间或地理上有关联，或者通常以某种未指明的方式将被告与犯罪联系在一起”[177]。然而，这种方法的可靠性受到了严重的质疑。因此，一些申诉者认为，这些质疑反映了科学观点的转变，应当认定该证据符合 NDE 规则。这些申诉通常会引入司法干预，且对申诉者有利。

司法部门对 CBLA 证据是否符合 NDE 标准以及该证据对特定案件的证明能力给予关注。这与上文中司法部门针对枪弹痕迹证据符合 NDE 规则进行申诉的处理方式截然不同，[178] 这可能因为整个刑事司法系统对 CBLA 证据的应用性更关注。[179] 在美国国家科学院发布了一份质疑其证据有效性的报告后，2004 年美国联邦调查局停止使用 CBLA 证据；[180] 而与之相比，尽管 NAS 报告具有非常重要的意义，但其终究为司法体系外的独立出版物，且没有 FBI 这样的部门依据该报告观点否定法庭科学证据的证明力。这一切都表明，多机构合作是鼓励审判活动中承认科学进步并对司法决策做出相应调整的一种有益方

---

[174] Cooper, *supra* note 10, at 669 - 673.

[175] Cole and Edmond, *supra* note 159, at 595.

[176] Cooper, *supra* note 10, at 666.

[177] Kulbicki v. State of Maryland, 53 A. 3 d 361, 377 (Md. Ct. Spec. App. 2012), *rev'd*, 99 A. 3 d 730 (Md. 2014).

[178] Cooper, *supra* note 10, at 666 - 69.

[179] Jennifer E. Laurin, *Criminal Law's Science Law: How Criminal Justice Meets Changed Scientific Understanding*, 93 Tex. L. Rev. 1751, 1777 - 78 (2015).

[180] Nat'l Research Council of The Nat' l Academies, Report in Brief, Forensic Analysis: Weighing Bullet Lead Evidence, 1 (2004).

式。在报告公布后，已经开展一些多部门并行的举措，若结果证明某些证据不应被采纳，法院则可能会给予一定的关注。

（2）新兴的问题

法院对 NAS 报告中提及的枪弹痕迹证据态度不一。考虑到美国刑事司法体系的性质，这并不意外，[181] 然而，这也反映出法律实践和科学探究存在一定矛盾的现实。[182] 这种矛盾可能会影响司法体系对证据准确性的追求。

在审核证据可采性和新证据两类申诉请求时，法院通常对 NAS（和其他报告）有关枪弹痕迹的观点采取忽视的态度。这样的做法也使法院回避了报告中有关枪弹痕迹证据是否具备科学性的质疑。

法院批准采纳科学性存疑的证据，并拒绝承认相关质疑（如是否符合 NDE 标准），为使这一做法更显合理，法院重点强调报告中并未提及的内容，例如，有案例表明如果接受 NAS 报告中枪弹痕迹证据不具有可信性的观点，则会引入司法干预（事实并非如此）。同样，针对有关新证据的判例提出，如果报告中的观点具有针对性则会引入司法干预（事实也并非如此）。这也证明了法律实践和科学探索之间存在矛盾，即法院需要的恰恰是科学不能直接给予的结果。科学不太可能得出“枪弹痕迹鉴定证据永远不可采信”这样明确的结论，因为这样的结论违背了科学研究的进步性。现代科学方法可以说是“一种以假设为前提并进行系统经验观察的研究方法”[183]。科学方法的产物是暂时性的，相关假设随着新的主流理论出现经常面临修正或摒弃。[184] 科学对知识的完整性持怀疑态度，因此往往不愿作出绝对性的结论，报告正体现了这一特点，它谨慎地强调初步检验可以对种类特征和个体特征做出确定的结论，

---

[181] *See generally* Cole and Edmond，supra note 159，at 596.

[182] David L. Faigman describes the general differences between the methods of law and science as follows，“［s］science progresses while law builds slowly on precedent. Science assumes that humankind is determined by some combination of nature and nurture，while law assumes that humankind can transcend these influences and exercise free will. Science is a cooperative endeavour，while most legal institutions operate on an adversary model.” David L. Faigman，Legal Alchemy：The Use and Misuse of Science in the Law（2000）.

[183] Deborah M. Hussey Freeland，*Speaking Science to Law*，25 Geo. Int’l Envtl. L. Rev. 289，296（2013）.

[184] *Id* at 303.

但目前尚未有足够严谨的研究能够证明特异性这一说法具有足够的可靠性和准确性。因此，该报告倡议应该进一步展开更多的调查研究。实际上，NAS 报告提出的所有观点包括质疑都具有暂时性。此外，科学研究与其应用目的息息相关，科学应用应具有广泛性，不可能在应用中仅针对某个具体的结果。[185] 故而法院以上述质疑不适用于某个具体案件或法律问题，而拒绝接受 NAS 报告中所述观点的做法是毫无道理的。事实上，法院的类似苛求在科学上是不可能实现的。

部分判例也展示了法律实践和科学探究之间的矛盾关系。例如，上述阿什伯恩案中法院借助 NAS 报告的调查结果（即该学科错误率足够低，满足可采信标准）来增加该证据的可采纳性，展示了法律实践如何将“绝对性强加于暂时性的科学事实之中”[186]。正如贾萨诺夫（Jasanoff）所解释的那样，“对于科学可能认为仍然是暂时性的事实，法律实践可以接受……解决法律纠纷所需要的事实往往是随着这些纠纷的不断出现而逐步走向科学。在这一科学事实出现之前，不存在相关的、有证据可查的、符合具体案例的情况”[187]。另一个例子是，法院普遍否认 NAS 报告中对枪弹痕迹检验的质疑是“新理论”，因为报告中引用的均是以前的研究结果。这一处理方式可能忽略了“科学观点的转变或科学学科中争议的革新是需要数十年才能完成的”[188]。科学思想的更替较为缓慢，因此某种观点“可能永远不会客观地构成‘科学真理’，如枪弹痕迹检验无法准确可靠地做出同一认定。因为随着科学发展，后续的观点会逐步取代现有理论”[189]。综上，NDE 规则中要求“新”的科学观点可以说是不切实际的。[190]

刑事司法部门利用法庭科学中枪弹痕迹检验做出合法性的判决。在这个时代的十字路口，科学和法律之间的矛盾关系是错综复杂的，[191] 但可以通过

---

[185] *See* generally Cooper，supra note 78.

[186] *Id.*

[187] Sheila Jasanoff，Just Evidence：*The Limits of Science in the Legal Process*，34 J L. Med. & Ethics 328，334（2006）.

[188] Cooper，*supra* note 10，at 655.

[189] *Id.*

[190] *Id.*

[191] *See generally* Cooper，*supra* note 75.

（并且正在）努力尽可能地化解这些矛盾。如近期质疑和研究中提到的，国家层面投入更多的精力，如资助枪弹痕迹检验能力测试、调查专家证词的影响、为相关人员提供国家培训课程和鉴定能力及熟练度培训等。[192] 然而上述举措的完成需要一定时间，在此期间律师可以发挥更直接的作用，例如，律师们应该强调科学的暂时性和缓慢更替的本质，针对专家证词表述模糊的问题以及法庭科学检验的诸多问题给予关注。律师在法院裁决的过程中充当挑战者的角色，促进法院的判决更加公正准确。

**3. 鼓励控辩双方在法庭中质证，以消除枪弹痕迹证据存在薄弱环节的案例**

从一些判例可以发现，在评估对枪弹痕迹检验证据准确性的质疑时，法院通常会鼓励控辩双方的对抗，强调辩方律师对证据进行质询以及控方陈述证据的可信性和重要性，以消除枪弹痕迹证据的薄弱环节，使判决更加合理化。[193]这种模式很可能源于美国最高法院对道伯特规则解释："严格的交叉询问，质疑证据的陈述以及对举证责任的细化，是质疑被采纳但可靠性不强证据的传统及有效手段"[194]。例如，关于枪弹痕迹检验证据，威洛克（Willock）地方法官总结道：

> 越来越多的法院表达了对枪弹痕迹检验证据可靠性的担忧。尽管他们担心，但借助辩护律师交叉询问或辩方专家提出对审判中同一认定结论的质疑能够有效的促进证据薄弱环节的消除，并最终采纳该证据。除了控辩双方在交叉询问和质证方面的重要性之外，陪审团的作用也十分重要，其负责决定证据可采纳的程度……[195]

当交叉询问的内容与枪弹痕迹证据真实性的质疑出现重复时，法院会驳回对证据真实性的质疑。例如，在罗梅罗案中，辩方就 NAS 报告和其他有关枪弹痕迹检验证据可靠性研究展开了"激烈的交叉询问"[196]，使得陪审团了解了关于该学科的相关质疑。[197] 特纳案（State v. Turuer）也采用相同的处理方

---

[192] *See supra* note 65.

[193] See generally Cooper, supra note 5.

[194] *Daubert*, supra note 81, at 596.

[195] Willocksupranote 108, at 578

[196] Romero, supra note 92, at 460.

[197] State v. Turner, 953 N E. 2d 1039 (2011).

法。在这起案件中，法庭驳回了特纳对枪弹痕迹证据可信度的申诉，称他的申诉是“交叉询问所涉及的内容”[198]，并且由于交叉询问“有力而彻底”[199]，法官足以评估专家证词的可信度，认定专家证词有效。[200]

然而，有时候律师的作用便没有那么明显了。例如，珀金斯案[201]（United States v. Perkins）和赛伯恩案[202]（United States v. Sebbern）中，律师没能有效地围绕枪弹痕迹证据提出自己的质询。在这两起案件[203][204]中，律师同样忽视了一些具体的辩护举措，例如，拒绝承认枪弹痕迹证据或聘请专家对枪弹痕迹证据进行交叉询问。对于这些案件“法院认为律师的辩护有不足之处，但是并没有弄清楚这些律师为什么会有这些失误或者失策”[205]。最终，法院驳回了对枪弹痕迹证据的申诉，理由是律师本有机会消除这些证据中存在的漏洞，但没有把握住。

法院的判决同样依赖于陪审团在交叉询问后能否对法庭科学证据做出准确评估。尽管一些研究表明，陪审团会关注交叉询问环节的激烈程度，[206] 但激烈程度的不同并不一定影响其对证据的看法和最终判决。这些研究结果使得秉持“传统控辩对抗总是能够消除专家证词中的薄弱环节所带来的不利影响”观点的人开始重新思考。[207]

法庭对枪弹痕迹证据表述的危害性评估也反映出类似问题。相较于其他针对辩方的证据，法院有时会认为采纳枪弹痕迹鉴定证据并不具备损害性。例如，在琼斯案中，[208] 辩方称法院至少应限制专家用“确定、一定能够排除其

---

[198] State v. Turner, 953 N E. 2d 1053 (2011).

[199] *Id.*

[200] *Id.*

[201] United States v. Perkins, 342 Fed. App'x 403 (10th Cir. 2009).

[202] United States v. Sebbern, No. 10 Cr. 87 (SLT), 2012 WL 5, 989, 813 (E. D. N. Y. Nov. 30, 2012) (order denying motion to preclude expert testimony).

[203] Thomas v. State, No. CR – 11 – 1243, 2013 WL 3, 589, 291 (Ala. Crim. App. July 12, 2013).

[204] Jones, *supra* note 145.

[205] Cooper, *supra* note 5, at 482.

[206] *See* Margaret Kovera et al., *Expert Testimony in Child Sexual Abuse Cases: Effects of Expert Evidence Type and Cross – Examination*, 18 Law & Hum. Behav. 653 (1994).

[207] McQuiston – Surrett & Saks, supra note 125, 1188.

[208] Jones, *supra* note 145.

他所有枪支”的结论表述。[209] 法院承认已经不再采纳这样的结论，[210] 但同时也认为在本案中出现的此类术语性错误是无关紧要的，因为律师已经对专家进行了彻底的交叉询问。在法院看来，“‘百分之百肯定’结论和‘合理程度确定’结论之间的差异不会影响陪审团对这一证据的评估”[211]。

梅切尔诉霍兰德案[212]（Melcher v. Hollaud）和孟恩案（United States v. Mouzoue）中法院作出了相似的司法处理。在梅切尔案[213]中，法院认为专家使用的措辞[214]即“其他枪支遗留完全相同痕迹的可能性太小，几乎是不可能的”并没有引起任何歧义。[215] 法院认为，“实际能够确定”“实际上不可能”“合理程度确定”和“更有可能”之间的区别不会影响本案的结果。[216] 同样在孟恩案中，专家反复陈述在两个不同凶杀现场中发现的弹壳是“从同一支枪中射出”，但他同时又表示“我实际上不可能完全确定两枚弹壳上的痕迹由同一支枪遗留”[217]。辩方提出上诉，称专家这一证词有失公正，主观上明显将被告已经当作凶手。第四巡回上诉法院驳回了申请，并认为该证词仅说明了在每个凶杀现场提取的弹壳由同一支武器发射。换句话说，它仅是利用枪支与案件现场的关系将两个案件联系在一起，但并没有指出任何一名被告与这两起凶杀案现场的弹壳有关联。因此法院认为，专家证词的表述并不是导致陪审团最终认定被告是案件凶手和最终判决结果的原因。[218]

法院关注的是辩方律师在弥补法庭科学证据相关薄弱环节的作用以及陪审团在准确评估证据方面的作用，但由于其忽略了“律师和陪审团对法庭科学证据方面存在认知障碍”[219] 而导致这两方面均可能会出现一定问题。

---

[209] *Id* at 1138.

[210] *Id.* at 1139.

[211] *Id.* at 1139 – 40.

[212] Melcher v. Holland，No. 12 – 0544，2014 WL 31，359（N. D. Cal. Jan. 3，2014）.

[213] United States v. Mouzone，687 F. 3d 207（fourth Cir. 2012）.

[214] Melcher，supra note 212，at 13.

[215] *Id* at ＊5.

[216] *Id.* at ＊13.

[217] Mouzone，supra note 213，at 216.

[218] *Id* at 217.

[219] Cooper，*supra* note 5，at 487.

律师在认知科学证据时能力不足，通常仅以自身有限的知识对待科学证据。[220] 他们往往缺乏重要的专业科学知识和相关培训，这一点被 NAS 报告和许多学者多次指出。这种知识储备上的不足常常使律师在面对科学证据时处于不利地位——“律师经常不能提出正确的有针对性的问题，往往不加批判地接受科学论断”[221]。因此，“律师无法提出合理的反对意见，无法采用有效的辩护策略，无法聘请相关专家，也无法在交叉和直接询问或受理听证会上提出有力的问题，便都不足为奇了”[222]。这还可以解释为什么律师们甚至可以忽略案件中包括法律信息在内的有关科学的明显信息。除了知识方面的不足，辩护律师可能会在质疑法庭科学证据时面临资源的限制。正如上文所提：“聘请法庭科学专家的成本很高，而且申请也很耗时。律师往往不能像‘变魔术’一般一下子拥有这些资源（以及足够的科学知识来聘请专家）……”[223] 与此同时，律师必须在控辩双方对抗的制度下开展相关工作，这可能影响律师针对可疑的法庭科学证据展开调查。研究表明，交叉询问和申请证人不会自然地消除专家证词的影响。正如萨克斯（Saks）和麦奎斯蛟·苏尔特（McQuiston－Surrett）所言，“不幸的是，交叉询问和依靠辩方专家似乎并不能有效地反驳控方专家的证词，反而更易忽视专家最初证词中存在的逻辑漏洞”[224]。

对于陪审团成员，“法院忽视了科学证据对陪审团的影响，这些陪审团成员对科学渴求程度极高，并在专家给出的所谓确定性结论中找到了契合点，因而会放大结论的科学性，以至于普遍不能准确地处理证据的科学性”[225]。与律师一样，大多数陪审团成员也不是科学工作者，同样缺乏足够的培训和专业知识。因此，“许多陪审团成员难以准确地理解科学证据，尤其在评估具体

[220] Cooper, *supra* note 5, at 487.

[221] Frederic I. Lederer, *Scientific Evidence—An Introduction*, 25 WM. & Mary L. Rev. 517, 519 – 20 (1984) citing Howard T. Markey, Jurisprudence or “*Juriscience*”?, 25 WM. & Mary L. Rev. 525, 529 – 32 (1984). With regards to the comments made by the NAS about the ‘science education’ of lawyers (and beyond). Also, *see generally Strengthening*, *supra* note 4, at 234 – 39.

[222] Cooper, *supra* note 5, at 483.

[223] *Id* at 485.

[224] McQuiston – Surrett & Saks, *supra* note 125, at 1189.

[225] Cooper, *supra* note 5, at 487.

证词的证明力时”[226]。此外，由于目前“关于专家证词应被限制至何种表达程度仍存在争议”[227]，陪审团在枪弹痕迹鉴定领域的问题更应受到重视。

正如上文所述，证词中有些表述令人困惑不清。但研究也表明，出于“追求科学的契合”，陪审团成员往往倾向于“肯定性表达的证据”[228]。当专家以个人角度陈述证据时，也倾向于“将主观性的措辞理解成为专家职业的需要”[229]，并且“难以理解统计数据，尤其是概率、数据和其余未做解释的结论”[230]。除此之外，有充足的证据表明，陪审团成员承认法庭科学证据“对他们最终决定的判决起重要作用”[231]。当案件中其余证据证明力较弱时，陪审团成员更希望看到法庭科学证据，而该类证据被采纳后，陪审团通常认为其具有很强说服力。[232] 因此，认为“无损害”的法官很可能完全忽略了陪审团对证据的可能看法。有证据表明，陪审团成员甚至认为经过激烈交叉询问的专家证词更具说服力。[233] 事实上，抗辩制度本身会阻碍陪审团对法庭科学的准确评估。抗辩程序意味着陪审团“听到的是大量检验后的模拟结果，这些结果只是大致接近现实”[234]。至于专家证词，法庭或陪审团所接触的信息实际上并不等同于科学信息。[235] 通常情况下，陪审团会倾向于相信某些略为“偏激”的专家，因为这些专家给他们留下的印象更加深刻。[236] 这表明实际上科学领域更加两极分化，模糊了证据中可能存在的“真相”。

## 五、结论

为解决刑事案件，美国司法系统已经采纳枪弹痕迹证据超过 80 年。在此

---

[226] Cooper, *supra* note 5, at 475.

[227] McQuiston – Surrett & Saks, *supra* note 125, at 1188.

[228] *Id.* at 1189.

[229] *Id.*

[230] *Id.*

[231] Pete Frick, Forensic *Science in Court*: *Challenges in the Twenty – First Century*, 27 Syracuse J. Sci. & tech. L. 145, 156 (2012); Donald E. Shelton, forensic science in court: challenges in the twenty – first century 102 (2011).

[232] Cooper, *supra* note 5, at 464.

[233] *Id* at 477.

[234] Faigman, *supra* note 182, at 65.

[235] *Id.*

[236] *Id* at 54.

期间，枪弹痕迹检验人员证明，他们可以利用分析比对方法将检材弹头、弹壳与样本枪支关联。然而在2000年后，检验人员得出鉴定结论所依据的方法受到包括美国科学研究院在内机构的强烈质疑。

自那时起，美国从国家层面上为发展和改革法庭科学作出了（并将继续作出）很多努力，包括旨在提升枪弹痕迹鉴定领域知识的基础性研究，不过仍有很多不足亟须弥补。毫无疑问，鉴于法庭科学对刑事司法系统的重要程度，这一领域的相关研究将持续开展，以便检验人员（包括枪弹痕迹检验人员）能够利用相关方法得出更准确的鉴定结论。

考虑到科学及相关研究仍在不断发展，辩方可能会继续针对不利于他们的枪弹鉴定证据进行申诉，并称这种申诉是提供了“新”证据事实，应当减轻他们的罪责。对2005年至2015年间判例的调查显示，美国法院普遍拒绝此类申请。针对法庭的处理方式可以总结为以下三种：（1）拒绝承认过于绝对的检验人员证词表述；（2）忽视NAS报告对枪弹痕迹证据的质疑；（3）鼓励控辩双方的对抗以弥补枪弹痕迹证据存有的不足之处。然而这些处理方式也引发了一些问题：第一，将专家证词进行所谓的模糊化并未起到实际作用，陪审团仍会将模糊化证词的指向性对准被告；第二，法庭忽视有关枪弹痕迹证据的质疑，证明法庭忽视了科学成果具有暂时性的特点，一味要求在不确定结果中得出确定结论是不现实的，也忽略了检验与再检验的科学探究本质；第三，过度依赖律师和陪审团在完善枪弹痕迹证据不足方面的作用，而忽视了这两类群体对科学证据进行准确评估的能力存在不足。

本章概述了一系列案例以及现行司法处理方式存在的问题，同时总结了在枪弹痕迹检验发展沿革中存在的相关质疑，希望帮助读者进一步了解该学科的研究近况，这其中包含相关案例、文献和已为司法实践提供指导的思路观点。鉴于美国刑事司法系统对枪弹痕迹检验的倚重，这一处于法律、科学和刑事侦查的交叉领域无疑会得到进一步发展；鉴于利用DNA昭雪的美国无辜者案件数量的增多，以及我们对错误检验方法如何导致冤假错案的理解进一步深化，无论未来采取何种形式，所有的改革方向都必须围绕利益相关者，以确保刑事司法会尽可能地作出准确公正的判决。

# 第七章　DNA 证据

## 第一节　案例研究：阿曼达 · 诺克斯案

毋庸置疑，DNA 分型技术是当代前沿科学技术。但当以此为捷径而不加甄别地盲目采信时，这些色彩斑斓的螺旋状遗传密码则会黯然失色。（Langley，2012）。

阿曼达 · 诺克斯

### 一、案情简介

采用 DNA 技术时，男性被错误定罪的情况时有发生，尤其是对于微量男性 DNA 样本（Parker et al.，2001）。不仅如此，当被陪审团视为铁证的 DNA

证据出现时，恰好在错误的时间出现在错误地点的“邻家女孩”也可能因为偶然而面临错误定罪（Ruesink and Marvin，2007）。以下介绍的阿曼达·诺克斯（Amanda Knox）即为这位“邻家女孩”，她不仅无辜地受到了媒体强烈的诋毁，还经受了漫长而折磨人的审讯，最终因为 DNA 证据而被误判定罪，然而这些证据实质上并不能支持指控。

2007 年 9 月 20 日，20 岁的学生诺克斯搬进意大利佩鲁贾（Perugia）的一个出租屋（Massei－Cristiani Report，2010）。诺克斯在那里结识了一位室友梅雷迪思·克尔彻（Meredith Kercher）（Massei－Cristiani Report，2010）。一个多月后，诺克斯又认识了拉法埃莱·索莱西托（Raffaele Sollecito），并开始与他交往（Massei－Cristiani Report，2010；Injustice Anywhere）。

2007 年 11 月 2 日早上，诺克斯在她男朋友索莱西托家过夜后回到家，打算洗个澡、换件衣服（Injustice Anywhere）。她发现出租屋的前门没有锁，以为可能是那天早上她的一位室友打开的（Massei－Cristiani Report，2010；Injustice Anywhere）。诺克斯洗澡时注意到第一间浴室的水槽和垫子上有一小滴血迹（Massei－Cristiani Report，2010；Injustice Anywhere）。不过因为斑点很小，诺克斯就没有特别在意。随后，诺克斯又惊讶地发现第二间浴室的厕所里有人排便后没有冲，而她的室友从未有人这样做。当她发现克尔彻的卧室门被锁上，而且叫克尔彻也没有回应时，她就更担心了。诺克斯非常害怕，回到了索莱西托的公寓，并让他陪她一起回出租屋。

索莱西托来到之后发现她一位室友房间的窗户被砸坏了（Annunziato，2011）。诺克斯尝试拨打克尔彻的手机，但无人接听。索莱西托想撞开克尔彻的房门，也没有成功。诺克斯让索莱西托报了警（Fisher，2011）。警察赶来打开克尔彻房间的门后发现了她的尸体，她几乎全身赤裸，且喉咙被刺伤。

接下来的几天，诺克斯和索莱西托接受了警方数次长时间的审讯（Massei－Cristiani Report，2010；Injustice Anywhere）。2007 年 11 月 6 日，经受警方四天严酷且有时带有暴力性的讯问后，诺克斯“承认”克尔彻被杀时，她就在家中。还将克尔彻的老板帕特里克·卢蒙巴（Patrick Lumumba）牵连进这起凶杀案中（Massei－Cristiani Report，2010；Injustice Anywhere）。此时诺克斯“承认”，实际上只是为了应付警方反复持续的讯问，他们要求诺克斯交代她“看到的事情”，或者她想象到的可能发生在克尔彻身上的事情（Fisher，

2011）。最终，诺克斯、索莱西托和卢蒙巴因谋杀克尔彻而被捕（Massei - Cristiani Report，2010）。虽然诺克斯在 11 月 7 日宣布推翻她之前的供词，但为时已晚。他们被捕三天后，法官认为在进一步调查期间需关押这三名嫌疑人（Massei - Cristiani Report，2010）。

## 二、刀

11 月 15 日，侦查人员发现了确凿的科学证据，该证据表面上将嫌疑指向诺克斯和索莱西托（Hampikian，2013）。警方在索莱西托家的厨房找到一把刀，经鉴定，刀柄上含有诺克斯的 DNA，而刀刃上含有克尔彻的 DNA（Hampikian，2013）。另外，控方还指出刀刃上的 DNA 来自克尔彻的血液（Pisa，2013）。

这一足以定罪的 DNA 物证恰恰是侦查人员正在努力寻找的确凿证据。它直接将索莱西托和诺克斯两人与警察所认为的凶器联系在了一起。然而，对将这把刀作为物证所提供的错误解释，明显表明其不能成为定罪的证据（Hellmann - Zanetti Report，2011；Part 10）。通常，经过对事实的仔细推敲，确凿的证据也可能变得无关紧要。如果某人有正常理由接触这一物品，那么当其成为物证后，在这上面出现该个体的 DNA 则不足为奇。所以在索莱西托家中的刀柄上发现诺克斯的 DNA 就没有任何证明价值，诺克斯也可能用这把刀做过饭，专家们应该能预测到刀上本来就有她的 DNA。由此看来，只有证明这确实是诺克斯用来刺杀克尔彻的刀，才能说明这把刀与本案有关。

据此分析，在刀刃上找到克尔彻的血是本案的关键。克尔彻从未去过索莱西托的公寓，也没有证据表明她曾经接触过这把刀。因此，她的血液 DNA 一定是被攻击后才遗留在刀上的。

虽然控方争论说在刀刃上发现的 DNA 来自克尔彻的血，但在样本检测中，血痕试验并未呈阳性，也未证明检材为人源（Vecchiotti and Zoppis，2013）。在前期试验中判定物证上是否有人血是至关重要的，法医专家一致认为，不可能洗掉所有的血而只留下 DNA（Hogenboom，2014）。但是在实际检验中，并不是任何含量范围的血都能检出。简单地说，按照所有普遍认可的标准，在本案中，无论是刀刃本身上的，还是从刀刃上提取的用于 DNA 检验的样本，都因太微量而无法得到任何可靠或结论性的结果证明刀刃上存在人血。（Vecchiotti and Zoppis，2013）。

刀上的 DNA 对案件的证明力还取决于对伤口的分析，以及可能揭示刀的大小和形状的其他证据的分析。现场勘查结果显示，杀害克尔彻所用的血淋淋的刀曾放在床单上，并留下了具有刀形状的血迹。索莱西托家的厨房发现的那把刀，虽然既在刀柄上检出诺克斯的 DNA，又声称在刀刃上含有克尔彻的 DNA，但大小和形状与床单上的血迹并不相符（Vecchiotti and Zoppis，2013）。尸检结果表明，克尔彻的身体上 80% 的伤口都不可能是由索莱西托家的刀形成的。然而，法院仍旧依靠这些似是而非的 DNA 证据对诺克斯定罪，这些事实也并没有阻止媒体对这件事情的大肆渲染，爆出了很多诸如以下的头条新闻，“在检方宣称用于谋杀英国交换生的刀上发现了阿曼达·诺克斯的 DNA”（Pisa，2013）。

## 三、文胸搭扣

克尔彻被谋杀 46 天后，侦查人员发现了来自她文胸的纤维和金属搭扣（Hogenboom，2014）。这个搭扣可能是她与凶手搏斗时从文胸上脱落下来的（Hogenboom，2014）。与此同时，还在搭扣上检出了索莱西托的 DNA。这一证据有很重要的意义，而且诺克斯也可能由此被牵连，因为诺克斯和索莱西托承认在克尔彻被强奸和谋杀期间，两人在一起，如果索莱西托是凶手，那么诺克斯一定是帮凶。

现场照片证据显示，在现场勘查的不同阶段，搭扣在房间中的位置并不相同（Fisher，2011）。侦查人员进行了多次搜查之后，犯罪现场一片混乱，在克尔彻房间里的一堆垃圾中发现了搭扣。调查录像显示，一名侦查人员戴着手套捡起了搭扣，然而，这副手套并不是新的，在侦查人员查看犯罪现场的其他物品时就一直戴着（Injustice Anywhere）。然后这名侦查人员又将搭扣递给了其他侦查人员，而他们在拿搭扣时也都没有更换手套。最后，录像显示一名侦查人员将搭扣掉在地板上。以这样的方式处理证据，导致污染的风险很高，会使采集的证据存疑，由此得到的 DNA 结果也就毫无意义（Balk，2015）。

这些图像和视频证据则为解释索莱西托的 DNA 是如何被转移到搭扣上的提供了一些线索。首先，索莱西托曾到过出租屋，他的 DNA 肯定会留存于地板、门、门把手以及现场所有他接触过的物品上。索莱西托曾经试图撞开克尔彻房间的门，在此过程中势必会将他的 DNA 留在门上。其次，侦查人员在翻动公寓里众多家用物品时，没有更换手套，在此条件下，很容易将索莱西托的 DNA 从任一其他物体表面转移到搭扣上。

科学家们并不完全了解 DNA 转移的过程。众所周知，DNA 极易发生转移，格拉斯哥法医研究所所长艾伦·贾米森（Allan Jamieson）博士赞同这一观点；但是，他也承认“事实上，我们对 DNA 转移的了解还不足以对这一过程进行充分的解释”（Hogenboom，2014）。特别是当考虑到微量 DNA、转移的难易程度、侦查人员操作错误等多种因素的时候，显而易见，有太多原因可以解释本案中索莱西托的 DNA 是如何被不经意地转移到克尔彻文胸搭扣上的，这就使得搭扣上 DNA 的证明价值全无。

## 四、凶手

诺克斯的定罪证据被警方刻意夸大、漏洞百出，而与此形成鲜明对比的是，仍有大量证据指向一名已被警方备案的毒贩，他过去也曾在佩鲁贾犯过类似的入室盗窃案（Hellmann – Zanetti Report，2011）。鲁迪·格德（Rudy Guede）承认克尔彻被强奸杀害的当晚，他在克尔彻的房间，同时，侦查人员还在克尔彻的钱包上发现了他与克尔彻的血混合在一起的 DNA（DiSturco，2014）。在卧室和出租屋的走廊里都发现了与格德鞋子相符的血足迹，在克尔彻身体下方的枕头套上也发现了沾有克尔彻血液的格德的手印（Hellmann – Zanetti Report，2011）。然而，最有力的证据是从克尔彻的阴道拭子中检出格德的 DNA（DiSturco，2014；Hellmann – Zanetti Report，2011）。根据以上证据，显然是格德强奸了克尔彻并在整个犯罪现场留下了自己的痕迹。

格德在单独审判中被定罪，并因谋杀克尔彻被判处 30 年监禁（Boepple Jr，2013）。即便如此，警方仍不认为他们在逮捕、审讯和起诉诺克斯和索莱西托的过程中有些操之过急，而是对于将诺克斯和索莱西托牵连进此案给出了令人难以置信的解释，他们声称诺克斯、索莱西托和格德想与克尔彻一起玩性游戏，但遭到她的拒绝，最终他们一怒之下将其杀害（Dobraszczyk，2014）。

虽然利用 DNA 证据能帮助侦查人员了解案件现场所发生的事情以及参与犯罪的人员，但是，若运用不当，DNA 证据也会成为使无辜者蒙冤的强大助推工具。克尔彻阴道拭子的 DNA 检验结果可以直接证明是谁强奸了她，但是基于警方在调查初期就形成的对该案的侦查思路，反而把注意力集中在诺克斯和索莱西托身上，不放过任何可用于指控他们的痕量 DNA 证据，并被视为铁证公之于众，这就是导致错误定罪的根本原因。

阿曼达·诺克斯洗刷冤情的道路充满了迷茫与坎坷。2009 年 12 月 4 日在佩鲁贾进行一审后，法院判定诺克斯犯有谋杀罪、性侵罪和诽谤罪，判处她 26 年有期徒刑。诺克斯被监禁 4 年后第一次上诉，她的定罪被推翻，之后被无罪释放。

在意大利的上诉制度中，案件中的法官是进行裁决的陪审团组成成员。这些法官必须公布一份书面文件来解释或证明法院的判决。2011 年 12 月，诺克斯和索莱西托上诉审的主审法官克劳迪奥·赫尔曼（Claudio Hellman）和他的助理法官马西莫·萨内蒂（Massimo Zanetti）发布了一份报告，说明为什么他们和六位普通陪审员（在意大利称为“大众评委（popular judges）”）确信在克尔彻凶杀案中诺克斯和索莱西托都是无辜者。

这份报告被称为赫尔曼－萨内蒂报告（Hellmann－Zanetti Report），详细记录了专家证人证言，得到的结论为，对刀刃上 DNA 所进行的检测不符合国际可靠性标准，因此检测结果不可靠。此外，法官和陪审员都找到了切实的专家证据，表明文胸搭扣上的 DNA 已被污染，不能作为定罪的依据。

然而，2013 年，意大利最高法院不顾赫尔曼－萨内蒂报告中提出的合理意见，又撤销了无罪判决，并下令开展新的上诉审判（Natanson，2013）。在重审期间，对之前未检测的刀刃上微量 DNA 样品又进行了检验，结果检出诺克斯的 DNA。虽然在刀上发现诺克斯的 DNA 理应不足为奇，这只能再次确证诺克斯所说的她在做饭时用过这把刀，但是，上诉法院却认为这些微量 DNA 再一次将诺克斯与凶器联系起来，诺克斯也于 2014 年 1 月被再次定罪。此次，诺克斯被判处 28.5 年监禁（Lyman，2014）。

2015 年，经历了又一次上诉后，诺克斯和索莱西托终于洗刷了他们的冤情，意大利最高法院认可了他们的辩护意见，即该案中的 DNA 证据实际上不能起到指控被告人的作用（Hjelmgaard and Bacon，2015）。在遭受了 4 年的错误监禁和 8 年的恐慌与不安之后，这对情侣终于得以从噩梦中解脱。

如果警方在调查克尔彻凶杀案时能采取更加合理和稳妥的方式，可以很容易避免对诺克斯和索莱西托的不公正审判。相反，不负责任地使用可疑的 DNA 结果，加上固执地将调查集中于前期仓促认定的嫌疑人身上，最终导致了这个国际丑闻。阿曼达·诺克斯所经受的磨难也告诫我们要正确看待 DNA

的证明力，如果侦查人员不假思索地使用一些 DNA 证据，或者再满怀热情地盲目起诉时，DNA 证据甚至会威胁司法公正，致使无辜者蒙冤。

诺克斯事件并不是个案。除了她，还有其他人因为对 DNA 证据的错误解读或者直接使用没有指控价值的 DNA 被误判并监禁（Lee，2013）。26 岁的卢基斯·安德森（Lukis Anderson）因为千万富翁拉韦斯·库姆拉（Raveesh Kumra）被杀案在狱中度过了 5 个月等待审判（Lee，2013）。本案中，在库姆拉的指甲缝里发现了安德森的 DNA，这将安德森与死者联系在了一起。然而，安德森有无懈可击的不在场证明，当时他醉酒至昏迷不醒，正躺在病床上，当然不可能杀害库姆拉。没有任何迹象显示安德森和库姆拉认识彼此或曾经有过其他接触。既然安德森不是凶手，那么他的 DNA 是如何出现在库姆拉身上的呢？经过全面的调查分析后，终于水落石出。急救医护人员在送酒精中毒的安德森到医院前，曾去库姆拉家中急诊。在为安德森和库姆拉治疗期间，急救医护人员都曾抬动过他们。显然，安德森的 DNA 是被急救医护人员转移的。原本安德森凭借不在场证据就应该被立即无罪释放，然而，由于过分倚重 DNA 的证明力，安德森依然在监狱里度过了 5 个月，直到库姆拉身上的 DNA 谜团被彻底解开（Lee，2013）。

类似安德森的案件仍有发生。以英国利物浦 65 岁的大卫·巴特勒（David Butle）为例（Langley，2012）。他被指控残忍地将一名年轻妓女殴打致死，并以谋杀罪被起诉。他看上去并不是很健康，似乎也没有足够的体力给这个年轻女孩带来如此严重的人身伤害，结合他过去的为人，任何人都无法相信他会伤害别人。但是对于控方来说，DNA 证据已充分证明大卫·巴特勒有罪（Langley，2012）。辩护专家艾伦·贾米森教授在陪审团面前提出了不同的观点：

> 有谁意识到把含有自己 DNA 的细胞遗留在某处是多么容易的事情？比如你先跟我握了手，然后我在数百英里外又接触了其他物品，而此时却留下了你的细胞。所以在许多情况下，问题不在于“它是我的 DNA 吗？”，而在于“它是如何出现在这里的？”

面对这种辩护词，陪审团肯定相信辩护专家的意见是可靠的，并且足以击败控方所认为的天衣无缝的有罪证据。陪审团审议了 11 个小时后，大卫·巴特勒所有的不法行为都被洗清了（Langley，2012）。胜利是甜蜜的，但它无法消除这个年迈体弱的老人在等待审判的 7 个月中被迫遭受的痛苦。

在上述两个案例中，尽管被告人最终都获得了公正的裁决，但我们无从得知还有多少无辜者由于 DNA 证据的个体指向性错误，而被审判和定罪。在安德森的案例中，如果他的不在场证据不是如此强有力，那么 DNA 鉴定结果就会成为他命运的转折点。在大卫·巴特勒案件中，如果辩护律师不了解 DNA 证据的缺陷或者没有对 DNA 证据提出质疑，那么大卫·巴特勒很可能已经被定罪。

如若对 DNA 证据不加质疑地全盘接受，那就相当于打开了不公正审判的大门。控方律师不能仅仅依赖于 DNA 证据，当 DNA 证据是指向嫌疑人的唯一证据时，则需要进行严格推敲，并且必须提供更多证据。辩护律师必须懂得 DNA 证据的不足，全面熟悉其科学内涵，且勇于坚定地质疑 DNA 的可靠性。经历这些环节后，可能原本似乎令人信服的 DNA 证据也就没有那么可靠了，更不用说用于指控嫌疑人。

## 参考文献


Annunziato，S.，2011. The Amanda Knox case：the representation of Italy in American media coverage. Historical Journal of Film，Radio and Television 31（1），61－78.

Balk，C.，2015. Reducing contamination in forensic science. Themis：Research Journal of Justice Studies and Forensic Science 3（1），12.

Boepple Jr.，R. G.，2013. International extradition and the Amanda Knox case：what is a conviction anyway. Gonzaga Journal of International Law 17，53.

DiSturco，A. J.，2014. The Trial of Amanda Knox in a Kangaroo Court：The United States' Constitutional Ban on Double Jeopardy，Bilateral Extradition Treaty Obligations，and the Vindication of the Gallina Dicta.

Dobraszczyk，C.，2014. The Prosecution of Amanda Knox：It's Not Over Yet!

Fisher，B.，2011. Injustice in Perugia：A Book detailing the wrongful conviction of Amanda Knox and Raffaele Sollecito.

Hampikian，G.，2013. Amanda Knox：How DNA Convicted and Freed an Innocent Woman.

Hellmann，P.，2011. The Hellmann－zanetti Report：On the Acquittal of Amanda Knox and Raffaele Sollecito. Available at：https：//hellmannreport. wordpress. com/about/.

Hjelmgaard，K.，Bacon，J.，10：39 a. m. EDT March 28，2015. Italy's Top Court Overturns Amanda Knox Conviction，USA TODAY，available as of 04/28/15 at：http：//www. usatoday. com/story/news/world/2015/03/27/italy – amanda – knox – meredith – kercher/70420700/.

Hogenboom, M. , 2014. Kercher Trial: How Does DNA Contamination Occur? BBC: News, Science, and Environment. Available at: http: //www. bbc. com/news/science – environment – 24534110.

Injustice Anywhere, Injustice in Perugia, a website detailing the wrongful conviction of Amanda Knox and Raffaele Sollecito, available at: http: //www. injusticeinperugia. org.

Langley, W. , 2012. The Case Against DNA, the Telegraph. Available at: http: //www. telegraph. co. uk/news/science/9115916/The – case – against – DNA. html.

Lee, H. K. , 2013. How Innocent Man's DNA Was Found at Killing Scene. Chronical, San Francisco. Available at: http: //www. sfgate. com/crime/article/How – innocent – man – s – DNA – was – found – at – killing – scene – 4624971. php.

Lyman, E. J. , 2014. Amanda Knox Found Guilty Again in Italian Murder Case. USA Today. Available at: http: //www. usatoday. com/story/news/world/2014/01/30/amanda – knox – court – verdict – italy – appeal/5049041/.

Massei – Cristiani Report, 2010. On the Conviction of Amanda Knox and Raffaele Sollecito for the Murder of Meredith Kercher. Translated by Komponisto. Available at: https: //masseireport. wordpress. com/contents/.

Natanson, P. , 2013. Amanda Knox 'Shocked' by Court Ruling that She Will Be Tried Again for Murder. ABC News, Rome, Italy. Available at: http: //abcnews. go. com/US/amanda – knox – shocked – court – ruling – murder/story? id = 18809434.

Parker, K. F. , Dewees, M. A. , Radelet, M. L. , 2001. Racial Bias and the Conviction of the Innocent. In: Wrongly Convicted: Perspectives on Failed Justice 114 – 131, 117.

Pisa, N. , 2013. The Daily Mail Online. Available at: http: //www. dailymail. co. uk/news/article – 2483410/Amanda – Knoxs – DNA – knife – used – murder – Meredith – Kercher. html#ixzz3LKBSgPAc.

Ruesink, M. , Marvin Jr. , F. D. , 2007. Wrongful convictions among women: an exploratory study of a neglected topic. Women & Criminal Justice 16 (4), 1 – 23.

Vecchiotti, C. , Zoppis, S. , 2013. DNA and the law in Italy: the experience of "the Perugia case" . Frontiers in Genetics 4. Available at: http: //www. ncbi. nlm. nih. gov/pmc/articles/PMC3770918/.

## 第二节　批判性审查 DNA 证据的基本要素

### 一、引言

当辩护律师得知他们的委托人被牵涉进案件是由于有 DNA 证据时，往往都会眉头紧锁。法医 DNA 检验技术的倡导者非常善于向公众甚至许多刑事辩护律师传递这种理念，DNA 检验结果可提供万无一失、无可辩驳的认定。但是，梅雷迪思·克尔彻这起凶杀案对阿曼达·诺克斯和拉法埃莱·索莱西托的错误审判却给使用 DNA 证据进行定罪敲响了警钟！这也说明对公正审判的真正威胁，来自未能批判性和客观性地评估 DNA 鉴定结果，这也是造成误判的原因所在。

DNA 证据为侦查破案提供重要线索，已将数以万计的罪犯绳之以法。在数百名被错误定罪的人洗刷冤情的过程中，DNA 证据也发挥了关键作用。甚至于之前对 DNA 证据持反对意见者，如巴里·舍克（Barry Scheck），也在他们的案件中证明了 DNA 证据的可靠性。这让人们很容易认为，自 1987 年 DNA 证据引入美国法律体系后，与此相关的任何问题都已得到解决，现在的检验结果都是不容置疑的。

这种认识的问题在于忽略了 DNA 证据在性质特点和质量方面的个案差异性。尽管从 DNA 技术初次应用于法医鉴定以来，确实有明显改进，当前的 DNA 检验鉴定有“潜力”产生强有力且令人信服的结果，但这种“潜力”不是在任何情况下都能实现的。况且即便对于证据的可靠性和可采性已经非常完善的检验鉴定体系，也无法保证每一次检测都能产生可靠的结果。在梅雷迪思·克尔彻谋杀案的调查中，检验鉴定实验室面临巨大的压力，迫使其挑战现有 DNA 检验技术的极限，导致在这一特定案例中存在的争议，从而严重影响了 DNA 检验结果的质量和相关性。近年来，DNA 检测的灵敏度不断提高，但也因此产生了一系列新问题。当 DNA 检验的灵敏度达到仅由几个细胞就可以确定 DNA 分型时，就很难区分 DNA 是在案发时遗留的还是案发前后数周内形成的，或者是在调查取证过程中不小心转移而来。在这种情况下（根据我们的经验，这种情况及其常见），DNA 证据的证明性就大幅降低，不再像 DNA 检验技术的倡导者最初所提出的那样不可撼动。

在梅雷迪思·克尔彻谋杀案的最初审判中，意大利刑事司法系统未能正确辨别无懈可击的强有力 DNA 证据和具有误导性的薄弱 DNA 证据，尽管两者都是作为单一调查的一部分采集的。造成这种严重失误的部分责任在于辩护律师们，他们在之前的案件中缺乏对 DNA 证据的批判性审查，从而使当地 DNA 实验室未能坚持高的检验鉴定标准。

我们不断发现，在审判活动中 DNA 证据受到的质疑程度越低，法院就越有更大可能性考虑接受在 DNA 检验结果不佳时对证据的偏颇解释。这种现象不仅存在于意大利和其他欧洲法院，在美国也很常见。本节运用梅雷迪思·克尔彻谋杀案中的 DNA 检验结果来说明辩护律师在案件中遇到 DNA 证据时应采取的措施，以考量此 DNA 证据是否应被质疑，以及如何质疑。

本部分的重点为 DNA 检验中的个体识别检验，与诺克斯和索莱西托审判中所用的检验类型相同。这是目前应用最为广泛的一项 DNA 检验技术，检验对象为短串联重复序列（Short Tandem Repeat，STR），为一种遗传变异。汤普森（Thompson）等（Thompson et al. 2003）探讨了早期的 STR 检验技术。本部分主要解释以下问题：（1）质疑 DNA 证据应具备的基础，（2）了解这些基础内容的必要性，（3）如何获得所需的相关材料和帮助。在 DNA 检验鉴定中，除 STR 检验外，还有一些使用频率相对较低的其他方法（例如，线粒体 DNA 检验和 Y－STR 检验），但是这些方法的统计学分析基础更弱，而且鉴别能力有限，不可用于同一认定，同时，与 STR 检验结果相比较，更容易受到一系列额外因素的影响。

## 二、理解实验室报告

实验室报告，与克尔彻谋杀案调查中的报告类似，通常列出检验样本，并提供图表或表格说明每个样本的 DNA 分型结果。DNA 分型是指在人类基因组中多个基因座（locus，复数为 loci，表示在染色体上的位置）的等位基因（遗传标记）列表。DNA 检验并不是测出 DNA 序列，而是通过确定一系列不同基因座的等位基因来给样品“分型”（在克尔彻谋杀案调查中，使用了商业化的检验试剂盒——Identifiler，该试剂盒共检验 15 个不同的 STR 基因座）。选择这类基因座是因为其个体差异性较大，且检测方法简便。

表 7.1 为实验室报告中典型的表格类型，该表为克尔彻谋杀案中五个样

本的 DNA 分型结果，这些样本分别为：犯罪现场的血痕、三名嫌疑人（阿曼达·诺克斯，拉法埃莱·索莱西托和鲁迪·格德）和受害者梅雷迪思·克尔彻的比对样本。样本全部由一种自动化仪器——基因分析仪（Genetic Analyzer）检测。用于 DNA 分型的基因分析仪（以及 Identifiler 检验试剂盒）均由 ABI（Applied Biosystems）公司研制，ABI 公司是赛默飞世尔科技公司（Thermo Fisher Scientific）的一个子公司。自 20 世纪 90 年代末，DNA 检测试剂盒才被作为一种常规检验试剂在犯罪实验室普遍使用，早期的试剂盒（如 Profiler Plus 和 Cofiler），仅包含 13 个基因座，新型试剂盒依然使用基因分析仪检测，但是基因座在持续增加，有些试剂盒（如 Globalfiler）分析的基因座数量已多达 24 个。

**表 7.1 现场血痕和比对样本 DNA 分型列表**

| | 现场血痕 | 阿曼达·诺克斯 | 拉法埃莱·索莱西托 | 鲁迪·格德 | 梅雷迪思·克尔彻 |
|---|---|---|---|---|---|
| D8S1179 | 13，16 | 11，12 | 13，15 | 14，14 | 13，16 |
| D21S11 | 30，33.2 | 29，30 | 32.2，33.2 | 29，29 | 30，33.2 |
| D7S820 | 8，11 | 9，9 | 8，11 | 11，12 | 8，11 |
| CSF1PO | 12，12 | 11，12 | 10，12 | 7，8 | 12，12 |
| D3S1358 | 14，18 | 15，18 | 16，17 | 15，16 | 14，18 |
| TH01 | 6，8 | 6，8 | 9，9.3 | 7，9 | 6，8 |
| D13S317 | 8，13 | 11，13 | 8，12 | 11，12 | 8，13 |
| D16S539 | 10，14 | 10，11 | 11，14 | 9，11 | 10，14 |
| D2S1338 | 20，23 | 18，20 | 16，24 | 16，23 | 20，23 |
| D19S433 | 12，16 | 13，16.2 | 13，15.2 | 13，14.2 | 12，16 |
| vWA | 14，16 | 17，17 | 12，15 | 18，20 | 14，16 |
| TPOX | 8，11 | 8，8 | 8，9 | 8，9 | 8，11 |
| D18S51 | 14，15 | 13，17 | 16，17 | 14，15 | 14，15 |
| Amelogenin | XX | XX | XY | XY | XX |
| D5S818 | 11，12 | 13，13 | 12，12 | 12，13 | 11，12 |
| FGA | 20，21 | 22，22 | 20，21 | 19，23 | 20，21 |

使用 Identifiler 试剂盒检验的等位基因列表。犯罪现场的血痕样本可能来源于哪一个体？四个个体的 DNA 分型中，仅有一个与现场血痕样本的 DNA 分型相符。

DNA 检验中选用的 STR 基因座一般由四个核苷酸构成的重复单位串联排列组成，由于个体间相同重复单位的重复次数不同，造成 STR 片段长度的个体差异，这种长度多态性也是利用 STR 基因座进行个体识别的基础。Identifiler 试剂盒可以同时识别并标记这些 STR 片段，然后，通过基因分析仪测定标记 DNA 片段的长度，从而鉴别出等位基因的类型。用于命名等位基因的数字为所检测 DNA 片段中重复单位的重复次数。由于人类染色体是成对存在的，对于任一基因座，每一个体都有两条相应的 DNA 片段，即为两个等位基因，这两个等位基因分别遗传自父亲和母亲。有时，只检测到一个等位基因，说明该个体从两个亲本遗传了相同的等位基因（参见表 7.1，例如，诺克斯的 D7S820 基因座和格德的 D8S1179 基因座）。然而，大多数个体的基因座通常有两个不同的等位基因。

Identifiler 试剂盒还有另外一个基因座——牙釉蛋白基因（Amelogenin, AMEL），用于鉴别 DNA 样品供者的性别。男性在该基因座位点有 X 和 Y 两个等位基因，女性只有等位基因 X。基于此基因座的结果，可以判别出表 7.1 中比对样本的分型有两个来自男性，两个来自女性。

将现场物证和比对样本的分型结果直接比对即可判断血痕的个体来源。根据表 7.1 所示，在大多数基因座中，诺克斯、索莱西托和格德的等位基因与现场血痕的等位基因都不同，因此这三个个体可被排除。与此相反，克尔彻的每个基因座分型都与现场血痕的分型完全相同，则不能排除血痕来自她。对于这种结果，实验室报告通常会表述如下，诺克斯、索莱西托和格德被“排除”为可能的血痕来源个体，克尔彻的 DNA 分型与血痕可能供者的分型相“匹配”或血痕可能供者中“包含”克尔彻。

实验室报告通常还包括在各种参考群体（这些参考群体代表了备选嫌疑人库中的主要种族和族群）中遗传标记表型的匹配概率，匹配概率是对一个特定的 DNA 分型可能出现在人群中的估计概率。实验室计算匹配概率的步骤为，先统计出样本群体中每个等位基因的频率，然后计算一个个体中每个 STR 基因座的表型频率，最后将所有表型频率相乘，以这种方式通过频率来估计概率。例如，对于 D3S1358 位点，如果已知美国白种人中 10%（1/10）的个体等位基因为 15，20%（1/5）的个体等位基因为 16，则在此位点两个等位基因为 15/16 的表型频率为 $2 \times 0.10 \times 0.20 = 0.04$，即在美国白种人中，

D3S1358 基因座表型为 15/16 的个体占 4%（全球范围内已有数百个不同种族的数据库可供查询）。将每个基因座的表型频率直接相乘（考虑到群体内不同个体间可能存在某些遗传关系，有时需要对数据进行微小的校正），得到全部表型组合的估计概率值，即匹配概率，这个值非常小，通常大约为 $1 \times 10^{-15}$ 至 $1 \times 10^{-21}$，甚至更小。匹配概率越小，说明遇到具有这种表型的个体的可能性就越低。通过最大限度地降低常见种族或种群中任一个体被鉴定为 DNA 样本来源的可能性，DNA 的真正来源个体与其他个体表型相匹配就不再像是一个偶然事件，也更难以使人辩称某个体没有被排除是因为非常巧合地具有匹配表型。显然，这样的证据更加令人信服。

当某个体的分型与证据样本分型完全一致，且此分型的匹配概率值非常低时，若该个体非同卵双胞胎之一，一些实验室将直接判定样本来源于该个体。例如，如果无关个体之间相同表型的匹配概率值低于 6000 亿分之一，[①] FBI 实验室将鉴定为两个样本均来自同一个体。其他实验室在鉴定结果中使用的阈值并不相同，对于阈值的选取仍没有统一规范，对阈值的设置也缺乏科学而具有统计性基础的解释。此外，这种鉴定结果的表述方式也有一定误导性，因为这意味着否定了对“匹配”的其他解释，如实验室错误。此外，还忽略了一个非常现实的问题，与无关个体相比，近亲（除同卵双胞胎）间存在表型匹配的概率更高（Paoletti et al. 2005）。研究发现，在北美，采用 13 个 STR 基因座检验时，平均每 154000 对兄弟姐妹中就有一对的 DNA 分型完全匹配。同时，DNA 检验本身并不能提供任何关于样本形成时间和环境的信息，这些也未在实验室报告中体现出来。例如，产生表 7.1 中所示结果的血痕样本，也有可能是梅雷迪思·克尔彻遇害前几周遗留的。同理，她的死亡状况也使得在犯罪现场发现其血液变得相当正常；然而，如果仅仅根据对一个小概率的匹配统计值的第一印象，可能无法很好地理解和认识这一情况。

### 三、解读实验室报告的隐含意义：检验结果是否能够充分支持实验室的结论？

据 DNA 分析人员称，在使用 DNA 证据指控嫌疑人的所有案件中，85% ~

---

① FBI DNA Procedures Manual DNA 229, effective 12. 21. 12 to 05. 07. 15

90%的案件从未发生检验实验室以外的人员要求检查基础实验记录或数据的情况。在许多司法裁决中（并非全部），辩护律师只是简单地按照表面意思接受实验室报告，而未仔细解读其背后的真正含义并分析实际检验结果是否能够充分支持实验室的结论。这是一个非常严重的错误。

根据经验，检查基础实验数据时经常会发现在实验室报告中并不明显的一些缺陷或问题，例如，所谓的“匹配”表型之间的不一致性，样本中含有未报告的其他供者的证据，统计计算错误，形成主观性或偏见性解释的条件，关键证据样本间存在交叉污染的迹象，以及最容易影响检测结果有效性的实验室质控问题。

虽然，目前的DNA检验主要依赖于计算机自动化设备，但结果的解释通常需要主观判断。当遇到模棱两可的结果，对个体等位基因的命名无法唯一确定时，犯罪实验室分析人员常常更偏向于将对证据的解释向控方观点倾斜，而不是辩方观点。

产生这种现象的部分原因在于，法医学家在解释检验结果时，拒绝采取适当的措施来“蒙蔽”自己对政府预期（或期望）结果的了解。实验室记录中的种种迹象表明，分析人员非常熟悉案件调查的情况，包括与DNA检验无关的信息，非常清楚哪些结果将有助于控方，以及哪些结果将对控方不利。克尔彻谋杀案调查中，尸检期间得到的阴道拭子的DNA检验结果显示为鲁迪·格德所留，但是，根据侦查人员在该案中的意见，警方固执地将嫌疑集中于诺克斯和索莱西托。意大利执法部门不承认他们在逮捕、审讯和起诉诺克斯和索莱西托过程中有些操之过急，而是将所有工作都建立在他们的假设之上，这一假设就是，诺克斯和索莱西托性生活异常活跃，他们想与格德和克尔彻一起玩性游戏来追求刺激，在遭到克尔彻的拒绝后，一怒之下便杀害了她（Dobraszczyk，2014）。正如在前面案例分析部分所述，因为有了这种假设，警方紧紧抓住可用于指控诺克斯和索莱西托的痕量DNA证据，并被视为铁证公之于众，由此，摇摇欲坠、毫不稳定的证据基础最终导致定罪错误。

认知心理学家将无关的细节，如诺克斯的这种被假设的性动机，称为“无关信息”。嫌疑人性生活是否异常活跃，或者如在克尔彻谋杀案调查中那样，侦查人员是否未曾感觉到诺克斯在得知克尔彻死亡后非常悲伤，这些与DNA检测的目的完全无关。

法医学家获取的无关信息严重影响其检验分析的可靠性，除此之外不会有任何好处。众所周知，人们在分析模棱两可的数据时，更倾向于选择性地接受他们所预期的结果（Saks et al. 2003）。这种倾向可能导致分析人员在无意中偏向控方，并得到与控方意见一致的证据解释。例如，在克尔彻谋杀案调查中，政府 DNA 专家坚称，他们被告知这把刀可能是凶器，而他们的 DNA 检验结果则为深入了解诺克斯当时如何使用凶器提供了依据。随后，著名法医学家彼得·吉尔（Peter Gill）对实验室解释的可靠性提出了质疑："令人非常出乎意料的是，马塞伊（Massei）报告中居然指出，刀柄上的 DNA 分布支持以下结论，阿曼达·诺克斯有拿刀向上刺的动作，而不是向下切割的动作（如切面包）。然而，很明显，马塞伊报告中的这个结论纯粹为推测，没有任何科学分析的根据。国际上从未发表过任何报道或文章证明 DNA 分析可以揭示刀的使用方式"（Gill，2016）。这种类型的逆向推理（即"我们知道被告人有罪，所以 DNA 必须是他的有罪证据"）是另一个可能导致分析人员将实验室报告偏向于支持控方意见的因素。因此，对于辩护律师，认真推敲实验室报告背后的真正含义是至关重要的，须以此确定实验室的结论是否有充分的证据支撑，以及是否在报告之外还有更多故事。

在每份实验室报告中，"等位基因列表"（表 7.1）之后还会附有一些电泳图谱，这些图由计算机自动生成，用于表示检测结果。在评估 STR 证据时，辩护律师务必要检查电泳图谱，因为有时候它们会暴露出检验结果有歧义，并且往往能发现存在其他未知供者的证据。图 7.1 的电泳图谱展示了梅雷迪思·克尔彻谋杀案中五个样本的部分检验结果，本图中每个样本均包括了相同的四个基因座，样本分别为：现场发现的血迹以及诺克斯、索莱西托、格德和克尔彻的比对样本。图 7.1 中的电泳图显示了在 Identifiler 试剂盒中使用蓝色荧光标记的四组 DNA 片段（用黄色、绿色和红色荧光标记的片段的电泳图与此类似，此处未列出）。

电泳图谱中的"峰"表示存在人类 DNA，图中最左侧的峰代表 D8S1179 基因座位点处的等位基因，向右依次为 D21S11 和 D7S820 基因座，最右侧的为 CSF1PO 基因座。每个峰下面的数字为计算机自动生成的标注，指示每个峰的等位基因名称和峰相对于基线的高度。

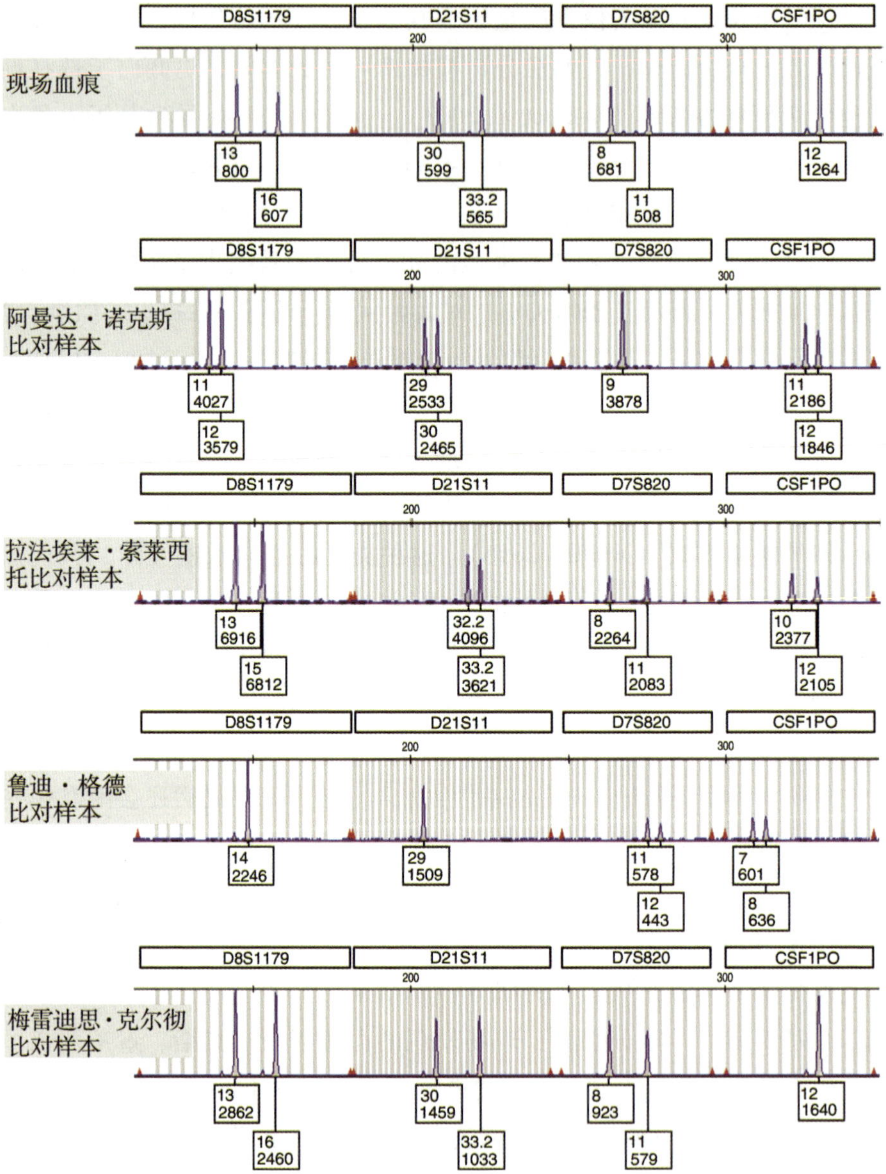


**图 7.1　现场血痕和比对样本 DNA 分型图谱**

使用 Identifiler 试剂盒分析的电泳图谱，包含一个物证和四个比对样本分析结果中的四个基因座（D8S1179，D21S11，D7S820 和 CSF1PO）。犯罪现场的血迹样本可能来源于哪一个体？每个峰下面的方框中上方和下方的数字分别为等位基因的名称和以相对荧光强度（RFU）为单位的峰高。

根据图 7.1 的电泳图谱，在现场血痕 DNA 分型中，很容易观察到 D8S1179 位点有两个等位基因。与等位基因列表（表 7.1）中一致，分别为 13 和 16。等位基因列表（表 7.1）中的其他等位基因也可以看作与电泳图谱中的峰一一对应。在本例中，依据电泳图谱，血迹样本的 DNA 显然为单一个体来源，且质量较好，无明显问题。但是，其他案件的 DNA 电泳图谱可能并不如此清晰易辨。

Identifiler 试剂盒通过“引物”识别相应 STR 的 DNA 片段，随后使用聚合酶链式反应（PCR）过程“扩增”（复制）这些片段。每个基因座被四种不同颜色染料（蓝色、绿色、黄色或红色）中的一种“标记”。然后，由基因分析仪测定 DNA 片段的长度，这是基于毛细管电泳的一种分离和检测方法，施加电场使带负电的 DNA 片段在直径非常小的细长毛细管中定向移动，在此过程中，较短片段的移动速度高于较长片段。在激光照射下，染料产生有色荧光，形成 DNA 片段的荧光信号。当片段移动到毛细管末端时，由计算机自动控制的检测器检测 DNA 片段的荧光。电泳图谱上的“峰”即记录了这些荧光。基于光的颜色和 DNA 片段通过毛细管的时间，由计算机软件确定每个基因座上存在何种等位基因。

图 7.1 显示了用蓝色荧光标记的四个基因座的分型结果。图中峰的横坐标位置（左右距离）表示等位基因通过毛细管的时间，也可代表 DNA 片段的长度。据此，计算机软件计算出每个等位基因并进行相应的标注。

峰高与原始样品中 DNA 的含量相关。峰高的测量单位是 RFU 或“相对荧光单位”，其反映计算机自动控制的检测器检测到的荧光强度。在给定的样本中，来自同一个体的等位基因峰高差别较小，但偶尔也会出现峰高不均衡的现象。

## 四、STR 分型结果的解释存在歧义的原因

许多因素可能使 STR 证据复杂化，引起分型结果模糊不清存在歧义，并且使结果解释缺乏唯一性。为更有效地说明某一个体被 DNA 证据证明有罪，提升 DNA 作为有罪证据的证明力，辩护律师必须揭示出这些含糊不清的内

容，如果确实存在这种问题，应充分理解其可能造成的影响，并向事实审理者解释清楚。

### （一）混合检材

使 DNA 分析复杂化的最常见原因是物证中的 DNA 来源于多个个体。含有两个或两个以上个体 DNA 的样品称为混合检材。对单一个体，每个基因座最多有两个等位基因。如果一个生物检材中含有来自一个以上个体的 DNA，则每个供者的 DNA 分型相互叠加，通常使某些或所有基因座位点有两个以上等位基因。根据经验，如果在任何位点观察到两个以上的峰，则该样品可能为混合检材。

就其本质而言，混合检材结果分析的难度较大。尤其是当混合检材受到其他因素的影响时，如由于遗留时间过长或所处环境的作用导致的降解，或者在混合样品的供者中有一个或多个个体的 DNA 含量低于最佳检测量，则可能无法对混合 DNA 分型进行确切可靠的分析说明。尽管在任何基因座上存在三个或更多等位基因则表明有多个供者，但仍然难以判断样品究竟来自两个、三个还是更多个体。因为不同的供者之间可能含有部分相同的等位基因，所以不能简单地按照等位基因的个数推断供者数量。

当混合检材中不同个体的 DNA 比例非常相似（接近于 1∶1）或相距甚远（大于 1∶5）时，对混合 DNA 图谱进行拆分的可操作性会减弱。比如将来自两个个体的 DNA 按照 50∶50 的方式组成混合样本（图 7.2）。图中除混合样本的分型图谱外，还已知 A 和 B 单独的分型图谱，显而易见，混合检材中 D8S1179 位点的等位基因 11 和 12 来自 A，等位基因 15 和 16 来自 B。但事实上，在实际案件中混合检材的供者有哪些个体才是最有争议且最关键的问题，这就需要在没有 A 或 B 的单一 DNA 分型图谱的情况下，客观地确定供者的 DNA 分型。在图 7.2 中，假设无 A 和 B 的单一 DNA 分型图谱，仅根据常规分析推断，混合检材也可能来自其他两种 DNA 分型的组合，比如 11、15 和 12、16 或者 11、16 和 12、15 等。与此同时，也有可能存在三个供者，比如，11 和 12 来自 X 个体，15 来自 Y 个体，16 来自 Z 个体。以此类推，还有很多其他分型的组合与图 7.2 的混合样本检验结果一致。在一项研究中，通过分析含有 649 个个体的数据库发现，如果将 3 个个体随机组合，对于 12 个常用的 STR 基因座而言，要使每个基因座均得到 4 个或更少的等位基因，组合方式超过 500 万种（Paoletti et al. 2005）。

有些实验室也在试图基于峰高拆分混合 DNA 图谱，根据峰高确定等位基因属于哪一个供者。在此方法中，假设较高的峰（通常表示在检验初始阶段 DNA 含量较高）来源于“主要”供者，较低的峰来源于“次要”供者。图 7. 2 的混合分型中峰高比较接近，主要供者和次要供者之间没有明显区别。图 7. 3 则不同，混合样本中不同个体的 DNA 含量有显著差异。该混合样本中 9/10的 DNA 来自 A，1/10 的 DNA 来自 B。在这种情况下，由混合分型可以相对容易地推断出主要供者的 DNA 分型（D8S1179：11，12；D21S11：29，29；D7S820：8，11 和 CSF1PO：8，8）。然而，次要供者的数量和他们的 DNA 分型还远远不能确定，尤其是当考虑到可能存在诸如影子峰（见下文）之类的伪峰时。但是，这种处理 DNA 混合分型的方法也存在诸多问题，因为除了 DNA 含量之外，还有很多其他因素同样可以影响峰高。更重要的是，各实验室在采用这一思路分析 DNA 混合分型结果时，使用的方法和规范都未能保持一致。

这些结果解释上的模棱两可，使得难以（有时根本不可能）估算出法医统计学中的似然率，即随机选择的个体将被“包含”（或者不能被“排除”）为混合检材的可能供者。辩护律师应仔细研究实验室针对混合检材进行统计学评估值计算的方式，因为这些评估值通常是基于可能对被告人不利的具有争议性的假设。

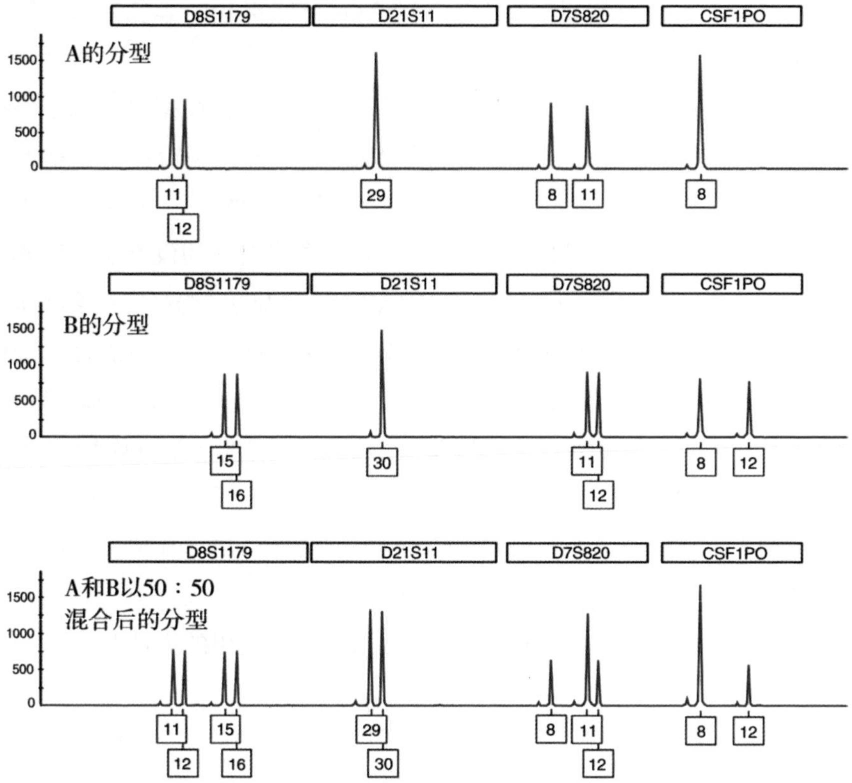


**图 7.2　混合检材 DNA 分型**

该图中样品检验均使用 Identifiler 试剂盒，且只显示蓝色荧光标记的位点。上面两张图为 A 和 B 两个个体的比对样本的分型图谱。最下面一张图为 A 和 B 两个个体的 DNA 等量混合后的混合样本的分型图谱。对于混合检材，DNA 分型图谱相当于一张叠加图，在本图中为 A 与 B 的 DNA 图谱相互叠加。当两个分型中有相同的等位基因时，由于初始混合检材中该等位基因的拷贝数提高，所以混合图谱中相应基因的峰高也增加。

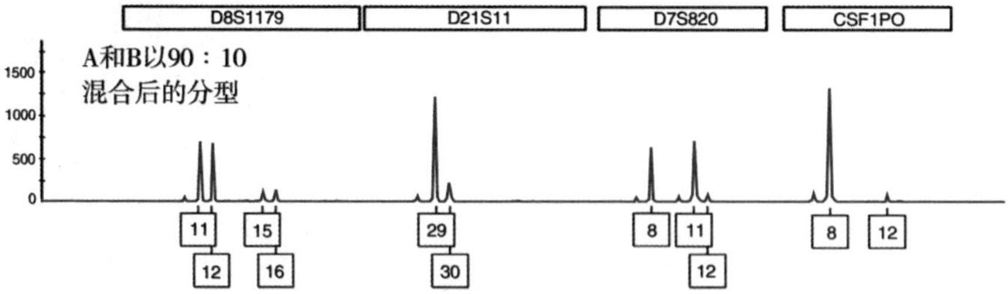


**图 7.3　不均衡混合样本的电泳图谱**

该混合样本中 9/10 的 DNA 来自 A，1/10 的 DNA 来自 B（参见图 7.2）。很容易推断出该图谱中的主要分型与 A 的分型一致，而来自 B 的次要峰的峰高与影子峰等伪峰的峰高很相似。

## （二）伪峰

如前所述，如果在 DNA 分型图谱的一个基因座上存在两个以上的峰，就有充分的理由说明该样品为混合样本。然而，这种对 STR 分型图谱的分析并不完全准确，因为有时候也可能会出现与样品中人类 DNA 毫无关联的伪峰，这类峰的存在会使结果解释更加复杂。这些额外的峰是在 DNA 分析检验过程中由不可避免的方法缺陷形成的，又称为"技术伪峰"。检验鉴定中最常见的技术伪峰包括影子峰、噪声峰和拔起峰。

影子峰是紧邻目标 STR 等位基因峰之前的一个信号较弱的小峰，在 STR 等位基因峰之后出现的概率非常小，峰也更加低。影子峰为 DNA 扩增过程的副产物，这些峰虽然对检验毫无意义也不必要但却不可避免，在物证样本和比对样本检测中都会产生。图 7.1 的血迹样本和比对样本分型图谱中，紧邻许多峰左侧的小峰即为影子峰。对已知的单一来源样品，例如比对样本和阳性对照样本，可以很容易根据峰的大小和位置识别影子峰。但在实际的物证样本中却并非如此，不同位点的影子峰峰高有一定差异，通常为目标等位基因峰高的 10% 左右。因此，如果样本中包含（或可能包含）一个以上个体的 DNA，有时就很难区分影子峰和来自次要供者的目标等位基因峰（参见图 7.3，例如，在 CSF1P0 基因座处，主要供者的等位基因 8 之前有一个疑似影子峰，而该峰的峰高却与其后的等位基因 12 相当，这样，仅根据峰高和位置并不能准确判定究竟是否为影子峰）。

在克尔彻谋杀案中，克尔彻的文胸纤维和金属搭扣的 DNA 分型图谱表明，在混合检材中，当可能来自次要供者的峰与主要供者的影子峰在峰高上非常接近时，对 DNA 分型结果的解释往往会产生歧义（见图 7.4）。根据 DNA 分型图谱，这一物证样本看似为包含主要和次要 DNA 的混合检材，其中克尔彻的等位基因与主要供者的等位基因相符，但很难准确判定混合检材中还可能包含多少个次要供者。物证样本中，许多信号较弱的峰与索莱西托的分型一致，但也有些峰（如 D8S1179 位点的 11，12 和 14）不同。所有信号较弱峰的峰高也与样本主要供者的影子峰的峰高极为相似。这就难以客观地判断处于影子峰位置（如 D8S1179 基因座处的 15）的所有峰都解释为伪峰，还是解释为等位基因，或者两者并存。图 7.4 仅显示出来自该物证样本中蓝色荧光标记的基因座，检验鉴定中的其他基因座也同样很难解释。总体分析，该物证的 DNA 分型结果中共有 18 个不可能来源于索莱西托的峰值较低的等位基因，并且多数也都不处于影子峰的位置，以上说明即使索莱西托的 DNA 与此物证样本相关，也至少还有另外两个人在此物证上留下了少量 DNA。

噪声峰用于描述所有样本中由基线波动产生的小的背景峰。各种各样的因素（包括气泡，尿素晶体和样品污染物）都会在基因分析仪内形成随机的彩色发射光，这种光信号有时可能会相对较高，使得由此形成的峰与实际峰相混淆，或者掩盖实际峰。

拔起峰（有时也称为渗透峰）的出现是由于检测分析系统无法精确区分检验中所使用的不同荧光染料的颜色。在电泳图谱中，拔起峰是伴随着超高峰存在的。例如，如果绿色通道有一个超高峰，则在蓝色或黄色通道中可能出现与绿色超高峰横坐标位置相同的伪峰。结果分析时，若与超高峰位置完全相同处出现一个另一种颜色的小峰，则分析人员应注意这有可能为拔起峰。但是拔起峰也易被忽视，尤其是当它产生的结果与分析人员的期望一致，或者恰好为分析人员所需要的分型结果时（例如，当拔起峰与嫌疑人的一个等位基因相同时）。

尽管许多技术伪峰很容易识别，但实验室结果解释指南中对于鉴定为真实峰或伪峰的标准一般都是相当主观的。因此，专家们也通常会持不同的意见，尽管这些意见都看似合理，但均仅仅基于诸如“经验和培训”之类的主观判断标准。此外，分析人员在处理不同案件时所遵循的结果分析标准并不统一，若结果与他们所期望的一致，通常更偏向于把不确定的信号峰作为“目标峰”，若不一致则可能判定为伪峰。由此看来，在案件中有必要进一步仔细检查核对这些结果解释。

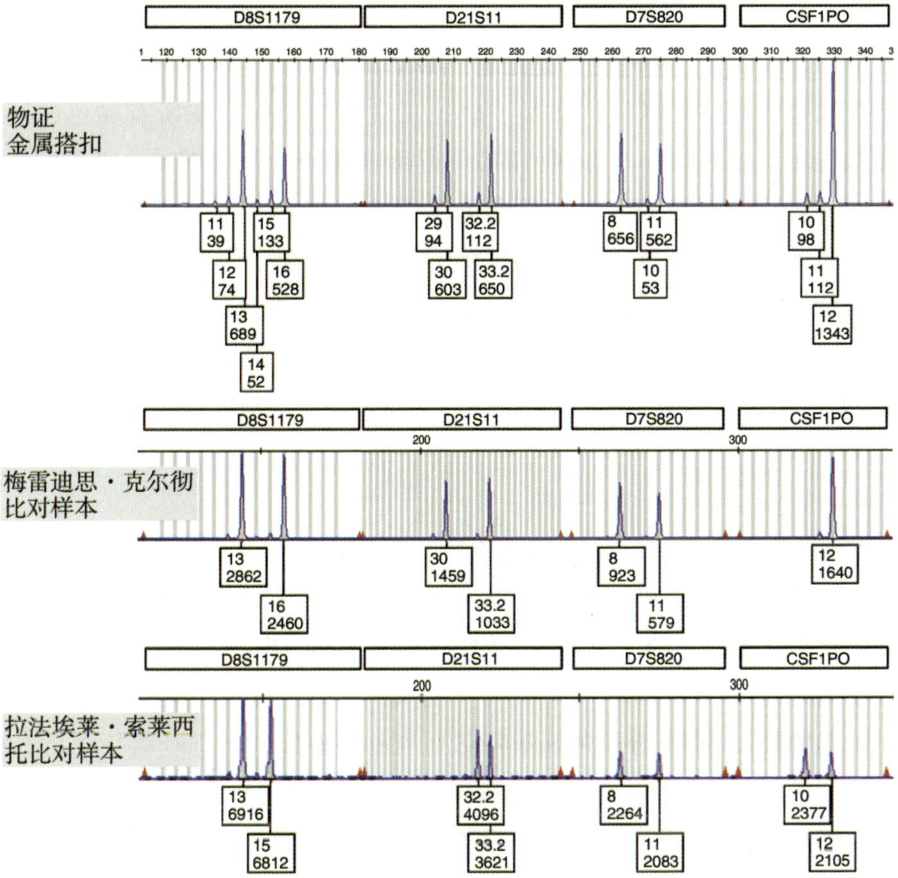


**图 7.4　物证及两个比对样本的 DNA 电泳图谱**

该图中样品检验均使用 Identifiler 试剂盒，且只显示了四个位点（D8S1179，D21S11，D7S820 和 CSF1PO）。物证的 DNA 电泳图谱为克尔彻的文胸金属搭扣（她被谋杀后 46 天在犯罪现场采集）的检验结果。比对样本来源于梅雷迪思·克尔彻（实验室检验鉴定为物证样本的主要供者）和拉法埃莱·索莱西托（实验室检验鉴定为，不排除该个体为物证样本的次要供者）。

### （三）尖峰，荧光脱落峰和其他伪峰

STR 分型检测时使用的计算机自动化控制的基因分析仪极其灵敏，各种各样的技术因素都有可能影响检测过程，并导致在电泳图谱中出现伪峰。对于如何区别伪峰和目标峰，目前尚未建立起实验室公认的客观标准，但分析人员仍然是依靠他们的专业经验判断峰形有无“异常”。尖峰和荧光脱落峰是两种最常见的伪峰，我们要尤为注意这些峰，因为它们可能掩盖目标等位基

因峰，或被误认为是目标等位基因峰，这些都有可能导致在最终鉴定中将某些个体错误地排除。尖峰通常是由电压波动或基因分析仪的毛细管中存在的微小气泡造成的。尖峰的特征是一般比正常峰窄，并且在所有颜色的同一位置都能观察到。当一些有颜色的荧光染料与扩增后的 DNA 片段间的链接断开，并被检测器记录到时，就会形成荧光脱落峰。与尖峰相比，荧光脱落峰通常比正常峰更宽，并且仅存在于一种颜色中。尖峰和荧光脱落峰都是在电泳过程中形成的，因此不具有可重复性，这代表如果将 DNA 扩增样品重新进行一次基因分析仪的电泳检测，一般不会在相同的位置再次出现这种伪峰。

（四）检材降解

与其他化学物质一样，DNA 也会随着时间的延长而逐渐降解（或分解）。DNA 的降解是一种不可预测的现象。在理想条件下，DNA 分子（例如，被困在琥珀里几十万年的昆虫所吸食的血液）可以长期保持不变。但是当短暂暴露于诸如温暖、潮湿和阳光照射等不利条件下时，可能（但有时可能不会）导致样品中较大 DNA 分子的显著降低。当确实有降解时，峰高与样品 DNA 含量之间的关系就会发生偏离。一般而言，越长的 DNA 片段越不稳定，降解更容易影响较长 DNA 片段（电泳图谱右侧的等位基因）的 PCR 扩增和电泳检测，而对较短 DNA 片段的影响较小（电泳图谱左侧的等位基因）。因此，降解检材的 DNA 图谱通常呈现出峰高从左到右逐次降低的趋势，如图 7.5 所示。

降解对 DNA 的影响也会给 DNA 检验结果的解释带来困难。降解会引起某些峰的高度降低，当峰高低至某一程度，就无法与背景“噪声峰”准确地区分开；有时也会使本该出现的峰完全消失，造成与之对应的等位基因丢失，但同一样品中的其他峰仍能检测到。对单一个体来源的样本，可以根据图谱的特点判断是否发生降解；但对混合样本，可能无法确定是否因为降解导致了一个或多个供者的某些等位基因未检出。通常分析人员只是猜测是否已检测到一些个体的所有等位基因，这使他们的结论有很强的推测性，而事实上这种分型结果还可以有很多种其他不同的解释。除此之外，组成混合样本的两种或更多种生物样品在同一条件下的降解程度不同（差异降解），可能是由于它们遗留时间不一致，或不同类型细胞的抗降解能力有差异。以上这些可能性使对降解混合检材的检验结果的解释更加主观（科学性降低）。

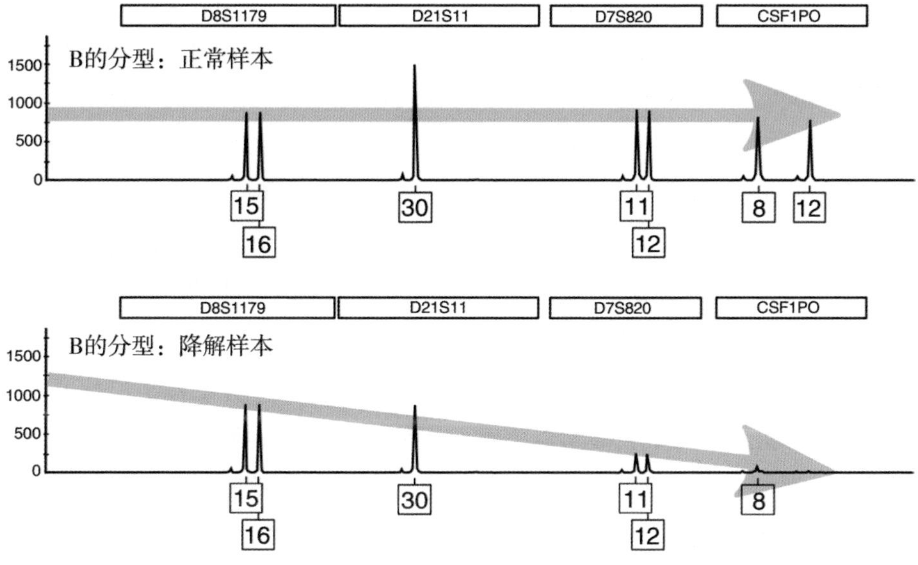


**图 7.5　降解检材 DNA 图谱**

该图显示了两个样本中蓝色荧光标记基因座的电泳图谱，两样本均来源于同一个体，上面的样本为正常检材，下面的样本为降解检材（暴露在环境中而受损）。可观察到，两电泳图谱的分型结果基本相同，但在降解检材中，图谱右侧的峰逐渐变低，甚至使 CSF1PO 位点的等位基因 12 丢失，本图体现了降解检材 DNA 图谱的典型特征。

## （五）等位基因丢失

在某些情况下，对特定的个体和特定的基因座，STR 检验可能只检出两个等位基因中的一个。一般当 DNA 的含量相对较低时才会出现这种现象，有可能是因为样本本身有限，或者因为其中有些 DNA 已被降解，这使某些等位基因的峰值等于或低于阈值，在结果分析中就将这些峰视为不可靠结果而去除掉，从而造成等位基因丢失（参见图 7.5）。等位基因丢失现象使结果解释更加复杂，因为分析人员必须确定两个分型不匹配确实是由于遗传差异，还是仅仅由于在其中一个样本中未能检出全部等位基因。目前并没有任何方法独立验证是否存在等位基因丢失，在检验中出现这种现象的唯一证据是最终结果与要解释的问题“不一致”。

### （六）阈值问题：低峰和信号弱的等位基因

当所分析样本的DNA含量过低（可由图谱中峰高或DNA定量分析结果判断，若峰都很低或样品中一个及多个供者的DNA含量小于0.1ng，则表明DNA含量过低。$10^9$ng = 1g），基因分析仪可能无法检出供者的全部分型。此外，较低的真实峰和技术伪峰也很难区分。因此，大多数法医实验室已经建立了给等位基因“评分”的检测阈值。只有当峰的高度（以RFU为单位）超过检测阈值时，才可认为它对应于可能供者的等位基因。低于该阈值的峰则认为“不可靠”或“无法与噪声峰区分”。在实验室所打印的电泳图谱上，高于阈值的峰通常都会有标注，而低于阈值的峰则无标注。

当前没有实验室公认的阈值来规定峰高必须达到多少才算是“真正的等位基因”。事实上，每个犯罪实验室都有责任确定一个检测阈值，以反映他们在DNA分型中使用的仪器设备、检测试剂盒及检验方法的灵敏度。使用最早的一代基因分析仪时，如ABI310和3130（用于克尔彻谋杀案中DNA检验），通常设定检测阈值为50或75 RFU。某些情况下，一些使用这类基因分析仪的实验室也可能将阈值调低至40甚至25 RFU（即使在同一个案件中，阈值有时也不一致）。根据这种阈值设置可能会出现以下现象，在某一个案件里认定DNA检验结果中包含被告人的DNA分型，然而对于相同的“峰”，在另一个案件或另一个实验室，这些峰却被认定为不可靠。某些案件中，可能有些略低于阈值的峰未标注出来，但是假如在结果分析时把这些峰考虑在内，将彻底改变对案件中证据的解释，例如，对一个包含受害者DNA的检材进行鉴定时，若把有些低峰纳入结果解释的范围内，这些峰可以说明物证样本中存在另外一名未知的供者；相反地，若将其因低于阈值而排除，结果可能只得到受害者的DNA分型。

检查核对DNA分析结果时，寻找和评估较低的峰一般都很困难，因为实验室可以把分析软件设置为自动忽略低于指定高度值的峰，并且在打印的DNA电泳图谱中，根本看不到或无法识别出这些峰。评估信号弱的等位基因的最好方法是先获取基因分析仪输出的电子版数据文件，并由具备分析软件使用权限的专家重新分析。

## 五、引起歧义的多种影响因素的复合效应：克尔彻谋杀案中的刀

克尔彻谋杀案中，争议最大的 DNA 证据是从索莱西托的公寓采集的那把刀。这把刀是案件发生 4 天后在厨房抽屉里发现的，当时还有几把其他的刀。控方专家认为，克尔彻的伤口可能是由这把刀造成的，然而，这一论断却遭到了辩方专家的强烈反对。事实上，刀的采集和检验过程本身就存在一些问题。运输时只使用临时包装物包装，而且在警察总部处理这把刀的其中一名警察曾在当天早些时候出入过谋杀现场（Gill，2016）。在实验室，从刀上共提取七个样本，其中两个样本在审判中成为关键证据，分别为提取自刀柄的样品 36 – A 和提取自刀刃的样品 36 – B。而这两个样本却暴露出低样本量检材通常会存在的很多问题。

刀柄样本的 DNA 电泳图谱（图 7. 6）与低样本量检材 DNA 结果的特征非常吻合。绿色荧光标记的基因座中最高的峰仅为 271 RFU（D3S1358 位点有 15 个等位基因）。虽然图表左侧的很多峰都高于右侧的峰，但应该不是由于检材降解，很可能是基因分析仪的“进样系统故障”。根据分型可判断这是一个至少包含两个供者的混合检材，其中与诺克斯分型一致的等位基因都是每个基因座中的最高峰。尽管如此，因为该图谱的整体峰高都比较低，所以样本的分型分析实际上还是基于非常低的峰，而且，其中一个可能来自诺克斯的等位基因峰值已经小于 50 RFU，检测该检材的实验室通常在报告中使用的阈值正是 50 RFU。同时，AMEL 基因座的分型结果（图 7. 6 未显示）表明本样品中可能还存在少量男性 DNA。

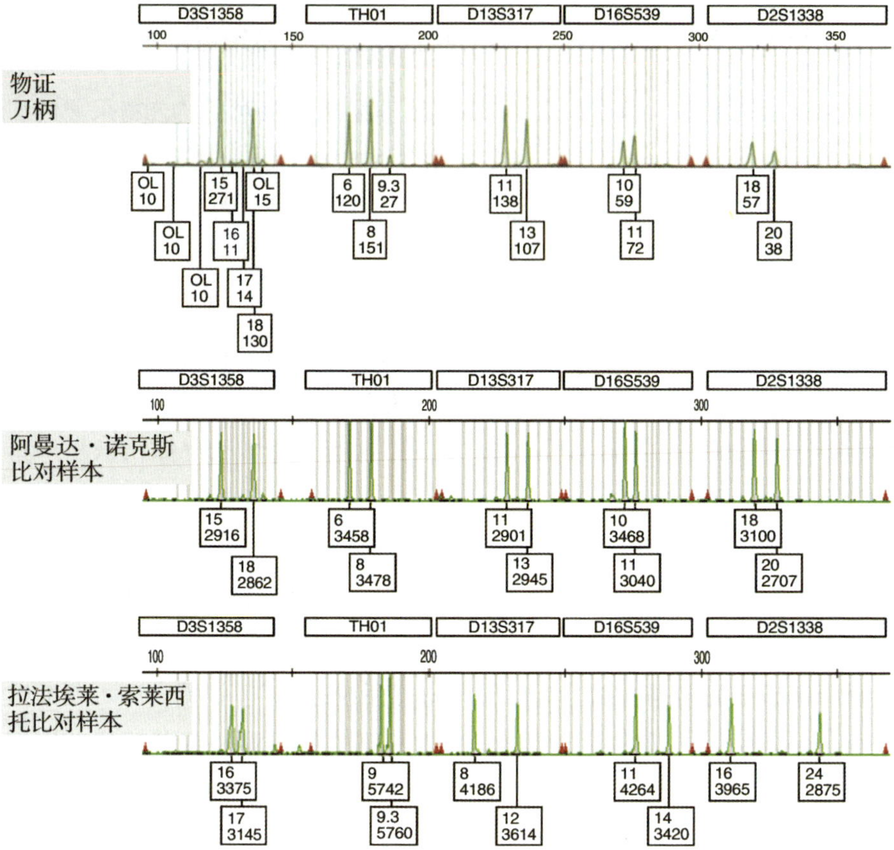


**图 7.6　刀柄的 DNA 分型图谱**

本图只显示绿色荧光标记的基因座的电泳图谱，上面的图为克尔彻谋杀案中刀柄的分型结果，中间和下面的图分别为诺克斯和索莱西托的比对样本的分型结果。OL（Off Ladder）指不能与通常遇到的等位基因相对应的峰，软件无法自动命名。

图 7.7 显示了刀刃的两次检验结果，该图只包括绿色荧光标记的基因座。我们并不清楚，这两次检验均为单独的 DNA 扩增，还是同一 DNA 扩增样品使用基因分析仪上样检测了两次。这两组检验结果的峰高均低于刀柄检材（图 7.6）中相应基因座中的峰高，此结果的质量非常差。依照本实验室通常设定的检测阈值 50 RFU，高于阈值的峰在第一次结果中只有一个，在第二次结果中仅为两个。但在实际处理该结果的过程中，使用软件分析这些分型结果时阈值的设定肯定低于 50 RFU，只有这样才能识别出更多的等位基因，同时使本分型结果与克尔彻的分型相匹配，并最终得到刀刃上含有克尔彻的

DNA 的结论。除此之外，这个物证样本的两次检测结果之间也存在很多明显的和潜在的重要差异。如，在第一次检测结果中，D16S539 位点处有等位基因 10 和 14，但在第二次检测结果中却变为 9 和 10。第二次检测结果中等位基因 9 的峰可能是等位基因 10 的影子峰，但是，对于等位基因 14 却可以有两种不同的解释，即第二次检验发生等位基因丢失或者第一次检验有等位基因插入。在这种结果分析中，根据克尔彻比对样本的分型结果来认定到底是有等位基因丢失还是有等位基因插入是非常不合理的，这将造成以认定嫌疑为中心的检验鉴定。应该由物证本身的结果说明一切问题，而不是主观推断的结果。

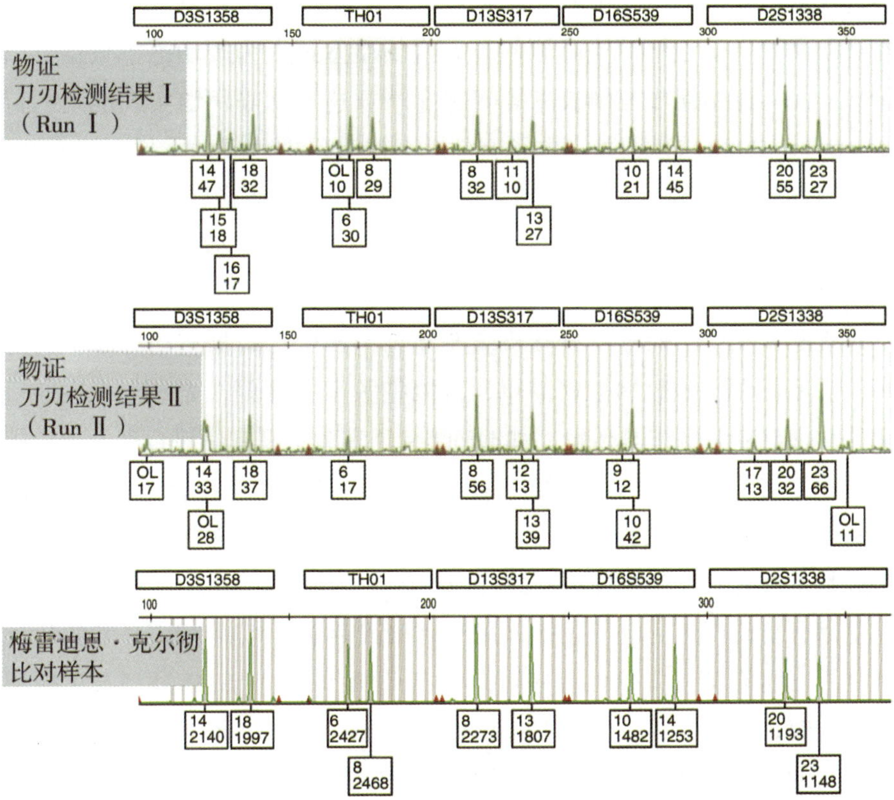


**图 7.7 刀刃上的 DNA 分型图谱**

本图只显示绿色荧光标记的基因座的电泳图谱，上面的两图为刀刃的两次检验结果，下面的图为克尔彻的比对样本的分型结果。

## 六、破解黑盒：如何查看电子数据

审查基因分析仪产生的电子数据文件，除可揭示未包含在报告中的低质量峰外，还能提供很多其他帮助。这些设备的控制软件会自动创建包含样本分型检测中所有操作过程和每一个样品检验结果的记录。有些案件中，法医实验室可能未注意到结果中的某些问题，或者在实验室报告中没有体现这些问题，软件记录却可以揭示很多这类隐藏的问题，如实验控制故障，检材多次检验结果不一致，样品编号的改动（可能标示出潜在的样本混淆或究竟为何样本的不确定性），以及未遵循正确的操作程序。在以往的一些案件中也曾出现过这些现象，如在一次电子数据文件审查中发现，电子数据显示有污染，但在纸质文件中却已将污染峰删除；有些实验室还人为改动电子数据，以掩盖诸如样品标注错误或控制故障等问题［严重违反良好科学实践准则的行为（Thompson，2006）］。此外，电子文件对制作审判中的证据文件也很有帮助。专家可以通过合适的软件将数据文件从原本的专有格式转换为含有图片的 Adobe Acrobat 文件，这样就可以轻松地把数据图片插入 Power Point 和 Microsoft Word 文档中。

对实验室来说，输出支持其检验鉴定结论的电子数据相当容易，向辩护律师或法庭提供这些数据也很简单，可以把数据文件刻在光盘上，或通过商业化的文件储存服务工具传输，如 Dropbox。实验室没有任何合理的理由拒绝将电子数据交给辩方审查。少数案件中，有些实验室（在百慕达、密苏里、纽约和俄亥俄州）偶尔会拒绝提供电子文件，甚至销毁文件，但绝大多数审判法庭都不会容忍这种阻挠审查的行为。

基因分析仪产生的电子数据采用专有格式存储，可由 ABI 开发的软件读取和分析（也有第三方软件程序可以进行此操作）。当 STR 分型首次应用于法医检验时，标准分析平台是 Macintosh 系统版本的 GeneScan 和 Genotyper 软件。美国的实验室已经基本不再使用该平台（但是，在那些现在才进入审判阶段的冷案中还常常会遇到 Macintosh 版本的 GeneScan 或 Genotyper 电子数据）。目前，大多数实验室使用的是基于 Windows 系统的 GeneMapper ID 或 GeneMapper IDX 软件。如果采用最新的 3500 系列基因分析仪检测，电子数据文件的扩展名为“. hid”；如果在早期仪器上检测（如在克尔彻谋杀案的

DNA 检验中使用的仪器），电子数据文件的扩展名为“. fsa”。分析 3500 系列基因分析仪的数据需要使用 GeneMapper IDX 软件。有些辩护专家具有使用这些软件的权限，并可以使用软件查看电子数据。审核这些数据大概需要三到四个小时，复杂情况下时间则更长。

## 七、针对实验室的准确检验结果，是否依然可做无罪辩护

多数情况下，仔细审查实验室记录、电泳图谱和电子数据并不能发现重大失误。然而，辩护律师应时刻谨记，即使是清晰准确的 DNA 检验结果，有时可能仍然有机会做无罪辩护。

### （一）样品处理中的错误

在案件中，可能还会出现样品意外混淆或错误标记的情况，这也是必须考虑的方面。我们在审核个案时的确遇到了一些类似的错误。大多数时候，样品意外混淆很容易被发现（并被检验实验室发现），因为它们会产生与事实不符的结果，如本应为男性个体的样本却显示女性 DNA 分型，已知来源于同一个体的两个样品 DNA 分型不同，等等。样本混淆的真正危险在于可能产生看似合理的结果，特别是当错误的结果与案中控方意见一致时。在这些情况下，法医分析人员恰好获得了他们所期望的结果，此时则易忽略指向潜在问题的一些细微线索，更不会意识到这些结果实际是错误的。

例如，在审查了费城的一例强奸案（Commonwealth v. McNeil）的实验室记录后，一位辩方专家注意到（后经检验证实），费城警察局实验室混淆了被告人和受害者的比对样本。由于这种错误，实验室人员本以为在受害者的阴道拭子中检出了被告人的 DNA，但实际上是受害者自己的 DNA，比对样本的混淆使物证样本的分型与被告人匹配，并使被告人错误定罪。其他案件中也暴露出类似的问题。圣地亚哥的一例强奸案中，一家私立检验实验室同样混淆了受害者和被告人的检材，也使被告人错误定罪。拉斯维加斯实验室也在处理当地一起强奸案中犯了同样的错误，使一名无辜者入狱一年以上。与第一例案件相同，后面所述两起案件，也是辩方专家发现实验室记录不一致后才冤情大白。

有时通过实验室记录并不能直接判断是否确实发生了样品混淆或交叉污

染。但是，仔细审查实验室记录通常会提供一些相关的重要信息，据此能推断该类错误是否可能会发生。例如，若有证据证明，处理或检验被告人的比对样本时曾临近犯罪现场样本的位置，就可以有力支持可能存在样本处理错误，并以此解释用于错误定罪的DNA检验结果。澳大利亚的一起幼儿谋杀案中，物证检材的DNA分型匹配到国家数据库中的一名女性，其后，仔细审查调查中的检验结果显示，对该案中物证进行检验鉴定的实验室，恰恰于一周前检验了该名女性用于入库的比对样本，因此认为物证的检验结果有可能是与比对样本的交叉污染引起的。② 这一事件为审查看似合理的有罪证据指出了一个非常重要的新方向。

综上，我们建议辩护律师获取并审查与案件物证样本相关的所有记录的完整副本（申请模板参阅附录I）。据此可能会核查出案件中每一个检材从最初采集到最终处置的全部过程。

### （二）DNA的随机效应和DNA转移

DNA检验于20世纪80年代后期应用到法医领域，早期的检验需要大量生物检材（如硬币大小的血迹），当前采用STR技术的DNA检验灵敏度大幅提升，由一个个体的20个细胞即可得到准确可靠的DNA分型。人体由数万亿个细胞组成，体表时刻都有肉眼观察不到的细胞在脱落。一枚普通的指纹通常包含约100个细胞，每个细胞约含0.006ng DNA。

早在1992年，沃尔什（Walsh）等（Walsh et al. 1992）发现当检测的DNA起始量低于1.0ng（相当于约150个细胞的DNA含量）时，可能会使DNA分型带来一系列问题。随机效应（有时也称为“优势扩增”）是扩增模板量较低时的核心问题。随机效应本质上是由抽样误差引起的，只有极少的模板DNA分子可用于扩增时，PCR引物可能只捕获部分DNA分子并与之结合，从而不能将全部DNA分子都进行有效扩增（非常类似于从袋子里抽取黑豆和白豆，袋子里黑豆和白豆各占50%，在未知此信息的情况下，一局中抽取少量豆子，若抽出的全为黑豆，可能会使人认为袋子里的所有豆子都是黑色的，但事实并非如此）（图7.8）。当DNA的起始量低于150个人体细胞中

② Inquest into the death of Jaidyn Raymond Leskie；Coroners case Number：007/98. October 2006.

的 DNA 含量时，对于杂合子位点的两个异等位基因，如果在 PCR 扩增中抽样不对等，可能导致其中一个等位基因的扩增效率高于另一等位基因（造成两等位基因峰高不均衡，极端情况下甚至使其中一个等位基因丢失）。有些检验中，与那些来自实际物证样本的等位基因相比，来自少数污染细胞的等位基因也有可能纯粹因为偶然被优先扩增，从而引入原物证样本中并不含有的等位基因。起始 DNA 模板量较低时，随机效应的另一种常见影响是影子峰的数量增加。综上可得到一个简单的结论，如果在 PCR 开始之前没有足量的起始 DNA，PCR 过程可能产生不准确、不可靠且很难分析解释的结果。

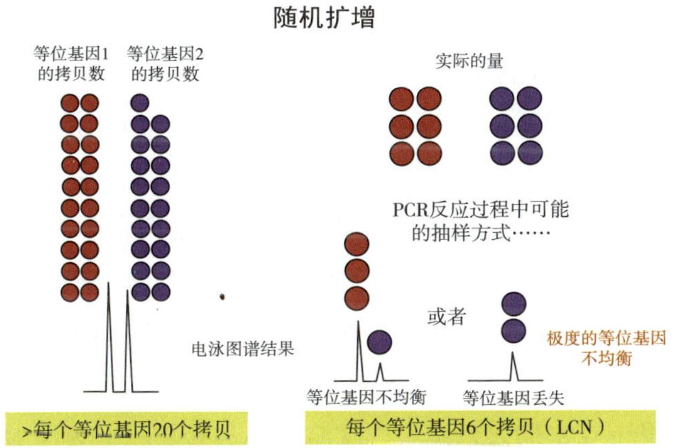


**图 7.8 PCR 扩增过程中的随机效应**

PCR 扩增起始，如果每个等位基因的模板量高于 20 个拷贝，抽样误差一般不会使扩增产物中两个等位基因拷贝数有较大差异；如果等位基因的拷贝数过低，抽样误差对结果的影响则显著，导致两等位基因峰高不均衡甚至其中一个等位基因丢失。

源于约翰·巴特勒（John Butler）博士（美国国家标准与技术研究院，执法标准办公室）在 2006 年 10 月 11 日于印第安纳州印第安纳波利斯举办的中西部法庭科学年会上的报告。

科学文献中详细说明了低模板量检验时随机效应对结果的影响（见图 7.9）。很多文献都指出了与低模板量检验相关的问题，时任美国联邦调查局法医学研究处主任和实验室分部生物组高级研究员的布鲁斯·布多勒（Bruce Budowle）博士，简洁地总结了这些问题并提出：

> 由于 STR 分型技术在法医学应用中取得前所未有的巨大成功，不可避免地使一些人尝试用该方法检验 DNA 含量极低的样品。……当 DNA 模板的拷贝数很低时，有可能发生随机扩增，导致一些杂合

子位点处的两个异等位基因显著不均衡或等位基因丢失。

源于布多勒等于2001年在第十二届人类遗传鉴定国际研讨会上的文章《低拷贝模板的影响和注意事项》。

法医DNA检验技术发展早期，DNA转移和污染是结果分析中考虑的次要因素。当时所需的样本量较大，硬币大小的血痕才能得到理想的检验结果，因此很容易追踪检材，且通过肉眼或显微镜检查就可判断是否发生DNA转移。然而，20世纪90年代后期，STR检验技术的建立带来了DNA检验灵敏度的飞跃，这同时也使DNA转移和污染成为突出问题。对于极微量的检材，血清学检验无法确定组织来源（例如，不能区分来自唾液或皮肤的细胞与血液或精液），但是却有可能在电泳图谱上产生峰。所以，我们往往能获得微量DNA的分型结果，却不能确定DNA的组织来源。与此同时，更为严重的问题是，微量DNA也可在一定环境中长时间存在（例如，一个个体几个月前在正常接触某物体的过程中遗留少量表皮细胞，但之后，却有可能在调查中作为物证样本被采集），目前还没有任何技术来准确判断DNA的遗留时间。根据以上论述需要指出的是，DNA分型结果并不能说明DNA是在何时间在何种情况下与物证关联在一起的。

以梅雷迪思·克尔彻谋杀案中，文胸纤维和金属搭扣两个物证的DNA鉴定为例分析。实验室测定检材中用于检验的人类总DNA含量低于0.1ng。DNA分型图谱（图7.4）显示该检材为至少包含两个个体DNA的混合样品。如果主要供者（显然为克尔彻本人）的DNA占样品总DNA的75%，那么她的DNA分型结果就来自于0.075ng以下的DNA（约12个细胞），在这种低拷贝模板下，随机效应产生的可能性较高。然而相对比而言，更应引起重视的是次要供者的分型结果。假设只有一个次要供者，那么样品中该次要供者的DNA则少于0.025ng（约4个细胞），假设次要供者为一个以上，每个次要供者的DNA就更少。使用如此少量的检材，不仅不能确定DNA遗留的时间和方式，也可能会使随机效应，如等位基因丢失和插入，成为影响检验结果的主要因素。

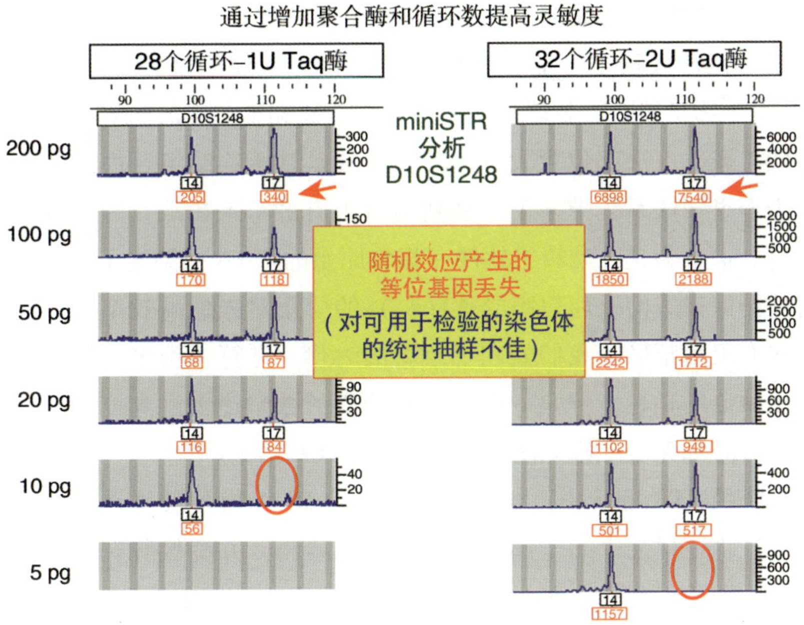


**图 7.9　通过增加 PCR 反应中的酶和循环次数提高灵敏度**

摘自 Coble and Butler，2005. Journal of Forensic Science. 50：43 －53。源于约翰·巴特勒博士（美国国家标准与技术研究院，执法标准办公室）在 2006 年 10 月 11 日于印第安纳州印第安纳波利斯举办的中西部法庭科学年会上的报告。

## （三）似然比和概率基因分型

尽管在法医学领域，混合检材已经引起众多研究者的高度关注，但对于供者数量未知且可能存在等位基因丢失的混合检材，仍然没有形成一种公认的可提供统计学权重的分析方法。鉴于可依赖多种统计学方法评估单一来源样本，因此许多检验实验室努力尝试将混合 DNA 分型解析或拆分成其所包含个体的 DNA 分型。目前已建立的拆分方法在应用时的主要障碍是与低样本量相关的不确定性（例如，图谱中无法明确区分信号峰和噪声峰，无法准确判定随机效应的影响）。以下关于似然比和概率基因分型（Probabilistic Genotyping）的讨论详见 Krane（2016）。

依照检验实验室解释指南详细阐述的规则和简单数学公式对混合样品进行拆分的分析方式，未来可能最终会被新型的概率计算方法所替代。这些概率计算方法得到的为似然率，对于从等位基因峰丢失到等位基因插入等发生的可能概率，似然率都能够进行相关不确定度的评估。计算方法可分为两类：半连续法（完全依赖于可能存在的等位基因，不使用峰高值）和全连续法（结合分子生物学参数，如峰高比、假设混合比和影子峰的期望值）。

这两类概率方法都包含大量计算，尤其是基于连续组合模式涉及的复杂计算，为刑事司法系统带来了一系列前所未有的重大挑战，因此应用时需要谨慎对待。迄今为止，计算机软件（指将原始的DNA分型电子数据转换为易于理解的图像格式的处理程序或软件包）的使用对人们高效率地完成一些烦琐的工作有很大帮助。我们处在一个新的时代，计算机程序正扮演着执行评判和得出结论的角色，但是，由于运算分析的数量庞大且高度复杂，反而使人类专家有时都无法准确无误地证明或核实这些结论。

在传统的STR分析中，要使所有供者的DNA模板量均在推荐范围，这样就能保证物证样品中的全部等位基因都能检出，并确保所有检出的等位基因都为控方期望得到的，那么案件中原告假设出现的概率就是1（这意味着如果控方假设事实上是正确的，那么检验结果则会显示出），而被告假设（通常为，来自其他一些随机的无关个体的等位基因组合，形成了物证样本的最终结果）出现的概率就低得多。在这些情况下，似然率是在原告假设条件下物证与嫌疑人表型一致的概率和在被告假设条件下物证与嫌疑人表型一致的概率之比。如果存在等位基因丢失或插入的可能性（如克尔彻谋杀案调查中刀刃上仅检出部分分型结果，图7.7），那么样本中是否存在某个等位基因就变得很不确定，在这种情况下，可能存在哪些基因分型组合将更难以判定。为使某个体的基因分型包含在混合样品检验图谱中，在某些案件里会简单地用等位基因丢失来解释未检出的等位基因，而忽略这些位点，这种解决方法实际上会带来不可预料的巨大风险，有时表面看上去强有力的证据却指向了无辜者（Curran and Buckleton，2010）。

如果有必要用等位基因丢失（或插入）来解释物证检验结果，以使之与案件控方意见一致，就说明检验结果与控方意见成立这一预期并不完全相符。等位基因丢失也可以看作是STR试剂盒检验的失败，因为精心设计的试剂盒却没有产生完整、正确的结果；如果试剂盒本身被公认是可靠的，等位基因丢失应该是一个相对罕见的事件。在某些案件中，尽管实际检验结果可能与控方假设存在很大偏差，但与同一案中的被告假设相比，一致性仍然会相对更高些。

为便于理解，我们以“谁偷了我的饼干?”来做个类比。人们一般认为，极不可能是圣诞老人（作为一个因品行良好而广受赞誉的人）偷了饼干，但是，一头独角兽（众所周知它实际上并不存在）偷走饼干的可能性也小得多。然而，当使用似然比分析时，上述这两种假设的比例可能表明，控方假设是对谁偷饼干的更好的解释，除非或者直到我们考虑到，除这两种假设之外的其他辩护意见（例如，弟弟偷了饼干，谁能想到首先会把独角兽牵扯进来?）与检验结果更相符。由此看来，当有必要用等位基因丢失（或插入）来解释检验结果，以使之与案件原告意见一致时，分子和分母都要完全公开，这一点至关重要，然而，目前一些概率方法只提供两种可能性的比值。

值得注意的是，概率基因分型方法产生的似然比并不是对任何特定的样本都有正确的结果。两种不同的方法产生不同的似然比并不奇怪，因为这两种方法可能解决的并不是同一个问题，而且基于不同方法所评估的特性，它们可能还存在置信水平的差异。概率基因分型软件的研发者不应以市场为导向，不能迫于市场压力而改变程序来“获得最大数值”。

### （四）寻找专家

STR 检验结果相对复杂，如果没有专家的帮助，律师很难（不是不可能）独立完成证据评估。辩护律师通常需要专家来协助审查实验室报告，深入了解报告的隐含意义，并评估基础数据是否能充分支持鉴定结论。辩护律师也可能需要专家帮助发现和评估证据检验结果中潜在的其他结论。在查找实验室错误或因疏忽造成的 DNA 转移方面，专家的帮助也是必不可少的，有时可能因为这些失误才导致了可用于定罪的结果。辩护律师必须要确保发现并获得与案件相关的所有电子数据文件，并由具有相应软件分析资质的专家重新分析。若未获得或审查电子数据，辩护律师的辩护可能被视为无效。在密歇根州诉弗兰克·托马斯·斯帕尼奥拉（Frank Thomas Spagnola）的案件中（贝里恩（Berrien）巡回法院案件编号 2002 - 403913 - FC），辩方在未获得也未审查电子数据的情况下进入审判阶段。在定罪后的听证会上，控方被要求就此问题出具 DNA 专家证言 8 天后，将电子数据移交给他们。

## 八、总结

仔细审查 DNA 证据能揭示各种潜在的缺陷，在某些情况下可以此为依据质疑鉴定结论并提供其他合理解释。为向被 DNA 证据证明有罪的委托人提供有效的陈述，辩护律师必须做的不仅仅是阅读实验室的结论。获取和审查包括电子数据在内的基础实验记录也相当重要，根据这些资料可以判断检验结果是否可以完全支持实验室的结论。辩护律师还应注意分析检验结果的其他可行解释，尽可能寻找说明委托人可能无辜的合理解释。DNA 检验的倡导者已经有效地通过媒体渠道说服了包括潜在陪审员在内的大多数人，让他们相信这种检验是万无一失的。由于司法系统依靠 DNA 检验处理越来越多的各类犯罪案件，在这种发展趋势下辩护律师在刑事诉讼中发挥的作用也日益增强，辩护律师必须仔细审查 DNA 证据，以发现和揭露那些本不应获得如此高的关注度和认可度的遗传证据，因为 DNA 证据可能在这些案件中并没有很强的证明力。

## 附录：法医物证学（包括 DNA）检验材料的证据调查申请书模板

此申请要求提供案件________（案件编号________）中关于法医物证检验的材料。申请书适用于本案的 DNA 检验、血清学检验、预试验和其他生物学检验，包括所有已完成、正在进行中和即将开展的检验。本申请持续有效。在本案中一旦产生、发现或者被控方或其代理人通过其他方式获得的在本申请范围内的新资料，应立即向辩方提供。如果案件涉及多家代理机构或检验实验室，要求控方将此申请发送至所有代理机构或检验实验室，包括处理本案相关物证及进行 DNA 检验、血清学检验、预试验和其他生物学检验的机构及实验室。

对于涉及冷比中（cold hit，是指在缺少任何先期调查线索的情况下出现的样本间匹配）的案件，请控方务必将此申请中 10 发送至负责维护比中所使用的数据库的实验室。

1. 生物学检验文件：请提供本案中各个实验室与生物学检验相关的所有记录文件的完整副本，包括生物学检材筛查、血清学检验、预试验、显微镜检查和 DNA 检验。请提供每一个上传到地方、州或国家 DNA 索引系统数据库（LDIS、SDIS 或 NDIS）的 DNA 分型的全部文档资料。请提供原始案件卷宗中所有照片（包括物证照片）的高清纸质版副本，或者电子版照片副本。

2. 证据保管链和物证现状：请提供记录本案中生物物证保存和转移情况的所有文档的副本，包含从初始物证采集到目前物证的状态。此信息中应包括说明以下问题的记录文件：物证保存时间和保存方式（容器的温度和类型）、物证检验中消耗的检材量、剩余检材量、剩余检材的保存地点和保存方式。如果证据保管链跨越多个不同的机构或实验室，请将此申请发送至涉及上述内容的每个机构或实验室。

3. 数据文件：请提供本案检材在进行 DNA 检验和数据分析（即原始数据和处理后的数据）过程中创建的所有计算机数据文件的副本。这些数据文件应包括所有样本的文件（“. fsa” 或 “. hid”）、项目文件（“. ser”）、光谱校正文件、分子量内标文件和分析方法文件。如果无法生成特定数据文件，请提供该文件的名称并说明无法生成指定文件的原因。

4. 实验室操作规程、频率表（frequency tables）和结果解释指南：请提供在本案检验中所遵循的标准操作规程、频率表和结果解释指南的副本。结果解释指南应包括以下内容：（1）峰高检测阈值；（2）随机效应阈值；（3）混合样本的分型解释；（4）对包含、排除和不确定结果的解释；（5）结果报告和数据统计所依据的准则。

5. 异常结果和纠正措施：在本案中进行 DNA 检验的每个实验室，请提供有关异常结果和纠正措施的实验室日志副本。日志的起止时间为，本案物证检验开始前 6 个月至本案检验完成后 6 个月。内容包括由仪器设备、化学试剂和分析人员引起的包括污染、外源 DNA、样品处理错误或任何其他原因导致的异常结果。不仅要提供在本案中进行检验的人员的日志，还应提供所有实验室人员的日志。请注意：此为对全部日志记录的申请，而不仅限于日志中与本案有关的内容。

6. 认证：请提供在本案中进行 DNA 检验的所有实验室的以下副本：

6.1　实验室持有的所有许可证或其他认证证书。

6.2　本案中检验项目的质量保证审核文件，包括检验开始前的最后一次外部审核，检验完成后的第一次外部审核，以及在此期间内的所有外部和内部审核。此信息应包括审核文件以及审核机构与被审核实验室之间的所有通信。电子版优先。

7. 实验室人员：请提供参与进行或审核本案中 DNA 检验的每个人的背景信息，包括：

7.1 当前的个人简历

7.2 绩效评价和人事档案

7.3 能力验证结果汇总

8. 通信：请提供实验室人员与本案相关的任何组织机构或个人的所有通信副本，包括信件、备忘录、电子邮件和电话交谈记录［包括与每一个 DNA 分型数据提交至地方、州或国家 DNA 数据库（LDIS、SDIS 或 NDIS）相关的通信］。

9. 冷比中：如果本案中已将 DNA 分型提交至地方、州或国家数据库（LDIS、SDIS 或 NDIS），请提供检验实验室保存的所有文档［包括由实验室内的联合 DNA 索引系统（Combined DNA Index System，CODIS）人员保存的文档］，包括：

9.1 所有提交文件，包括：混合分型解释或拆分结果的手写笔记、电子表格、匹配估算结果、提交表格和 CODIS 检索表格。

9.2 对于每个比中结果，请提供匹配详细报告和长格式的候选匹配报告，其中候选匹配包括部分比中和被视为伪匹配的比中（即使实验室已将候选匹配作为比中）。

9.3 各个州有关 SDIS 和 NDIS 数据库系统的使用手册。

以下内容适用于涉及冷比中的案件，并将其发送至负责维护 CODIS 数据库的实验室：

10. 比中文件：如果此案涉及“冷比中”，请提供采集自被告人并已将 DNA 检验结果录入 CODIS 数据库的所有样本的全部记录，包括从最初的样本采集到当前的样本情况。必须包含但不仅限于以下材料：样本采集记录、证据保管链、DNA 检验实验记录、打印版电泳图谱、电子数据、计算机录入表格、匹配详细报告以及任何与此案或样本 DNA 检索相关的通信，包括信件、电子邮件、备忘录和电话交谈记录。

## 参考文献

Curran, J. M., Buckleton, J., 2010. Inclusion probabilities and dropout. Journal of Forensic Sciences 55 (5).

Dobraszczyk, C., 2014. The Prosecution of Amanda Knox: It's Not Over Yet!.

Gill, P., 2016. Analysis and implications of the miscarriages of justice of Amanda Knox and Raffaele Sollecito. Forensic Science International: Genetics 23, 9 – 18.

Krane, D. E., 2016. A Guide to Forensic DNA Profiling. http://www.wiley.com/WileyCDA/WileyTitle/productCd – 1118751523, subjectCd – LSF0.html.

Paoletti, D., Doom, T., Krane, C., Raymer, M., Krane, D., 2005. Empirical analysis of the STR profiles resulting from conceptual mixtures. Journal of Forensic Sciences 50 (6), 1361 – 1366.

Saks, M. J., Risinger, D. M., Rosenthal, R., Thompson, W. C., April – June, 2003. Context effects in forensic science: a review and application of the science of science to crime laboratory practice in the United States. Science & Justice 43 (2), 77 – 90.

Thompson, W. C., 7 January/February 2006. Tarnish on the "gold standard:" understanding recent problems in forensic DNA testing. The Champion 30 (1), 10 – 16.

Thompson, W. C., Ford, S., Doom, T., Raymer, M., Krane, D. E., 2003. Evaluating forensic DNA evidence: essential elements of a competent defense review. Part 1. The Champion 27 (3), 16 – 25 April 2003. Part 2. The Champion 27 (4), 24 – 28, May 2003.

Walsh, P. S., Erlich, H. A., Hiquchi, R., 1992. Preferential PCR amplification of alleles: mechanisms and solutions. PCR Methods and Applications 1, 241 – 250.

# 第八章　血的预试验和确证试验

## 第一节　案例研究：林迪·张伯伦案

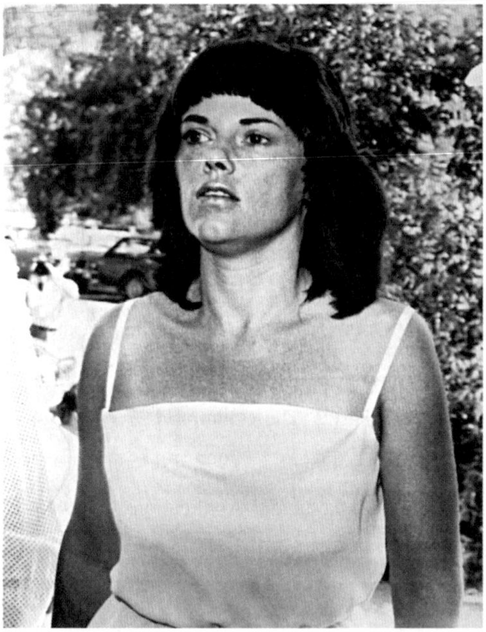

科学家不该过于冒险或求胜心切。可问题是，科学家也是人，会受到人性弱点的影响。我从未见过比张伯伦案更受其影响的案件。

张伯伦案审判中的政府病理学家：

托尼·琼斯（Tony Jones）博士

## 一、案情简介

1980 年 8 月一个温暖的夜晚，张伯伦一家在澳大利亚北领地艾尔斯岩附近露营，9 周大的阿扎丽亚·张伯伦（Azaria Chamberlain）从帐篷里失踪了（Appleby，2015）。阿扎丽亚的母亲林迪·张伯伦（Lindy Chamberlain）此前一直在细心照看孩子，而当林迪在为家人做晚餐时，听到阿扎丽亚的哭声，便奔向帐篷。她看见一条澳大利亚野狗从帐篷里窜出来，发现孩子不见了，随后惊恐地尖叫道："我的天，野狗把我的孩子叼走了"（Chamberlain v. The Queen；Brown，2012）。此外，亦有证据印证林迪的说法：帐篷门口以及侧面都有狗的爪印；沙地上有一条像是拖拽产生的小路，其尺寸大小与阿扎丽亚身型相近，形态像是被拖拽时，先是坠落时在沙子上留下婴儿毛衣的印记，随后又被拖拽走。帐篷里发现了澳大利亚野狗的毛发和阿扎丽亚的血，并且血迹形态符合被野狗攻击的特征；此外，还有其他露营者的证词，说他们听到了阿扎丽亚的哭声后，让林迪去看看孩子，在听到野狗的嚎叫后，紧接着就传来了林迪恐惧的哭喊声。

在艾尔斯岩附近的营地和营地周围，作为沙漠景观的一部分经常能看到澳洲野狗。众所周知，澳洲野狗会攻击小孩，所以警方相信了林迪的说辞，并立即开始在艾尔斯岩周围的洞穴和野狗窝里搜寻阿扎丽亚（Yallop，1980）。但最终并未发现阿扎丽亚的尸体，只找到被撕破的带血毛衣和尿布（Nelsson，2012）。

不久后，一些侦查人员和公众开始质疑林迪对女儿失踪的解释。林迪和丈夫表现出的坚忍和无奈，与其他遭受变故的父母的情绪大相径庭。不久，张伯伦一家就遭到了讥讽、猜测和"（澳大利亚）有史以来最恶意的流言"中伤（Yallop，1980）。

本案历经三十年和四次审查调查，澳大利亚法院才最终确定林迪所说的内容属实。1980 年 12 月，第一次官方调查的结论为：阿扎丽亚被野狗咬死。但因为在阿扎丽亚的衣服上未检出狗的唾液，结论存疑。张伯伦夫妇坚持说阿扎丽亚在毛衣外面穿了一件夹克，这也解释了为何没有野狗的唾液（Yallop，1980）。有人质疑：毛衣上的撕裂看起来像是切割形成的，从理论上来说，是有人弄坏了阿扎丽亚的衣服（Yallop，1980）。公诉方专家认为，阿扎丽亚的带血衣物是人为切割后，从身上撕下后掩埋的（the trial transcript in Crown v. Lindy and Michael Chamberlain，hereafter Crown v. Chamberlain，1982）。

这些问题一直悬而未决，一年后开始了第二次调查。这时，社会舆论急转直下，媒体开始把林迪描绘成“天生的怪物和没有母性的人”（Easteal et al.，2015）。林迪并没有与公众分享她的悲痛，她表现得很冷淡，似乎没有受到阿扎丽亚之死的影响，她这一坚忍的感情特征是不自然也不符合女性形象的，这使得媒体很容易把她描绘成一个可能会谋杀自己孩子的母亲。除了基于林迪性格的谣言四起，检测表明张伯伦车内有几处血迹是来自阿扎丽亚的。

1981 年 9 月，在阿扎丽亚失踪一年多后，警察扣押了张伯伦夫妇一直驾驶的霍顿掀背式汽车，以及案发当晚在帐篷及车里的数百件物证，这些物证均在张伯伦夫妇口供中反映（Chamberlain v. The Queen，1984）。随后，将汽车和物证进行检测，看是否有血液。预试验结果表明：存在血液，遂进一步检验是否含有胎儿血红蛋白（HbF）以确定血液是否来自婴儿（Chamberlain v. The Queen，1984）。

## 二、联苯胺试验：判断是否为血液

第一个试验是联苯胺①试验，是用于检测血液是否存在的筛选试验。操作分两个步骤：第一步，向样品中加入一滴联苯胺。如果存在血液则无反应。第二步，加入一滴过氧化氢，如果存在血液，则会出现亮蓝色。然而，与其他预试验一样，该试验不仅与血液反应，其他物质也可能产生阳性结果。尽管有经验的技术人员不易被绝大多数非血液物质误导，但铁锈产生的反应现象与血液一致。

## 三、胎儿血红蛋白：判断是否为胎儿血

6 个月以下的婴儿体内，血液由胎儿血红蛋白和成人血红蛋白（HbA）组成。新生儿的血液含有约 75% 的胎儿血红蛋白和 25% 的成人血红蛋白。当

① 邻二甲基二氨基联苯。——译者加

婴儿在 9 到 10 周大时（阿扎丽亚的死亡年龄），该比例下降，血液中含有的胎儿血红蛋白为 25%。在大约 6 个月后，健康的孩子通常血液里没有胎儿血红蛋白。

联苯胺试验表明：车内许多部位都有血液。且有 22 份检材，在三项胎儿血红蛋白的测试中，至少有一项的结果为胎儿血。侦查人员认为：前排汽车座位的前端，是婴儿的喷溅血迹。

基于血液证据，北领地最高法院驳回了第一次的调查结果，法医的证词将林迪送上法庭，审判中她被指控谋杀阿扎丽亚。起诉过程中，可用于定罪的血液证据还原了案件事实：林迪在他们的汽车前侧割开了阿扎丽亚喉咙，然后把她的尸体藏了起来（Hubert and Wainer，2012；at p. 74）。1982 年 2 月，林迪因谋杀罪受审，而阿扎丽亚的父亲迈克尔·张伯伦（Michael Chamberlain）在事后也被指控为从犯（Nelsson，2012）。在公诉方的开庭陈述中，对张伯伦案进行了总结：

> 在车中发现的胎儿血液是该公诉案件的关键，如果说野狗把孩子从帐篷叼进汽车，那就太荒谬了。我们认为：车中发现阿扎丽亚的血液，使得野狗攻击的说辞不攻自破…孩子不会自残，所以要么是野狗杀死了阿扎丽亚，要么是谋杀。如果她是在车里被杀的，就可以排除被野狗杀害的可能……在车内多处地方，包括：毛巾、剪刀和黑色相机包上，发现了 6 个月以下婴儿的胎儿血……证据充分证明有人试图清理血液。
>
> Crown v. Chamberlain（1982）

除了在车内发现的血迹证据外，陪审团还被告知，艾尔斯岩附近发现阿扎丽亚失踪时穿的毛衣，被掩埋的碎片上，经荧光检验发现血手印（Morling Report，1987）。显然，这枚血手印足以排除野狗杀死阿扎丽亚的可能。

公诉方指控林迪在极有限的时间内，冒着被附近几个人发现的风险杀害了阿扎丽亚。林迪被指控在 10 分钟内，将阿扎丽亚和 7 岁的儿子艾登（Aiden）从烧烤点带回帐篷里，两地仅 65～98 英尺（20～30 米）远。随后她把运动裤套在裙子外面，把艾登留在帐篷后，将阿扎丽亚带到帐篷旁边的私家车里。她钻进汽车，坐在前排的副驾驶，然后不知为何用利器（可能是剪刀）割开了阿扎丽亚喉咙，又把尸体藏在车上的相机包里。随后，她双手沾满鲜血地返回帐篷，脱下运动服裤子，在冰淇淋桶里洗手。接着，她镇定地带上艾登、一罐豆子和开罐器，回到公共烧烤区平静而镇定地喂着艾登（Chamberlain v. The Queen，1984）。显然，陪审团对公诉方的描述并无异议：1982 年 10 月 29 日，主要依靠血液证据，林迪谋杀阿扎丽亚一案罪名成立，并被判处终身监禁（Nelsson，2012）。

林迪在服刑期间，仍不懈努力证明自己清白，并就判决提出上诉。1983 年，联邦法院的全体法官听取了其上诉后，一致驳回。同年，张伯伦夫妇又向澳大利亚高等法院提起上诉。但在 1984 年 2 月，澳大利亚高等法院仍以 3∶2 票维持了原判。尽管上诉受挫，但是公众却开始支持张伯伦一家。1984 年 5 月，公众向尼恩·史蒂芬（Ninian Stephen）爵士递交了一份由 13,100 人签名的请愿书，要求释放林迪，并对此案进行了司法调查。虽然这份请求遭到拒绝，但在澳大利亚大律师约翰·布赖森（John Bryson）撰写《邪恶天使》一书，该书深入探讨了张伯伦案，并反映张伯伦夫妇的判决有误。随后，公众的支持激增。1985 年，北领地地区法院驳回了张伯伦无罪委员会提交的对该案进行全面司法调查的申请，且驳回了林迪的假释申请。

林迪服刑期间，张伯伦一家继续为林迪进行无罪辩护，他们的孩子由迈克尔单独抚养，关于林迪定罪证据的真相也开始慢慢浮出水面。张伯伦一家住在昆士兰伊萨山，当地普遍存在一种物质——氧化铜。预试验可能并非与血液发生反应，而是与氧化铜反应，血液相关证据受到了质疑。同时发现，当年证实为婴儿血液的分析存在严重缺陷（Porter，1995）。此外，当时的陪审团并未被告知胎儿血红蛋白的检测极其不可靠，因为其他物质也可能产生假阳性结果，如：巧克力奶昔、喷涂消音材料和鼻涕。被检车辆内是否有胎儿血红蛋白的阳性反应时，这些物质都会有干扰（Hubert and Wainer，2012；at p. 74）。喷溅血迹——林迪在副驾驶割喉的关键证据，实际上是一种用沥青制成的消音涂料。此外，当初出庭作证阿扎丽亚毛衣上有血手印的专家，后承认其是假定手印为血液，并未就斑迹进行过测试（Brown，2012）。

1986 年 2 月，在艾尔斯岩附近，警察发现了件破旧的婴儿夹克衫。起因是一名英国游客因攀岩不慎摔死，警察从满是野狗窝的地方找回他的遗体，并同时发现了阿扎丽亚丢失的“夹克”。这件小夹克有力地证明了张伯伦夫妇的主张，即野狗杀死了阿扎丽亚。由于阿扎丽亚的夹克会部分遮挡连体衣，合理解释了为什么没有发现狗的唾液。1986 年 2 月 7 日，在发现夹克后两天，林迪被释放。

1986 年 5 月，特雷弗·莫林（Trevor Morling）法官开始对张伯伦案进行司法调查。一年后，该法官发表了一份长达 379 页的报告，对张伯伦案中的证据进行了详尽分析，包括：血迹预试验情况和发现“外套”的情况，报告认为那些对张伯伦夫妇不利的证据并不充分。

1988 年 9 月 15 日，北领地刑事上诉法院意见一致，撤销了对林迪和迈克尔·张伯伦的所有定罪。他们认为采纳新证据后，刑事法院原有的案件事实认定陷入“相当混乱”的状态（Re Conviction of Chamberlain，1988）。他们认为：

> 新科学证据使车内存在血迹的可靠性受到严重质疑。证据表明：如果汽车里有血，也只在乘客座位铰链及其下方发现少量血液，且亦未确定血液来自阿扎丽亚……对张伯伦夫人最不利的证据是金属板上所谓的喷溅血迹，该形态特征可在动脉被割断后形成。但有证据充分表明：喷溅物实则为消音化合物，是不含血液。新证据的出现，让人对先前庭审中证据的可靠性产生了类似的怀疑，即汽车里是否存在婴儿血液。库尔（Kuhl）女士在审判中提供的证据反映：在汽车控制台的剪刀上可能有婴儿血迹。而事实上，库尔女士并没有通过检验来确认剪刀上是否为血液。就证据而言，车内甚至不可能发现剪刀。审判中证据还反映：车内找到的毛巾、麂皮及其容器和照相机包上均发现有婴儿血。让人欣慰的是，未最终认定这些物品上存在婴儿血或任何血液。
>
> Re Conviction of Chamberlain（1988）

显然，那些曾用于定罪的血液证据是该错案的关键性证据，其不仅错了，且在未犯罪时本不该出现。

1992 年，林迪因被错误监禁获得 130 万的国家赔偿。然而，由于第二次调查不完整，北领地政府宣布将由第三位法医对阿扎丽亚的死因进行调查。第三次调查是“书面”调查，结合了先前所有调查、上诉和莫林的报告。第三次调查于 1995 年结束，调查的结论是阿扎丽亚死因不明。

鉴于对第三次调查未有结论的不满，并考虑到林迪和迈克尔·张伯林受到的明显不公正对待，2012 年进行了最后一次调查，其中考虑到了野狗有倾向袭击幼儿的新证据。阿扎丽亚失踪后，有报道显示野狗的确会对人类造成伤亡。最后的调查结果认定阿扎丽亚之死是由于受到了野狗袭击后被叼走的结果。

至此，在阿扎丽亚从她父母的帐篷里被带走 30 年后，林迪和迈克尔终于正式、明确、彻底地洗清了所有冤屈。最初，对本案产生怀疑仅是因为林迪克制了自己的情绪，之后，技术人员为了支持这似是而非的怀疑，提供了胎儿血液的证据，建立在此基础上的定罪最终被推翻，并确定为冤案。由此可见，人性的弱点在本案诉讼过程中起到了主导性作用。同时，这也警醒我们：专家证人提供的证据必须是真实无误、经过检验鉴定且确凿可靠的。

## 参考文献

Appleby, R., 2015. The Death of Azaria Chamberlain. The Dingo Debate: Origins, Behaviour and Conservation, vol. 131.

Lt. Bratton, R., 1997. Hemaglow™ IAI Conference. Danvers, Massachusetts.

Brown, M., 2012. Dingo Baby Ruling Ends 32 Years of Torment for Lindy Chamberlain. The Guardian. Available at: http://www.theguardian.com/world/2012/jun/12/dingo-baby-azaria-lindy-chamberlain.

Chamberlain v. The Queen (No 2) [1984] HCA 7; (1984) 153 CLR 521. Available at: http://netk.net.au/Australia/Chamberlain.asp.

Easteal, P., Bartels, L., Nelson, N., Holland, K., August 2015. How are women who kill portrayed in newspaper media? Connections with social values and the legal system. In: Women's Studies International Forum, vol. 51. Pergamon, pp. 31-41.

Hubert, L., Wainer, H., 2012. A Statistical Guide for the Ethically Perplexed. CRC Press.

Nelsson, R., 2012. Azaria Chamberlain: Archive Coverage. The Guardian. Available at: http://www.theguardian.com/world/from-the-archive-blog/2012/jun/12/azaria-chamberlaindingo-baby-archive.

Porter, C., 1995. The evidence of experts. Australian Journal of Forensic Sciences 27 (2), 53-58.

Re Conviction of Chamberlain, September 15, 1988. Asche, C. J. , Nader, Kearney, J. J. The trial transcript in Crown v. Lindy and Michael Chamberlain [1982] (Darwin court House).

Report of the Commissioner the Hon. Mr. TR Morling, 1987. Royal Commission of Inquiry into Chamberlain Convictions, Government Printer Canberra.

The Trial Transcript in Crown v Lindy and Michael Chamberlain. September 13 - October 29, 1982, ("The Dingo Trial"): Selected Excerpts. Available at: http://law2. umkc. edu/faculty/projects/ftrials/chamberlain/chamberlaintranscript. html.

Yallop, R. , August 19, 1980. Baby Girl Stolen by Dingo. The Guardian.

## 第二节　血的预试验和确证试验

克里斯多夫·霍克蒂斯（Christopher Halkides）②

金柏莉·洛特（Kimberly Lott）③

### 一、引言：为何既要预试验，又要确证试验

本文旨在探讨如何解释人血的预试验和确证试验，并通过几个案例来说明控辩双方之间的争议点。

在医学和法庭科学中，这两种试验较为常见。血液预试验的目的是确定是否有可能存在该体液。换言之，检验结果阳性表明其可能为血。而血液确证试验的阳性结果可进一步得出确实存在血液的结论。正如科比林斯基（Kobilinsky）等人在2014年指出：法庭科学在识别某物质时所采用的预试验应具备较低的假阴性概率。相反，确证试验应具备较低的假阳性概率。卡斯特罗（Castro）和科伊尔（Coyle）写道：

> 为确保其科学完整，且考虑到DNA分析的高成本，在样品送检到DNA实验室检验前，确定疑似血液是否为人血尤为重要。这可以通过对样本进行预试验和确证试验来实现。预试验与所有血液（人和动物）的血红蛋白反应，显色化合物经催化氧化，产生颜色变化。

---

② 美国北卡罗来那大学，威明顿市校区。

③ 美国洛特法律事务所；美国北卡罗来纳科学技术律师，达拉谟。

> 阳性反应表明检验的样品可能为血液，但不一定是人血。因为预试验会与血液以外的物质发生反应，包括某些金属和植物过氧化物酶（如下所述，为能与具有氧氧单键的分子反应的酶）会得到假阳性。为此，确证试验是针对疑似血液的样品中人体血红蛋白，进而确认来源的种属，例如欧氏双向免疫扩散试验（Ouchterlony）和HemaTrace免疫层析试剂。在法庭上宣称样本为人血前，不能仅依靠血液预试验，而必须在预试验后经法庭科学实验室进行血液确证试验。

如果技术人员希望他们的发现被有效地传达给法院和陪审团，就必须记住并遵守上述引文的最后一句，在法庭上宣称样本人血前，不能仅依靠血液预试验，而必须在预试验后经法庭科学实验室进行血液确证试验。

## 二、血迹检验技术

### （一）血液和蛋白质的生物学特性

血液由大约50% -64%的血浆（基本上是溶解在水中的蛋白质、矿物质和葡萄糖）和36% -50%的血细胞组成，几乎所有的血细胞都是红细胞（RBCs）。比例因人而异，男性红细胞占全血的比例略高于女性。红细胞中富含一种叫作血红蛋白的蛋白质，其作用就是从肺部吸收氧气，再将氧气输送到血液中，从而将氧气输送到肌肉等组织中。血红蛋白就像一辆出租车，穿行在肺、肌肉之间，而血红素是含铁的辅基，它就像汽车的座椅，是帮助蛋白质发挥作用的分子。

蛋白质与其结合的分子就像一把钥匙对应特定的锁。它们彼此互补，如同阴阳符号。体内许多重要的分子具有各种功能的蛋白质。有些蛋白质，如抗体：结合外来入侵者（抗原）；有些蛋白质，如血红蛋白：将分子从一个地方转移到另一个地方；有些蛋白质，将体内一种化学物质催化（使其转化）为另一种化学物质。催化剂加速化学反应，生物催化剂被称为酶。所有这些蛋白质都具有共同的特征，它们识别并结合某些特定的化学物质，而不与其他物质结合。

## （二）预试验的化学原理

血红蛋白的生物学作用是吸收氧气并把它运送到其他部位，但是它可以在适当的情况下转化为催化剂。血的预试验利用血红蛋白与过氧化物酶相同的催化反应能力。过氧化物酶催化的一般化学反应是：

$$RH_2 + H_2O_2 = > R + 2H_2O$$

反应中，还原剂 $RH_2$ 是有机分子，失去两个电子和两个质子后变成 R。过氧化氢 $H_2O_2$ 是氧化剂，它获得两个电子。预试验原理是因为血红蛋白加速了这种反应。

一些预试验反应物 $RH_2$ 是无色的，因为反应产物 R 具有颜色而产生变色反应。如今常见预试验中，$RH_2$ 有酚酞啉（Kastle－Meyer 试验）、四甲基联苯胺、结晶紫和孔雀石绿。酚酞啉（上述转化中的 $RH_2$）是酚酞（R）的还原形式。血液存在时，Kastle－Meyer 试验生成粉红色，四甲基联苯胺试验生成蓝绿色。前几代试验使用联苯胺或联甲苯胺，它们与四甲基联苯胺性质相似。

其他预试验产生光，而非颜色的变化。两种最常见的发光试验是鲁米诺和荧光素试验。化学发光试剂鲁米诺（5－氨基－2，3－二氢－1，4－酞嗪二酮）在被氧化时产生蓝光，但必须黑暗条件下进行试验。与此条件相反，当荧光素 $RH_2$ 被氧化成荧光素 R 时，必须使用波长为 415 纳米－480 的光源（可见光谱中的蓝光）来激发荧光。鲁米诺试验的两种常见变体是韦伯（Weber）配方和老式格罗德斯基（Grodsky）配方。格罗德斯基配方使用过硼酸钠作为氧化剂（从鲁米诺接受电子的物质），而韦伯配方则使用过氧化氢。上述试验均产生相同的蓝光。

同时也有一些商业化的预试验试剂盒配方产品，例如，Hemastix 试剂是四甲基联苯胺试验的一种变化形式。蓝星（Bluestar）和 Hemaglow 试剂均使用鲁米诺为主成分。Hemascein 试剂盒检测到血液后会生成荧光素并发光。

## （三）氧化剂导致的假阳性

欲理解为何预试验会有假阳性反应，我们必须对其化学机理稍作了解。首先，每个预试验至少有三种成分：一是产生电子（还原剂）并在反应过程中改变颜色或产生光的化合物；二是吸收电子（氧化剂）的化合物；三是加速反应的催化剂。其次，一些预试验的流程是，最后加入氧化剂，使其与改变颜色或产生光的化合物分开。如此逐步添加是为了减少由于样品本身存在氧化剂而引起的假阳性。在 Kastle－Meyer 试验中，如果加入过氧化氢之前观察到颜色变化，那么这个试验不能得出结论。一些实验操作方法中规定了在添加过氧化氢（最常见的氧化剂）后颜色变化的最长等待时间（Cox，1991）。在特定时间段（通常是 10－60 秒）之后发生的颜色变化大概是还原剂通过其他方式氧化，而不是血液催化作用后的结果。在实践中，一些缺乏职业精神的技术人员，可能通过等待超过推荐的时间，得到阳性反应。在阿曼达·诺克斯（Amanda Knox）和拉斐尔·索莱奇托（Raffaele Sollecito）案中，被害人梅雷迪斯·科尔彻（Meredith Kercher）在浴室的红色照片可能就是用这种方式形成的，但是这张照片的来源尚不确定。

鲁米诺试验和 Hemastix 试验中，显色试剂与氧化剂并不单独添加。因此，这些试验可能产生其他预试验不会有的假阳性。众所周知，漂白剂是一种氧化剂，并会在鲁米诺反应中出现假阳性。由于漂白剂在某些情况下会迅速分解，所以也有可能避免它干扰鲁米诺试验。此外，有些物质在加入水后会生成漂白剂，这解释了为什么某些清洁剂会在鲁米诺试验中产生假阳性。

### （四）催化剂导致的假阳性

预试验一个不可避免的特征：除了人血以外，催化剂也会导致假阳性。动物血对预试验有明显的阳性反应，因为预试验使用了血红蛋白的过氧化物酶活性，任何具有足够数量过氧化物酶的物质都很可能产生假阳性。某些蔬菜富含该种酶，包括辣根和萝卜，新鲜的植物物质也能产生假阳性（Bratton，1997）。豆科植物（例如：大豆）的根部会产生一种蛋白质——豆血红蛋白，并在 Kastle－Meyer 试验中呈假阳性（Petersen and Kovics，2014）。牛奶由于存在过氧化物酶，会在联邻甲苯胺试验中出现假阳性反应。在 Kastle－Meyer 试验中，植物中过氧化是否会物酶产生假阳性，在法庭科学文献中存在分歧（Cox，1991；Tobe et al.，2007）。

我们可以对产生假阳性的物质做一些归纳：一些金属离子（包括铜、钴、铁、锰和镍）在一个或多个显色或发光试验中产生假阳性，其中许多是元素周期表中第一排过渡金属的金属离子。然而，由于诸多原因，要对假阳性进行全面化学解析具有难度。首先，一些混合物（土壤，特定清漆）对鲁米诺有假阳性反应。必须测试混合物中的每一种成分，才能绝对确定催化鲁米诺氧化的物质。其次，高锰酸钾等物质同时作为氧化剂和催化剂，都会产生假阳性。再次，当研究由不同人员进行时，许多物质在筛查时几乎不可避免地会得到异常结果。例如，有报道称，HemaGlow 对于某些清洗剂，不会产生鲁米诺所具有的假阳性，然而 Hemaglow 就是基于鲁米诺配方的一种试剂盒（Bratton，1997）。相反，还有报道称，硫酸锰与蓝星（另一种商业鲁米诺产品）有假阳性反应，而与鲁米诺却不会有假阳性反应。此外，上文亦提及，关于植物过氧化物酶在 Kastle－Meyer 试验时，相关研究自相矛盾。因此，制作相关物质是否会引起假阳性反应的最终清单仍是非常困难的。

铁是一种非常常见的元素，而铁锈在许多预试验中呈现假阳性。罗伯特·格里斯皮诺（Robert Grispino）写道，“用鲁米诺处理后，金属钉书钉、地毯上的地毯钉或生锈的车辆会发光，犹如血的阳性反应”（Grispino，1991）。

### （五）荧光试剂和显色试剂相结合的预试验

实务中常在发光试验（产生光的试验）呈阳性结果后，进行显色试验（显色或变色试验）。格伯里兹（Gefrides）和韦尔奇（Welch）写道：“鲁米诺和荧光素遇到酚酞，漂白剂和其他清洗液时，会产生相同的假阳性反应”。卡斯特罗（Castro）和科伊尔（Coyle）在书中说：“若与鲁米诺发生阳性反应，建议再用另一种试剂检查显色区域，如四甲基联苯胺、酚酞或联邻甲苯胺，并就是否为人血进行确证试验”。柯碧林斯基（Kobilinsky）等人（2004）写道：“使用鲁米诺试验而非显色试验的主要好处是可以非常快速地在大面积区域进行搜索，而且鲁米诺试验所使用的化学物质不会干扰后续进行其他预试验。如果预试验结果为阴性，则终止分析。然而，如果结果为阳性，则进行更确切的确证试验。原因是许多物质可能产生假阳性结果，包括：漂白剂、植物过氧化物酶、化学氧化剂，如高锰酸钾、铜、黄铜、铅、锌、青铜、铁或钴。”上面列出的一些化合物可能会在显色试验中出现假阳性反应。据报道，德拉诺（Drano）牌清洁剂对鲁米诺也会产生假阳性结果（Bratton，1997）。

### （六）荧光试验和显色试验能否区分血迹的真、假阳性

时有听到在鲁米诺试验中，经验丰富的现场勘查人员可以辨别血与其他物质不同的光谱特征，从而区分是真阳性还是假阳性。在本章的其他地方就林迪·张伯伦案讨论了联邻苯胺试验。就鲁米诺而言，存在一些细微差别。巴尔尼（Barni）等人在一篇鲁米诺的综述中写道："一位经验丰富的技术人员可以通过评估肉眼可见的发射强度、持续时间和空间分布等参数进行判断，并分辨出是真正的血液催化化学发光，还是其他物质产生的化学发光。然而，由于主观和非定量的评估，这种方法也可能导致误判……"（Barni et al.，2007）。我们认为：技术人员的主观评价并不能代替后续显色试验，以及最后进行的确证试验。

### （七）血液的确证试验

经血液预试验检验后，如果呈阳性，则最后必须进行确证试验，否则假阳性的可能性仍将存在。确证试验必须在识别出物质的同时，具备最低的假阳性可能。确认一种物质是否为血液，通常是通过高山（Takayama）或泰克曼（Teichman）试验确定的，而血的种属认定则需单独确定。高山（Takayama）和泰克曼（Teichman）试验是通过血红素（血红蛋白的组成部分，见上文）形成晶体来进行判断的。而血红蛋白以外的其他蛋白质也能利用血红素，尤其是过氧化氢酶和过氧化物酶，这些酶可以在高浓度下产生假阳性。新型试验与这些结晶试验不同，不仅检测方式不同，在某些情况下，检测的蛋白质也不相同。

现在，人们通过单次检测即可鉴别一种物质是否为血，并将其种属来源限定至较小范围内。许多用于证实血液的法庭科学检验涉及抗体，该蛋白质能识别来源生物物质的形状和化学特征。当抗体和抗原以适当的比例混合时，就会形成沉淀素这一晶体（图 8.1）并从溶液中析出。有时用染色剂来帮助观察沉淀素，也使科学家能将其清晰、长久记录下来。能与 A 物质产生反应的抗体称为抗 A 抗体。如果它也能和 B 物质反应，则叫作交叉反应。这表明 B 物质和 A 物质相似，但也不尽然。交叉反应性是指抗体与两个或多个抗原结合。能与抗体反应的抗原越少，抗体的选择性就越强。例如，在下文讨论

的 HemaTrace 试验中，来自人的血红蛋白与雪豹的血红蛋白之间存在交叉反应。抗体还可能与大脑或中枢神经组织中的蛋白质发生交叉反应，这是新西兰的马克·伦迪（Mark Lundy）案中的争议问题。

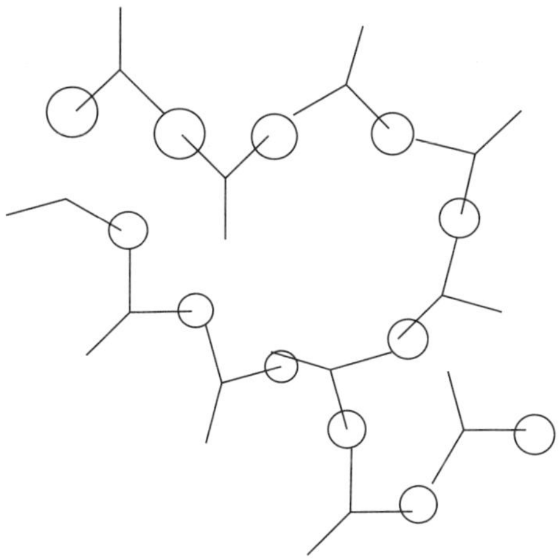

**图 8.1　沉淀素的形成**

当抗原（空心圆）和互补抗体（Y 形棒）以正确比例混合时，它们结合为沉淀素这一晶体，并从溶液中析出。该图仅展示了晶体的一小部分结构。

使用抗体的检验有几种不同方式。在欧氏双向扩散试验中，当物质经柔软固体琼脂扩散时，可以观察到沉淀素线。将含有抗体的溶液置于中央，并将两种抗原放入侧孔中后，可能出现以下几种结果（图 8.2）。第一种结果，观察到单沉淀素曲线，即两种抗原完全相同（A）。第二种结果，观察到两条沉淀素线相交形似字母 X（B）时，两种抗原不相同。第三种结果，未观察到交叉反应。另一类技术为免疫电泳，涉及扩散和电泳（带电粒子在电场中运动）的结合。液相色谱法是根据分子在液体中运动的速度或距离的不同分离分子，不同的分子与固定相物质结合时间有差异。当固定相使用抗体时，这类方法称为免疫层析法。HemaTrace 和血迹快速鉴定（RSID）试验都是免疫层析法。

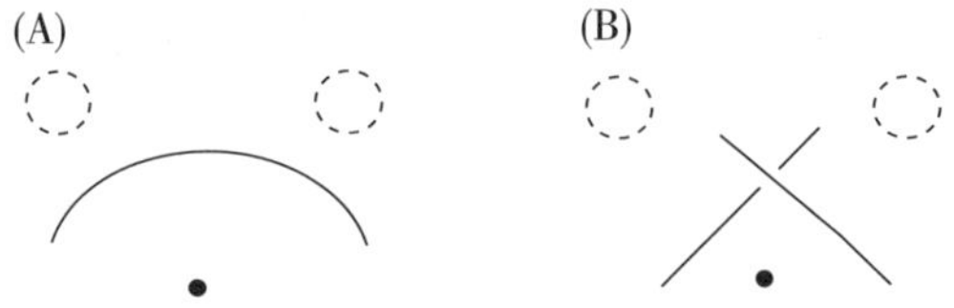


**图 8.2　欧氏双向扩散试验**

实心点（·）代表抗体溶液，虚线圆代表抗原溶液。（A）如果两种抗原相同，形成单个沉淀素曲线。（B）如果两种抗原不相同，它们会与不同的抗体反应，可能形成两条略微偏离的沉淀素直线，抑或形成更复杂的结果。

不同的确证试验识别的是血液中不同生物分子。血迹快速鉴定试验使用了可以识别糖蛋白的抗体，糖蛋白是在红细胞膜上发现的一种蛋白质。HemaTrace 使用抗体识别血红蛋白。HemaTrace 试验的缺点是灵长类动物和雪貂的血会产生阳性结果。这使一些研究者将 HemaTrace 归类为预试验，或注明其不适用于人血的确证试验。在我们看来，与灵长类动物和雪貂的血反应仅仅意味着 HemaTrace 不具有完事的物种特异性，但仍然可用来确认是否为血，而早期的结晶试验根本不具有任何物种特异性。

未来的体液确证试验可能会使用 mRNA（Virkler and Lednev，2009）。同许多蛋白质一样，某些 mRNA 序列在一种组织中大量存在，而在其他组织中则不存在。在这些检验中，逆转录酶以 RNA 为模板合成相应 DNA。然后用聚合酶链式反应（PCR）扩增 DNA，其方式类似于现代的 DNA 分型。然而，需要特别小心才能确保检测的是 RNA 而非 DNA。之前的研究中，这类错误地将 MMR 疫苗与自闭症相关联，这也清楚地说明了此方法存在风险（Murphy and Bustin，2009）。如果技术人员没有进行（或没有注意到）非逆转录对照，无论细胞类型如何，他们可能会检测到几乎相同的 DNA。这种假阳性的结果可能会错误地识别出血迹。样本的遗留时间也很重要，据观察：RNA 质量会随死亡时间递减。此外，死后组织中的 RNA 降解速度可能比干燥斑迹中的 RNA 更快。此外，RNA 的准确定量被认为比 DNA 更具挑战性。

### （八）试验的灵敏度和检出限

我们应该注意灵敏度和特异性这两个专业术语的使用，因为法庭科学技术人员经常在作证时使用这些词，但有时却混淆它们的含义。2004 年，柯碧林斯基（Kobilinsky）等人写道（34 页）：“预试验通常灵敏度高但特异性低，因此可以检测出少量的此种物质。预试验为阳性时，应跟进确证试验。后者灵敏度低，但特异性强，因此结果更可靠。”在临床化学中，并非所有，但一些作者使用“灵敏度”一词来指代试验的检测限。参考诊断（医学）试验的统计数据，奥尔特曼（Altman）和布兰德（Bland）（1994）写道：“灵敏度是试验正确识别出真实阳性的比例。特异性是试验正确识别出真实阴性的比例。”而在讨论血的预试验时，法化学家使用“灵敏度”一词来表示检测高度稀释（低浓度）血液的能力。在法庭科学中，灵敏度的普遍用法与检测限的定义近似。如果假设假阴性结果的唯一原因是血液浓度太低而无法检测，那么法庭科学定义和统计学定义也密切相关。我们建议律师让专家证人定义这些术语，以最大限度地减少由于对不同术语理解的混淆，并降低技术人员夸大检验结果所具有价值的可能。

许多预试验的灵敏度已被多次报道。所有常用的预试验都能检测到被稀释到极低的血液。原因至少有二：一是红细胞含有高浓度的血红蛋白，二是试验检测对象为催化剂，每个血红蛋白分子都能催化产生许多有色分子产物。同一物质在不同报道中的值相差至少一个数量级是很常见的，其中一些差异可能是同一试剂不同配方或客体不同的结果。卡斯特罗（Castro）和科伊尔（Coyle）写道：“研究人员得出的血的预试验灵敏度数值不尽相同，这无疑是由于试剂浓度、样品制备方法以及承载血液物质种类的差异造成的。”

HemaTrace 将抗体与血红蛋白的结合反应与产生红色相关联（见上文）。已有验证实验分析了其灵敏度，这些研究产生了类似但不完全相同的结果。迈阿密戴德警方在 100 倍到 10 万倍稀释范围内取得了阳性反应。如果血液浓度过高，会产生假阴性（高剂量钩状效应），这可以通过稀释样本来避免。密歇根州警方发现，稀释超过 1000 万倍的血液产生了阳性反应。用棉签提取稀释血液并进行预试验和 Hema Trace 试验时，Hema Trace 试验仍能够在稀释约 3 万倍时检测到血。

相比高山结晶试验报道值的 1μL 检测量，针对血型糖蛋白的血迹快速鉴定能够检测 0. 25μL 血液或更低量血。萨珀斯坦（Saferstein）写道（Criminalistics，ninth ed.，p. 354），“结晶试验（高山试验和泰克曼试验）对血液识别的灵敏度远低于显色试验，且更容易受到斑迹中潜在污染物的干扰”。人血清沉淀试验可检测稀释到 1/256 的血。

（九）血迹检验与 DNA 分析的关系

斑迹的 DNA 结果为阳性，不能确认该物质就是血，但它可以确定血液的来源个体。原因是个体几乎所有细胞中都含有 DNA。此外，不能从电泳图的峰值高度推断一种物质是不是血。然而，美国和澳大利亚的一些法院在决定对血液预试验证据予以采纳时，会考虑 DNA 的存在与否（见下文）。在格雷戈里·泰勒（Gregory Taylor）案中，DNA 的阴性结果也成为对预试验的阳性结果产生怀疑的因素之一。

当体液或组织能够被识别时，DNA 证据会更有力（Peel and Gill，2004）。来源种类未知的体液或组织中提取的 DNA 称为“子源 DNA”（subsource DNA）。血迹中存在的 DNA 可以有力地证明血液是由与 DNA 相同的人遗留的。但当 DNA 随时间降解后，并因污染引入不相关的 DNA 时，就会出现例外（Peel and Gill，2004）。在盖理·莱特曼（Gary Leiterman）案中就发生了上述的结果。

（十）实验室实务中的确证实验

一些实验室已不再使用确证试验。卡斯特罗和科伊尔写道，“近来，一些法庭科学实验室通过取消人血确证试验，以缩减他们的检验程序。在某些情况下，这可能造成证据解释和法律上的困难，也不是研究人员们所推崇的方法。目前，在人血鉴定方面的进展使侦查人员和实验室能够在几分钟内确认是否为人血”。我们非常同意卡斯特罗和科伊尔的观点。虽然传统的结晶试验存在缺点，但现代的检测产品如 HemaTrace 和血迹快速鉴定试验则要好得多。

## 三、预试验与法律规范

公诉机关公开一种预试验为阳性结果，而不公开采用另一种预试验方法时的阴性结果，这种做法可能损害辩方的利益，这是伊利诺伊州最高法院在洛夫乔伊（Lovejoy）案中得到的结论。物证技术人员使用隐色龙胆紫试验得到阳性结果，而使用四甲基联苯胺试验得到阴性结果（People v. Lovejoy，2009）。

伊利诺伊州最高法院据此批准对洛夫乔伊先生重新审判。“尽管隐色龙胆紫（leucocrystal violet，LCV）试验呈阳性。根据程序，四甲基联苯胺是一种更灵敏、更可靠的预试验检验方法，坎普（Camp）又用四甲基联苯胺检验了擦拭物，结果为阴性，这表明该擦拭物不是血。”该意见书接着指出，“双方对发现的违规事实没有提出异议。双方都同意：坎普报告中没有四甲基联苯胺检验结果为假阴性的说明，也没有给出四甲基联苯胺检验为假阴性的原因”。之后又补充到，“此外，如果被告知晓坎普的结论，即稳色龙胆紫试验消耗完血液中的所有血红蛋白，才使得四甲基联苯胺试验产生了假阴性，被告可以请专家反驳这一论点，或者可以选择采用完全不同的辩护方式。在审判中，当首次呈现坎普的结论后，被告就受到了先入为主的偏见对待”。早些时候，有人明确表示这样的专家确实存在：“在案件中，被告称，加利福尼亚大学洛杉矶分校和哈佛大学毕业的分子生物学博士卡尔·赖希（Karl Reich）欲上庭质证称，坎普使用的四甲基联苯胺试验是检测血的最灵敏预试验，四甲基联苯胺试验的阴性结果有力表明检测区域没有血。并且，坎普的证词中提出：隐色龙胆紫试验消耗完了血液成分进而影响了四甲基联苯胺试验，这种解释也是错误的。”换句话说，不知道四甲基联苯胺检验是阴性，也不知道对阴性结果的原因，这些都严重阻碍辩方进行有力辩护。考虑到血红蛋白在这项检验中是一种催化剂，关于血红蛋白消耗殆尽的观点是非常可疑的。

在鲁斯·法里亚（Russ Faria）案的一审中也出现了类似问题。检方提出证据表明鲁米诺显现出鞋印，即法里亚先生拖鞋上出现了确凿的血迹。他们没有提供照片，说是相机出现故障。尽管有强有力的不在场证据，法里亚先生还是因谋杀妻子被定罪。当法里亚先生被重审时，有100多张照片（之前被扣留）被发还给辩方。该照片显示相机可以工作，但他们没有给出任何足迹的证据。厨房附近有一个鲁米诺呈阳性区域，然而，此结果是在命案发生后，他的家人重新使用了房子之后产生的。这一区域的形状表明鲁米诺是与喂狗的猪排汁液发生了反应（State v. Faria Missouri，2012）。

缺少实验室记录也会出现问题（State v. Taylor North Caroline，1993）。2010年2月，泰勒先生在北卡罗来纳州新成立的“无辜者调查委员会”举行的听证会中被判无罪，听证会的陪审团成员包括该委员会的三名法官。分析人员证实，针对泰勒卡车的鲁米诺和酚酞检验均呈阳性。提交给辩方的唯一文件是一份实验室报告，并陈述了这些结果。作为“无辜者委员会”调查的一部分，律师们还发现了一名分析人员的证词，他对卡车上被认为含有血液的区域进行了确证试验检验，证词显示高山试验的检验结果为阴性，而这些证词从来没有交给辩护律师。这就强调了有必要提供所有的实验记录和其他辅助材料，而不是简单地依赖于犯罪实验室的最终报告。

物证技术人员常夸大预试验阳性结果的证据强度。有时，这与很少发现阴性结果有关。如果让作为科学家的我们作证，我们会说：只有预试验的阳性结果没有确证试验是完全没有意义的，更不能据此做出任何推断。同样的，如果预试验阳性后，在确证试验中得到阴性结果，则会在庭上表明被测物体上没有血液。科学家应该对科学的结果给出中立的解释，而不是偏袒控方或辩方。不幸的是，许多犯罪实验室分析人员并未将其视为职业规范。

为了解控方专家在审判无辜者时提供的法庭科学证据，进行了一项研究（Garrett and Neufeld，2009）。研究中每一宗案件，被告都被错判为犯有严重罪行，并因定罪后的 DNA 检验无罪释放。学者们依据 137 份法庭分析人员在这些无罪释放案件中的证词，发现：审判中，专家证词涉及血清学分析、显微毛发比较、咬痕、鞋印、土壤、纤维、指纹比对和 DNA 检验。在 82 个案件（60%）中，控方传唤的物证分析人员在审判中提供了无效证词，证据是无效的，原因是专家的结论错误地陈述了经验数据或证词完全没有经验数据的支持。在这项研究中，作证的分析人员包括 72 名控方物证分析人员，他们受雇于 25 个州的 52 家实验室、事务所或医院。大多数无效的物证证词在前期审判中都被认定为有罪证据。辩护律师很少就这些证词分析人员，且几乎都没有自己的专家。当辩护律师对法庭科学提出质疑时，法官也很少提供帮助。正如美国国家科学院的报告（National Academy of Sciences Report）得出的结论，“法律体系欠缺纠正法庭科学界问题的能力”。

除了科学工作组的标准（由美国国家标准与技术研究所（The National Institute of Standards and Technology）建立的法庭科学标准）指导法庭科学家在鉴定方面应主张或不主张什么之外，还有道德标准可以解决这些问题，但没有被严格遵守。美国犯罪学道德规范委员会（The American Board of Criminalistics Code of Ethics）指出，所有分析人员应确保“仅在证据合理的范围内”提供意见，并确保以“明确、直接的方式”提供证词，避免“超出其领域能力范围”，以这样的方式表达他们的证词使结果不会被误解。规范还明确，“刑事专家应保持独立和公正的态度，以确保对证据进行客观的分析”。

美国法庭科学学会（AAFS）的规范禁止“对专家意见或结论所依据的数据进行实质性歪曲”。该规范还提供了“优秀法庭科学实践指南”，其中认为：“与律师不同，法庭科学家们之间不是对手。他们在法庭上宣誓说出全部真相，就应该尽一切努力维护这一誓言”。此外，在陈述他们的意见时，“应尽一切合理的努力确保其他人（包括律师）不歪曲法庭科学家的意见”。

加利福尼亚州犯罪学家协会（CAC）准则要求“在各方面，刑事专家都应避免使用超出证据事实的术语和意见。如果意见需要限定条件或解释，证人不仅要提供这种限定条件，而且要承担相应责任。准则规定，当一项意见‘可能缺乏确定性’时，专家应予以说明”，并且“不要在陪审员的脑中留下错误的印象”。此外，准则希望专家“不会…在解释证据价值时夸大其词，超过现有数据所证明的范围”。

格雷戈里·泰勒案强调了法庭科学调查结果在鉴定报告和审判中呈现方式的重要性。杜安迪沃（Duane Deaver）是实验室分析人员，他对泰勒先生卡车的部分零件进行了检验，以确定是否有受害者的血，从而将泰勒与犯罪联系起来。迪沃先生没有在泰勒的审判中作证。在泰勒的审判中，迪沃检验的血迹证据是由市鉴定局人员唐纳德·帕格尼（Donald Pagani）提供的。帕格尼巧合地不仅处理了受害者尸体所在现场，还处理了 50 码外泥地里的泰勒的卡车。他和其他的市鉴定局人员在现场进行了酚酞和鲁米诺试验。他描述了酚酞预试验检验，并指出“如果发现可疑斑迹可以用酚酞来检验是否有人血的存在，但该检测不具有特异性”（Taylor transcript）。后来，他作证说：“酚酞是我们用来确定人血存在的一种初步测试，它不像鲁米诺那么灵敏，但至少我们知道正在观察的痕迹可能是什么，然后可以据此做进一步的检验”（Taylor transcript）。当检察官问为什么用酚酞，他回答说，“当肉眼可见斑迹时，我们用酚酞来确定是否为人血，其是专门为此设计的，这样做亦是现场的权宜之计”。帕格尼的老板威廉·亨斯利（William Hensley）也作证说，“酚酞是一种液体化学物质，现在用来识别血液……它与血液的反应非常特殊，……当产生阳性反应，会得到紫色，立即变紫的结果，这表明存在血。”当检察官要求将其与鲁米诺进行比较时，亨斯利指出：酚酞对于血液的检测更灵敏（Taylor transcript）。

帕格尼在谈到针对格雷戈里·泰勒的卡车用酚酞进行血迹检测时，他说，“我们对前座轮下方的挡泥板进行了检测，得出阳性结果。对底盘上用酚酞进行检测，也得出阳性结果……是的，确有几处可疑的斑迹，我们再次用酚酞对他们进行检验，结果表明这些可能是人血”（Taylor transcript）。在就杜安·迪沃提交的报告作证时，他说，“化学反应显示存在血”（Taylor transcript）。

亨斯利同样作证说，在车的右前轮轮毂的外侧边缘，有一种红色物质，所有迹象都表明可能是血，并能看到血所在区域。他表示：“挡泥板上的红色斑迹有阳性反应，此外，如若遇到外观像血，且酚酞检验是阳性的，往往就不再喷鲁米诺，因为它会破坏血型。当被问及在轮毂区域使用的鲁米诺时，亨斯利作证说，其后面有大量荧光，这表明血之类的物质可能接触了此区域，或者被甩到此区域（Taylor transcript）。”

泰勒先生的辩护律师没有向亨斯利提出问题。他对帕格尼的质证非常简短，没有提出任何有关泰勒卡车上血迹的问题。辩护律师在结案陈词中说，控方没有提供任何证据证明的血液种类，无论是动物还是人，实验室没有人就此作证。此外，鲁米诺对很多不同类型的血液都有反应（Taylor transcript）。没有人问这两位分析人员血液证据的进一步检测结果。本案的血液确证试验为阴性，而这个证据在庭审中从未公开。律师本应该继续就血的阳性反应进行提问，除了问后续检验结果，还要询问是否为人血，血型是什么类型（A、B、O等），以及血型是否与受害者或嫌疑人匹配。有人曾指出，无辜者被关进监狱是因为辩护律师提问不够深入。这种说法虽然不是无辜者入狱的唯一原因，但却是本案和其他许多案件中的原因。

除了夸大预试验的证明力外，犯罪实验室的分析人员还会以一种模棱两可的方式作证，或者使用在科学界具有不同含义的词语。例如，如果声明一个检测是“无结论”，可能会留下不同的印象，这取决于分析人员如何表述。在科学界，一个“无结论”的试验是完全没有意义的，既不是阳性，也不是阴性，更不能从中得出任何推论。然而犯罪实验室的分析人员会作证说，“无结论”很可能意味着阴性结果，或者很可能是阳性结果，这取决于什么结果更符合调查的整体需求。犯罪现场分析人员在格雷戈里·泰勒的案件中使用了“无结论”一词来说明某一项血液检测没有定论，并与一系列用于证明纸巾上的血是受害者的检测一起使用。分析人员和检察官都将这个“无结论”的结果解释为一种异常现象，并依靠其他检验得出结论。该做法是不恰当的，应该在质证中辩清，以揭示无结论结果的真正意义。

如前所述，实验室分析人员使用“灵敏”和“特异”这两个术语时，有时可以互换使用。在泰勒的案例中，帕格尼同时用这两个词来表明，鲁米诺和酚酞的预试验对血灵敏。他还试图通过说明一种试验比另一种更灵敏来区分这两种试验。所提供的证词听起来像是：如果使用了预试验，就能表明血液肯定存在。当然，这是完全不准确及带有误导性的。当分析人员就预试验作证时，律师应该询问有多少其他物质可能在预试验中呈假阳性。当分析人员使用“灵敏”或“特异”时，律师应进一步提问，直到分析人员给出这些词的准确定义。最好是让另一位专家来解释它们的意思，这样法官或陪审团就能清楚地知道，根据结果可能会得出什么结论，抑或不会得出什么结论。

在分析人员的报告或证词中，“阳性”一词也会产生误导。同样，律师需要对证人进行质证，询问在本案中“阳性”的是什么含义。例如：这是否意味着人血确实存在？它是否代表一定的 pH 值或范围？这是否表明发生了某种化学反应？有多少其他物质能产生类似的阳性结果？

有时，分析人员会就他人进行的检验作证，泰勒案就是一个例子。不同的司法体系对这种做法有不同的要求。律师应尽一切努力，确保专家证人为操作的鉴定人员。这样可以追问其都进行了哪些检验，抑或询问相关的实验记录和报告。

在审判泰勒时，犯罪验室通常会把报告像案中一样写出来。报告了预试验阳性结果，却没有报告后续的阴性试验。理由是，第二个试验根本不具结论性。其启示不仅需要报告，还需要所有的试验记录、图片、实验室内部备忘录和所有关于血液检测的其他文件。同样重要的是，要知道犯罪实验室在证据检验时的程序是什么，因为实验程序和政策会变化。并询问实验室为什么更改，以及实验室是否使用旧的有缺陷的方法得到检验结果。

通常，犯罪实验室的分析人员不会对报告的结果拍照。在大多数科学实验室里，拍照不仅是例行公事，而且是必要的。如果一个科学家想要发表他的研究成果，或者用这些成果来说服实验时不在现场的人，让他们相信获得了某种结果，那么就需要一张图片。应该询问分析人员为什么不拍照，以及拍照是否有助于检验人员确定实验结果。

在泰勒一案中，分析人员杜安·迪沃只报告了预试验的结果，但他在此前的一宗案件中被质疑了预试验的准确性，即他是否夸大了判断一种物质是否真的是血的能力。在乔治·古德（George Goode）案的审判中，他作证说，“我在实验室期间，基于所有文献结果，无论是我本人还是我负责的人从未遇到过假阳性（State v. George Goode，trial transcript）”。他承认，科学文献和州刑侦局的培训手册称可能会出现假阳性，但他所培训或指导的任何人都没有遇到过这种情况。当被问及他是否认为，作为一名专家证人，他可以不做确证试验就告诉法庭或陪审团某物质是否为血时，他确认是的（Goode transcript）。在进一步询问是州刑侦局的哪位工作人员授权他在出庭作证中提倡这种观点时，他回答说，“我不知道，我想是我的上司”（Goode transcript）。令人不安的是，当他说存在血时，并没有按照惯例指出检测试验的名称以及使用的科学程序。就像在泰勒案中，他说主管告诉他们使用的措辞，并且他们没有遵循特定的手册、科学文献或科学标准（Goode transcript）。在同一场审判中，当迪沃知道律师提到的靴子上的斑点不是真的血时，却没有纠正。在格雷戈里·泰勒的无罪调查听证会上，迪安·迪沃被问及如何报告他的结果时，他为用这种方式撰写报告的做法进行了辩护，称“这在技术上是正确的”，报告的撰写方式是由他的上级决定，而不是由他自己决定的。因此，他没有做错任何事，他只是服从命令。

格富戈里·泰勒案揭露的北卡罗来纳州刑侦局犯罪实验室关于报告和证言的做法，致使北卡罗来纳检察长办公室对犯罪实验室的法庭生物学（也称为血清学）部门进行独立审查。审核员审查了一些案件，尤其是在预试验中得出“阳性结果，表明存在血”或“可能有血”，但在最终报告中未反映随后的“阴性”或“不确定”的确证试验结果。他们的研究结果发表于《什维克报告（Swecker Report）》。在筛选和检查了15，419份实验室文件后，找到了932个与泰勒案实验室报告存在相似问题的案件，其中230个案件预试验结果为阳性，但却在后续确证试验中得到“阴性”，“不确定”或“无结果”，但此信息在最终报告中被省略（占1987年至2003年所有案件的1.49%，所有年份的死刑案件均包括在内）。其中，40起案件没有嫌疑人被起诉。在剩下的190个案件中，总共有269人最终被指控，其中80人仍在服刑（4人为死刑)，3 人被执行死刑，5 人在监狱中死亡。在审查的第二阶段，详细审核了第一阶段确定的 230 个案例，并将其分为四类：（1）案例中提到不确定存在血，但未报告进行了确证试验，且检验结果为阴性（“没有足够证据，无法得到确实为血的鉴定结论”，而不是说分析人员进一步检验，但未能证实存在血)；（2）案件中的实验室文件不完整，报告未提及一项或多项阴性或不具结论性的确证试验；（3）案件报告有误导性，声称没有进行进一步的试验，而实际上进行了一次或多次确证试验，且结果为阴性或非结论性；（4）案件中实验室检测结果被夸大或实验室记录与报告结果相矛盾（共有 5 个案例，均由杜安·迪沃经手)。经确认，在特定时期，并没有向被告提供实验室文件的惯例。这份报告的结论是，造成这些问题的因素包括：政策制定不当、缺乏客观性、没有明确的报告撰写指南，对报告方式的不重视使分析人员过分自由发挥，缺乏透明度，1987 年到 2003 年间对法庭生物学管理和监督不力。该报告发现，一些分析人员在报告检测和确认血液存在的血清学系列检验结果时，有时会忽略多次结果为阴性或无结论的确证试验。其他分析人员则会加一个限定句，“除此以外的试验也未能确认存在血”。什维克发现，在 1997 年之前，实验室没有规定任何标准的报告语言。在采访 1986 年 12 月 1 日至 2002 年 4 月 1 日期间担任法庭生物学部门负责人的马克·尼尔森（Mark Nelson）时，他承认使用前面这些描述是常见的做法。而遗漏确证试验结果是糟糕的做法，可能会造成误解。他解释说，如何报告撰写是在部门会议上讨论的，但仅限于如何报告阳性结果，而且所有政策都无意于误导任何人。

1986 年至 1997 年，有效的州刑侦局培训手册正确地描述了预试验和确证试验之间的区别，以及两者的结果意味着什么。没有发现关于“无结论”或“没有结果”的可能性的参考文献。1997 年发布的州刑侦局政策专门指出，血清学分析人员对是否存在血液或唾液进行检验时，预试验得到阳性的结果后，如果确证试验遇到“无结论性结果或受检材数量所限，无法做额外试验”的情况时，报告应该填“经检验（× × 客体)，存在化学指征显示可能存在（血液或唾液，取决于所进行的试验)”。根据培训手册，“在显微镜下观察到三文鱼色菱形或星状晶体”，意味着高山试验结果是阳性。没有参考文献提到“无结论”的可能性，也没有提到这种结果在显微镜下是如何出现的。一些分析人员指出，由于晶体要么是在显微镜下肉眼可见的，要么不可见，所以不存在无结论的高山试验。其他分析人员表示，有时看来结晶“正在形成”和变色，但由于实际上没有形成，他们判断试验为“无结论”或“无结果”，甚至会更进一步说明，没有形成结晶，是因为证据材料体积太小，试剂无法反应。1997 年术语的颁布似乎对分析人员报告血清学检验结果的方式没有影响。2001 年后，一项书面政策似乎允许分析人员独立判断，如果他们认为当确证试验是因为没有足够的检材而形成无结论的结果时，可以省略限定语言。

什维克团队发现，经过培训的分析人员认为，不存在“无结论”的结果。每位接受采访的分析人员都指出，他们接受的培训是，阴性或无结论的确证结果并不意味着不存在血液，相反，阴性结果只意味着分析人员没能确认血液的存在。科学界不会这样解释这些结果。迪沃澄清说，他的报告是为执法部门服务，而非整个司法系统。

一些分析人员似乎把这一推荐用语应用到案例中，即便他们的记录反映检验结果为阴性。例如，1988 年至 1993 年，迪沃的实验室文件抽样中，预试验为阳性，之后的高山试验为阴性的检验中，34 份报告遗漏了阴性的确证试验。报告指出，在 5 个案例中，当一次或多次高山试验呈阴性时，鉴定报告称斑迹量不足以做进一步试验。共有 36 个案件，涉及 5 名不同的分析人员，据报由于样本数量不足而没有进行进一步试验，但其实确证试验试为阴性。这些报告歪曲了事实，让读者相信没有做进一步检验。什维克团队发现了一些证据，表明一些分析人员没有保持客观的思维方式。

如今，并不总是对血液样本进行确证试验。如果预试验中存在阳性，分析人员可能会将检材送到 DNA 部门进行 DNA 检验，或者有时使用种属检验方法（RSID 或 ABAcard HemaTrace）。辩护律师应确保证词表明：即使样本上进行了 DNA 检测，但由于仅有阳性预试验结果，不能证明有血迹。

泰勒被赦免后，“吉尔·斯普里格斯（Jill Spriggs）是加利福尼亚州司法部法庭科学局局长，也是美国犯罪实验室负责人协会（ASCLD）的当选主席。（在北卡罗来纳州立法听证会上）回应道：这么说并不准确。很多时候没有结果，并不意味着它不是血，可能是你没有足够的样本，或者样本太陈旧了……还有什么能让血液检测呈阳性呢？据我所知没有（Jamison，2011）。”这个问题至少有两个答案，即铁锈和大豆根。

在泰勒一案中，北卡罗来纳州刑侦局没有报告无罪的检测结果，并称

Kastle – Meyer 试验显示了“血的存在”（阳性的预试验只表明可能存在血液）。艾琳·墨菲（Erin Murphy）将此案作为警示（Inside the cell：the dark side of Forensic DNA，2015）探讨了许多法庭科学实验室的认证机构 ASCLD/LAB（实验室认可委员会）与其监管的实验室之间的亲密关系。“ASCLD/LAB 简单辩称，在此期间所有实验室都使用了有争议的措辞。然而，这一说法与一项实验室调查相矛盾，至少有 8 个实验室表明没有使用潜在误导的方式报告结果。”涉及血液案件的辩护律师，不能依赖资格认证作为报告质量的保证，报告的措辞也不是绝对可信的。

对该特定实验室的深入调查，突出反映了血液证据评估存在不足。强调需要全面的鉴定要求，需要检验人员出庭作证，需要律师确认检验的程序和标准，并对检验人员进行质证，以发现制式检验报告真正的含义。

对于鲁米诺结果为阳性，但没有进一步试验支持的情况（见上文），每个州的做法不同。美国有很多案件采纳未经证实的鲁米诺证据的做法分为两类：在第一类案件中，仅有鲁米诺结果的证据被排除，包括布兰科案［Brenk v. State（Arkansas，1993）］和帕尔默案［Palmer v. State（Arkansas，1994）］。在布兰科（Brenk）案中，法院指出，“因为我们已经确定，没有后续程序的鲁米诺试验是不可靠的，无法证明人血的存在，或者引起反应的物质与犯罪有关。法院采纳史密斯先生进行的鲁米诺检测的证据，我们认为这是错误的，其没有进行后续检测，不能确定使鲁米诺反应的物质就是与犯罪有关的人血。”

在维多利亚最高法院审理的一宗案件中［R v. Smart（2008）VSC 79］，拉斯里（Lasry）法官认为鲁米诺证据存在风险（第 28 段）：“因此，虽然我承认与科学分析确认为血液并产生相关 DNA 图谱的血迹有关的证据，但我不承认与鲁米诺阳性区域有关的证据，因为这些区域没有经过确证试验。”

在军事审判中［The United States v. Hill（2007）］，与第一类案件略有不同，四处鲁米诺阳性斑迹没有被作为证据采纳，但一处 DNA 也为阳性的斑迹被采纳。克赖德（Crider）［Crider v. Oklahoma（2001）］一案，也出现了类似的情况。在我们的判断中，当有 DNA 时采纳鲁米诺证据是有问题的，因为 DNA 的存在与否不是确证试验。在克赖德案件中，确证试验明显为阴性。

第二类案件是采纳鲁米诺证据的情况，但鲁米诺作为预试验，影响了其作为证据的权重。诉卡南（Canaan）案中［State v. Canaan（Kansas，1998）］指出，“鲁米诺还能检验到其他一些物质，这一事实与它作为一种被普遍接受的血预试验无关。这事关证据的价值，而不是可采性。在质疑这一证据的价值时，被告援引证词，告知陪审团鲁米诺也与其他物质反应”。我们认为这种解释是有问题的，原因如下：

在阿曼达·诺克斯和拉斐尔·索莱寄托案中，几个鲁米诺阳性斑迹的解释存在争议。在诺克斯女士和克歇尔女士室友的卧室里，有两处鲁米诺阳性区域。其中一处为来自诺克斯和克歇尔的混合 DNA。两处均经四甲基联苯胺检测呈阴性，这一结果检方未能及时披露。走廊里有几个没有 DNA 的脚印。还有一个明显的含有混合 DNA 的鞋印，经四个基联苯胺检测呈阴性。在诺克斯女士的房间里有一个脚印，上面有她的 DNA，但与她的比对脚印不符。辩护专家证人莎拉吉诺（Sarah Gino）作证说，根据她的经验，大约一半鲁米诺阳性区域在后续检测中呈阴性。控方指出鲁米诺唯一的假阳性来自果汁，这是一个明显的错误陈述。所有鲁米诺阳性斑迹，均没有关于使用人的特异性抗体进行检测的记录。

《西南法律评论》的一篇文章讨论了其中问题，谈到推定和确认药物以及血液证据的问题。这两个研究领域在如何进行试验，其结果意味着什么以及这些结果应如何在法庭上呈现等方面都有相同的问题。就像血预试验一样，药物现场检验成本低且简单，并能确定是否需要进一步评估该物质是否为非法药物。其结论是：预试验本身不应作为证据提供，进一步说，预试验根本不需要呈堂。如果在庭审时只提出确证科学试验，则预试验结果的风险便不会存在了。但是，如果在庭审中同时给出确证试验和现场颜色试验（预试验）的结果，就会引起严重的问题。他的结论是，因为预试验含义的混乱不清，导致很难通过向陪审团陈述来澄清。文中指出，“源于有限证明价值，任何指令都不足以弥补不当的偏见，这是极难解的铃”（Harris，2011，pp. 546 –47）。

在斯蒂芬·麦克丹尼尔（Georgia v. Stephen McDaniel）一案中，辩方提出排除某些鲁米诺证据。他们的论点有两方面：第一，没有确证试验，没有这些试验，鲁米诺证据就不能被接受。第二，被告辩称，实验没有拍摄照片，不能接受这样的结果记录方式。在那个案件中，法官同意了辩护律师的提议，排除了血的预试验证据。这项提议对鲁米诺作了全面的、很好的讨论，对律师试图回绝单一的预试验证据是有借鉴意义的。此案的被告最终承认了罪行，因为有其他确凿的证据表明他与谋杀有关。

### 四、林迪·张伯伦案

1980 年，林迪因婴儿之死在澳大利亚受审，并被判有罪后在监狱服刑 3 年。最终，她和丈夫被无罪释放。血液证据的处理是这次错误定罪的核心。在林迪一案中，控方采用了联苯胺预试验和基于抗体的试验相结合的方法来检查是否存在血。抗体检测的目的是检测胎儿血红蛋白，因此它是一种确证试验。检方还对人体血浆蛋白进行了检测，以确定血液的种属。林迪和她的丈夫米歇尔致其 9 周大的女儿阿扎丽亚死亡一案中，导致错误定罪的技术错误，既涉及联苯胺试验，也涉及胎儿血红蛋白试验。

林迪在女儿阿扎丽亚死亡一案中被误判，涉及观察到的联苯胺显色试验的假阳性结果。张伯伦夫妇居住的地区有大量的铜矿，大气中有氧化铜。托尼·雷蒙德（Tony Raymond）博士于 2005 年写道，"最初的科学家，乔伊·库尔夫人在霍顿掀背式轿车（张伯伦的轿车）的许多位置获得了血液的联苯胺预试验阳性结果，包括地毯、螺丝孔、左侧座椅铰链、控制台和据称在车内的物品——麂皮、毛巾和指甲刀等。然而，除非用螺丝刀拆除表面板，其中一些区域（血液）根本无法到达"。事后来看，霍顿掀背式轿车中难以触及区域的结果本应该被作为客体空白对照样本。当客体对照样本为阳性时，表明该物质不仅存在于被检测的斑迹中，而且还存在于斑迹所附着的材料中。乔伊·库尔和她的导师西蒙·巴克斯特（Simon Baxter）博士都认为，根据经验可以区分血液和其他物质（如过氧化物酶或金属离子）。而库尔声称：过氧化物酶呈现出不同的绿色。这种说法的依据是非常可疑的，因为无论催化剂是什么，联苯胺试验中的有色产物都是一样的。

检方称，许多检测的物品都为胎儿血红蛋白阳性，包括：剪刀、毛巾、包以及张伯伦汽车内某些地方。这些血只能来自林迪和丈夫米歇尔的小女儿阿扎丽亚。辩方对胎儿血红蛋白的发现提出了强烈的异议。因为张伯伦一家曾经载过一位因头皮受伤而流血的成年人，所以仅仅在他们的塔门轿车内发现血迹也不足为奇，因此，控方希望证明，他们找到的血液来源只能是阿扎丽亚。要理解这个问题，需要一些关于血红蛋白各种存在形式的背景知识。

胎儿产生胎儿血红蛋白（HbF），它比成人血红蛋白（HbA）对氧具有更强的亲和力。HbF 的量在出生后下降，并且在几个月内，它只占血红蛋白总量的很小一部分，在大多数成人中小于 1%。阿扎丽亚约 9 周大，她的血液应该含有大约三分之一的 HbF。HbA 由四条多肽链，即两条 α 链和两条 β 链组成。HbF 由两条 α 链和两条 γ 链组成，γ 链类似于但不同于 β 链。每个抗体和它对应的抗原有点像铸件和它的模子，它们在形状和化学性质上是互补的。然而，与血红蛋白（抗原）结合的抗体只与分子的一部分（抗原决定基团）结合。理论上，仅与 γ 链结合的抗体对 HbF 是有特异性的，而与 α 链结合的抗体则没有。下面的类比可能会有助于理解：把 HbA 想象成拖着斯托顿（Stoughton）谷物运输车的彼得比尔特 379 牵引车，把 HbF 想象成拖着埃尔（Heil）液罐挂车的彼得比尔特 379 牵引车。识别 α 链的抗体（彼得比尔特 379 牵引车）可结合 HbA 和 HbF 两者，而识别 γ 链的抗体（埃尔液罐挂车）则对 HbF 具有特异性。

确定两种抗原是相同还是不同的一种方法是进行欧氏双向免疫扩散试验。通常，在板中形成至少三个孔：抗体溶液放在一个孔里，抗原放在其余孔里。抗体和抗原相对扩散，当条件合适时，它们形成沉淀素线（图 8.1）。沉淀素线是给定特异性的抗体与其对应抗原之间生成的复合晶格。沉淀素线的形状表明相邻孔中的两种抗原是相同还是不同的物质（图 8.2）。也可能有更复杂的模式。

另一种检测沉淀的方法是交叉电泳（逆流电泳）。电泳是带电化学物质在电场中的运动。当对蛋白质进行处理时，存在固体基，例如琼脂糖，蛋白质通过该基质移动。在大多数 pH 值下（测量水溶液的酸度或碱度），蛋白质带有净电荷，但不同的蛋白质可能具有不同的电荷。在逆流电泳实验中，抗体和抗原在分开的孔中开始，然后以相反的方向移动以形成沉淀。

在张伯林案中，乔伊・库尔设计了一种基于逆流电泳的胎儿血红蛋白试验。她的试验有很多问题。首先，阿扎丽亚的死亡和检验之间经过了很长的时间，夏天高温有利于一些蛋白质的变性，例如血红蛋白。变性意味着蛋白质已失去其生物活性和形状，并且变性蛋白质与抗体的反应，相较天然或完整蛋白质与抗体的反应可能不同。

第二个问题是抗体缺乏完美的特异性。也就是说，它们不仅与胎儿血红蛋白反应，而且还与成人血红蛋白反应。制造商试图去除成人血红蛋白抗体，只留下胎儿血红蛋白抗体。但该过程尚不完善，抗体制备在欧氏双扩散试验中仍与成人血红蛋白发生交叉反应。1983 年，胎儿血红蛋白抗体制造商在回复伯特彻（Boettcher）教授的询问信中指出，“第三，在某些条件下，由于人血中 HbA 的变性或抗原和抗体的相对浓度的改变，可以观察到非特异性免疫反应。第四，因此，贝琳维克（Behringwerke）HbF 抗血清本身并不适合用于识别胎儿及婴儿血液和成人血液”。

第三个问题是，乔伊·库尔主要使用的是逆流电泳技术，在某些方面不如双扩散。莫林的报告指出“奥克特洛尼教授表示，交叉试验是为了快速临床诊断而开发的，需要对结果进行确证。博德纳（Baudner）博士说，电流的应用可以使蛋白质发生反应，而不是产生想要的抗体（Australia，1987）”。除非正确进行对照实验，否则容易疏忽污染抗体的存在（Boettcher，1988）。

第四个问题是，乔伊·库尔的实验室没有保存电泳板。因此，辩方没有机会直接检验结果。围绕记录保存的一些问题使异议变得更加重要。例如，可以找到一些电泳的照片，而其外观与库尔女士的说明并不完全吻合。最后，还有人质疑库尔的对照样本是否充分。

库尔女士声称从汽车中找到了大约 20 个胎儿血红蛋白样本。最明显的阳性结果是在仪表板下发现的喷溅状痕迹，并被认为是来自阿扎丽亚的动脉喷溅血。然而，联苯胺或抗血红蛋白抗体检测没有阳性结果。这种喷溅状痕迹在隔音材料上，其他一些霍顿掀背式汽车也有。

除了上面讨论的技术问题之外，基于另外一项调查结果本应中止起诉。抗体和证据物质之间的一些反应比抗体和脐带血之间的反应更强，这与实际检测到胎儿血红蛋白时本应观察到的现象相反。在诺克斯/索莱奇托和帕特丽夏·斯托林斯案件中，尽管斯托林斯案件中的血清学问题涉及一种完全不同的技术，忽视与假设相反信息的倾向也很明显。

辩方证人之一正是双向免疫扩散试验的发明者奥尔詹（Orjan Ouchterlony）。在一次此案的回顾性讲座中，他说，“关于相关的血清分析问题的矛盾陈述因现行法律制度处理科学问题的不足而加剧了混乱。至少可以说，审判的结果是非常值得怀疑的。我本人对这个案件的兴趣，首先是被所涉及的血清学所吸引，然后扩展到对司法系统中有关科学信息传递的某些缺陷的思考。当地的法律和科学目前处在一段麻烦不断的婚姻中，这段婚姻在张伯伦案中彻底失败了”（Ouchterlony，1987）。虽然自林迪被赦免以来已经取得了进展，但令人遗憾的是，这项任务仍未完成。

## 五、总结

以上几个例子凸显出一些很明显的问题：检方可能不愿透漏无罪的信息，并倾向于夸大预试验阳性结果的含义。物证技术人员在法庭上的报告和证词中可能充满了误导性的措辞以及错误的结论。谨慎的辩护律师应确保向物证技术人员索要所有的基本材料，而不是仅仅依靠最终鉴定报告来分析所有相关信息。特别是在没有进行确证试验，或出现阴性或无结论确证试验结果的情况下，辩护律师还应提议：将预试验结果完全排除。最后，辩护律师应该准备好向物证技术人员质证的问题，或提供新的专家证词，以解决本文提出的所有潜在问题。

### 网络资源

http：//what – when – how. com/forensic – sciences/blood – identification/

http：//www. ncids. com/forensic/

http：//www. aoc. state. nc. us/www/ids/Defender%20Training/2005%20Spring%20Conference/SBI_ Tests – paper. pdf

http：//www. corpus – delicti. com/forensic_ mis. html

https：//www. ncjrs. gov/pdffiles1/nij/grants/228091. pdf

http：//www. nist. gov/forensics/workgroups. cfm

http：//www. criminalistics. com/ethics. html

http：//www. aafs. org/wp – content/uploads/Bylaws. pdf

http：//www. cacnews. org/membership/handbook. shtml

http：//www. innocencecommission – nc. gov/

http：//www. wral. com/asset/news/local/2009/09/16/6014105/79539 – TRANSCRP. pdf

Swecker Report，found at：http：//www. ncdoj. gov/News – and – Alerts/News – Releases – and – Advisories/Related – Information/Independent – Review – of – SBI – Forensic – LAB. aspx

State v. McDaniel：http：//legacy. 13wmaz. com/story/news/local/macon/2013/12/12/stephen – mcdaniel – court – hearing/3997269 and

http：//archive. 13wmaz. com/news/pdf/318MotiontoExcludeLuminol. pdf

http：//www. betterconsult. com. au/blog/the – dangers – associated – with-presumptive – testing/

http：//dfs. dc. gov/sites/default/files/dc/sites/dfs/page_ content/attachments/FBS02%20KM%20Testing. pdf

http：//www. amandaknoxcase. com/luminol/

## 致 谢

作者感谢巴里·贝彻（Barry Boettcher）教授、伊戈尔·乐奈福（Igor Lednev）教授、迈克尔·林克松（Michael Klinkosum）教授和约珥·施瓦兹（Joel Schwartz）教授的有益讨论。

## 参考文献

Altman，D. G.，Bland，J. M.，1994. Diagnostic tests 1：sensitivity and specificity. British Medical Journal 308，1552.

Australia Royal Commission of Inquiry into Chamberlain Convictions，1987. Report of the Commissioner the Hon. Mr. Justice T. R. Morling/Royal Commission of Inquiry into Chamberlain Convictions，p. 379.

Barni，F.，Lewis，S. W.，Berti，A.，Miskelley，G. M.，Lago，G.，2007. Forensic application of the luminol reaction as a presumptive test for latent blood detection. Talanta 72，896 – 913.

Boettcher，1988. Contaminating antibodies may produce unexpected reactions in counter current immunoelectrophoresis. Medicine，Science，and Law 28（4），336 – 340.

Brenk v. State，847 S. W. 2d 1，311 Ark. 579（1993）.

Castro D. M.，Coyle H. M. Biological Evidence Collection and Forensic Blood Identification，unpublished manuscript.

Cox，M.，1991. A study of the sensitivity and specificity of four presumptive tests for blood. Journal of Forensic Sciences 36（5），1503 – 1511.

Crider v. State of Oklahoma，Case No. F – 99 – 1422，Court of Criminal Appeals OK（2001）.

Garrett，B. L. ，Neufeld，P. J. ，March 2009. Invalid Forensic Science，Testimony and Wrongful Convictions. 95 Va. L. Rev. 1. Available at：http：//www. virginialawreview. org/volumes/content/invalid – forensic – science – testimony – and – wrongful – convictions.

Grispino，R. R. J. ，1991. Luminol and the crime scene. Prosecutor 25（1），28 –32.

Harris，A. ，2011. A test of a different color：the limited value of presumptive field drug tests and why that value demands their exclusion from trial. Southwestern Law Review 40，531 –550.

Jamieson，P. ，2011. Top State Forensic Analyst under Fire for Defending Disgraced NC Crime Lab. SF Weekly January 28.

Kobilinsky，L. ，Liotti，T. F. ，Oeser – Sweat，J. ，2004. DNA：Forensic and Legal Applications. Wiley – Interscience，p. 392.

Murphy，J. ，Bustin，S. A. ，2009. Reliability of real – time reverse transcription PCR in clinical diagnostics：gold standard or substandard? Expert Review of Molecular Diagnostics 9（2），187 –197.

Ouchterlony，O. ，1987. Immunoprecipitation in court – the chamberlain case. International Archives of Allergy and Applied Immunology 82，233 –237.

Palmer v. State，870 S. W. 2d 385，315 Ark. 696（1994）.

Peel，C. ，Gill，P. ，2004. Attribution of DNA profiles to body fluid stains. International Congress Series 1261，53 –54.

People v. Lovejoy，235 Ill. 2d 97，138 –9（2009）.

Petersen，D. ，Kovacs，F. ，2014. Phenolphthalein false – positive reactions from legume root nodules. Journal of Forensic Sciences 59（2），481 –484.

Raymond，T. ，2005. Law and forensic science in the criminal trial process：the Lindy Chamberlain case. In：10th Greek Australian Legal and Medical Conference，Mykonos，Greece，2005.

State of Mo. v. Faria，Cause No. 12L6 – CR01312.

State v. Canaan，964 P. 2d 681（Kansas，United States，1998）.

State v. George Earl Goode，Jr. ，92CRS2661 – 62，92CRS2569，2570，Johnston County，North Carolina.

State v. Russell Scott Faria，Case No. 12L6 – CR01312，Lincoln County，MO（2012）.

State v. Taylor，91CRS71728，Wake County，North Carolina（1993）.

Tobe，S. S. ，Watson，N. ，Nic Daeid，N. ，2007. Evaluation of six presumptive tests for blood，their specificity，sensitivity，and effect on high molecular – weight DNA. Journal of

Forensic Sciences 52, 102 – 109.

United States v. Rodney T. Hill, 473 F. 3d 112 (4th Cir. 2007).

Virkler, K., Lednev, I. K., 2009. Analysis of body fluids for forensic purposes: from laboratory testing to non – destructive rapid confirmatory identification at a crime scene. Forensic Science International 188 (1 – 3), 1 – 17.

# 第九章　血迹形态分析

## 第一节　案例研究：大卫·卡姆案

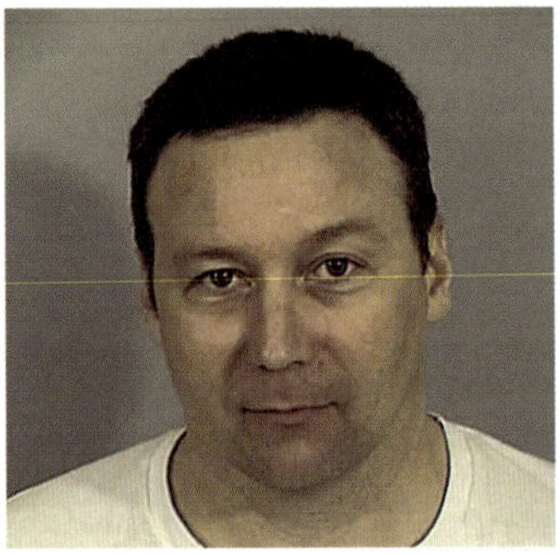

大卫·卡姆

真相从不陪人演戏。不论人们内心深处的期待、祈求与渴望是什么，它们都无法改变事实和证据该有的模样。

——约翰·亚当斯

（John Adams）

### 一、案情简介

如果社区内发生了一起影响非常恶劣的犯罪案件，人们很自然地会想找一个人来承担后果，以告慰亡灵，而那些看似最具犯罪动机的人便首当其冲。人们会先锁定他们，然后根据初步的调查结果去推断犯罪事实真相。大卫·卡姆（David Camm），就在一起凶杀案中，被认定为最具犯罪动机的人。卡姆的妻子和两个孩子在车库被枪杀，而且他又被爆料曾多次与人通奸，所以人们很容易将他视为一个具有犯罪动机的恶魔。在案发当晚他走路的姿势以及交流时眼神躲闪的行为，使得警方更加确信自己的推测。最终导致，即使有人作证称，在其家人受害时，他正和 11 个人一起打篮球，但检方还是认为，卡姆是该案中唯一合乎逻辑的嫌疑人。

被专家认定的高速溅落状血迹（High – velocity mist or High – velocity impact spatter，HVIS）是本案中最核心的证据。当凶手开枪射杀受害者时，在某些情况下，受害者的血会从射入口后溅而出（即与子弹飞行相反的方向溅出），在离伤口 4 英尺范围内的任何人或物体上都有可能留下一种独特的高速溅落状血迹（Englert and Passero，2010）。而本案中卡姆的 T 恤上，就有符合这种独特血迹形态的八个小血点。

2000 年 9 月 28 日晚发生的一起凶杀案，给卡姆心中蒙上了一层挥之不去的阴影。案发当晚 7 点 30 分左右，他的妻子金·卡姆（Kim Camm）和他的两个孩子—7 岁的布拉德利（Bradley）和 5 岁的吉尔（Jill）在乔治城的家中被枪杀（Camm v. State，2004）。在此之前，金和两个孩子刚从布拉德利的游泳训练课上回来。

卡姆以前是该州的一名警察。案发当晚 7 点到 9 点 20 分，他一直在附近的一座教堂打篮球。打完篮球后，卡姆开车回到家中。当他打开车库门的瞬间，突然看到妻子金倒在了福特野马车旁的车库地板上，头部中了一枪，明显已经死亡。大卫赶紧跑过去寻找他的孩子，结果，在车内找到了他们。吉尔的头部也中了一枪，已经死亡。布拉德利的胸部中了一枪，大卫认为他可能还活着。于是，他从中控台爬向车后座，翻过吉尔将布拉德利从后座的左侧抱出，放在金的身旁，给他做心肺复苏，但发现布拉德利由于胸部伤口失血过多，已经无法救活。随后，卡姆用厨房里的电话打给警察求助，然后跑到街对面的祖父家，并把这一噩耗告诉了他的叔叔。

警察收集了案发当晚卡姆穿的带血 T 恤、鞋子和袜子（Camm v. State，2009），并将这些可疑物证提交给血迹形态分析专家。分析专家给出的鉴定意见是，在带血 T 恤的一角发现的 8 个小血点是由枪击形成的高速溅落状血迹。经过血液 DNA 检测发现，这些血液是 5 岁吉尔的。检方主要凭借这一证据，指控大卫·卡姆谋杀了金、布拉德利和吉尔。

侦查人员在第一次查询大卫家里电话记录时发现，在 7 点 20 分，卡姆在家里用座机给客户打了个电话。该记录说明了在案发时大卫就在现场，这使得侦查人员再也听不进那些证明当时卡姆和他们一起打篮球的球友的证言。侦查人员还排除了那些对指控卡姆显得无足轻重的证据，其实，这些才是能真正还原案件真相、迅速锁定真正罪犯的证据。当侦查人员得知电话记录有误，即那天晚上的电话是 6 点 30 分拨打的，也就是说卡姆球友的证言是正确的之后，还是坚持认定卡姆就是真凶，并将篮球队员们所陈述的卡姆不在场证明很轻易地解释为：卡姆一定是在篮球比赛期间偷偷溜出来，杀死他的家人，然后再潜入活动中心打球。在这期间球友们恰巧没有人注意到他的离开和返回，也没有人留意到他 T 恤和鞋子上的血迹。

### （一）一审

在庭审时，检方使用的专家鉴定意见说明：虽然卡姆 T 恤上的一些血迹是转移形成的，但他 T 恤上的那 8 个小血点，肯定是 HVIS（Camm v. State，2009），该血迹形态能够证明卡姆枪杀了他的女儿吉尔，并且在枪杀时距离吉尔只有几英尺。卡姆辩称这些血迹不是高速溅落上去的，而是转移的结果，因为当他发现金、布拉德利和吉尔时，他的衣服与尸体接触过，而这些血液就是在接触过程中转移到他的衣服上的（Camm v. State，2009）。

庭前会议讨论了专家认定的 HVIS 这一结论的可靠性。州检方坚持认为，血迹形态分析已经在州和国家的判例中得到了认可。检方还提醒法官“没有必要重新考察已被普遍接受的科学技术”（Camm v. State，2009；citing Miller，2007）。

卡姆的辩护团队承认血迹形态分析技术已经受到普遍认可，但他们表示，这并不代表此案件中专家们的鉴定意见就是正确的（Camm v. State，2009）。检方在认定卡姆是凶手时，没有根据血迹形态分析的结果，也不是根据沾有 HVIS 的衣物，而是仅仅基于一件上面有疑似 HVIS 的 8 个小血点的衣服。辩方认为，任何专家都无法轻易地判断这 8 个微小的血点到底是 HVIS 还是转移状血迹。他们还表示让那些认为这些血点只可能是 HIVS 的专家作证，会让证据缺少科学合理性，进而会误导陪审团。可靠的专家证言与纯粹猜测的区别就在于前者检查的是血迹形态，而后者只是检查了血点。正如后文所述，血迹形态分析是一门学科，但血点分析不是。

在审判中，检方提交了五位专家的血迹分析报告。这五名专家出具的鉴定意见都认定，被告人T恤上的8个小血点是高速溅落状血迹。而辩方找的四名血迹专家，则认为卡姆T恤上的所有血迹都是转移形成的。法院最终作出了倾向检方的判决，采信了检方专家的鉴定意见，表示卡姆在距离吉尔4英尺的地方开枪射杀了她。

（二）灰色卫衣

侦查人员在布拉德利尸体下发现了一件灰色卫衣，经指认，这件卫衣不是卡姆一家人的。但是，由于侦查人员已经认定卡姆是作案人，便使得他们将这件卫衣排除在侦查范围之外，而这件卫衣上面的几处血迹本来是可以给侦查人员提供重要线索的。其中两处血迹来自金和布拉德利。第三处血迹含有未知人员的DNA分型。一般情况下，后领内侧通常都会有穿戴人员的DNA，而这里就出现了未知人员的DNA。在卡姆一审前，检方没有在DNA数据库里检索该未知DNA分型，但是他们却向辩方谎称他们已经在DNA数据库里查询过该DNA分型了，只是没有找到匹配人员。令人吃惊的是，该卫衣是监狱里发的衣服，拥有这件卫衣的人可能在州监狱里服刑过一段时间。更值得一提的是，卫衣的背面内侧写着“Backbone”这一人名。尽管卡姆和他的辩护团队一直认为这是本案的关键证据，并且要求对此进行侦查，但由于侦查人员对他们已经搜集到的证据过于自信，即他们认定卡姆T恤上的血迹就是高速溅落状血迹，因此，他们也就再也无心去调查卡姆以外的其他嫌疑人了。

（三）卡姆的性格

检方传唤了一系列证人来证明卡姆的婚外情，并提供了来自12名与卡姆有不同程度亲密关系女性的证词。有简单的调情的，也有确定不正当关系的，检方认为所有这些证词都可以证明卡姆的性格有缺陷，并以此说明他具有杀害妻子和孩子的动机。正是因为卡姆性格上的缺陷才使他陷入这一段又一段的婚外情中（Camm v. State，2004）。

根据法医的证词，5岁吉尔生殖区域的创伤是由性骚扰或骑跨式摔倒造成的。基于吉尔的损伤检方提出了这样的推论：卡姆性侵了吉尔，然后将吉尔和其他家人一起杀害以逃避侦查。检方的这一推论非常不公平并且存在偏见，分析如下：首先，这种伤害可能不是性侵形成的，骑跨式损伤也可能在多种事故中形成，例如，从自行车或踏板车上摔倒，或者是从浴缸中滑出或滑入时磕碰到浴缸壁沿（萨克塞纳（Saxena）et al，2014）。其次，即使吉尔被性侵了，也有可能是除了卡姆以外的其他人对她进行的性骚扰。然而，检方坚持认为是卡姆性骚扰了吉尔。尽管陪审团仍需要自行判断他的无罪辩护是否充分，以及判断卡姆是否真的侵犯了他的女儿，但是猥亵儿童的指控往往足以干扰到陪审团的判断。综合卡姆婚外情的证据、虐待儿童的荒谬指控和 HVIS 证据，最终，卡姆因三项谋杀罪名，被判处有期徒刑 195 年。

### （四）上诉

卡姆对一审结果提起上诉，辩称那些关于他有婚外情的证人证言干扰了陪审团的判断。上诉法院撤销了一审判决，并认为检方判断卡姆因为性格上有缺陷，所以去发展婚外情的做法是不正确的。这种做法等于是给陪审团提供卡姆通奸的证据，这无疑也坐实了卡姆性格有缺陷的论断，从而更有利于检方引导陪审团确信卡姆有性格缺陷，所以杀死了他的妻子和孩子。法律有明确规定，禁止检方根据被告的性格缺陷认定其有罪。

此外，上诉法院还告诫一审法院，吉尔生殖器损伤的证据与本案无关，除非有确切证据证明吉尔的确被性侵了，并且是卡姆猥亵了她。

### （五）二审

在卡姆二审宣判前，他的辩护团队重申了将灰色卫衣上未知 DNA 分型再到 FBI 国家数据库中检索的必要性。结果，该 DNA 与查尔斯“Backbone”博尼（Charles“Backbone”Boney）的 DNA 比中（Camm v. State，2009）。其实在一审之前，博尼的 DNA 分型就已经在 FBI 的数据库中了。如果控方使用数据库检索了卫衣上的 DNA 分型，就可能比中博尼。

警察讯问了博尼，他承认这件卫衣是他的，但他说在该凶杀案发生前一两个月他就将这件卫衣捐赠给了基督教救世军（译者注：慈善机构）（Boney v. State，2008）。博尼说他不认识卡姆，也拒绝承认曾去过犯罪现场抑或参与谋杀案，直到侦查人员说在野马车上找到了他的手印。该手印在一审审理中被检方的专家忽略了，因为他们当时认为手印可能来自卡姆家中的一个孩子，然而在尸检时从他们手上捺印下来的指纹质量太差，无法进行比对。

博尼对谋杀当晚的供述前后变更了好几次，他最终确定的说辞是：谋杀当晚他在卡姆家，但他去那里仅仅是向卡姆出售枪支。他告诉侦查人员，卡姆杀死他家人的时候，他就在他们家的车库外面。

博尼的出现本应该让侦查人员将注意力从卡姆转到他身上。博尼有恋足和鞋子的癖好（Camm v. State，2009）。他曾经四次被判抢劫罪，都是为了抢鞋而袭击女性（Boyd，2005）。随着时间的推移，博尼犯罪过程中实施的暴力等级不断上升。在 20 世纪 80 年代，博尼成了布卢明顿（Bloomington）地区的鞋匪。他在几次作案后被捕，在作案时，他都会先将女性摔倒在地，然后抢走她们的鞋子（Boyd，2005）。最终，他被判抢劫罪和故意伤害罪。1992 年，他在刑满释放后，开始使用枪械。两周内，他就持枪抢劫了一间办公室，然后在违背三名妇女意愿的情况下猥亵了她们（Boyd，2005）。博尼因此被判处有期徒刑 20 年。就在他刑满被释放几个月后，金、布拉德利和吉尔被杀害。

博尼的这些犯罪经历和作案细节，应该让侦查人员意识到他们最初的侦查方向可能错了。将博尼过往的犯罪信息与本案现场情况串联起来会发现，这很有可能是性侵和抢劫暴力升级的结果。首先，现场发现金的裤子被拉下来，且双脚有擦伤。金的鞋子已经从脚上取下并被一个身高高于她的人整齐地放在了车顶上（Camm v. State，2009）。与博尼先前因恋物癖犯下的相关罪行相似，该案也是发生在停车场，且凶手和受害者之间互相不认识。另外，他还会使用枪支，或至少可以使用枪支进行威胁以压制受害者反抗。综上所述，该案极有可能是博尼犯罪的暴力性升级的结果。人们很早就遇到过，一些与恋物癖相关的入室盗窃案最终升级成了凶杀案（Schlesingerand Revitch，1999）。

然而，侦查人员仍然坚信卡姆就是凶手，不愿承认起初的直觉是错误的。这时，即使卡姆有充分的不在场证明，也无济于事。他们接受了博尼的陈述，认为卡姆和他是偶然相遇的，卡姆从博尼这里买枪。他们还采纳了博尼的口供，相信博尼在谋杀之夜将枪送到卡姆家，而且当卡姆杀死他的家人时他就站在车库外面。侦查人员没有意识到这个新口供的荒谬之处：一个有恋物癖的人协助一名前警察去谋杀了这名前警察的家人。虽然博尼被另行立案指控谋杀了卡姆的家人，但卡姆在二审中同样也被起诉并被判决有罪，而博尼被认定为他的同伙。

卡姆在第二次审判中被判有罪，很大程度上是因为有证据表明吉尔在她死后的24小时内遭受过性骚扰。检方基于多种猜测，推测卡姆杀害其家人的动机，但是吉尔受到伤害的原因并不明确。专家们在陪审团面前指出，吉尔一定是受到了她父亲痛苦的骚扰后，告诉了她的母亲，父亲猥亵了她，于是金决定告诉卡姆她要离开卡姆，这样卡姆就产生了杀死他妻子和孩子的念头。然而，由于完全没有任何可以证明卡姆性骚扰吉尔的证据，上诉法院再一次撤销了对卡姆的判决并发回重审。

#### （六）三审

在卡姆的第三次也是最后一次审判中，博尼仍坚持他的口供，他是偶然结识的卡姆，卡姆从他那里购买了两把枪。博尼供述他在谋杀当晚送去了第二把枪。枪是用博尼的灰色卫衣包裹着的。根据博尼的证词，当卡姆枪杀金、布拉德利和吉尔时，他人就在车库外面。

此外，检察官还强调了卡姆在案发后的行为举止，向陪审团指出卡姆没有表现出一个丈夫和父亲应有的悲伤，却十分在意人寿保险金的赔偿奥尔特（Alter，2013）。事实上，这也导致侦查人员最初仅凭卡姆的言行就立即认定卡姆有罪。

除了关于卡姆行为举止的证言外，卡姆的第三次审判还有两个非常重要的新发现（Alter，2013）。首先，是更先进、更灵敏的DNA检验技术得出的结果。对接触DNA的检测结果显示：博尼曾接触过金的内衣、毛衣和T恤。这个证据说明博尼作了伪证，因为他说他只碰过金的鞋子，从未碰过金的其他部位。接触DNA证据能够支持博尼单独行凶的假设—博尼的性恋物癖导致他袭击了金。第二个新发现是专家对血迹形态的分析。

### 二、血迹形态证据

本案的核心问题是，由吉尔的血液形成的8个微小血点是如何遗留在卡姆T恤上的（Camm v. State，2004）。正如前两次庭审一样，卡姆的第三次庭审依旧围绕着卡姆 T 恤上发现的 8 个小血点展开了讨论（Davis，2013）。三名法庭科学专家给出的专家意见表示，这 8 个小血点是高速溅落状血迹，因为每个血点的尺寸都小于 1mm，并且呈现鸡蛋外形（Alter，2013；Boyd，2013）。专家们确信这些小血点是 HVIS 的原因还在于，它们已经渗入到织物里面，而不仅仅是在织物表面（Alter，2013）。因此，检察官认为凭借卡姆 T 恤上的小血点就足以证明卡姆杀死妻儿的事实（Boyd，2013）。

而卡姆的辩护专家则提出了为卡姆作无罪辩护的证据。他们指出微小血点是转移形成的。吉尔的头发发梢上粘附有血珠。当卡姆越过吉尔的尸体将布拉德利从车里抱出来的时候，吉尔头发上的血珠碰到了卡姆的 T 恤。微小血滴浸染了织物并留下血迹（Alter，2013；Boyd，2013）。在下一节中，血迹形态分析专家巴列・戈茨（Barie Goetz）将通过科学的方法、实验、演绎推理和恰当的分析，揭示该血液斑点是转移形成的而非枪击时后溅形成的。

此外，来自安大略省多伦多市（Toronto，Ontario）的工程师尤金・利斯科（Eugene Liscio）向陪审团展示了他做的现场三维重建实验，该实验通过仪器还原了车内情形以及子弹进入小孩体内的轨迹，清楚地表明，凶手衣服的左前方部位不在吉尔头部伤口血液后溅范围之内。因此这 8 个小血点不可能是因为卡姆射杀吉尔而产生的。

对于血迹的解释检方还有其他说法。吉尔当时系着安全带坐在车后，如此近距离的射击是能够使吉尔头部伤口的血液回溅到卡姆 T 恤上的。辩方的一名专家辩称，野马车防滚架上的溅落血迹可以证明卡姆不是凶手（Boyd，2013）。防滚架上的血迹明显是吉尔受枪伤后溅形成的，每个溅落血点的直径为 2 至 4mm。而卡姆 T 恤上的血点则要小得多。如果卡姆 T 恤上的 8 个小血点是吉尔伤口血液后溅形成的，那么卡姆 T 恤上的血点应该更大些，要与防滚架上的血点更像一些（Boyd，2013）。

为控方和辩方作证的专家的背景存在着很大差异。控方专家都是警察，他们的经验也都主要来自警察工作，他们都不是做研究的科学家。而辩护专家则是受过大量高等教育的科学家，并在实验室中获得了成功，他们的专业知识是建立在科学之上的（Alter，2013）。经过 10 小时的审议，最终，陪审团被辩方专家说服了，卡姆被判无罪。

虽然卡姆历经坎坷，最终洗刷了冤情，但他和社会都付出了巨大的代价。

尽管警方和检方掌握了大量可以排除卡姆嫌疑的证据，可以让他们把侦查重心放在博尼身上，但是由于警察和检察官误将卡姆 T 恤上的血迹形态判断为 HVIS，而过早地认定卡姆就是罪犯并且揪着不放，从而走上一段冤枉路，导致了三次昂贵但不必要的审判。县政府为全部诉讼和相关费用一共支付了 440 万美元（Schneider，2013）。而当事人遭受的损失则更大。卡姆不仅要承受发现妻儿尸体的惊骇，被指控谋杀带来的恐惧，还要忍受长达 13 年的自证清白的煎熬。受害者的家人和朋友也被迫无奈，卷入了这场控辩双方论争的漩涡中，他们当中有许多人在得知卡姆出轨的事情后相信了控方对卡姆的杀人指控。最后，虽然卡姆被无罪释放，但因为对 8 个小血点的错误分析，使得每个人都付出了沉重的代价。

## 参考文献


Alter，M.，2013. Camm Trial in Review. Available at：http：//www. wlky. com/news/local – news/david – camm/camm – trial – in – review/22429352.

Boney v. State，2008. 880 N. E. 2d 279（Ind. Ct. App. 2008）.

Boyd，J.，2005. Accused Killer was on Early Prison Release. Herald Times Online. Available at：http：//ww. heraldtimesonline. com//stories/2005/03/09/news. new. 1110431877. sto？ code = ac9d21b4 – a05 – 11e5 – 97eb – 10604b9f2f2e.

Boyd，G.，2013. Defense Analyst Says Pattern Evidence Supports Camm's Version of Events，WAVE News. Available at：http：//www. wave3. com/story/23595726/camm – trial – 102 – defense – analyst – says – pattern – evidence – supports – camms – version – of – events.

Camm v. State，2004. 812 N. E. 2d 1127（Ind. Ct. App. 2004）.

Camm v. State，2009. 908 N. E. 2d 215（Ind. Ct. App. 2009）.

Davis，L.，2013. Former Indiana trooper David Camm found not guilty after 3rd trial in Family's Slaying. ABC News. http：//abcnews. go. com/US/indiana – trooper – david – cammfound – guilty – 3rd – trial/story？ id = 20678578.

Englert，R.，Passero，K.，2010. Blood Secrets：Chronicles of a Crime Scene Reconstructionist. Macmillan.

Miller Jr.，R. L.，2007. Courtroom Handbook on Indiana Evidence 236. （West 2007 – 08）.

Saxena，A. K.，Steiner，M.，Hölwarth，M. E.，2014. Straddle injuries in female children and adolescents：10 – year accident and management analysis. The Indian Journal of Pediatrics

81（8），766－769.

Schlesinger，L. B. ，Revitch，E. ，1999. Sexual burglaries and sexual homicide：clinical，forensic，and investigative considerations. Journal of the American Academy of Psychiatry and the Law Online 27（2），227－238.

Schneider，G. ，2013. ＄1. 1 million David Camm trial strapping Floyd County budget. The Courier－Journal. Available at：http：//archive. courier－journal. com/article/20130929/NEWS02/309290054/－1－1－million－David－Camm－trial－strapping－Floyd－County－budget.

## 第二节　血迹形态分析

### 一、血迹形态分析的基本概念

血迹形态分析（Blood Pattern Analysis，有时被误称为血液喷溅分析）是从物理学角度考察暴力犯罪过程中血迹的形成过程，以判断凶手或受害人流血后的活动轨迹。这个学科不同于血清学家以及 DNA 专家通过血液检测进行的同一鉴定和个体识别，但确定血液的来源能为血迹形态分析专家提供重要信息，并在血迹形态分析中发挥重要作用。国际血迹形态分析协会（The International Association of Bloodstain Pattern Analysis，IABPA）提出，“从血迹形态中获得的信息可用于还原案件事实，还可用于检验证人证言和当事人陈述的正确性”。至此，我们将从血迹形态分析方法的历史变化和一般原则着手，了解获取和使用这些信息的方法，随后再详细介绍血迹形态分析是如何影响大卫·卡姆案的审判的。

### 二、血迹形态分析的历史与演变

#### （一）血迹形态分析的学科起源与发展过程

在勘查暴力流血犯罪案件现场时，侦查人员会观察遗留在现场的血迹并从中得出结论。自 19 世纪以来，科学家一直在探索理论并撰写阐释血迹形态的论文（Laber et al. ，2014）。早在 1850 年，欧洲的科学家就开始系统地研究在犯罪现场留下的血迹形态，以便了解案发经过（Bevel and Gardner，2008）。1895 年，爱德华·派特斯克博士（Dr. Eduard Piotrowski）使用活体动物进行实验，以制作和研究血迹，并出版了《头部创伤产生血迹的起源、形状、方向和分布》（*Concerning Origin*，*Shape*，*Direction*，*and Distribution of Bloodstains Following Blow Injuries to the Head*）一书。他的工作和研究方法都十分先进科学，因此他写的这本书也成了那个时代不可复制的传世经典（Bevel and Gardner，2008）。在 20 世纪初期，汉斯·格罗斯（Hans Gross）的《刑事侦查体系——地方检察官手册》（*Volume on criminal investigations*）中含有关于血迹分析的部分，并成为当时侦查人员首选的参考手册（Gross，1907）。

1955 年，保罗·L·柯克博士（Dr. Paul Leland Kirk）检验了玛丽莲·谢泼德（Marilyn Sheppard）被谋杀现场的血迹形态，这是她丈夫塞缪尔·霍姆斯·谢泼德医学博士（Samuel Holmes Sheppard，M. D.）（Sheppard v. Maxwell，1966）上诉证据一部分。萨姆·谢泼德案也是一起因操之过急而仓促定案的冤案。在侦查此案时，警方侦查人员面临来自媒体巨大的舆论压力。和处理大卫·卡姆案一样，警察因为谢泼德的通奸行为以及描述当晚事件时异常冷漠和镇定的心理表现，对他进行了侦查。谢泼德因涉嫌谋杀妻子被捕，后来又因上诉过程中被法官认为藐视法院权威而受到审判并定罪。可就在他被定罪后，一名在谢泼德家中工作的维修工人却站出来承认拿了玛丽莲的戒指，还在现场流了血。这名维修工人后来因杀害另一名女子被定罪，但始终都没有因为玛丽莲·谢泼德案受到指控。

在谢泼德被定罪后，柯克博士检查了被保护的现场，观察了现场的血迹，翻阅了尸检报告，并审查了警方卷宗和证人证言。他进行了现场模拟实验来推翻和验证各种假设。柯克博士采用科学的方法辨识物证之间的相互关系，对犯罪现场发生的一系列行为进行演绎推理。这种分析解读犯罪现场的科学方法，犯罪现场重建协会直到几十年后才总结出来。柯克博士对现场血迹的阐释及其得出的结论成为 1966 年案件重审中被告人被判无罪释放的关键。出于一名真正的科学家的研究探索精神，柯克博士和他的同事们在审判结束后，仍然继续深入研究血迹形态。

1971 年，当赫伯特·麦克唐奈（Herbert Leon MacDonnell）和劳瑞尼·白劳斯（Lorraine Fiske Bialousz）就职于国家执法和刑事司法局（现改名为国家司法局）时，撰写了一本小册子，使柯克博士的成果得到了进一步发展，小册子题为《人血的飞行特征和血迹形态》（*Flight Characteristics and Stain Patterns of Human Blood*，MacDonell and Bialousz，1972）。这本29页文字和48页的图表和照片使血迹形态分析成为美国法庭科学研究工作的主流之一。在此出版物发布后的几年里，麦克唐奈开办了一个为期一周的关于犯罪现场血迹分析的基础课程。参加课程学习的学员后来又各自出去开办了40个小时的基础课程，指导更多人学习这方面的基础知识。逐步地，这门学科扩展至美国乃至全世界。今天，IABPA为美国、澳大利亚、新西兰、中国、丹麦、荷兰、芬兰、法国、德国、以色列、韩国、葡萄牙、西班牙和土耳其的血迹形态分析专家提供学习资源。因为有图表为学习判断一般的血迹特征提供方便（Bandyopadhyay and Basu. 2015），所以人们可以直接上斯莱姆科法证咨询网（Slemko Forensic Consulting）就能独立分析案情。

很多人认为血迹形态分析可以很简单地完成，并且快速掌握分析血迹形态所需的技能和知识很容易，这是对血迹形态分析工作的误解。正如我们将要看到的，血迹形态分析是复杂的系统分析，而且具有很大的不确定性和差异性（Attinger et al.，2013；Larkin，2015）。尽管如此，和许多法庭科学证据一样，血迹形态的分析报告可以在全世界的庭审中作为证据使用，并且在很多时候即使没有经过严格验证，也依然被法官采纳了（Laber et al.，2014）。

### （二）血液形态分析课程培训及专家资质

#### 1. 血迹形态分析教学和培训存在的问题

**麦克唐奈与白劳斯的手册**

我第一次接触血迹形态分析是在1976年读研期间。作为美国匹兹堡大学的法庭科学专业课程的一部分，血迹形态分析课程采用麦克唐奈手册作为基础教材。之后，我参加了多位老师的各种基础和高级课程。曾有一个专题讨论会向我揭示了一些从业者解释血迹形态的水平有多糟糕。专题讨论会的与会者汇报了自己分析的血迹形态案例，分享了在案例中分析血迹形态的方法、过程、结果及庭审中出具的分析报告。汇报中存在一些明显的逻辑缺陷、对血迹形态的错误解读，以及远远超出了物证所能支持范围的草率结论。这使我清楚地意识到：简单化血迹形态分析的原理，试图让侦查人员通过短短为期一周的课程立马成为血迹形态分析专家，这一做法会大大削弱这门学科的科学性。

**执法部门教官的作用**

为了进一步了解血迹形态分析学科的发展历程，我们还需要了解血迹形态分析课程的教官和学员。许多从事为期一周的血迹形态分析基础教育的教官都是现役或退役的警察。他们的学员大多也是警察，其职责包括犯罪现场调查。除非培训教官资格不够或教材内容不准确或不完整，不然的话，让警察指导警察的做法还是非常明智的。可是，一旦教官对该学科的掌握不充分的话，那就不是一名警官误判血迹形态的事情了，而是一整个警察培训班的学员都会犯同样的错误。

除此之外，警察培训警察的方法还有另一个缺陷。因为正常而言研究血迹形态分析需要对科学原理、实验操作、科学方法，以及生物学、物理学和数学都要有深刻的了解。为了使血迹形态分析成为一门具备客观性的科学，而不是法庭上无立锥之地的极具主观性的伪科学证据，就不能通过提取使其可靠的学科内容而简化其原则和实践（Larkin，2015）。所以通过一周课程的学习难以让学员们掌握该学科多年发展得到的知识成果。

有时候即使教官具有足够的专业知识，但为期一周的血迹形态基础课程也并非就适用，因为教官可能掌握不了学员的情况或者说他们在经过一周培训后的学习情况。这些接受过一周课程培训的“天才”毕业生，总是在观察一些独立血迹就急于作出不正确的鉴定意见后，才能意识到 40 小时的培训对于了解这门学科只是个开始。他们在刚开始工作的时候，应该和其他勘查人员一样，把自己定位在学徒的身份上，在不断的实践中，去验证他们学习的知识。律师应该选择那些接受过足够多的培训、拥有丰富经验的分析专家，而不是那些只受过寥寥培训却经过所谓的审核，还一门心思迎合律师最初判断的分析专家。

无独有偶，美国的火场分析学科也有相似的现象——拥有少许甚至没有科学背景的侦查人员却教其他警察如何确定案件是否是纵火案。他们不是科学家，没有进行过任何实验，也不会对既有方法提出质疑，也不会进行犯罪现场重建工作。正如第 3 章所述，一部分侦查人员仅凭从教官那里学到的理论知识，在科学实验和科学方法推理都没有亲自实践的情况下，就急于分析和下结论，最终，导致了很多人无端受冤入狱。火场分析与血迹形态分析存在相似的问题：教官掌握并讲授的东西会成为整个警察团队执行相关分析任务的信条。

**血迹形态分析是否简单？**

在贝萨尼·拉金（Bethany Larkin）一篇题为《血迹形态分析：浮于表面》（Bloodstain pattern analysis：scratching the surface）的综述论文中，这位英国博士生用 513 页的篇幅探讨了血迹形态分析（BPA）的本质（Larkin，2015）。在摘要中，拉金说道：

血迹形态分析的本质给人一种错觉，即它的证据意义要小于指纹或 DNA，只依赖于分析专家的判断，很少去关注任何科学评价。最近的研究文献初步涉及了更加量化的方法，通过直接建立可用于犯罪现场的方程和方法学，形成了判断血迹冲击角度、冲击速度、血点来源和血迹形态类型的新方法。

**血迹形态分析真的如此简单吗？——回答当然是：不是**

有两点需要提及：首先，论文的标题是《血迹形态分析：浮于表面》，正如其标题中所反映的那样，拉金研究和撰写的论文虽然有超过 500 页的丰富信息，但仍然浮于表面。其次，当代法学不能接受仅凭借分析专家的直觉判断就得出结论的做法，现在和将来的血迹形态分析必须采用定量方法。通过这种方式，血迹形态分析将会得到更多的认可，并成为一个广受推崇的科学领域（Larkin，2015）。

### 需要真正的科学家

科学家与大多数警察看待事物的方式是有差别的。在接受过大量训练后，科学家拥有更系统的知识体系，他们善于发现问题、解决问题，以更广阔的视角来分析证据。他们对世界有着不同的看法：他们常会思考事物运行的方式、发生的原因以及如何去优化描述它们轨迹的方程。他们抱着质疑一切的心态去研究现象。他们从不会认为已经发生的事情是理所当然的，除非他们自己重复一遍，否则他们是不会相信的。

科学家们也渴望分享他们的发现，以便让他们的理论得到验证和推广。接受同行检验可以延伸他们的理论甚至可以把理论提升到新的高度。如果一位同行以某种方式反驳或挑战一种理论，那么该群体就会试图去了解他是如何质疑的以及质疑的原因，从而提高对该领域的普遍认知。一个真正的科学家总是在探寻真理，这一特性会使科学家成为执法和司法系统的最佳搭档。

然而，庭审对抗制的性质阻碍了科学方法的高效运转。在法庭上控辩双方并非总是寻求事实真相。合作并试图继续了解另一位科学家的理论或结果往往会被顽固的控辩双方对峙取而代之。长此以往，会导致科学家停止扮演科学家的角色，不深入挖掘，停止学习。

诉讼的性质决定了，在某些情况下，如果一名侦查人员找到了目标嫌疑人，并且熟谙控辩技巧，那么，即使他不具备充分专业分析血迹形态的能力，也会比没有目标嫌疑人却持有真理的纯粹科学家更易被评审团相信。这种现象显然会使血迹形态分析的公正性降低，最终的受害者还是那些无辜的人。

律师和法官在寻求相关领域的专家服务时要注意找这些专家：他们是在彻底了解证据的基础上，依靠科学的方法开展理论研究并得出结论的。一些接受过专门训练但缺乏系统化的科学方法教育的警察，在进一步接受科学和系统的教育和训练后，也会具备该领域的分析鉴定能力，胜任该项分析任务。律师在聘请这种分析专家时需要再三确认，他们是否真的能胜任该项分析工作。

当然，也存在一部分这样的科学家。他们训练有素且很有资质，但进入法院后不顾事情的真相，只知道鹦鹉学舌一般陈述聘请方希望听到的观点。对此，律师必须保持警惕，小心他们鉴定意见中出现的虚假和夸张部分。尽管法官负责把关专家证人是否可靠，但专家也必须要切实地履行自己的职责。同样，控辩双方的律师必须保持警惕，反对那些不称职的伪专家；反对那些基于一般血迹形态规则就下定结论，却没有在相同材料上、没有使用相同假定方法、没有在相同的相对位置或者没有在相同来源位置再现这种血迹形态的专家；反对夸大证据的价值或没有把所有证据考虑全面然后再得出结论的专家。

**血迹形态和血点：**

这几年来我对分析常识的需求越来越强烈。我所在的实验室承担了19个县凶杀案件的现场勘查工作。我与来自数十个不同地区、市、县、州和联邦机构的数百名不同执法人员并肩工作。我遇到过很多血迹形态分析专家，他们大多都没有做到科学地分析一个现场。有一次，我去勘查一个犯罪现场，在观察与暴力致人死亡相关的血迹时，遇到了一件事情。一位刚刚完成了40个小时基本血迹形态分析课程的侦查人员在勘查工作开展没多久之后，就告诉我他已经得出结论。他解释了是如何确定受害者在受伤时离地面的距离的。他是在房间里成千上万的血迹中挑选出个别形状规则的血迹，得出这个结论的。他测量了所挑选的血迹的长和宽，将其输入他们的计算工具，并在血迹基础上三维建模，便以为大功告成了。然而，除了那些孤立的血迹，他忽略了其他所有血渍、血迹形态、创伤、人的运动以及其他一切影响要素。这些经过为期一周培训的“天才”，有很多会这样草率地得出最不合逻辑和不合理的结论，并对其结论充满自信。距离第一次阅读麦克唐奈关于血液飞溅特征的手册已有四十年，但我仍对人们通过观察现场中的几个血迹就盖棺定论的做法表示怀疑。

**2．血迹形态分析专家的资质要求**

血迹形态分析科学工作组（The Scientific Working Group on Bloodstain Pattern Analysis，SWGSTAIN）由来自北美、欧洲、新西兰和澳大利亚的血迹形态分析专家组成。SWGSTAIN 能够提供一个专业的论坛，让血迹形态分析专家能够对不同研究方法和创新成果进行分享和评估。SWGSTAIN 的最终目标是解决血迹形态分析领域的主要问题和操作事宜，并制定最佳实践指南。为此，SWGSTAIN 制定了血迹形态分析专家的最低要求指南：

1. 血迹形态分析预科训练要求学员至少获得：

受认可的学院或大学的血迹形态分析相关学习领域的学士学位或同等学力，或者受认可的学院或大学的与血迹形态分析相关研究领域的二学位或同等学力，以及两年相关工作经验。或者高中文凭或同等学力并拥有四年的相关工作经验。（相关工作经验包括但不限于：犯罪现场勘查人员，犯罪学家，

凶杀或其他刑事案件侦查人员）

2. 按照血迹形态分析培训计划接受培训，采用其特有的方法实现所需的最低目标。完成培训后，学生必须能够：

• 了解与血迹形态分析相关的健康和安全问题；

• 了解血源性病原体及其他相关健康危害；

• 了解生物危害安全设备和程序；

• 了解血迹形态分析历史背景；

• 了解与血迹形态分析相关的科学原理；

• 了解科学方法及其在血迹形态分析实验中的应用，包括：提出问题、作出假设、实验验证、收集数据、数据分析和总结理论或形成结论；

• 了解与血迹形态分析相关的物理原理，包括：物理运动学定律、表面张力、粘度、重力、空气阻力和速度；

• 了解血迹形态原理及其在血迹形态分析中的应用；

• 了解血液成分和相关人体解剖学和生理学；

• 了解客体靶面特征对产生的血迹形态的影响；

• 了解环境因素对于血迹形态的形成和/或干燥时间的影响，包括：空气流动、湿度、温度、客体特性和动物/昆虫活动；

• 了解血液的运动特征，包括：液滴形成、振荡、飞行路径、伴生液滴、波浪抛甩、血迹分布和动能；

• 了解与血迹形态分析相关的数学原理知识，包括：测量单个血迹的方法、与血迹形态分析相关的三角函数，以及确定出血源的方法；

• 了解血迹形态的外观（大小、形状、分布和位置）、形成机理及两者之间的关系；

• 展示识别血迹形态的能力；

• 能够采用可接受的方法记录血迹形态证据，包括：记录血迹形态分析特有的文档技术，包括：摄影、素描和笔记；

• 了解收集和保存血迹形态证据的方法，以便将来进行检查；

• 了解创伤、血管位置及其对血迹形态形成的潜在影响；

• 了解与血迹相关的搜索、化学测试和增强技术；

• 了解血迹形态分析的局限性；

- 具备应用血迹形态分析协助重建流血事件的能力；
- 通过口头或书面阐述事件、结论和意见的能力。

3. 导师：在培训过程中，血迹形态分析学员和导师必须记录并参与辅导项目。该培训应包括但不限于：对所需目标的评估、对结案案例的工作回顾、在导师监督下开展现场血迹形态分析和实验室工作，以及审阅专家证词。

4. 能力培训：血迹形态分析学员必须参与并成功完成能力测试，然后才能进行独立分析并提出专家意见。能力测试可以递进或累加进行，以允许受训者能够独立地进行一定量的个案分析。

5. 血迹形态分析专家的继续教育要求：

- 每年至少应完成 8 小时与血迹形态分析相关的培训。包括但不限于参加专业会议、研讨会和讲习班；
- 建议加入一个与血迹形态分析相关的专业组织。

上文列出的对血迹形态分析专家的要求非常翔实全面，但要注意辩证地思考这些要求，因为其中一些要求有一定的主观性。

对于那些希望获得血迹形态分析专家资质证书的人来说，国际鉴定协会（The International Association for Identification，IAI）的要求不是很严格。虽然 IAI 不对大学或学院的学位有所要求，但要想成为 IAI 认证的血迹形态分析专家，就要参加其组织的 40 小时的课程、200 小时的相关培训，以及拥有至少 3 年的相关经验（IAI 网址：http：//www. theiai. org/certifications/bloodstain/requirements. php）。

## 三、血迹形态分析相关理论

### （一）血迹形态基本概念

虽然血迹形态分析很复杂，需要广泛的科学知识基础，包括：生物学、物理学和数学原理，但 SWGSTAIN 提出的最佳实践指南的最低资格要求，确实为那些最高学历为高中的从业者留下了发展空间，即他们只要从事犯罪现场勘查工作 4 年以上，并接受了充分的培训后即可参加工作。顺便提一下，这种培训通常由执法部门提供，可能会存在本章节前半部分提到的不该出现的问题。鉴于血迹形态分析的复杂性以及需要对实践中所蕴含的科学理论有整体了解，明智的律师，在寻找专家时应该找一个接受过足够多科学教育的分析专家。专家不应采用或表达形成这一血迹形态的方法的意见，除非在相同的目标材料、相同的相对位置和相同的来源位置上使用相同的方法再现了特定血迹形态。否则，如果他无法重现结果，那么其分析结果就有可能是错的。合格的血迹分析专家永远不会想当然。

该学科研究的是血迹形态而非血点。如果血迹形态分析专家只专注于几个孤立的血点而忽略了整体形态，那么即使他们的研究结果支持您对案件的推理，您也应该认真考虑他们的鉴定意见。一旦在法庭上对方请来作证的是真正合格的专家，而己方专家做工作时又缺乏整体性思考，那就很难说服陪审团了。就如同指纹检验人员不会仅仅根据挑选检材和样本中单个分歧特征，就进行案件认定，化学家不会挑出气相色谱中某个单峰，就确认火场残留物中是否含有汽油一样。指纹检验人员和化学家都是在寻找到多个特征后才综合做出判断。

### （二）血迹形态分析的基本原则

参与暴力事件的人员通常会受到或造成流血的创伤。这个简单陈述是血迹形态分析的基本原则。流血量取决于创伤的类型、创伤的严重程度、创伤部位，以及伤者在活着或死后的出血时间。查看尸检报告或医疗记录通常会为我们提供这些变量，而人的出血时间则取决于死亡是否发生或何时发生、有无医疗干预进行止血以及血液凝固特征。血液形成的形态取决于创伤的类型、创伤的严重程度、致伤物、开始出血后此人的运动情况、创伤在身体所处的位置，以及其与他人或物体的相互作用。如上所述，暴力造成出血时，许多变量都在起作用。分析人员必须综合考虑所有这些变量，才能分析出现场遗留血迹的来源和形成机制。

通过血迹形态分析可以推断出受害者在流血时所处的位置和姿势。由于大多数非射击伤害不会立即造成人的死亡或晕倒，受伤的人通常会在受伤时和受伤后在现场继续活动，因此致伤物的冲击和受伤人员在犯罪现场的活动都会影响到血迹形态。如果进行了医疗干预，无论是否专业，即使在一个人死亡之后现场也可能形成血迹。虽然死去的人不会再主动流血，但他们还是会有血被动流出来的。如果死者在受伤出血后继续移动的话，他们有可能会流少量的血，也有可能会比创伤形成时流的血更多。分析专家只有分析过多具移动过的尸体后，才能去判断简单移动尸体后的流血体积和形成的血迹形态。另外，急救人员的活动也会影响到血迹形态的形成，因此他们的陈述、报告和访谈对于解释现场的血迹形态至关重要。

有些现场可以根据血迹形态确定流血受害者所遭受的最少击打次数。有些现场的墙壁和地板上有打击形成的非常多的血液分布，通过分析它们能确定出攻击者的大致位置。

**血迹现场保存**

现场血迹形态证据的质量，直接取决于血迹最初识别、记录、拍照和保存的好坏（James et al.，2005；at p. 264）。有些证据的受重视程度要高于血迹形态证据，因此在血迹形态分析专家进入现场之前，会被优先提取。例如，微量物证通常会被优先提取，因为担心它们可能会被微风轻易吹走，或被技术人员无意之间抹除。现场通常会进行录像，以保存现场良好的整体性，并且会有现场笔录、现场示意图和照片作为补充。很多时候，在现场被开放，甚至清理之后，血迹形态分析专家才会被叫来分析案情。这就要求文档记录的准确性要相当高。

以下是一系列血迹形态分析基本原则的总结：

**运动方向：**血液非垂直撞击物体的行进方向可以通过它的形状来辨别：血迹的尖端方向与运动方向一致。卫星血迹的尖端方向与行进方向相反。

**撞击角度：**可以通过测量血迹头部圆形的变形程度来估算撞击角度。

**溅落状血迹：**溅落状血迹是指当表面沾血的物体与其他物体发生碰撞时，血液向四周溅散形成的血迹。

**前溅血迹：**前溅血迹是指沿着与力相同的方向溅出的血迹。伤口表面的头发和衣服很容易消除前溅血迹甚至阻碍其形成。

**后溅血迹：**后溅血迹是指沿着与力相反的方向溅出的血迹。枪击致伤案件中出现后溅血迹，其形态取决于伤口的位置和大小，创口和枪口的距离，是否有衣物、头发或其他覆盖在伤口表面的物体，以及射击弹头的能量。前溅血迹和后溅血迹的运动距离是有限的。传递给血液的能量是血迹形成和散布的一个重要因素。

**抛甩状血迹：**抛甩状血迹是指沾血物体以一定的角度运动时在附近的客体上留下的血迹。血滴的数量和大小以及弧线的宽度和形态都可以反映出被挥动沾血物体的特征和人挥动物体的方式。能形成抛甩状血迹的物体包括拳头、棍棒、砖块、棒球棒和管状物体等。

**喷溅状血迹：**喷溅状血迹是指受害者主动脉或心脏受到损伤时形成的血迹。持续泵血的压力导致血液从创口喷出。通常而言，心脏每收缩一次，都会形成大的喷溅状血迹。

**呼吸运动形成的血迹：**呼吸运动形成的血迹是指血液由口腔或鼻腔排出而形成的血迹。如果受害者在接受治疗后继续呼吸的话，任何气道或肺部的损伤都会形成这种血迹。心肺复苏（CPR）有时也会形成这种血迹。但在某些情况下，这些排血是由胃部出血造成的，而不是呼吸系统造成的，这种排血往往具有“咖啡渣”样外观。

**流注状血迹：**流注状血迹是指大量血液淤积造成血液边缘因表面张力破坏而产生的血迹。血液在重力作用下会流向可达的最低点。例如，血液顺着人的背部流动时，如果身体改变朝向，血液流向会自动朝向重力方向。血液会沿着物体周围按其自有方向流动，如果将物体移开，非血空白区则可以显示该物体形状。

**滴落状血迹：**滴落状血迹是指血液从物体或创口滴落形成的一系列血迹。物体可以承载的血液量是有限的，因此，其产生的滴血轨迹受到血滴数的限制。伤者可以滴落的血液量仅取决于其体内血液量和其继续位移的能力。

**稀释状血迹：**稀释状血迹是指正常血液被非等渗透溶液（如水）稀释时出现的血迹。血液红细胞遭到破坏以及总浓度的降低，会在血迹外观上形成明显的变化。伤者试图清理血迹时，水槽、浴缸和淋浴周围的区域，通常会出现这些稀释状血迹。

**转移状血迹：**转移状血迹是指当带血物体与客体表面接触并转移一些血液时所产生的血迹。当手、鞋、凶器和其他沾血物体转移足够量的血液时，或许可以根据转移后形成的形态来判定是何种沾血物体。

**溅落的能量：**溅落的能量可以通过单个血点的直径进行估算。根据它们的能量大小，可将它们分为低速、中速和高速溅落状血迹三类。正常情况下，传递给血液的能量越大，血点的直径越小。

**低速溅落状血迹（Low – velocity impact stains，LVIS）**：当血液源受到与重力相当的力或能量时，会形成低速溅落状血迹。该力最大可以是 5 英尺/秒的力或能量，产生的血迹相对较大，且直径通常（有时候可能不是）为 4mm 或更大（Bevel and Gardner，1997；James et al.，2005）。

**中速溅落状血迹（Medium – velocity impact spatter，MVIS）**：中速溅落状血迹是当血液受到速度为 5 – 25 英尺/秒的力时产生的血迹。血迹的直径通常在 1 – 4mm 之间（Bevel and Gardner，1997；James et al.，2005）。

**高速溅落状血迹（High – velocity impact spatter，HVIS）**：高速溅落状血迹是血液受到速度大于 100 英尺/秒的力时形成的血迹。飞溅血迹的直径通常小于 1mm，但必须注意的是，通常在高速溅落状血迹里面可以观察到一些更大或更小的血迹（Bevel and Gardner，1997；James et al.，2005）。

**它是高速溅落状血迹吗？**

低速、中速和高速溅落的分类系统最初是为了用于指导分析专家而制定的，但它并不是一项一成不变的规则。如果看到血迹直径小于 1mm，就说血点是枪击形成的，这是不对的。在上法庭科学概论这一节课时，我让二十多名学生将血液通过各种方法投射到房间内。第二天，当我清理血迹时，我看到了很多非常小的血点。我清理了数千个直径小于 1mm 的血点，其中有许多直径小于 0.1mm，甚至有的几乎只有原子大小的。然而，所有这些非常细小的血点都不是学生射击形成的。

**这是血吗？**

分析专家可能会在血迹形态分析中犯的一个错误，即他们会惯性地把正在分析的斑迹都当成了血迹：

在一起凶杀案中，女性受害者被装配有五发子弹弹匣的左轮手枪射击了 10 枪后死亡。侦查人员认为她的丈夫有射杀她的巨大嫌疑，但没有确切的证据。作为该地区州犯罪实验室血清学家，我承担该案的检验工作。我检查了她丈夫的衣服，但没有找到任何血迹。其实这也不足为奇，因为他的女儿说她的父亲骑车回来后当即就洗了衣服。妻子没有同他一起回来，是几个小时后被发现的。警方的一名侦查人员认识另一个州的分析专家，控方很可能会“得到”不利于被害者丈夫的倾向性结论。衣服送到他那里后，他用鲁米诺喷洒衣服，并在报告里说裤子有几个地方含有血液，包括在后裆部发现了椭圆形血迹。报告指出：血滴以抛物线路径（即对称曲线）溅出，并且溅落在裤子的后裆区域，形成血迹。该报告还指出：被血溅到的左轮手枪在裤子的前口袋中留下了血迹。由于这些结论与我的完全不同，衣服又被送到另一个州的一位专家那里。这个州的专家是辩方专家，我同他一起检查了这些衣服。我们喷洒了鲁米诺，观察到前口袋底部和后裆的椭圆形区域确实有荧光反应。仔细检查后，我们观察到后裆区域有明显的磨损形态，刚好对应骑自行车时摩擦最厉害的区域。第一个州外专家凭借常识就应该知道两件事：首先，血液不能从受害者的身上以抛物线路径越过射击者的头部，落在射击者裤子的后面。其次，当你经常穿着同一条裤子骑自行车时，裤子会产生磨损形态。第一位州外专家在解释鲁米诺反应时也缺乏经验。

鲁米诺的第二个反应区域在前口袋内部的下方。法庭科学专家都知道：鲁米诺不仅与血液反应，也与金属反应。有点常识的分析专家，都应该知道口袋中常会携带硬币、钥匙和其他金属物体，它们都可能会与鲁米诺发生反应。为了测试这个理论，我们在装过硬币和钥匙的多个裤子口袋上进行实验。当喷洒鲁米诺后，它们都发生了反应。

综上所述，血迹形态分析内容远不止于溅落状血迹。本学科中，关于溅落状血迹形成的方式也有很多种，尤其是在研究 HVIS 形成方式的时候。呼吸运动形成的血迹、喷溅状血迹的卫星血迹以及其他非常小的血迹通常会被误认为是枪伤形成的 HVIS。这些错误通常是因为分析专家检查的是血点，而不是血迹形态。除了普遍接受的血迹形态分析原则，在这个复杂的领域，没有其他经验是能够适用于任何场景的。

## 四、对大卫·卡姆案的分析总结

### （一）现场重建实验

对卡姆案件分析和处置后的糟糕结果，告诉了律师应该听取血迹形态分析专家做出的哪些分析意见。卡姆案件涉及的具体细节在本章前半部分和第十章中均有介绍。对在卡姆案犯罪现场出现的独立部分血足迹的实验的分析，将在第十章“犯罪现场重建”中讨论。

卡姆因涉嫌谋杀他的家人而被无辜地关进狱中数年，所幸最终他被无罪释放。以下将从三个方面讲述如何利用犯罪现场重建和实验的方法，正确辨识证据，最终证明卡姆是无辜的。

2012 年，作为卡姆第三次庭审准备工作组的一员，卡姆的一名辩护律师与我联系，要求我检验 T 恤上的血点，并分析这是通过转移形成的还是枪击后溅形成的。我不能仅通过审查案件的一部分材料就草率得出结论，更不用说仅通过对单个证据的个别角度进行研究，我需要审查案件的所有文档。我要求他们给我提供案件的所有材料。

我同意审查该案的一个重要原因，是与我联系的那名辩护律师的做事态度打动了我。卡姆的福特野马车是犯罪现场的一部分。辩护律师为了现场重建，购买了一辆与卡姆的车类似的福特野马。在接下来的一年半中，我们多次使用野马车做了推测验证测试。

我加入案件审查的时间较晚，是有其好处的：第一，我对这个案例没有先入为主的推测，因为我除了知道一些专家提出的当事人需要承担的民事责任之外，我对这个案子没有更多的了解。尽管多年来，此案例多次在 IABPA 会议上汇报，但由于日程安排，这几次汇报我都没有出席。第二，由于该案件在我介入之前已开庭两次，相较于先前其他专家，我能阅读之前两次案件审判的案卷，有一定的参考作用。

如果对卡姆案有了新发现，我会将这些内容进行分类并在活页夹上用标签标注。这样的话，如果有非常好的信息，就能够被快速检索到以进行查阅。审查时我阅读了案卷相关的所有材料，在这里简单罗列了一些较重要的部分：

- 尸检报告、照片和病理学家提供的专家证词

- 物证技术人员的报告、记录和庭审证词
- 犯罪现场勘查报告、照片、现场图、现场记录和犯罪现场重建资料
- 所有实验室要分析的证据的报告、记录和照片，证据包括 DNA、枪弹痕迹、手印、痕迹和所有检验人员以及外聘实验室的专家证词
- 专家（包括前八位血迹形态专家）的报告、记录、照片、证词和庭上证词
- 检察院办公室各侦查员的报告、记录、证词和审判证词
- 财产收据
- 卡姆的访谈、陈述和庭上证词

阅览案卷的详细内容时，我从多个角度对鉴定报告进行了汇总，详细列出了有哪些物证、对每个物证进行了什么检验、由谁进行的检验以及检验结论是什么，并且对一审和二审中所有关键证人（包括所有专家证人、侦查人员和卡姆）的证词做了全面分析。此外，我还搜集了卡姆的两次讯问笔录、一封他写给警察局长的信以及他的证词，并进行了详细比较。

经历过创伤事件的目击者往往不能记住他们所有行为的细节，而一些不准确的信息可能会填充这部分空白记忆（译者注：学名为创伤后应激障碍）。卡姆因为在他提供的证词中，对犯罪现场做出的行为的描述前后矛盾而受到非议。从我的审核和总结来看，这些矛盾都不重要，并不能以此认定他有罪。而对于检方的血迹形态分析专家而言，这些则是证明他有罪的主要和强有力佐证。例如：卡姆不能确定他打电话给警察的时间是在将布拉德利抱出前还是抱出之后，也不确定他的身体是接触过吉尔还是只是看了一下她的情况。对我来说，这些点并不能用来判定他有罪，有可能是他遭受强烈精神创伤后的自然反应。

## （二）血迹形态分析意见的科学性考查

### 卡姆 T 恤上的血迹

在阅读上述案卷材料的过程中，我注意到辩方律师购买了一辆福特野马车，这引起了我极大的关注。我想知道卡姆是如何将布拉德利从车中抱出来的。参与案情分析的大多数专家，包括那些只勘查过一小部分痕迹的人，都同意布拉德利是在车内遭枪杀后，被大卫·卡姆从车内抱出，放在车库地板

上的。为了验证这一说法的真确性、探究真实的案发经过，我身体力行，将一个 50 磅重的包从布拉德利被枪击的位置搬到车外。对我来说，爬过中控台，抱起包后再将其搬到车外，是很困难的。所以我找了一个更年轻、健壮的人尝试，如果让他按照特定路线去搬动，那仍旧是十分困难，但是是可以做到的。在几次简单的犯罪现场重建实验结束几个月后，我们又继续让相同高度和重量的活人进行了一次实验，记录了完成此任务所需的所有动作。

后来的犯罪现场重建是一项复杂工作，需要一大群人，多个摄像机，并还原各种血迹形态的形成过程，但这项工作给我们提供了很多有用的信息。两名年龄和性别适当、身高和体重也相同的儿童，以与案件中尸体同样的姿势被放置到与尸体相同的位置。相近的年龄、性别、身高、体重和健康水平的人被告知要进入车里并抱出布拉德利的替身。布拉德利的替身穿着一件 T 恤，在这件 T 恤上我复制了各种血迹形态和 DNA 提取部位的血迹。我没有告诉卡姆的替身要如何抱出布拉德利的替身，没有规定他必须去哪里，也没有指挥他的动作。我把这一切都留给了他来决定。他采取的路径，他在卡车里的位置，以及与吉尔替身无意识的接触，都被车内不同位置的摄像机记录。当我们回顾这些视频时，我们观察到卡姆替身穿着的 T 恤的左前底部与吉尔替身的头部和头发发生了接触。这些观察结果成了我们重要的发现，之后我们又进行了实验验证。我们这里的研究方法是先通过犯罪现场重建将我们的观察上升为理论假设，然后又对理论假设进行了实验验证。我们并没有基于卡姆 T 恤左下方的血点是出于枪伤中的后溅血迹或者是转移状血迹的结论来做实验。相反，我们是直接对布拉德利从车左后座被抱出的动作进行了重演。我们做了观察，进行了具体的实验，然后才得出的结论。

卡姆的 T 恤是检方指控他的关键物证。这件 T 恤有四个区域检测出了吉尔的血。其中一个血迹区域位于 T 恤的左下方。正如在案例研究中所讨论的那样，这个血迹区域包含八个非常小的血点，检方专家得出结论，这是吉尔头部枪伤的后溅血迹。该区域还含有一块并非血液的斑迹，而辩方的专家认为这里是血迹转移的结果。

还原了布拉德利从车里被抱出的过程后，我们又特地还原了衣服左下方区域掠过吉尔头部的动作，每次大卫的替身去抱布拉德利的替身时，都会出现这个动作。最开始，我们在大约 3 英尺高的布偶的头发上放上人血进行测试，每次 T 恤的左前底部都会出现被头发刷过的形态。接下来再测试时，我们故意先暂停了一段时间，然后再将带血的头发与衣物接触了一下。这一次，T 恤上产生了几个非常小的独立的血点。显然，暂停一段时间给了带有血的头发干燥的时间，这样再产生的血迹的数量就会减少，直径也变得非常小。这种用部分干燥的沾血头发与衣物接触的动作总共重复了 13 次，最后的时候统一拍照固定。每次都使用一件新的 T 恤。实验后每件 T 恤的左前底部都有非常小的独立的血迹，类似于案件中的证据血迹。

在许多用于测试的 T 恤上，下摆边缘都出现了血迹。这个位置引发我回头观察案件的血迹的证据想法，其中两个血点位于下摆底部的边缘位置。这一观察产生了一个问题。如果像检方专家说的，这些血点是血液溅到 T 恤下摆上的，那么在什么条件下这些血点会溅到下摆的边缘？我们使用新 T 恤和人血进行了另外的实验。从各种可能的高度非常精细地将血滴投射到 T 恤的底部区域。例如，投射的液滴的来源位于下摆的上方，或者水平位置，或者位于下摆的水平之下。

这些测试的结果表明，投射的液滴的来源必须位于下摆的水平之下，这样，液滴才可能出现在边缘部分。因此，如果这些血迹是被溅上去的，而不是转移上去的，那么吉尔的头部必须位于卡姆的 T 恤以下。考虑到该车内部的空间限制，创口和下摆的相对位置，想要做到这一点实际上是不可能的。从一系列实验中我得出了结论，该区域的八个血迹是吉尔头部部分快吹干的血液转移形成的，而不是她的射入口处的血液后溅形成的。此外，我发现，从头发转移的血迹与 T 恤第 30 区的血迹有相似的大小、形状和分布。我还从我的实验结果和现场重建中证实了我的结论：

> 第 30 区的血迹是卡姆在越过吉尔将布拉德利从车的左后方抱出时，卡姆的 T 恤蹭到吉尔头部上的血时形成的。

对我的结论的批评者表示我用的是合成头发，而非人发。然而，这里使用合成头发是可以理解的，因为人头发的直径不仅在个体之间具有差异，在具体人的头部也存在差异；吉尔的每根头发粗细是无法确定的，并且玩偶上的合成头发的直径与典型的高加索人头发的直径相近。另一个批评意见指出实验中使用的是娃娃而没有使用 5 岁的女孩。正如我在卡姆的第三次试验中向陪审团解释的那样，做实验时，不可能在 5 岁女孩的头上布置人血的。

卡姆的 T 恤上还有三个其他区域分布着吉尔的血迹，它们位于 T 恤右侧臀部区域。关于血迹是否是由吉尔头部枪伤后溅产生的证词各不相同。我们想知道这些血迹的形成经过。总结一下我们进行实验的结果：

- 血迹形态具有将血液转移到 T 恤上的特征。
- 血迹包含由沾血物体在表面上移动时因衣料起皱/折叠引起的典型空隙。
- 通过将血迹斑斑的手指从背部向前摩擦 T 恤而产生血迹。
- 血迹的位置对应于右手臀部的高度，右手在移动过程中会自然地摩擦。

这些侦查实验结果得出结论，T 恤右侧底部边缘的血迹形态是卡姆带血的右手手指由后向前运动时蹭到 T 恤上的。

**门上的血迹**

在我对前两次庭审中血迹专家的证词进行审查时，我发现之前一直没将卡姆 T 恤上吉尔的血迹，与车库与过道之间的门上发现的吉尔的血迹做对比。似乎侦查人员并没有将门上吉尔的血液作为案件中应该考虑的证据的意思。我不同意这样的做法，于是决定检验哪些动作会在门上产生血渍。我们使用人血和门进行了大量实验，这是两个很容易获得的实验物品。我们分别用手指、手臂、肘部、带手套的手指和血浸的衣服在门上不同的相对高度和位置留下血迹。从测试中得出的结论是，门上的血迹是带血手指转移过来的，而不是带血的手臂和肘部或被血浸过的衣料转移的。同样，这一系列实验并不困难，血迹不难获得，结果也很清楚。在庭审时我的证言是门边缘的血迹是由卡姆右手的带血手指形成的：当他将布拉德利从后座抱出时，他的右手触碰到了吉尔身体上或附近的沾血表面，之后他又去开了门。

**卡姆鞋上的血迹**

在之前的两次庭审中，对卡姆左鞋上单独出现的血迹的解释有很多（见图 9.1）。这种特殊的血迹具有细长的外观，因此一些分析人员给出的结论是，它是被溅射到鞋子上的，侦查人员还以此来证明案发时卡姆在凶杀现场。

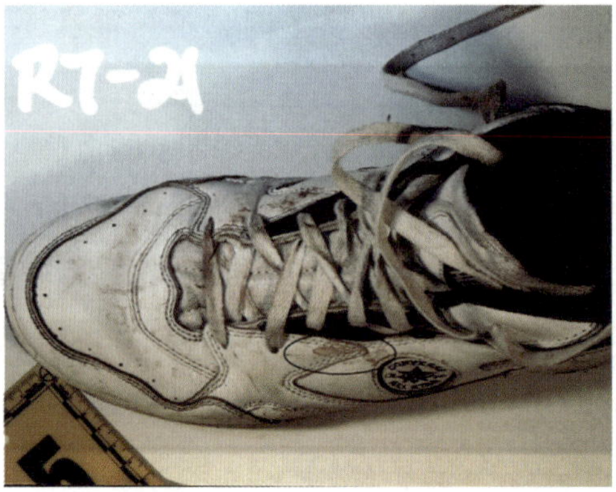


**图 9.1　鞋的照片**

DNA 分析确定了血液是卡姆的妻子金的。让我觉得有意思的是，经验丰富的血迹分析专家们的结论是这块血迹是溅落到鞋子上的。我感到有意思的原因是周围血迹都是血液转移造成的，为什么还会认为中间会出现喷溅状血迹呢？尤其是所有的血迹都集中在鞋带结位置的固定半径范围内。另外，卡姆的袜子上有非同寻常的“U”形血迹，而鞋带的末端没有血液浸湿。此外，蝴蝶结环底端沾染了血液。因此，我们的实验要满足所有条件，即这些转移血迹要集中在鞋带结固定半径内，袜子上有“U”形血迹，并且蝴蝶结环底端浸有血液。

如何从这些观察中判断单一长椭圆形血迹是由金的血液撞击地板后，再溅到鞋子上形成的，还是被另一只鞋子的鞋底溅到鞋子上的呢？我们用鞋子做了实验后发现，单一的椭圆形血迹与鞋上其他血迹由同一机理和血源形成，即转移蝴蝶结环底部上的血迹。我们的实验还表明，血液喷溅产生的血迹与证据中的血迹完全不同。

另一个重现实验还原了卡姆鞋上的蝴蝶结环底部沾染的是他妻子的血液，以及鞋底前方沾染上他妻子裤子上的血的过程。为了重建车库地板现场，我购买了几张白色特大号床单和彩色马克笔。参考犯罪现场的照片和勘查人员的笔录，我们在替代车旁边布置了床单，并根据卡车的位置标注了尸体位置和血迹位置。找了身材和性别与金和布拉德利一样的人，并要求他们躺在床单上。卡姆的替身被指示为布拉德利做心肺复苏。当替身跪在地板上并模仿做心肺复苏时，可以观察到他鞋子的两个特点：右鞋底的鞋头区域与金替身的沾满血迹的裤子接触，左鞋上的蝴蝶结环底部与金替身的血液接触。

这个重现实验除了耗时且乏味之外，并不难做到。寻找身材、年龄和性别相似的人可能需要花费一些时间和精力。购买床单、马克笔和福特野马车这些都不难。但我们从犯罪现场重建过程中收集到了非常宝贵的信息。

在第三次审判中，陪审团判定卡姆无罪。陪审团似乎同意我们的结论，并拒绝了检方专家提出的关于卡姆开枪打死了他的家人的结论。我们的侦查结果和检方专家的侦查结果均基于相同的证据。我相信我们的研究结果是准确的。正确的犯罪现场重建和科学正确的血迹形态分析离不开对案件内容的全面审查、对细节的充分考虑以及犯罪现场重建协会（Association for Crime Scene Reconstruction，ACSR）的指导。

律师在庭审过程中的举证环节缺少不了证据支撑，如证人证言、专家鉴定意见等。专家们的鉴定意见要足够科学合理才具有说服力。因此，律师在决定采纳专家们的鉴定意见时，要充分考虑到鉴定意见的科学性和正确性，不能盲目地只选择支持自己观点的鉴定意见，更不应满足于只参考一些追求片面分析、只愿做少量工作就形成分析意见或者只掌握了分析方法大体结构的所谓“专家”。那些能够将现场情景与案件信息全面结合后，再通过使用科学的实验方法来重建现场情况的专家才能给人们还原出真实的案情。如果检察官不去寻找那些有科学背景的侦查人员，只是简单地找到一种能够证实他们判断的推测方法，那他们就是不作为的，而且有错误定罪的风险。先入为主的思想极易造成冤假错案的发生。律师必须意识到真正的血迹形态分析专家和勉强在合格水准线上的调查人员之间是有天壤之别的。合格的调查员，必须努力避免主观臆断和草率地得出分析结论。律师、法官和陪审团需要记住，只有科学严谨的分析解释过程才能保证鉴定意见的正确性。为了确保公正判决，在没有切实模拟现场场景（保证相同客体、相同相对位置、相同血迹来源位置等）的前提下，专家们仅根据理论知识做出特定血迹形态形成过程的鉴定意见或其他相关证据均不能成为庭审时定罪量刑的参考依据。

## 参考文献

Attinger，D.，Moore，C.，Donaldson，A.，Jafari，A.，Stone，H. A.，2013. Fluid dynamics topics in bloodstain pattern analysis：comparative review and research opportunities. Forensic Science International 231 (1), 375 - 396.

Bandyopadhyay, S. K., Basu, M. N., 2015. Review on common bloodstain patterns documented at a crime scene. Indian Journal of Scientific Research 10 (1), 68 - 71.

Bevel, T., Gardner, R. M., 1997. Bloodstain Pattern Analysis. CRC Press.

Bevel, T., Gardner, R. M., 2008. Bloodstain Pattern Analysis with an Introduction to Crime Scene Reconstruction. CRC Press.

Gross, H., 1907. Criminal Investigation. Lawyers' co - operative publishing Company [Madras printed].

International Association of Blood Pattern Analysts, International Subpages. Available at: http://www.iabpa.org/international - sub - pages.

James, S. H., Kish, P. E., Sutton, T. P., 2005. Principles of Bloodstain Pattern Analysis: Theory and Practice. CRC Press.

Laber, T., Kish, P., Taylor, M., Owens, G., Osborne, N., Curran, J., 2014. Reliability assessment of current methods in bloodstain pattern analysis. National Criminal Justice Reference Service. Available at: https://www.ncjrs.gov/pdffiles1/nij/grants/247180.pdf.

Larkin, B. A. J., 2015. Bloodstain Pattern Analysis: Scratching the Surface.

MacDonell, H. L., Bialousz, L. F., 1972. Flight characteristics and stain patterns of human blood. National Institute of Law Enforcement and Criminal Justice.

Scientific Working Group on Bloodstain Pattern Analysis (SWGSTAIN), & United States of America, 2008. Scientific Working Group on Bloodstain Pattern Analysis: Guidelines for the Minimum Educational and Training Requirements for Bloodstain Pattern Analysts.

Sheppard v. Maxwell, 1966. 384 U. S. 333, 86 S. Ct. 1507, 16 L. Ed. 2d 600.

J. Slemko Forensic Consulting, Analyze A Case; Test your Skills as a Bloodstain Pattern Analyst. Available at: http://www.bloodspatter.com/analyze - a - case.

# 第十章　犯罪现场重建

## 第一节　案例研究：格伦·福特案

尽管这起谋杀案没有目击证人，但我还是将一位法医病理学家关于“开枪者一定是个左撇子”这样没有把握的证言呈现于陪审团面前。格伦福特的确是个左撇子，但当我意识到这个专家证言是垃圾科学时，一切都为时已晚。

——公诉人马蒂斯特劳德

### 一、案情简介

2015 年，年迈的黑人格伦·福特（Glenn Ford）坐在轮椅上凝视着马蒂斯特劳德（Marty Stroud）的眼睛（Harris et al.，2015）。此刻，他的身体正遭受着癌症的折磨。因为斯特劳德，福特为他从未犯过的罪在死囚室中待了 30 年，这也导致他和斯特劳德陷入漫长的争论中。2014 年，由于贾科·罗宾逊（Jake Robinson）的认罪，才使斯特劳德可以沉冤得雪，同时也披露了给福特定罪的法医证据是有误的。

1984 年，斯特劳德起诉福特谋杀并抢劫了伊莎多尔·罗兹曼（Isadore Rozeman）。当时，斯特劳德还是个自大的年轻检察官，一心想要胜诉。案件在开庭审理时斯特劳德在陪审席安排的陪审员全是白人（Cohen，2014；Clements and Novod，2014）。斯特劳德告诉这个全是白人的陪审团，他们应当相信乔治·麦考密克医生（George McCormick）的证言。因为这位法医病理学家是根据尸体位置和子弹运行轨迹对罗兹曼的谋杀案进行重建的（Glenn Ford v. Louisiana，2014，p. 6）。麦考密克还告诉陪审团，凶手和福特一样，都是左撇子。同时，斯特劳德还告诉陪审团说，他们应当相信帕特·沃杰维奇（Pat Wojtkiewicz）专家的证言，这名专家作证说他在福特的两只手上都发现了射击残留物（Cohen，2014；Clements and Novod，2014）。

然而，斯特劳德没有告诉陪审团的事情也同样重要。斯特劳德从未告诉过陪审团或者福特的辩护团队证人证言存在的各种矛盾以及控方警探提供的证言是错误的（National Registry of Exonerations 2015；Harris et al.，2015）。斯特劳德既没有对辩方公开也没有告知陪审团有两个不同的证人都提到贾科和亨利·罗宾逊（Henry Robinson）都在谋杀案现场，但并没有提及福特（National Registry of Exonerations 2015）。这些信息本应可以将整个调查的焦点从福特身上转向罗宾逊兄弟。因为它证明了福特并没有说谎，罗宾逊兄弟的确给了他一些珠宝让他去典当。而福特后来才知道，这些给自己的珠宝是在谋杀罗兹曼时从他那里偷来的。

这些不利于福特的论据全都有充分的细节却又无法证实。1983 年 11 月，58 岁的伊莎多尔·罗兹曼在位于路易斯安那州什里夫波特市（Shreveport Louisiana）的家中开了珠宝和手表维修商店（Glenn Ford v. Louisiana，2014）。罗兹曼的身体虚弱，视力也不好。因为担心他那些贵重的商品被偷走，所以他要求顾客在到店之前先给他打个电话，等到店后再说明身份以保证安全。

1983 年 11 月 5 日下午 3 点，A. R. 易卜拉欣医生（A. R. Ebrahim）来到罗兹曼的店来看货。当他抵达时，他惊讶地发现罗兹曼的店门是开着的，货柜被洗劫一空，店内一片狼藉。于是易卜拉欣报了警。警察赶到时，他们认定没有强行进入的迹象。并且在展示柜台和墙之间发现了罗兹曼的尸体。从现场情况来看，罗兹曼被人从脑后开了一枪。子弹先是穿过了一个塞满了衣物的筒状帆布包，然后从罗兹曼的右耳后面射入，并从他的左眼射出。

最先到达现场的警官发现罗兹曼没有了脉搏，他的身体摸上去是冰冷的，头部下面的血已经开始凝固。侦查人员在尸体旁边发现了一个纸袋子，看上去像是被当作临时的手套使用过。

在调查初期，警察发现罗兹曼曾经雇格伦福特为他做园艺工作。邻居们也提到谋杀案当天福特就在罗兹曼的商店附近，接着警察就开始怀疑是福特杀死了罗兹曼。在他们在和马维拉·布朗（Marvella Brown）谈过话后，就更加确信了这一怀疑。

根据警察后期调查发现，布朗说她和她的男朋友贾科·罗宾逊，贾科的弟弟亨利以及福特在谋杀案当天上午 11 点到 12 点之间都在家。之后，布朗听到福特问贾科和亨利“你们走不走”，随后他们离开了她家。而福特走的时候手里拿着一个棕色的纸质食品杂货袋。几个小时以后三个人又回到了布朗的家。福特这时带着一个小一些的纸袋，里面好像装了什么东西。当天，贾科·罗宾逊和福特都带着枪，罗宾逊的枪是一把 0. 22mm 口径的手枪。贾科给布朗展示了他那天弄来的一些东西，里面有许多手表和珠宝。尽管布朗的证言表明福特在谋杀案的中心现场，但是布朗后来撤回了这一陈述并且作证说她的整个陈述都是在撒谎，她的一些陈述都是警探编造的（Glenn Ford v. Warden Burl Cain et al. , 2015）。

之后警察又对福特展开了调查。当福特得知警察想要找他谈话时，他在 11 月 6 日的早上去了警察局。但是当他捺了指纹，照了相，接受了射击残留物检验后，福特被捕了，因为他的射击残留物检验结果呈阳性。

当警察问福特是否去过罗兹曼家时，福特承认了他曾在谋杀案当天到过罗兹曼家，但只是询问有没有工作提供给自己。由于罗兹曼那天没有任何工作需要福特做，福特就离开了。同时，福特也承认当天见过亨利·罗宾逊。亨利让福特帮他卖一把 0. 38mm 口径的左轮手枪，但却没有把枪给福特。亨利确实给过福特一些珠宝，让福特替他去典当，福特当晚典当了这些珠宝。随后，警察在罗兹曼家和商店附近的店里找到了一些当铺的单子。单子上的典当品正是一些曾经属于罗兹曼的珠宝，而签字人正是格伦·福特。基于一些我们无法了解的原因，警察认定罗宾逊兄弟都没有开枪杀罗兹曼。他们认定此案的凶手一定是福特，还作出了关于福特用一把0.38mm口径的左轮手枪开枪杀死了罗兹曼的推理。

## （一）关于验尸官

县验尸官乔治·麦考密克医生的证言成了路易斯安那州法院定案的依据。但是福特的庭审，当时没人知道麦考密克的工作并不严谨可信。因为麦考密克一般在工作日即将结束时才去办公室（Felder，2008），他会根据他的助手丽莎·海斯（Lisa Hayes）在白天验尸时所做的记录做些笔记。遗憾的是，海斯并不是一个医师，也从未接受过训练且没有证书，她没有解剖尸体资质。然而，麦考密克却忽略了这个问题，他会根据海斯的记录写尸检报告，并且在有些时候会将这些尸检报告作为证据提交法庭（Felder，2008）。更有甚之，海斯还曾在几个死亡证明上伪造过麦考密克的签名和在证物箱上的缩写签名（Felder，2008）。事实上，七年间，包括在罗兹曼谋杀案的调查期间，所有麦考密克名下的尸体检验都是不可靠且值得怀疑的。

而当麦考密克作出不利于福特的证言时，这些事情并没人知道，陪审团也没有理由怀疑麦考密克提供的证据，这些证据表明罗兹曼是当福特在场的时候被一个左撇子枪手所杀。

## （二）凶手是否真的是左撇子

尽管麦考密克没有真正在罗兹曼的尸体上进行过尸体检验，甚至没有真正见过罗兹曼的尸体，但是麦考密克依然作证说他可以根据子弹的运行轨迹、房间布局、发现尸体处的狭窄空间和尸体在现场的位置来还原犯罪。麦考密克在犯罪现场重新开放以后去罗兹曼店内根据犯罪现场照片、录像带的检查以及布拉斯韦尔（Braswell）医生出具的尸检报告进行了犯罪现场重建（State v. Ford，1986）。他作证说凶手一定是逼迫罗兹曼先生躺在地上，还说对罗兹曼头部的一枪就是为了杀他。罗兹曼尸体旁边发现的筒状帆布包是开枪的时候放在罗兹曼脑后用来消音和减少血迹喷溅的。由于尸体所在之处位于展示柜台和墙之间，空间狭窄，麦考密克认定凶手一定是个左撇子（State v. Ford，1986）。庭审的时候，麦考密克向陪审团展示了犯罪现场的录像带，以此帮助解释罗兹曼为什么一定是被左撇子杀害的，并说从“常识”上来讲，被害人极有可能是被一个左撇子枪手杀害。因为福特是个左撇子而罗宾逊兄弟不是，所以麦考密克的证言在帮助陪审团认定是福特杀害了罗兹曼这件事上尤为重要。

其实，在福特案开庭后，其他一些专家也看过麦考密克的结论，并指出袭击者是左撇子的结论是错误的（Clements and Novod，2014）。法医病理学家、验尸官里迪克·勒罗伊（Riddick Leroy），就驳斥了麦考密克医生关于惯用手和死亡时间的证言并指出麦考密克所说的袭击者是左撇子（这一结论）是基于许多猜测而非事实和科学的可能性作出的（Clements and Novod，2014，p. 3）。总而言之，麦考密克认为枪手是个左撇子的观点全靠猜测。

### （三）死亡时间的推测

麦考密克同时还作证证明了罗兹曼的死亡时间。根据麦考密克的证言，在医务辅助人员发现罗兹曼的尸体时，他已经死亡 1 小时以上，甚至可能超过 2 小时。这一证言十分重要，因为福特承认在罗兹曼死前的几小时曾去罗兹曼家问过他是否有什么需要自己做的事。这一证言证明了在罗兹曼死亡的时候，福特就在犯罪现场附近。

专家们随后得出结论：麦考密克关于死亡时间的证言是错误的（Clements and Novod，2014）。里迪克·勒罗伊医生，也指出麦考密克医生关于罗兹曼死亡时间的证言是不可靠的，因为麦考密克医生并没有考虑到对于死亡时间认定非常重要的影响因素，如尸温和尸僵的程度。更重要的是，因为麦考密克没有亲自检查被害人的尸体，他能依赖的仅仅是一个没受过训练的检验人员的报告（Clements and Novod，2014），所以他是无法评估这一些重要指标的。

### （四）射击残留物

弹道专家帕特·沃杰维奇，在福特自愿来到警察局接受询问以后，对福特双手的射击残留物样本进行了提取（Clements and Novod，2014）。在检验过程，沃杰维奇在样本中发现了一种射击残留物中特有的颗粒，并且他在福特的左手上发现了 4 个这种射击残留物特有的颗粒，在右手上也发现了 3 个。

就像后来澄清麦考密克的证言不可靠那样，随后在福特案的审查中发现沃杰维奇的证言也是有瑕疵的。枪弹专家罗纳德·辛格（Ronald Singer）分析了用于给福特定罪的射击残留物证据，指出这种颗粒和射击残留物有着相同的特征，但并不仅仅是射击残留物才有的。辛格解释了只有一种颗粒是仅存在于射击残留物中的，因为射击残留物检验是在谋杀案发生 12—14 小时以后进行的，并且还是在警察局这种周围环境中射击残留物很常见的地方，所以发现一种颗粒这样的事并没有法律上的相关性（Clements and Novod，2014）。

在全世界范围内，痕量的射击残留物检验结果正在接受重新考量，许多错案都涉及了射击残留物证据［Robertson，2014；Ireland and Beaumont，2015；R. v. Barry George（2007）EWCA Crim 2722；Imwinkelried，2014］。尽管一个人双手和衣物上发现的大量射击残留物可以表明这个人在他人开枪时就在他几英尺远的范围内，但是这样的证据无法证明这个犯罪嫌疑人就是枪手（Gardner and Anderson，2015）。痕量的残留物在任何时候都不应当用于认定究竟是谁开的枪。

在福特的案件中，路易斯安那州法庭从一开始就为错案的发生建立了错误的基础。从他们单独挑出福特作为枪手时起，他们就在一个不诚实的县法医和一个牵强地将一种残留物颗粒当作谋杀案证据的弹道专家的帮助下编造证据。而对于可能涉嫌真凶的证据置之不理。最后的判决意味着这不只是一个错案；它还会在当地引起大众对不公、谋杀和严重伤害的广泛舆论，因为真正的作恶者依然逍遥法外而好人蒙冤受屈。

## 二、福特的申诉和免罪

2000 年，在多次申诉未果之后，为了回应福特关于重新审理的诉求（这次请愿由路易斯安那州死刑定罪后项目提交），路易斯安那州最高法院安排了一次听证会（State v. Ford，1986，1987，1988，2000；National Registry of Exonerations，2015）。听证于 2004 年开始。一位弹道专家作证证明在福特手上发现的射击残留物没有证据价值，因为提取的时间超过了谋杀案发生后的 12 个小时，同时提取的地点是警察局这种非常容易发现射击残留物的地方。而另一位辩方专家作证指出，麦考密克的犯罪现场重建与已知的现场和证据情况相悖，麦考密克关于射击者惯用手的证言仅仅只是推测（National Registry of Exonerations，2015）。

福特的律师也提交了之前在福特一审时本应当告知辩护律师的警方报告。在 1984 年那次庭审中，检察官将包含了两位被调查者向警方提供证据的文件搁置一旁。这些文件中的信息证实了福特没参与抢劫和谋杀，是贾科和亨利·罗宾逊单独做的。在这份没有对辩方披露的报告中，马维拉·布朗和其他证人提供的证词是有冲突的。如果之前将这些报告提供给辩方，辩方就可以用来质疑那些对福特不利的证人。其他没有对辩方公开的报告证明了警探在证人席上所发表的言论是在说谎。这些证言的错误显而易见，而检察官也知道或应当知道警探的证言是错误的（National Registry of Exonerations，2015）。

但是该议案却被草草否决（State Ex Rel. Ford v. State，2004）。所有希望好像都破灭了，福特再也无法重获自由。在多数情况下，到这一步，也就再也没有希望了。但是 9 年后的 2013 年，卡多教区的律师重新调查了福特的案件，并且告诉福特和他的律师们，一位知情人曾向警探传话说贾科·罗宾逊承认是他射杀了罗兹曼（National Registry of Exonerations，2015）。基于这一新证据，2014 年 3 月，路易斯安那州提交了一项议案：撤销福特的判决，因为证据证实了福特长久以来的坚持，他确实没有参与过罗兹曼抢劫谋杀案。根据这项议案，福特于 2014 年 3 月 11 日从安哥拉获释（Daley，2015）。这里应当注意的是，如果没有检察官办公室的内部审查，这些付出的辛苦、法律草案、调查、定罪后辩护律师的法律纠纷，就无法为格伦·福特获得积极的结果。因为美国的法庭太过重视已定罪的有罪推定，以至于撤销一个判决往往依靠天意或者检方承认错误。在这起案件中，州政府为一份错误努力维持了几十年，直到一位检察官认为是时候承认州政府犯错误了，才使此案真相大白。

### 三、错判衍生的其他受害人

作为本案受害者，罗兹曼的死是悲惨的。但一起冤假错案会产生更多受害者，只是这起误判案件产生了多少受害者是不得而知的。福特被单独监禁在安哥拉监狱的 29 年 3 个月零 5 天中，每一天都备受煎熬（Glenn Ford v. Warden Burl Cain et al.，2015）。他每天有 23 个小时都被限制在单人牢房中（Glenn Ford v. Warden Burl Cain et al.，2015）。当福特在死囚室备受煎熬时，他的四个儿子渐渐长大成人并且有了他们自己的孩子（Harris et al.，

2015)。单独监禁所造成的痛苦是常人无法理解的，只有自己亲身体会才会明白。2014 年，福特获释。但几个月后他就被诊断为肺癌三期，这让他忍受着更加痛苦的折磨，癌症恶化得很快，福特于 2015 年 6 月底去世。

在福特被关在死囚室的时候，罗宾逊兄弟却是自由身，并犯下了另外多达 5 起的谋杀案（Harris et al.，2015；Machi，2014）。有人怀疑布鲁斯卡顿（Bruce Cotton）是贾科·罗宾逊作案的另一个受害者。2004 年 2 月，卡多教区的治安官助理在布鲁斯卡顿的车里发现了他的尸体。警方报告称卡顿是被虐待后失血过多死亡的（Machi，2014）。凶手曾毫不留情地殴打卡顿，他的皮肉被刀子划开，肺到胸椎骨的位置被刺穿。

另外，12 岁的查尔斯·海斯（Charles B. Hayes）也可能是罗宾逊兄弟的另一位无辜受害者（Machi，2014）。1987 年 1 月，警方报告了一起被认为是自杀的案件。有人发现 12 岁的海斯上吊死亡。经过调查侦查人员很快发现海斯的母亲欠贾科·罗宾逊一笔毒资，并且证人都说杀掉海斯是对其他人的一个警告（Machi，2014）。警方如今相信是贾科·罗宾逊杀了海斯（Machi，2015)。但是毫无疑问，如果检察官当时严格遵从了证据让罗宾逊兄弟为杀死罗兹曼付出代价，那么 12 岁的查尔斯·海斯就不会死。

格伦·福特的故事在许多层面上都是一个悲剧。错误的犯罪现场重建是酿成这个悲剧的主要原因，也造成了其他数不清的悲剧。在诸案发生后我们唯一的希望在于，从这些悲剧中，所有刑事司法系统相关的人员都能从整个案件充斥着的草率分析、无资质从业人员的证言和未受审查、可疑的警方工作内容所带来的后果中学到些什么。

## 参考文献

Clements，G.，Novod，A.，2014. Louisiana's Longest – Serving Death Row Prisoner Ordered Freed after 30 Years，Glenn Ford，an Innocent Man，to Be Released Imminently，Capital Post Conviction Project of Louisiana. Available at：http：//www. deathpenaltyinfo. org/documents/GFord – PR. pdf.

Cohen，A.，2014. Freedom after 30 Years on death row. The Atlantic. Available at：http：//www. theatlantic. com/national/archive/2014/03/freedom – after – 30 – years – on – death – row/284179/.

Cole, S. A., 2014. Forensic science and miscarriages of justice. In: Encyclopedia of Criminology and Criminal Justice. Springer, New York, pp. 1763 - 1773.

Daley, K., 2015. Mourning Friends of Glenn Ford, Exonerated Death Row Inmate, Say 'all He Wanted Is justice'. The Times – Picayune. Available at: http://www.nola.com/crime/index.ssf/2015/06/all_ he_ wanted_ is_ justice_ mourn.html.

Felder, R. D., 2008. Coroner system in crisis: the scandals and struggles plaguing Louisiana death investigation. Louisiana Law Review 69, 627.

Gardner, T., Anderson, T., 2015. Criminal Evidence: Principles and Cases. Cengage Learning. Glenn Ford v. State of Louisiana, 2014. First Judicial District, Parrish of Caddo, Motion to Vacate Conviction and Sentence, p. 5.

Glenn Ford v. Warden Burl Cain, et al., 2015. Case 3: 15 – cv – 00136 – SDD – SCR Document 1 03/09/15, Available at: http://s3.documentcloud.org/documents/1685157/Glennford – lawsuit – against – louisiana – prison.pdf.

Harris, D., Yu, K., Effron, L., 2015. Exonerated Death Row Inmate Meets the Former Prosecutor Who Put Him There. ABC News. Available at: http://abcnews.go.com/US/exonerated – death – row – inmate – meets – prosecutor – put/story? id = 3039961.

Imwinkelried, E. J., 2014. Statute Overtaken by time: the need to reinterpret federal rule of evidence 803 (8) (A) (iii) governing the admissibility of expert opinions in government investigative reports. St Mary's Law Journal 46, 31.

Ireland, J., Beaumont, J., 2015. Admitting scientific expert evidence in the UK: reliability challenges and the need for revised criteria - proposing an Abridged Daubert. The Journal of Forensic Practice 17 (1), 3 – 12.

Keneally, M., 2015. Exonerated Angola prisoner dies after nearly 30 Years in solitary confinement. USA Today. Available at: http://abcnews.go.com/US/exonerated – angola – prisonerdies – 30 – years – solitary – confinement/story? id – 32130512.

Machi, S., 2014. Caddo ADA: Shreveport brothers suspected in six homicides. KTBS News. Available at: http://www.ktbs.com/story/25656302/taking – a – look – at – the – robinson – cases.

Machi, S., 2015. Accused killer Jake Robinson loses judge recusal hearing. KTBS News. Available at: http://www.ktbs.com/story/27843895/accused – killer – jake – robinson – losesjudge – recusal – hearing.

National Registry of Exonerations, 2015. Glenn Ford. Available at: https://www.law. umich.

edu/special/exoneration/pages/casedetail. aspx? caseid = 4395.

Robertson, J. , 2014. Push for Royal commission into forensic procedures. Australian Journal of Forensic Sciences 46 (4), 365 – 367.

R. v. Barry George, 2007. EWCA Crim 2722. Available at: http: //www. bailii. org/ew/cases/EWCA/Civ/2007/2722. html.

State v. Ford, 1986. 489 So. 2d 1250 (La. 1986).

State v. Ford, 1987. 503 So. 2d 1009 (La. 1987).

State v. Ford, 1988. 533 So. 2d 368 (La. 1988).

State v. Ford, 2000. 765 So. 2d 321 (La. 2000).

State Ex Rel Ford v. State, 2004. 883 So. 2d 1029 (La. 2004).

## 第二节　犯罪现场重建

犯罪现场重建是法庭科学的一门学科，它通过检查犯罪现场中的证据来确定具体发生了什么。犯罪现场重建者（Crime Scene Reconstructionist, CSR）必须查看所有发现和分析过的证据，比如毛发、微量物证、医学分析和结论、DNA 分析、血迹、损伤类型、工具痕迹和手印。换言之，犯罪现场重建者在正确分析犯罪案件之前必须对本书所包括的所有科目都有基本的理解。虽然犯罪现场重建是一门学科而不是科学，但是分析人员应当是在检查中使用科学原理的科学家，尤其是得出结论时。

犯罪现场重建最早可以追溯到凯恩（Cain）蓄意谋杀亚伯（Abel）的案件。任何犯罪案件都由“什么人”“什么事”“什么地方”“什么时候”“怎样做”所构成，“什么人”做了“什么事”？他们又是在“什么地方”做的这件事？他们“什么时候”做的这件事？他们“怎样做”的这件事？所有的这些因素看上去非常基础。但却是进行犯罪现场重建的基础。一个犯罪案件中的“为什么”肯定是重要的事，但它往往不是犯罪现场重建者要回答的问题；犯罪现场重建者需要解决客观存在的实物问题，将哲学性的问题留给律师和陪审团。

一旦犯罪发生，人们就把他们认为发生在犯罪现场的一系列事件组合在一起。警官、侦探、检察官、辩护律师、新闻记者、新闻评论员、电视观众、证人、受害者都会这么做。自电视机进入人们生活以来，关于犯罪、警察和谋杀案件庭审的电视节目就开始出现了。二十世纪五六十年代的时候，《裸城》（The Naked City）、《警察故事》（Police Story）、《彼得冈》（Peter Gunn）和《天罗地网》（Dragnet）都是类似的节目。《佩里·梅森探案集》（Petty Mason）中的被告往往是无辜的，而且真凶会同台认罪。节目组让观众们找出真正作案的人是谁，其实这就是类似的犯罪现场重建。有些犯罪现场重建可能是正确的，有些就是错误的，这取决于他们运用什么方法。

任何一位重建专家都应当作出公平、毫无偏见、精确、合乎逻辑且诚实的犯罪现场重建，以还原案件，并且告知陪审团在犯罪现场真正发生了什么。

## 一、如何进行犯罪现场重建

犯罪现场重建协会的成员将犯罪现场重建定义为：

> 使用演绎推理、物证、科学方法及其相互关系，获得关于犯罪的一系列事件的明确信息的活动。
>
> 犯罪现场重建协会 www. acsr. org

### （一）演绎推理

演绎是基于事实的推断，是一种结论必然遵循给定前提的推理。演绎是一个基于规则进行的正式程序（Goel et al. ，1997），当研究人员要解决从概括性的信息到更具体的信息时使用演绎推理。有时我们认为这种方法是“自上而下”的，因为研究人员从一个很大范围的信息制高点出发，向一个特殊的结论下行。

演绎推理只有在分析者获知所有事实的时候才会发挥作用。如果事实是不正确或不存在的、又或者根本没有被考虑到，那么演绎推理就会产生错误的结论。

比如，我们来考虑一下这样的情形：一个犯罪嫌疑人告诉侦查人员，在一个阴天的夜晚，四周没有光照，他偶然发现了一个谋杀案的被害人，并且还确信这个被害人死于煤渣砖击打的钝击伤。这名犯罪嫌疑人认定死因的依据是他看到被害人的头部浸在血泊中，并且在被害人大概六英尺外的一个小土堆下有一块带血煤渣砖（In re Richards，2012）。

侦查人员经过推理认定这名犯罪嫌疑人就是凶手。他的前提是：在一个黑暗的夜晚，犯罪嫌疑人无法在小土堆下发现那块带血的煤渣砖。并且侦查人员做了一个临场实验：在一个同样黑且没有光照的夜晚，他站在犯罪嫌疑人发现煤渣砖时站的位置，侦查人员完全看不到那块煤渣砖。从侦查人员的角度来看，犯罪嫌疑人无法通过简单的观察就能知道离尸体 6 英尺远的地方有块煤渣砖，更不用说煤渣砖上有血了。因此，由于犯罪嫌疑人知道煤渣砖的存在并且不可能见到它或者它上面的血，那么犯罪嫌疑人知道煤渣砖存在的原因一定是他用煤渣砖杀了被害人，然后把煤渣砖扔到了小土堆下。

侦查人员基于他知道的事实得出了一个符合逻辑的结论，但是这个结论却不是基于所有事实。将这些事实加入以上的情景：（1）犯罪嫌疑人有一个大功率手电筒，并且在警察回应他的报警电话前，他有 30 分钟的时间来查看现场；（2）煤渣砖上没有犯罪嫌疑人的 DNA；（3）在煤渣砖上发现了一个未知的男性 DNA，发现的位置就是在攻击被害人时凶手抓着煤渣砖的位置（In re Richards，2012）。很明显，这些后加的事实会改变结论。因此，演绎推理只有在所有相关因素都被考虑进去的时候才是有效的。

### （二）归纳推理

相比之下，归纳推理的工作方式恰好相反，它是从具体的观察到更普遍的一般性规律和理论。用一个简单例子来说明不充分的归纳推理：比如弗莱德经常吃草莓；所以每个人都经常吃草莓。在一个不充分的归纳推理中，结论与前提无关。仅仅因为一个人吃草莓，就得出每个人都吃草莓的结论是不合逻辑的。不难看出，不充分的归纳是由错误的逻辑支撑的推理。

这种时常被称为“自下而上”的方法。我们可以从美国的执法领域中发现一些复杂的例子。比如，在谋杀案件中，被害人是一位已婚女性，可以引出一个往往会决定谋杀案侦查方向的一般性规律：如果妻子被杀，凶手通常是丈夫。财政问题、婚外情、以往夫妻间矛盾等其他的一般性规律也会引导侦查人员，认为导致丈夫作案而杀了妻子是因为将丈夫认定为杀人凶手。所以，如果被杀的是妻子，丈夫的嫌疑是最大的，而如果有证据表明夫妻间有过争吵，那么侦查人员往往就不会再去调查丈夫以外的人了。因此归纳推理得出的结果是一个单一的嫌疑人（the case of David Camm and the case Study in Chapter 9 and In re Richards，2012）。

当你需要确定某个人是否犯了严重的罪行并且是否应当判处无期徒刑甚至死刑的时候，你就会知道为什么合理运用的演绎推理是正确的方法了。演绎推理就是从事物的宏观角度出发，而后运用我们定义中的下一个因素缩小范围下行。

### （三）物证分析

物证是在犯罪现场上进行事件重建的关键。物证包括：指印、枪弹和工具痕迹、弹道认定、毒品化学检验、毒物化学检验、血清学检验、DNA 分析、毛发和纤维、涂料和金属的化学成分、玻璃和土壤、爆炸物、尸检结果、血迹形态解读以及文件和笔迹分析等。

犯罪现场重建者依靠物证检验结果以及这些结果之间的相互关系得出结论。所以，他或她是否应当获得有关科学的某一领域的本科学位并且具有分析物证的实际经验呢？毫无疑问是必须的。因为只有当你学习了化学、物理、生物、生物化学、遗传学和解剖学原理，并且在实验室里完成过科学分析以后，你才能去评估来自尸体检验、刑事技术实验室的发现和其他犯罪现场重建者以及你自己的观察与结论的重要性。

### （四）现场重建的科学方法

科学方法在许多地方被定义为：

> 发现和证明事物的原则和经验过程被认为是科学调查的特性或必要条件，通常包括观察现象、提出有关现象的假设、实验验证假设正确与否，以及一个验证或修改该假设的结论。
>
> Asmis（1984）

#### 1. 科学的现场观察

你要观察犯罪现场上的所有事物。要注意，我们在这一步不要急于下结论，只是观察。同时犯罪现场重建者不用手电筒观察现场，而是用高强度的现场勘查光源，因为这样可以让他们观察到现场的所有痕迹物证。因此，适宜的现场勘察光源对于分析重建非常重要。犯罪现场重建者在现场是为了观察寻找痕迹物证，当他们看不到现场的细节时，如微量血迹、弹壳、磨损的痕迹或者移走的家具留在地毯上的痕迹，就没法好好地进行观察。

**2. 形成假设**

在观察了所有事物以后，对于现场发生了什么，我们开始有了自己的各种想法。但是仍然不要着急，此时并没有准确的结论。不过我们要根据观察到的事物提出各种问题。

**3. 现场重建的验证实验**

做实验是每位科学家的一项基本能力，这很重要。科学家们设计他们的实验，列出变量，并且在实验的每个阶段下只改变一个变量。外行基本上没有能力去正确进行实验，因为没有经过正规培训，他们的实验很容易成为结论的再现。科学家们观察犯罪现场，并从中发现问题，随后通过实验来解决这些问题。

**4. 得出验证或修改假设的结论**

最后，我们来到了结论环节。只有在评估了所有证据和相关的文件材料之后，我们才能敲定结论。不幸的是，有些人是从这个步骤出发的。如果你从一开始就错了，并且没有停下来重新考虑你的结论，那这必将产生严重的后果。

## 二、犯罪现场重建的程序

既然已经有了一个能“获得关于犯罪的一系列事件的明确信息”的公式，我们就需要确定为了顺利进行评估而审查的内容。科学的方法是要求犯罪现场重建者考量所有能获得的东西，包括从物证、尸检报告和照片；犯罪现场报告、记录、录像和照片；实验室报告、记录和照片；到证人和犯罪嫌疑人的证言和口供、询问、执法部门报告，从接警的警员到调查此案警探的记录、搜查和逮捕令、支持合理根据的书面陈述、911 报警通话记录、时间轴、提取物品清单等等的所有东西。作为律师，必须确保你的犯罪现场重建人已经实际审查过所有的材料。我在为定罪后案件咨询做犯罪现场重建时，会审查所有材料，并且通常能找出哪些材料在我审查的错案案件中本应该被审查。

**犯罪现场重建专家需要审查的材料**

为了举例说明我都考虑过哪些材料，这里列举一个我审查过的谋杀未遂案件的物品清单：

- 物理检查：埃尔帕索县警局的证据物品 1RAL、2RAL、3RAL、4RAL、5RAL、JCP2－2、JCP2－3、JCP2－4、JCP2－5、JCP2－7、JCP2－10、JCP2－11、JCP2－12、JCP2－13、JCP2－14、JCP2－16、JCP2－17、JCP2－18、JCP2－19、JCP2－20、JCP2－21、JCP2－24、DR4 和 DRS；
- 埃尔帕索县警局警探唐纳德·里奇（Donald Richer）、埃尔帕索县警局警司罗伯特·斯通（Robert Stone）、埃尔帕索县警局警官特雷莎·墨菲（Teresa Murphy）、埃尔帕索县警局警官雷蒙德·库克（Raymond Krug）、埃尔帕索县警局警官乔·伊哈里斯（Joey Harris）、埃尔帕索县警局警官迈克尔·沃特斯（Michael Waters）、埃尔帕索县警局警官凯文·泰德斯科（Kevin Tedesco）、埃尔帕索县警局警探杰拉德·日（Jerald Day）、埃尔帕索县警局警探乔恩·普莱斯（Jon Price）、埃尔帕索县警局警探拉尔夫·洛萨索（Ralph Losasso）的报告；
- 一张包含埃尔帕索县警局警探拉尔夫·洛萨索对迈克尔·雅克（Michael Jacques）和布莱恩·克莱顿（Brian Clayton）进行询问的 DVD；
- 在亚当·蒂普顿（Adam Tipton）的拖车（位于 11890 Range View Drive）处的犯罪现场数码照片、梅甘博伊德公寓（位于 1204 Potter #A）的数码照片、埃尔帕索县警局收集的衣物证物的数码照片、贾斯汀·罗伯森（Justin Roberson）受伤处的数码照片、泽布隆·戴俄（Zebulen Dyer）受伤处的数码照片、布莱恩·克莱顿受伤处的数码照片、对布莱恩·克莱顿驾驶的白色福特探险者进行搜查的数码照片；
- 搜查令的复印件，可疑案件的证言、证人清单；
- 由拉尔夫·洛萨索签名送至科罗拉多调查局法庭科学实验室的附函的复印件；
- 科罗拉多调查局法庭科学实验室概要，标题分别为《全案报告》（Full Case Report）、《证据保管链》（Chain of Custody Report）、《实验室检验请求》（Request for Laboratory Examination）（提取物品清单）；
- 科罗拉多调查局法庭科学实验室日期为 2009 年 8 月 18 日的生物科学检验报告以及相应的血清学检验底稿、日期为 2009 年 8 月 27 日的生物科学检验报告以及相应的 DNA 检验和等位基因图的底稿、日期为 2009 年

8 月 19 日的微量物证检验报告以及相应的血迹形态说明底稿、实验室检验人员拍摄的数码照片以及相应的记录；

- 泽布隆·戴俄、贾斯汀·罗伯森和布莱恩·克莱顿的医疗记录；
- 与贾斯汀·罗伯森、泽布隆·戴俄、梅根·博伊德（Megan Boyd）、希瑟·托马斯（Heather Thomas）、菲利普·汉娜（Philip Hanna）、凯西·凡西尔（Casey Vancil）、尼克·罗伊（Nick Roy）、乔·康拉德（Joe Konrad）、迈克尔·雅克、迈克尔·汉弗莱（Michael Humphrey）、兰迪·泰特斯（Randy Teeters）、亚当·蒂普顿、罗谢尔·伦罗德（Rochelle Renrod）、安伯·奥特曼（Amber Ortman）和特拉维斯·哈维尔（Travis Havel）的谈话也用于此案的审查。

### （一）犯罪现场重建专家需要审查的典型材料

只有当检查过证据并且审查过所有材料以后，犯罪现场重建者才能够进入到科学方法的下一步。在完成了现象观察之后，接下来是根据现象提出假设、进行实验，证明假设正确与否，最后得出一个假设成立或修正假设的结论。我们要做实验，验证假设，继而进行更多的实验。最终，我们得出结论，犯罪现场上发生的事件也就被重建出来了。

虽然我的结论往往和案件侦查的警官结论不同，但是我会尽全力确保我的犯罪现场重建在案件的各方面都能得到准确、公正、合乎逻辑并且实际的评估。如果警方的侦查人员以错误的前提为基础，先决定谁有罪之后再进行调查，或者根本不想知道被告人和受害人之间到底发生了什么，那么侦查人员的结论就肯定和我的不一样。对于真相的恐惧往往会左右调查的进展，它将决定侦查人员检验哪些证据、相信哪些证人、对哪些证据或者证人弃之不用。

律师和法庭应当期待犯罪现场重建人具备的一个特质是对于犯错的合理恐惧或者对于错误分析后果的稳定认识。对犯错的适度恐惧可以让犯罪现场重建人在下结论之前尽可能了解事件相关的一切信息。毫无疑问，你得到的信息越多，你的结论就越准确。因此，在我同意审查案件之前，我的要求之一就是客户必须提供我的清单上的所有材料，不能自己挑拣、选择。作为一名犯罪现场重建专家，我需要全面的材料，不管这对双方是否有利弊关系。控辩双方都可能会不情愿地放弃一些材料，因为有些人害怕我得出的结论会和他们不一样，不利于他们一方。但是，不管律师强加给犯罪现场重建人什么样的压力，他们的结论都必须保证以事实为依据。不幸的是，一些重建专家并不恪守这一信条，他们会将结论倾斜以满足案件的一方或者另一方。有些检验人伪造检验结果，比如西弗吉尼亚州的血清学专家弗雷德·蔡恩（Fred Zain）（见 Castelle，1999）。他曾在多起案件中伪造了血清学检验结果，最终使自己获罪。还有佛罗里达州的指纹检验人员唐娜·伯克斯（Donna Birks）（Stutzman，2007），他使用了明显无法得出结论且不适合进行认定的指纹，因而错误地认定了犯罪嫌疑人。

**1. 尸检报告和照片**

在审查一起谋杀案时，首先要查看尸检报告和照片。报告应当包含：

- 死亡方式和原因：这些是验尸官和法医病理学家的主要职责；
- 评估和记录，包括身体各个部位内、外伤的笔录、绘图及照片；
- 伤痕与犯罪现场上的呈现状态之间的相互关系；
- 毒物检验结果；
- 收集的物证清单。

尸检可能会揭示出造成伤害的凶器类型以及其使用方式。尸体上受伤的位置、受伤的严重程度（包括动脉是否破裂）以及形成伤痕所需的力度都可以帮助检验人员认定出血量和犯罪现场可能出现的血迹形态。防卫伤或者攻击伤（如果病理学家进行了认定）、失血量、前伤和死后伤及其变化都会被犯罪现场重建者列入考量范围，以帮助他们认定现场上发生的事情。损伤类型和程度可以表明死者在受到攻击时是否有抵抗行为。如果死者受到的第一个损伤就是主动脉破裂，那么他当时就会失去血压并且在此之后不再有意识的移动。这样的信息会被划入考量范围并延伸到重建过程中。

**2. 医疗记录**

如果被害人受伤后幸存，那么就应当对其医疗记录进行审查。医院的记录和尸检记录大不相同。审查医院记录时最大的困难在于辨认急救室护士和医生的手写笔记，但愿这些笔记已经被转录完毕，这样我们就能确认在受害人抵达急救室时都有哪些伤、伤口的严重程度以及都进行了哪些医疗处理。

和尸体一样，身体上受伤的位置、受伤的严重程度（包括动脉是否破裂）以及形成伤痕所需的力度都会帮助检验人员认定出血量和犯罪现场可能遗留的血迹形态。检验人员要对使用的凶器和使用方式、失血量、先前伤和现有伤的处理/变化进行审查。

请注意，到这里我们仍然处于整个过程中的观察阶段。如果拍摄了尸检照片或者医疗干预的照片，我们需要与相应的报告和现场的证据进行对比。随着数码摄影技术的出现，在尸体送至停尸房后我们应该拍摄尸体的照片。这些照片应该展示除去衣物前后尸体上的衣着情况和血迹形态情况。我们需要再一次审查尸检报告和照片，这样就能将它们与犯罪现场的报告和照片、实验室检验、证人陈述和观察所见、现场上的医疗干预、作出反应的工作人员采取的任何行动以及自己的观察所见进行对比。在大多数情况下，进行尸检的病理学家不会检查这些事项，但是外伤的照片比病理学家用来描述伤口的一页页报告更有价值。

与进行尸检的病理学家或者处理伤者的医疗专家交谈也很重要。我曾经和一位病理学家在漫长的定罪后申诉过程中见过三次。直到第三次交谈时，他才提供给辩护团队他在尸检过程中发现的一些细节，而这些信息早在 20 年前就应向辩护团队提供（CO v. Timothy Masters）。随后，警察局也确认了这一信息。这一意外发现改变了州政府长期以来对辩方有罪的确信。在另一个定罪后案件中，一次与病理学家的会面揭示了他的发现与我们的结论完全一致，如果当时问了他正确的问题，他的证言会大不相同（CO v. Charles Garrison）。

**3. 犯罪现场**

在审查过尸检报告和医疗信息以后，下一步是分析犯罪现场。正确记录和处理犯罪现场对于重建现场发生的事情至关重要。理论上，负责解读血迹形态的人会严密、仔细地检查现场，用文字和照片记录血迹所在的位置、血迹呈现的形态、血迹的范围以及没有血迹出现的位置。给明显没有证据的位置拍照对一些犯罪现场工作人员来说难以理解，因为当我们在现场使用胶卷的时候，费用是一个问题；但是现在拍摄数码照片的成本很低，所以我们应当在现场使用优质的相机拍摄大量的照片。

如果尸体在犯罪现场工作人员到达时仍然在现场，那么就应当好好记录尸体上的血迹形态，能见到的尸体表面上的血迹和由于尸体位置原因无法见到血迹都要记录。犯罪现场的尸体应当从各种可能的角度进行拍照，既要远距离拍摄整个区域，也要从中等距离进行拍摄以及近距离特写。要特别注意拍摄手、脚、面部、明显的损伤、血迹形态和衣物的位置，以及尸体被发现时的尸体姿势。在拍摄完以上列举的照片以后，将尸体翻转 90 度，拍摄更多先前没看到的尸表和尸体背面的照片。尸体下面的东西对于确定事件至关重要。一旦尸体经过移动、转移和存储等处理以后，血迹形态就会发生无可挽回的变化。因此，在现场是精确记录这些血迹形态的最佳时机。

**4. 物证**

现场上的物证应当用照片、笔记和草图进行记录。照片应当记录证物的初始位置，物品下表面的情况、收集物证的情况以及收集证物后该位置的情况。我们需要知道物证下面的情况。尽管这看起来像是常识性的做法，但是在 2016 年的一起他杀案件现场中，侦查人员并没有对这样的情况进行记录。考虑到大多数犯罪现场重建有时是在取消现场的保护以后进行的，因此照片和其他记录对于控辩双方的重建专家都非常重要。在现场被改变之前，我们只有一次机会进行准确的记录。现场的整体布局、房子和各个房间等各部分的尺寸、证物所在的位置、尸体和重要证物之间的距离以及死者的位置等，这一切都应当记录下来。

犯罪现场勘查人员会在他们处理现场的时候做勘查记录。这些记录包括了他们的观察所见、进行了哪些检验、发现和收集了哪些证物、没有收集哪些证物等等。犯罪现场报告只包括一小部分现场信息，此外在勘查人员做的现场记录中信息更多，剩余更多的信息则保留在勘查人员的记忆里。因此，必须再强调，与犯罪现场的工作人员坐下来谈谈能发现许多他们的报告和笔记中都没有的信息。

物证还包括一些你不能装进信封或者物记袋里的东西。比如子弹弹道、尸体位置、尸斑、血迹形态中留白的区域、没有血迹的区域以及墙上的破损等证据，而犯罪现场重建者必须关注并检验这样的证据。

现场上子弹的运行轨迹对于重建来说比较重要，它们可以揭示一些细节，比如某次枪击是自杀还是他杀，或者子弹穿过屋子打在墙上的时候射击者和受害者站在什么位置等。我们假定子弹是直线运动击打在客体上的。随后子弹可能仍然是直线运动，也可能发生偏转。对子弹击中的物品进行检验往往可以告诉我们发生了什么样的偏转（如果发生偏转的话）。如果两个表面都被射穿，只要我们知道可能会发生的偏转，就很容易确定弹道；如果只有一个表面被射穿，确定弹道有时就只能靠估算。犯罪现场重建者利用弹道数据来合理地减少各种可能性。

**5. 提取物品清单**

在收集了现场上所有的证据以后，侦查人员就开始确定向法庭科学实验室提交哪些检材、进行哪些检验。收集到的检材只有一部分会被提交至实验室，并且，在这些检材中只有某些检材是真正有用的对检验结果而言。执法机构给出的提取物品清单会列明现场上收集到的所有检材、尸检过程中收集到的所有物品、嫌疑人处收集到的物证材料、返还的搜查令以及其他资料。法庭科学实验室的报告会列明提交的物证材料和检验结果。我们必须将提交物品清单、实验室提交表和实验室的结果进行比较。那些收集了但是没有提交给实验室的证物对于犯罪现场重建人来说有着特殊意义。筛选证据是不可避免的，但是筛选标准应当仔细考量。

［**“严重错误的”物证筛选和选择**］

在一个又冷又黑的早上，来自科罗拉多州柯林斯堡的提摩西·马斯特兹（Timothy Masters）正穿过家附近的田地步行去学校。突然，他看到了一个像人体模特一样的东西（McLaughlin，2010；National Registry of Exonerations）。提摩西当时并不知道，那个他认为是人体模特的东西实际上是一具女尸。凶手从背后捅了这个女人，而且切割了她的生殖器官。

提摩西在现场留下了他的鞋印，鞋印应该只留在他绕去简单查看尸体的路上。警方却在现场提取到了许多鞋印。勘查人员认定其中一些鞋印是由汤姆麦坎牌子的休闲皮鞋留下的。这位警官去了汤姆麦坎鞋店，拍摄了与现场鞋印的鞋底相同的特定型号休闲鞋子的鞋面和鞋底。然而，因为提摩西曾去过现场附近，侦查人员就比较关注他和他的鞋印。提摩西在谋杀案发生当时是 14 岁，检查他的鞋柜时，侦查人员发现了各式各样破旧不堪的运动鞋，这些鞋是一般 14 岁男孩都会穿的鞋，因为提摩西没有汤姆麦坎牌的鞋，所以也不可能穿着这双鞋去现场。

在决定将哪些证据送交实验室的时候，负责该案的警探决定只向FBI实验室提交了发现尸体时被告人那天早上穿的鞋和现场上制模、拍照提取的鞋印，却没有提交在鞋店发现与现场痕迹一致的汤姆麦坎鞋的照片。而且，提交给FBI实验室的警探签字的附函中也从未提及有一些明显是汤姆麦坎鞋型的鞋留下的痕迹。

FBI实验室的工作人员在检验过提交给他们的鞋和鞋印以后，出具报告说被告人的鞋确实与遗留在现场的鞋印相符。

事情越来越糟糕。领头的警探在他那冗长的、隐藏最高机密的手写笔记中指出，FBI检验人员拍摄的照片清晰地展现了在最初的抛尸地点旁边的鞋印和尸体拖拽痕迹上的一枚血鞋印都是汤姆麦坎牌鞋留下的，而不是提摩西穿的鞋留下的。这充分说明被告人不可能是抛尸或者运尸的那个人。这个微不足道的证据却有着重大意义。这位警探要做的唯一一件正确的事情就是去作证，证实他在现场认定的汤姆麦坎牌鞋印不属于被告人而明显属于运尸或拖尸。但是他没有这样做。他决定隐瞒事实，否认它的存在，然后要求所有出庭作证的警官忽略所有关于汤姆麦坎鞋印的存在、他们的位置以及血迹转移的信息。因为侦查人员隐瞒了真相，提摩西被判有罪，依据就是在尸体附近血淋淋的拖拽痕迹上发现了他的鞋印（Masters v. People，2002）。

这可不是一个简单错误，而是他们所谓的“严重错误”。探长的证言不仅是错误的，而且是他故意为之的（Standard et al.，2014）。所以，基于不真实的鞋印证据，提摩西·马斯特兹被定罪而且被判死刑（Tepfer et al.，2009）。他因谋杀被监禁近十年后，才因为DNA证据的使用而免罪（Vaughan，2010）。这样的渎职正是为什么犯罪现场重建人必须仔细检查警方收集了哪些证据、哪些证据流转进了实验室，同样重要的还有：哪些证据没有进实验室。

**6. 实验室检验**

上述材料审查之后，接下来是审查法庭科学实验室的检验结果。除了审查法庭科学实验室检验人员作出的最终报告以外，查看检验人员的工作底稿、绘制的所有图表和他们拍摄的所有照片也很重要。实验室检验人员经常会拍照记录物证的细节特征。如果检验人员认为有些细节特征值得去拍照的话，那么犯罪现场重建人应该更加关注照片中的物证细节。同样有价值的还有提交物证的部门给实验室的附函和检验人员与侦办案件的警官之间的通信往来。这些通信往来会阐明为什么有些物证没有进行检验。

根据我在法庭科学实验室工作 25 年以及对实验室审查报告的经验，我知道关于分析物证的信息，有 10% 在报告中，50% 在工作底稿里，还有 40% 在检验人员的脑海里。如果了解了这点，那么你就明白了为了真正理解检验人员做过哪些检验、结果如何、进行了怎样的观察以及作出结论的依据，你应当阅读工作底稿，然后和检验人员坐下来面谈。如果你少做了什么，那你就有可能错过某个证据的重要之处。不管它是血清学、DNA、枪弹、工具痕迹、指印、鞋印、轮胎印、文件、化学、拍照、毒物还是血迹形态方面的分析，与检验人员坐下来过一遍他们的案卷总能为你提供一些信息。我曾经有几次参与这种会面，被报告中没有提及的材料惊得目瞪口呆。

法庭科学实验室检验人员的笔记包括了检材的包装、周边的环境、检材的位置、检材的数量、检材的分布、所做的检测、阳性或阴性的检验结果、取样方式、观察所见以及结论的信息。但是只有结论会被写进报告，有时他们的笔记内容并不支持这些结论。比如，一个被审查的枪弹检验报告中的结论是死者的 T 恤上射入口周边没有射击残留物，但是，工作底稿明确表明了有大量射击残留物的存在（Weld County District Court #04 CR 1907 Colorado v. Simon Salinas）。当我们在警察局的物证室检验 T 恤时，我们发现 T 恤上有太多的射击残留物以至于管理物证室的助手通过肉眼就能看见，这与报告恰好相反。

DNA 等位基因图（电泳图）既包含了报告中有的等位基因，也包含了报告中没有的等位基因。那些报告中没有的等位基因能指引你重新检验或者使用不同 DNA 程序进行检验。如果你没有查看这些图表，你永远都不会知道这些。一个称职的犯罪现场重建人经常会要求查看 DNA 等位基因图，以确保它们得到了正确的解读，确保所有需要进行的重验已经完成。

**7. 审查者对于物证的检验**

多数情况下，在最初的实验室检验人员完成分析以后，犯罪现场重建者是可以亲自查看物证的。如果犯罪现场重建者是对各类学科都有了解的资深实验室检验人员，那么他们就应该知道如何避免物证被破坏或污染。

对检验后的物证审查应当在干净、光照良好的地方进行，而且必须要有充足的时间。必要时，审查者应当提供自己使用的放大和测量方法。进行查看时，重建人可以将尸检、犯罪现场、执法部门的报告、证人证言和犯罪嫌疑人口供、911 报警文字记录以及提交物品清单和物证联系起来。查看完毕后，重建人可以决定是否需要进一步检验。此外，这种对证据的重复检验也会使鉴定人员更加确信自己的检验结论。

如果现场重建者在工作结束之后能够建立起一个证据文档那么这对律师来说再好不过了。在这个文档中，应当包括一列所有物证的清单、一列所有已完成检验的清单以及一列所有来自控辩双方的结果清单。通过这种方式很容易查看检验过哪些证物、检验的结果、谁进行的检验以及其他可能对案件至关重要却容易被遗忘的细节。

**8. 执法部门的文件**

到现在为止，我们对物证物品的发现、收集、分析和得到的结果都已经进行了充分审查。下一步是去查看人们对于现场发生的事情都说了些什么。执法部门工作人员的案卷包括了最先接出警警官的报告、警探的总结、证人名单、证人陈述、笔录、搜查令和逮捕令复印件，还有支持合理根据的书面陈述。在询问过程中问的问题和支持合理根据的书面陈述为侦查提供了思路，比如，侦查人员可以知道发生了什么。

最先接出警的警官和急救人员到场时的观察所见与行动都很重要。审查他们的报告可以回答以下问题：他们移动过尸体吗？他们动过现场上的衣物吗（即使只是为了查看生命迹象）？是否移动过武器并确保了安全？他们是如何进出现场的？在一些情况下，急救医生可能因为救护的需要而移动尸体以及物证，从而改变它们的位置。但是，这些急救人员往往在勘查人员到达现场前就已经离开，而且在急救报告中仅能列出他们所采取的医疗措施，并不会记录在救护过程中造成了怎样的变动。因此，在缺少变动前照片的情况下，我们只能依靠医护人员的回忆来判断变动的情况。

**9. 证人和犯罪嫌疑人**

目击证人的证言并不算物证，但是其证言可以与实物证据进行验证，并为鉴定人员提供不同物证之间相互关系的合理解释，我们对证人证言，仍需要用物证进行甄别。

不是所有的证人都是可靠的，犯罪嫌疑人也不会一直说实话。那么，如果所有的证人和犯罪嫌疑人都会无意甚至有意地伪造证言，我们为什么还要花时间去熟悉询问或讯问的笔录呢？犯罪现场重建人应当阅读证人和犯罪嫌疑人的询问或讯问笔录，以尽可能地从证人的证词中搜集更多的信息，要知道他们有的时候，说的是真话；有的时候，那些撒谎说自己没多少罪过的犯罪嫌疑人也会犯糊涂，突然插进一些有用的事实，这些事实可以通过其他手段去证实。

如果针对某人的问话被录音或者录像记录下来，一名经验丰富的重建者会听一下录音或者观看谈话过程，而不只是依赖书面的文字记录。虽然仅依靠询问或讯问的总结报告非常简单且诱人，但是犯罪现场重建人在观看或者听了询问或讯问过程，并且逐字逐句读了文字记录以后会获得更准确的信息。我曾经读到过一些总结，它们甚至没有表达明白谈话的主旨或者几乎没有记录录音或录像中的人物真正说了什么。打印出来的文字记录很好，有时也很准确。但有时候，这些文字记录的意思不完整，中间可能包含记录人的臆测。准确的做法应当是，读记录，听录音，然后进行对比。

除此之外，还要考虑询问或讯问的时间周期。当前询问目击者创伤性事件的趋势是延缓询问时间。在坐下详谈具体细节之前要先让被询问人度过一个睡眠/运动周期。有些侦查人员喜欢在询问之前等两个睡眠/运动周期。创伤性事件就是令人非常痛苦难忘的事情。经历这样的事件之后，大脑随即会经历大量的图像、景象和声音处理。让头脑安静下来，让它完成对细节的处理和整合。被询问人在 24 小时和 48 小时的时间段提供的细节被认为比创伤性事件发生后即刻盘问出来的细节更加真实可靠。

要知道，即刻对此类创伤性事件进行询问时，大脑会用猜测来填补空白，从而导致不准确。我们不想依赖猜测，但是一旦大脑将猜测填入这些空白过后，那些替代的画面就变成了事实。

细致地检查即刻进行询问的笔录内容和度过一段时间周期进行询问的笔录内容之间的差异是侦查人员会犯的另一个错误。当被询问人在即刻进行的询问中说他在现场先移动了 A 物品，后移动了 B 物品，如果被询问人在之后的询问中改变了移动这些物品的顺序，一些侦查人员会试图以此说明被询问人不诚实的一面。然而，研究表明，人很难准确地回忆起一次痛苦经历中不同事件发生的顺序（Flor and Wessa，2015）。他们的大脑只是在尝试理解事

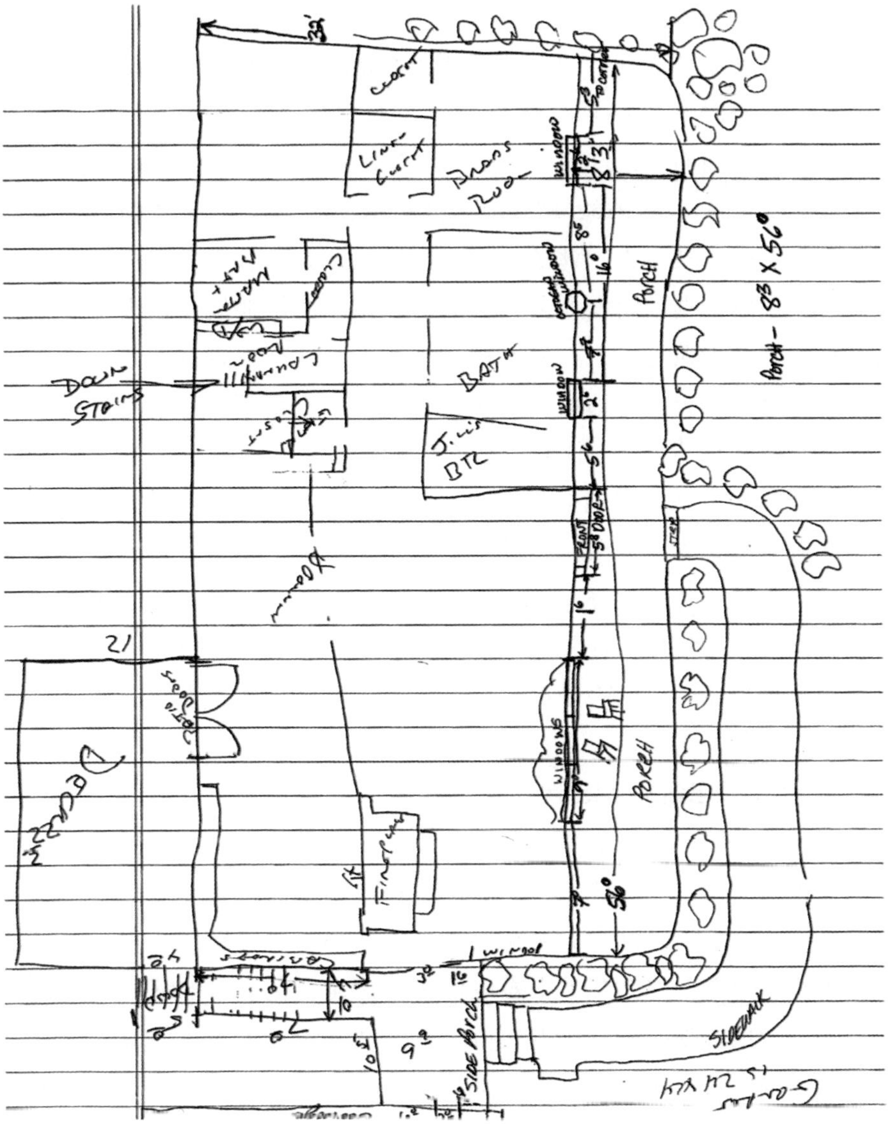


图 10.1　发现者的路线图

物，并且将猜测填入大脑空白，这是因为它不能或者回忆不起来事件发生的真正顺序。即使是训练有素的急救医师也经常会记不起他们移动过哪些物品或者他们在检查时留下了什么样的血迹。

想一想本章前面讨论过的科罗拉多州提摩西·马斯特兹的案子（Tepfer et al.，2009；Bonpasse，2013；Masters v. People，2002）。侦查人员认为，这个在昏暗中看了一眼被害人尸体的 14 岁男孩，他的几次回忆之间的细微差别，就是欺骗他们的证据。侦查人员犯下的这一错误使得他们在侦查初期就将注意力集中在马斯特兹身上，并最终造成了马斯特兹被误判及监禁。具有讽刺意味的是，这些调查人员他们在光天化日之下，不紧不慢地勘查过程中观察尸体，却也犯下且还记录了他们自己的严重错误。

发现尸体的人是应当引起警方的侦查人员和现场勘查人员的极大兴趣。比如说医务人员，我们需要知道他们做过什么：他们是否碰过尸体？是否移动过尸体？移动过什么物体？从哪里进入现场、离开现场？他们使用过电话吗？（图 10.1）我们要做的是应当尽快收集他们的衣物以进行血迹形态检验。而不是让发现尸体的人满手是血，穿着带血的衣服走来走去或者接受长时间的询问。

**10. 911 报警电话文字记录**

在大多数地区，即使是在通话等待的时候，报警人所说的话都会被录音。就像对个人的秘密记录一样，911 报警电话的文字记录可能包含一些有用的信息。怀俄明州有一个案件，丈夫在工作结束回到家时发现他的妻子在客厅一把椅子上被人射杀。他的 911 报警电话不仅记录了他说过的话，还记录了接线员如何指导他实施心肺复苏的过程。在电话的录音带中，你能听到丈夫根据接线员的指导将尸体从椅子上移到地上的声音，在接线员的指导下实施心肺复苏时妻子从口中吐出血的声音，还有丈夫在此过程中对新出现血迹的惊叫声。所有这些记录下来的事情后来都被血迹形态分析人员忽视了，分析人员给出的结论是，丈夫衣物上的血迹是向他妻子开枪的时候留下的。其实只要听一下 911 报警录音就能弄清血迹的来源，很明显这个男人并没有向他的妻子开枪。

**11. 实地考察现场**

无论现场有怎样的变动、清理或者破坏，犯罪现场最好的三维重建就是现场本身，就像一件手工艺品，即使被破坏了，我们也可以根据碎片还原它。因此，去犯罪现场实地查看可以将物证、血迹、弹道、实验室结果和尸检结果生动地呈现出来。只要站在实际地点，脑海中回放证人和犯罪嫌疑人的陈述，就能更加清晰重建工作。无论什么时候，重建专家都必须去现场考察。

### （二）错误的现场重建发生的原因

一开始，大多数第一次尝试重建犯罪现场的非专业人员在认定谁对谁做了什么的时候，可能不会运用演绎推理、物证或者科学方法，他们既不会阅读警方报告、实验室报告或者尸检报告，也不会看照片，只是通过想象。比如说他们看到谁被逮捕了，听到被害人被枪杀、刺伤或殴打的消息，或者听到别人告诉他们事情都是怎样发生的。这样，再加上他们的直觉、预感和自己的偏见，足够让他们认定一个人有罪了。但是现代警察在法官和陪审团面前为他们的案件作证时，还会用这么明显有瑕疵的方法去进行犯罪现场重建吗？事实上，有些时候他们确实会这样做。

我想大多数美国公民都认为所有的凶杀案和恶性犯罪在呈上法庭之前，都会由有资质、受过教育而且经验丰富的检验人员以科学为基础进行犯罪现场重建。在《犯罪现场调查》（Crime Scene Investigation）和《海军罪案调查科》（Naval Criminal Investigation Service）这样的电视节目中，警察和检察官从来没有诉错人。司法系统真的就是这样运作的吗？根据我的经历和过去几十年新闻报道出来的冤案数量来看，事实绝非如此。

我们很容易理解为什么所有的凶杀案和恶性犯罪在呈上法庭之前，都必须由有资质、受过教育而且经验丰富的检验人员以科学为基础进行犯罪现场重建。这样的重建可能才是对案件中所有证据进行唯一符合逻辑的、公平的、真实的评估。如果我们的司法系统真的是以寻找真相为目的，那么就应当对证据进行一次符合逻辑的、公平的和系统的审查与考量。

然而，现实中，选择使用哪些证据和隐瞒哪些证据或者淡化某个证据的重要性或否定它的存在，这些情形发生得都太频繁了。这样歪曲事实与司法制度的目标相悖，不应当得到允许。我曾经见过有些侦查人员和检察官着手犯罪现场重建，结果导致无辜者被错误地认定为杀人犯。这意味这些无辜的人将会在监狱中（有的人在死囚室中）度过几年甚至几十年。

**1. 过早进行有罪推定**

我所见过的侦查人员或者检察官犯的最大、最具破坏力的错误是过早认定某人有罪。如果警方的侦查人员在还没对任何证据进行检查之前，甚至在还没到达现场查看尸体之前就认定了谁对罪行负责，那么就会造成严重的后果。

这就是造成大卫・卡姆错案的诸多因素之一。犯罪现场勘查人员的主管在抵达现场时，看到了房主，然后就“知道”他是这起犯罪案件的凶手。甚至这名主管在还没查看任何一具尸体之前，就知道了重建工作中“什么人”的部分。他为何非常确定房主是凶手的依据呢？很简单，就是卡姆踱步和不愿交流眼神的样子。对于此案的犯罪现场勘查人员来说，剩下的就是去确定“什么时候”和“怎样做”了。

决定了“什么人”以后，他们就不再去寻找和分析关于“什么人”的其他证据。推定了“什么人”以后，检验人员不再下功夫去搜集关于犯罪的一系列事件的明确信息，不再运用演绎推理、物证、科学方法及其内部之间相互关系，而是去收集能够支持他们推测的证据。任何不支持他们推测的证据很快就会被认定为不重要，也不会进行分析。有些时候，他们甚至不收集这些证据。

在大卫・卡姆的案件中，侦查人员都太专心于他们的推测了，以至于他们忽视了能够认定真凶并且能证明凶手在谋杀案发生时就在犯罪现场的铁证。在第九章里，我们详细讨论过本案的细节，真凶把写有他监狱代号的运动衫留在了车库的地面上，当他靠近去射杀两个孩子时，还在野马车一侧的车身上留下了掌印。运动衫上有真凶的 DNA，谋杀案发生时他的档案也在联邦调查局 DNA 联合索引系统的数据库中。运动衫上还有被害人的血迹和凶手女友的 DNA。总而言之：如果执法部门的工作人员没有过早认定卡姆有罪，真凶本该能马上被认定、逮捕和起诉。

我们知道，主管犯罪现场勘查的领导过早地得出结论是因为他在法庭上宣誓作证时说要早日将凶手绳之以法，他似乎对自己在勘查还没开始之前就认定谁有罪的能力十分骄傲。这种即刻认定有罪的结果是：一个无辜的人因为他没有犯下的罪行在监狱中度过了 13 年，而真凶许多年都没有被抓到，州和县范围内的纳税人为了让真相大白花费了数百万美元。

就这起案件，我曾经问过一个关键的问题：我们是依据犯罪现场重建的哪一规则来对一个刚刚经历了一场创伤性事件、不愿做眼神交流的人进行归类呢？物证？科学方法？演绎推理？都不是。恰恰相反，我们不能用此类方法对他们进行有罪推定。

现在我们已经有关于人们如何应对恐怖事件的科学研究，也能够认识悲伤的不同阶段了。但是一个还未解决的大问题是：什么是正常的？至少，我们不应该根据一个刚刚发现妻子和小孩尸体的人的反应来重建犯罪现场。

对于在调查开始前就认定了重建中"什么人"的侦查人员，等待他的将是一场灾难。一旦做出了这样的认定，其余的调查和诉讼过程就变成了塑造证据支持结论的过程、忽略不能支持结论证据的过程，有些时候甚至是隐瞒无罪证据的过程。

因为一名侦查人员先认定了提摩西·马斯特兹有罪，然后才调查了谋杀案，于是其在监狱中度过了十年。这些有偏见的侦查人员决定了检验哪些证据、和谁去做比对以及向陪审团展示哪些证据。他们忽视了其他与案件相关的人，却又千方百计地去隐藏一个非常特殊的、被替换的犯罪嫌疑人。

**2. 未进行侦查**

形成假设以后，需要做实验验证假设正确与否。在大卫·卡姆（就是那位失去了全家人、四处踱步的房主）一案中，车库地面上有单独的一枚残缺血鞋印，如果我们运用了科学方法，就会去看那枚残缺的血鞋印（观察），然后思考这样一枚鞋印是如何留下的（假设）。随后进行实验以查明这枚单独的残缺血鞋印是如何留下的。

如果你已经知道了案件的凶手，那么就没有理由尽力去弄清一枚单独的鞋印是如何留在现场的。在大卫·卡姆的案件中，由于鞋印与卡姆的鞋相符合，侦查人员就认定卡姆有罪，他们将来自卡姆的残缺的血足迹解释为支持他有罪的证据；在他们的思维模式中，单个残缺鞋印意味着现场所有其他的血鞋印都被清理干净了。他们自然而然得出，留下残缺血鞋印的人就是凶手。因为他们已经得到了结论，他们就跳过了科学方法的许多步骤，运用了归纳推理而不是演绎推理。

如果我们没有假定卡姆是凶手，分析足迹的方法就会改变。首先，我们观察到鞋印只与运动鞋鞋底的最前部，也就是脚趾的部位相符合。这说明鞋底只有这一部分与未凝结的血接触，随后将血转移至地面。接下来，我们要问“这是怎么发生的”，这就是形成假设的过程。为了回答这一问题，要用相同种类和型号的鞋、用真血和真正的混凝土车库地面进行试验。我们变换鞋底前端血迹接触的方式，然后变换穿鞋人在留下血迹之后站立、行走或者跑步的行进方式。

这些实验的结果表明在穿鞋人跪在地板上的时候，他们会自然地让脚着地，只有鞋底前端脚趾的位置与水平的地面接触。如果地面上还有未凝结的血，那么鞋尖部位就会与血接触。当穿鞋人站起来走动的时候，不会在地面上留下血迹形态，因为沾了血的鞋尖部位不会与地面接触，走动也不会在混凝土地面上留下转移血。

然而，当穿鞋人穿着鞋尖部位沾血的鞋跑动时，他们会抬起鞋底前端然后在地面上留下血迹形态。这些实验得出了一些事实结论，它们能帮助回答我们的假设，但是我们还没有准备好得出结论。

在随后的更多的实验中，我们改变了地面的血量，并在地面上放置了不同被血浸过的客体。这些实验表明：如果穿鞋人跪在地上且只有鞋底前端部位接触带血的地面，那么当他站起来开始跑步的时候，鞋尖部位就会在地面上留下转移血迹，但是转移到地面的血迹非常厚，无法形成检材血鞋印那样的形态。如果穿鞋人跪在地上，鞋底前端部位接触地面上类似现场的血裤那样的血浸纺织品，那么当他站起来开始跑动时，就能形成和检材血鞋印相同的形态。这样的事实回答了有关鞋印的一些问题，但是我们仍然没有准备好得出结论。

最后一个问题：为什么现场只发现了一枚残缺的血鞋印呢？我们又进行了进一步的观察。那枚单独的残缺血鞋印位于离车库门口几英尺远的地方，车库的混凝土地面和行车道旁边有一片草地。

我们又将这些现场的情景加入到了实验中，如果穿鞋人跪在地上、鞋底前端部位接触地面上类似现场血裤那样的血浸纺织品，当他站起来走向车库地面行车道那一部分的时候，地面上是没有转移的血鞋印。但是，当穿鞋人从草坪几尺远的距离开始跑动，第一步就会在地面留下与检材血鞋印相同的转移血迹，并且鞋第二次接触的是草地，无法形成血鞋印。

现在，我们可以得出一些结论了。但是我们现在能下结论说这枚单独的残缺血鞋印与某人的鞋底相符合就证明了这个人就是凶手吗？不。我们可以下结论说这枚单独的残缺血鞋印与某人的鞋底相符合，并推测出这个人可能跪在地上、鞋底前端部位接触地面上类似现场的血裤那样的血浸纺织品，随后站起来走向车库出入口，再开始向草坪跑动。

仅仅通过观察残缺的血鞋印就下结论说其他血鞋印都被穿鞋人清理干净了，因此穿鞋人就是凶手——这样讲虽然简单许多，但是侦查人员寻找真相的工作本来就没有那么轻松。

进行实验得到能够解释犯罪现场证据的实际结果是至关重要的。如果没有做实验或者没有正确进行实验的话会产生严重的后果。当一名科学家作证证明科学证据认定了一个特定的人就是凶手的时候，这份证言对法庭和陪审团具有巨大的影响力，因此它必须是确定无误的。

专家们不应当采纳或者表达关于特定的血迹形态形成方式的意见，除非他们已经用同样的方法、在同样的目标物上、在同样位置并且用的与血迹来源相同的姿势重新做出了这种血迹形态。如果你不能解释它的形成过程，那么它可能不是这样出现的，所以永远不要去推测。

在现场重建的过程中必须要考虑现场实际的物理环境。其实推测现场上可能发生了什么，是件很有意思的事情，通过现场重建可以得知，凶手可能是从这个窗户爬进来的，移动过这个物品，抓住了被害人，先刺伤了一个受害者，后又刺伤了另一个受害者等等。但是这些事情是真实发生的吗？这一切只有通过现场重建实验才能验证。

在前面提到过的一系列推测中，我们很容易得知一个像犯罪嫌疑人一样的人，是否可以爬进那扇窗。我们可以找一位和犯罪嫌疑人体型相似的志愿者，让他爬进窗子，看看他能不能做到。听起来很简单，但是大多数时候侦查人员并不会这样做。一些专家来到法庭会告诉陪审团他们认为现场发生了什么。但是一名优秀的专家会告诉陪审团现场可能发生了什么。在大卫·卡姆的案件中，现场重建对于理解现场发生了什么事情至关重要。

### 三、现场重建专家的资质及要求

犯罪现场重建人依赖于物证检验结果，以基于它们之间的内在联系得出结论。因此，犯罪现场重建人应当具有某一科学领域的大学学位并具有实际参与物证分析的经验。因为只有当你学过化学、物理学、生物学、生物化学、遗传学和解剖学的原理，并且在实验室环境中进行过科学分析以后，你才能评估来自尸检和法庭科学实验室的发现以及你自己的观察所见和结论的重要性。同时，你还需要接受多个领域的专门培训，并且能够基于法医实验室当前的能力建立相应的物证检验方案，能够根据已完成的特定实验给出可能的鉴定结论，这样才有可能成为一名现场重建专家。

**国际鉴定协会犯罪现场重建证书要求**①

**资质要求**

证书的申请者必须具有良好的品德、高度的正直、良好的口碑，并且必须要有高度的职业道德操守。

申请者必须全职服务于包含与犯罪现场相关活动的工作。“与犯罪现场相关活动”是指响应犯罪现场要求并且在物证的定位、记录、恢复和分析中起重要作用。仅在实验室或者物证库的环境中处理或者显现物证不符合此描述。“与犯罪现场相关活动”一般应当由就职于执法部门的工作人员进行，但是可能偶尔会由非政府性质的工作人员以辅助人或顾问的形式进行。

**认证的犯罪现场重建人**

申请者必须：

在犯罪现场重建活动中担任犯罪现场勘查员至少5年。

在近5年内完成至少120小时犯罪现场认证委员会认可的犯罪现场和犯罪现场重建相关的课程。请注意：

这一培训必须包括以下课程：

对认证的犯罪现场重建人的血迹分析课程和枪击重建课程的时间要求由5年改为10年。

申请认证之前，对这两门课程的培训可能需要10年以上。这仅适用于认证的犯罪现场重建人，并且仅适用于特定课程：

血迹形态分析课，共计至少40小时；

枪击事件重建课，共计40小时；

---

① 译者注：CSR认证项目已于2017年3月21日取消 。参见 https：//theiai. org/crime_ scene_ reconstruction. php。

附加的选修课必须共计至少40小时。

以及以下任务的其中一个：

申请者必须撰写过或与他人共同撰写过有关犯罪现场重建的文章并载于专业期刊，为专业组织做一次有关犯罪现场重建的展示，现阶段承担教学工作积极指导犯罪现场重建至少1年，或者提交一份由申请人作证进行重建的实际犯罪现场勘查案例的庭审文字记录。

**初级的内部培训**

经犯罪现场认证委员会批准，一个机构有组织的专门培训项目课程可以作为认证所需的课程时间的一部分。

**测试**

除以上列出的要求以外，申请者还必须以至少75%的成绩顺利通过笔试。所有的笔试都会进行打分，然后记录通过/未通过（不提供具体分数）。

国际鉴定协会对于犯罪现场重建者认定的要求侧重于执法经验和培训，没有要求科学学科方面的学士学位（国际鉴定协会）。虽然要求必须选两门特定课程和几门选修课程，但是并没有要求必须对科学或者科学方法有基本的了解。这也将带来许多问题，可能会导致犯罪现场重建者没有足够的能力去实施必要的实验，从而无法真正理解现场发生了什么以及有谁参与其中。还可能会导致像在纵火案件调查中出现的传统做法，从业人员之间毫无科学根据的口口相传。简言之，如果一个犯罪现场重建者的整个科学背景就仅仅是一个入门级别的化学课，那么这位犯罪现场重建者就无法正确评估尸检和法庭科学实验室检验结果的重要性。

## 四、结论

犯罪现场重建是一项复杂的工作，需要对案件相关的证据链进行全面了解，以确定犯罪的对象、内容、时间和地点。所有收集的与犯罪案件有联系的信息都必须经由科学家来进行查验。基于这些信息利用科学方法进行演绎推理，并因此得出结论。这就需要重建者对化学、物理学、生物学、生物化学、遗传学和解剖学有足够的理解，同时还要有在实验室环境下进行科学分析的经验。

## 参考文献

Asmis，E.，1984. Epicurus' scientific method. Cornell Studies in Classical Philology 42，3 - 385.

Bonpasse，M.，2013. Polygraphs and 200 Wrongful Conviction Exonerations.

Castelle，G.，1999. Lab fraud：lessons learned from the "fred Zain" affair. Champion 23，12 - 16 See also，In the Matter of an Investigation of the West Virginia State Police Crime Laboratory，Serology Division，190 W. Va. 321，438 S. E. 2d 501（1993）.

CO v. Charles Garrison，Case Number：01CR326，District Court，Eagle County，Colorado.

CO v. Timothy Masters，Case Number：98CR1149，District Court，Larimer County，Colorado.

Flor，H.，Wessa，M.，2015. Memory and posttraumatic stress disorder. Zeitschrift für Psychologie/Journal of Psychology.

Goel，V.，Gold，B.，Kapur，S.，Houle，S.，1997. The seats of reason? An imaging study of deductive and inductive reasoning. NeuroReport 8（5），1305 - 1310.

In re Richards，2012. 289 P. 3d 860，55 Cal. 4th 948，150 Cal. Rptr. 3d 84.

International Association for Identification，Crime Scene Certification. Available at：https：//www. theiai. org/certifications/crime_ scene/index. php.

Masters v. People，58 P. 3d 979（Colo. 2002）.

McLaughlin，E. C.，2010. Murder Conviction Built on Cop's Lies，Indictment Says. CNN. Available at：http：//www. cnn. com/2010/CRIME/07/29/tim. masters. police. perjury/.

National Registry of Exonerations，Timothy Masters，Available at：https：//www. law. umich. edu/special/exoneration/Pages/casedetail. aspx? caseid = 3412.

Standard，D.，Test，F.，Doyle，A. C.，2014. Ethics in Crime Scene Investigation. In：Dutelle，A. W.（Ed.），An Introduction to Crime Scene Investigation，second ed. Jones and Bartlett.

Stutzman，R.，2007. Fingerprint scandal costs analyst her job. Orlando Sentinel. Available at：http：//articles. orlandosentinel. com/2007 - 06 - 07/news/PRINTPROFILE07 _ 1 _ birkseslinger - fingerprint.

Tepfer，J. A.，Nirider，L. H.，Tricarico，L. M.，2009. Arresting development：convictions of innocent youth. Rutgers Law Review 62，887.

Vaughan，K.，2010. Ft. Collins officer who led charge against Tim Masters indicted for felony perjury. The Denver Post. Available at：http：//www. denverpost. com/ci_ 15415704.

# 第十一章　指　　纹

## 第一节　案例研究：布兰登·梅菲尔德案

如果律师对辩护团队的成员加以培训，并要求他们对专家意见进行深入的研究，努力去理解检验背后的科学依据，那他们就能在庭审中站稳脚跟，同时可以指出专家的错误。……这既是专业所需也是道德义务，更会拯救无辜者的性命。

——DC 西姆斯[①]

（D. C. Sims）

① Dorothy Clay Sims, Cross – Examining the Expert Witness, The Champion, January – February 2012.

## 一、案情简介

长期以来，我们坚信这样的假定：“没有两枚指纹是完全相同的”，这使得在法庭上使用的指纹证据是可靠和令人信服的。因此，法院对于基于指纹证据而认定的众多案件深信不疑。然而，从实践角度来说，“没有两枚指纹完全相同”这一基本假设是建立在一些不那么可靠的假设基础上的，理应受到质疑和检验。例如，这是否意味着两枚残缺的指纹也不可能相同？换句话说，如果你将某人食指的部分指纹与 FBI 的综合指纹自动识别系统（Integrated Automated Fingerprint Identification System，IAFIS）中所有的指纹进行比对，能够找到与之匹配指纹的可能性有多大？没有人知道如何去回答这个问题。IAFIS 在全美国建立有 7590 万人的违法人员指纹库和 3960 万的民事案件指纹库，而每年 IAFIS 会处理超过 6000 万份十指指纹卡，平均每天处理 163,145 张（FBI）。布兰登·梅菲尔德（Brandon Mayfield）案让人们看到了在如此巨大的指纹库中出现错误的可能性，因此，该案也成了史上最为典型的指纹鉴定错案（Rozelle，2007；Mnookin et al.，2011）。

2004 年 3 月 11 日，恐怖分子在西班牙马德里四辆人员密集的通勤列车上引爆了炸弹（Spinney，2010；Broeders，2006）。爆炸发生时正值早高峰时段，造成 191 人遇难，2000 余人受伤。案件发生后，西班牙国家警察（Spanish National Police，SNP）部门很快在四辆列车起点附近的一辆厢式货车内发现了一个装有与案件中相似雷管的塑料袋。勘查人员在塑料袋上发现几枚潜在手印。西班牙警方迅速将这些可疑指纹发给了包括 FBI 在内的世界范围多家指纹鉴定机构。当 FBI 用 IAFIS 检索了这些指纹后，系统给出了可能与现场指纹相匹配的指纹列表，然后交由指纹鉴定人员进行专家复核，以确认其匹配程度。最终，至少有三位资深的指纹鉴定专家认定从马德里案中塑料袋上提取的标为 17 号的潜在手印与美国人布兰登·梅菲尔德的指纹完全匹配（Fine，2006；Kershaw et al.，2004）。

依据 FBI 的指纹鉴定程序，FBI 波特兰分部立即展开了对布兰登·梅菲尔德的调查。FBI 将他视为可能的恐怖分子主要基于以下几个原因：首先，梅菲尔德本人是一名虔诚的伊斯兰教徒，而且他的妻子是埃及移民，也是一名伊斯兰教徒。当 FBI 在监视梅菲尔德时，发现他们会定期前往比拉尔清真寺进行朝拜（Kershaw et al.，2004）；其次，在梅菲尔德律师执业的过程中，他曾代表一名与恐怖组织有关联的男子在儿童监护权诉讼中出庭（Kershaw et al.，2004）；再者，他对飞行课程表现出了极大的兴趣（Thompson and Cole，2005），而且还在奥萨马·本·拉登前私人秘书曾经的商业合作伙伴创建的穆斯林商业目录中为其律师事务所打广告（Fine，2006）。

在本案中，虽然没有证据表明梅菲尔德在过去的十年中曾出过美国国境，但FBI探员认为没有出行证据恰好说明他是使用假名出境的。所有这些看似清白的细节，与准确无误的指纹"匹配"意见结合在一起，足以证明梅菲尔德是一名恐怖分子。FBI由此开始相信他们已经确定了马德里爆炸案中的一名嫌疑人。但实际上：梅菲尔德并不是恐怖分子。

2004年，时年37岁的布兰登·梅菲尔德作为一名民事和移民律师，在俄勒冈州波特兰市与他的妻子合开了一间小型事务所（Wax and Schatz，2004）。但从2004年5月开始，他的家中就发生了一系列奇怪的事情（Democracynow. org，2006）。梅菲尔德和妻子莫娜（Mona）下班回家，发现曾经有人在他们上班时进入过他们家中；原本关闭的百叶窗被打开了，门也被反锁了；刚用吸尘器清理过的地毯上有了一串新的足迹。这就非常奇怪了，因为梅菲尔德和家人从来不在家里穿鞋。尽管无法确定是谁进过他家，但这样的闯入引起了他们极大的恐惧和怀疑。

直至2004年5月6日上午，梅菲尔德才知道了究竟是谁进过他家，而他噩梦般的生活也就此开始。当时，他正在自己的律师事务所里准备一起民事案件的材料，一男一女敲开了他办公室的门。两人声称是FBI探员，强行进入并逮捕了他（Democracynow. com. 2006）。梅菲尔德担心如果大家知道他因为爆炸案被捕，会影响他的律师执业，但FBI探员向他保证，"随后的媒体报道也会跟进此案"（Wax and Schatz，2004）。与此同时，他的家中也被手握搜查令的FBI探员翻的天翻地覆，他们还告诉梅菲尔德的妻子，她丈夫的指纹与马德里爆炸案有关，然后试图从她口中得知更多信息。莫娜无法解释，只是一再申辩她丈夫从未到过西班牙，而梅菲尔德一家也无力反驳将他认定为恐怖分子和大屠杀嫌疑人的铁证。被拘留后，梅菲尔德担心一旦背上"嫌疑人"的标签就会毁掉自己的幸福生活，他希望公正的法律和大众舆论能够替自己洗脱冤屈。梅菲尔德继续声明自己的清白，并要求释放他，让他能够继续作为独立律师执业，并反复声称，“那枚指纹不是我的”（Wax and Schatz，2004）。法官拒绝释放梅菲尔德，部分原因是法官知道一枚指纹就足以定罪，而让他失去生活的全部。

随后，法官又安排了警方专家之外的另一名独立专家对这枚指纹进行了鉴定。5 月 19 日，该专家的鉴定意见与 FBI 最初分析一致，梅菲尔德的希望彻底破灭了。专家的证言对梅菲尔德来说是压死骆驼的最后一根稻草，这也使得其他新闻媒体改变了对该案报道的风向。然而，与此同时，西班牙警方其实已经认定了欧南·多德（Ouhnane Daoud）才是塑料袋上指纹的真正遗留者，而那枚被 FBI 认定与梅菲尔德同一的残缺指纹与嫌疑人多德的指纹匹配得更加完美，最终美国专家不得不承认错误。

随后的调查发现，其实西班牙警方从一开始就不同意美国专家的鉴定意见（Kershaw et al.，2004）。早在 4 月 13 日，也就是梅菲尔德被捕前三周，西班牙国家警察局法庭科学部门就向 FBI 发送了一份备忘录，说明梅菲尔德的指纹与塑料袋上的指纹并不匹配，他们的结论是“绝对排除”，这就意味着梅菲尔德被排除在嫌疑之外，并不可能在现场留下那枚指纹。

## 二、造成指纹错误认定的主要因素分析

在 4 月 13 日西班牙国家警察局做出否定结论后的一段时间内，美国警方始终坚持自己的理论并坚信认定准确无误。在随后美国司法部对梅菲尔德错案的调查中，他们明确了导致错误逮捕、监视和监禁梅菲尔德的若干因素。美国警方固执地认定梅菲尔德就是嫌疑人，丝毫不顾及西班牙国家警察局的鉴定意见。美国司法部认为他们之所以对鉴定意见有“绝对的信心”，部分原因在于他们“对自己水平的过于自信以及其鉴定专家强烈的优越感”，因此对西班牙国家警察局的意见不屑一顾（Fine，2006，p. 10）。由于美国指纹鉴定人员对自身的技能过于自信，他们拒绝承认自己的错误，甚至没有试着理解西班牙国家警察局给出意见的原因（Fine，2006，p. 10）。

其实，导致 FBI 在指纹鉴定中顽固不化和盲目自信的两个原因是他们对梅菲尔德的宗教信仰和其商业往来的背景暗示（Fine，2006，p. 13）。尽管最初的认定是在不了解梅菲尔德宗教背景的情况下做出的，但当美国警方收到西班牙国家警察局对梅菲尔德指纹的排除意见之前，他们早已利用这些背景

信息将他刻画成了一名恐怖分子。事后，其中一名指纹鉴定人员向司法部调查人员坦白，梅菲尔德的宗教背景和商业往来确实是导致他们顽固地坚持错误认定的原因。

此外，技术错误也是错误认定的原因之一。尽管指纹数据库非常有用，但是由于大量数据的存储，因此发生错误也是有可能的。对于残缺指纹，很可能出现来源于不同个体的相似指纹，而庞大的数据库恰好能够让指纹鉴定人员查找到这些相似的指纹。梅菲尔德案也给了警方一个警示：在处理大量指纹数据时应谨慎行事，尤其是在查找残缺指纹时更应当特别关注那些特别相似的指纹。（Fine，2006，p. 7）。

梅菲尔德案中，指纹鉴定人员犯的另一个错误是循环推理。当发现梅菲尔德的指纹和塑料袋上的残缺指纹有十个特征点吻合时，他们开始在现场指纹上一些并不可靠的模糊区域寻找与梅菲尔德指纹相似的特征点（Fine，2006，pp. 7－8）。一旦鉴定人员在梅菲尔德的样本上发现一个特征后，就会查看现场指纹上相同区域内是否有此特征，并且开始在现场指纹上“模糊不清”的区域中寻找与梅菲尔德指纹上相似的特征点（Fine，2006，pp. 7－8）。

此外，FBI 的指纹鉴定人员明白指纹鉴定中一个差异点的否定原则。也就是说，在指纹比对过程中，如果两枚指纹中出现了一个差异点，除非有足够的理由去解释这个差异，否则两枚指纹不能认定同一。本案中，由于指纹鉴定人员最初确定了十个相似的特征点，因此，当他们发现现场残缺指纹和样本指纹之间有差异时，他们不仅不愿意做出否定意见（Fine，2006，p. 9），反而是对差异点都做了解释。

指纹不匹配的另一处差异就是现场指纹左上方整体不能和梅菲尔德的指纹样本相匹配（Fine，2006，p. 9）。尽管鉴定人员对此做出了解释，但解释并不合理。他们认为现场指纹左上方不匹配部分并不属于此枚指纹本身，而是来源于另一手指。然而，就如总检察长办公室指出的，有几个漏洞使他们的解释难以令人信服：现场指纹遗留时左右两侧用力一致，使得指纹更可能是一次性遗留的；更重要的是，左上角的纹线与现场指纹完美的对齐了，且纹线的流向从右到左，这使得两次接触的情形不太可能发生（Fine，2006，p. 9）。指纹鉴定人员理应看到这些特征，并得出指纹不是来源于梅菲尔德的意见（Fine，2006，p. 9）。

尽管我们不能说梅菲尔德是幸运的，但是如果没有最后的翻案，他所面临的结果可能更糟。如果西班牙警方没有断定 FBI 是错误的，如果案件不是国际性的案件而是 FBI 有最终决定权，那么梅菲尔德可能会被判终身监禁或者面临死刑。在美国大多数的案件中，一旦一个有资质的 FBI 鉴定人员将被告人的指纹与犯罪行为联系起来，没有任何外部机构能帮其沉冤昭雪并找到真正的罪犯。

## 三、科学的认识指纹证据

指纹鉴定一直是全世界公认的进行人身认定的权威标准，其可信度仅次于 DNA 分型（Lawson，2003）。20 世纪 90 年代，利用 DNA 技术翻案动摇了指纹在司法体系中的根基地位。而在此之前，极少有针对指纹证据的质疑，陪审团通常也不会考虑辩护人对有资质指纹专家证词的质疑（Lawson，2003）。一个世纪以来，在法庭上，世界各国对指纹鉴定专家都是十分尊重的，并将他们的证言奉为真理（Cole，1998；Haber and Haber，2008）。

然而，正如在梅菲尔德案中所描述的，指纹鉴定人员可能也会犯错。梅菲尔德案并不是唯一的错案，除此之外还有史蒂文·科万斯（Steven Cowans），拉娜·卡内恩（Lana Canen），里基·杰克逊（Ricki Jackson）和秀兰·麦凯（Shirley McKie）案。史蒂文·科万斯被控枪杀一名警察，其定罪的证据是咖啡杯上遗留的一枚指纹（Newman，2007）。在科万斯服刑七年后，DNA 技术的运用为其洗脱了罪名，此后对当时的指纹证据进一步分析发现，案件中的指纹与科万斯的并不匹配。

后续部分将会详细讨论拉娜·卡内恩案，尽管卡内恩否认自己去过受害人的公寓，但她却因为一枚指纹被定罪（Wieneke，2012）。在拉娜·卡内恩因谋杀罪被判入狱八年后，鉴定专家发现现场指纹不可能是她的，她才被释放。

因为在谋杀案件现场台灯上找到的血指纹，里基·杰克逊被判谋杀了他的伴侣（National Registry of Exonerations，2012），直至国际指纹鉴定协会（International Association for Identification，IAI）重新对这起案件发起调查，杰克逊才被无罪释放。IAI 是一个可以对指纹专家进行资质认定的专业协会，以保证他们有资格出庭作证。IAI 让 50 名指纹鉴定专家分别对杰克逊案件中的指纹证据进行了检验，他们均认为这些指纹并不属于杰克逊。杰克逊被无罪释放，当时那名做出认定结论的专家因此被 IAI 吊销了资质证书。

在苏格兰，马里昂·罗斯（Marion Ross）被谋杀案中，指纹证据错误地牵涉到了一名警官秀兰·麦凯，而同时另一分析则认定大卫·阿希伯瑞（David Ashbury）是真正的犯罪嫌疑人。因此，整个案件的调查变得混乱。尽管麦凯坚持自己并没有进入犯罪现场，但基于指纹证据，麦凯被控伪证罪，而大卫·阿希伯瑞被判谋杀罪（McCartney and Walker，2014）。最终，指纹鉴定专家认定现场指纹非麦凯所遗留，她被无罪释放了；而阿希伯瑞也因为错误的指纹鉴定意见造成案件缺乏确凿的证据被无罪释放。

2007 年，尽管一位研究人员在英、美两国的案件中发现了 20 起由指纹证据直接导致的错案（Newman，2007），但是我们并不清楚究竟还有多少人因为指纹错案而被错误地定罪。由于法官和陪审团对指纹证据盲目的信任，加之指纹证据的广泛使用，以及当嫌疑人被警方确定后，一些指纹鉴定人员往往倾向于做出认定结论，因此作为律师必须谨慎对待此类证据（Davis and Leo，2016）。正如在苏格兰议会上对马里昂·罗斯案中拙劣的指纹分析所做出的总结，“我们应当相信指纹证据在本质上是可靠的，但是鉴定人员和勘查人员都应适时地考虑该学科的局限性”（McCartney and Walker，2014；参见，Jiahong，2016）。这种考虑是至关重要的，因为指纹鉴定人员往往因为能力有限而缺乏对结果充分的审视，并习惯性地将自己的意见视为正确的（McCartney and Walker，2014）。当检验残缺的现场指纹时，若指纹鉴定人员不知道该学科固有的局限，那么法官自然也不会知晓。正是基于这一认识，苏格兰议会建议鉴定人员在法庭上不能表述 100% 认定或者排除的意见（McCartney and Walker，2014）。对律师和法官来说，这种认识也是一种警示：在使用指纹证据时应保持一定的警惕，除非有充分论证才可以采纳，以防止由于鉴定人员的偏见而对结果产生错误的影响，并且最终意见应由秉公执法的资深指纹鉴定人员进行监督和复核。

## 参考文献

Broeders，A. P. A.，2006. Of earprints，fingerprints，scent dogs，cot deaths and cognitive contamination—a brief look at the present state of play in the forensic arena. Forensic Science

International 159 (2), 148 – 157.

Cole, S. A., 1998. Witnessing identification latent fingerprinting evidence and expert knowledge. Social Studies of Science 28 (5 – 6), 687 – 712.

Davis, D., Leo, R. A., 2016. A damning cascade of investigative errors: flaws in homicide investigation in the USA. In: Maguire (Ed.), The Handbook on Homicide. Wiley – Blackwell.

Democracynoworg, November 30, 2006. Falsely Jailed Attorney Brandon Mayfield Discusses His Case after Feds Award $2 Million and Written Apology. Available at: http://www.democracynow.org/2006/11/30/exclusive_falsely_jailed attorney_brandon_mayfield.

FBI Integrated Automated Fingerprint Identification System: Fact Sheet. Available at: https://www.fbi.gov/about – us/cjis/fingerprints_biometrics/iafis/iafis_facts.

Fine, G. A., 2006. A Review of the FBI's Handling of the Brandon Mayfield Case. US Department of Justice Office of the Inspector General, Washington, DC.

Haber, L., Haber, R. N., 2008. Scientific validation of fingerprint evidence under Daubert. Law, Probability and Risk 7 (2), 87 – 109.

Jiahong, H., 2016. Miscarriage of justice and malpractice in criminal investigations in China. China Review 16 (1), 65 – 93.

Kershaw, S., Lichtblau, E., Fuchs, D., Bergman, L., 2004. Spain and US at odds on mistaken terror arrest. New York Times 5, A1.

Lawson, T. F., 2003. Can fingerprints lie?: re – weighing fingerprint evidence in criminal jury trials. American Journal of Criminal Law 31 (1).

McCartney, C., Walker, C., 2014. Forensic identification and miscarriages of justice in England and Wales. Advances in Forensic Human Identification 391.

Mnookin, J., Cole, S. A., Dror, I., Fisher, B. A. J., Houk, M., Inman, K., Kaye, D. H., Koehler, J. J., Langenburg, G., Risinger, D. M., Rudin, N., Siegel, J., Stoney, D. A., January 12, 2011. The Need for a Research Culture in the Forensic Sciences. Northwestern Public Law Research Paper No. 11 – 20; The Pennsylvania State University Legal Studies Research Paper No. 5 – 2011. Available at SSRN: http://ssrn.com/abstract = 1755722.

National Registry of Exonerations, 2012. Ricki Jackson. Available at: http://www.law.umich.edu/special/exoneration/Pages/casedetail.aspx? caseid = 3318.

Newman, D., 2007. Limitations of fingerprint identifications. The Criminal Justice 22, 36.

Rozelle，S. D.，2007. Daubert，Schmaubert：criminal defendants and the short end of the science stick. Tulsa Law Review 43，597.

Spinney，L.，2010. Science in court：the fine print. Nature News 464（7287），344 –346.

Thompson，W. C.，Cole，S. A.，2005. Lessons from the Brandon Mayfield case. The Champion29（3），42 –44.

Wax，S. T.，Schatz，C. J.，2004. A multitude of errors：the Brandon Mayfield case. Champion 28（8），6.

Wieneke，C.，2012. Fingerprint misidentification leads to wrongful conviction in Indiana：state of Indiana v. Lana Canen. Life After Exoneration. Available at：http：//www. exonerated. org/index. php？option = comcontent&view = article&id = 262：fingerprint – misidentification-leads – to – wrongful – conviction – in – indiana&catid = 41：news – stories&Itemid = 94.

## 第二节 指纹检验专家：真的是有资质的吗

上述案例研究阐述了指纹鉴定是如何出错的，即使是行业内最优秀的指纹专家也无法避免错误的发生。试想一下，如果经验丰富的专家在鉴定时都可能会犯这种令人震惊的错误，那么当鉴定人员经验不足时，问题和错误就会成倍增加。虽然律师和法官意识到了专家证人的必要性，但如果对该领域的知识没有充分理解的话，也很难判断一个专家是否适合。他们是否夸大了自己的专业能力？是否真的在其提供专家证言的领域接受了培训？是否有资质去做他们正在做的事？律师和法官应该注意什么，可以问什么？下述对拉娜·卡内恩案的调查说明了当一个不合格的“专家”作证时会发生什么，随之而来会有怎样的不公以及如何防止此种不公正的发生。最后是关于指纹鉴定中的 ACE – V［分析（Analysis）、比对（Comparison）、评估（Evaluation）和复核（Verification）］方法，绝对的结论和错误率，一个差异点原则，指纹自动识别系统（AFIS）的匹配，培训的方向以及指纹的历史、现状及未来发展的介绍。

### 一、拉娜·卡内恩案

案件发生在 2002 年 11 月 28 日，感恩节。当天，94 岁高龄双目失明的海伦·塞勒（Helen Sailor）并没有待在其位于印第安纳州埃尔克哈特（Elkhart，

Indiana）瀑布大厦的公寓，而是非常开心的在家人簇拥下度过了美好的一天。瀑布高层公寓是印第安纳州埃尔克哈特市专门为老人、残疾人和先天有缺陷的人提供的住所。那天晚上，塞勒的家人开车送她回公寓的时候，一切都很正常。但当第二天，塞勒的两位亲戚和她的一位医疗保健师再来公寓看她时，发现她已死亡，死前还遭受了严重的殴打，前一天的美好竟成为塞勒生命中的最后一天。狭小的公寓被洗劫一空，梳妆台的抽屉也被拉了出来；圣经中夹着的钱和钥匙也不知所踪。尸检结果显示塞勒的颈部、面部和手部严重受伤。病理学专家认为塞勒的死是一起谋杀案，而致其死亡的主要原因就是机械性窒息。

埃尔克哈特警察局的调查人员将案件定性为抢劫杀人。“因为现场没有强行进入的痕迹，警方认为被害人认识袭击她的人。警方开始走访周围的居民，但是他们并不配合，调查工作陷入僵局”[②]。

几个月过后，埃尔克哈特警察局专门成立了一个冷案调查小组，塞勒案成为该小组处理的第一批案件。他们在塞勒公寓里提取到了一个装着许多处方药瓶的塑料桶，并对其上的潜在手印进行了显现。潜在手印是人在接触物体时“无意中”留下的指纹，但并不是所有情况下都能遗留。潜在手印通常需要用化学试剂或者指纹粉末将其显现出来。调查小组在塞勒装药瓶的塑料桶上处理出了几枚指纹，随后又将塑料桶放回原始物证袋保存并重新密封，提取的这几枚指纹就被当作证据保管起来。

案件调查人员仍然坚信塞勒认识袭击者，并且将调查范围扩大至公寓楼的所有人员以及她的看护。

2003 年 8 月，警方接到消息称，一个名叫安德鲁·罗耶（Andrew Royer）的男子可能参与了该起谋杀案。当接受讯问时，罗耶承认是自己杀害了塞勒，而且还提供了一些案件并未公布的细枝末节。他告诉警方，是他用绳索勒死了塞勒，清理了公寓，并拿走了珠宝和钱。于是，罗耶被控谋杀。[③] 但一段时间后，罗耶又翻供并供出了同谋拉娜·卡内恩，声称是卡内恩和他一起进入

---

② Maurice Possley，The National Registry of Exonerations：Lana Canen Case Detail.

③ Hans Sherrer，*Lana Canen Exonerated of Murder Conviction After Fingerprint Testimony Exposed as False*，Nov. 7，2012，Justice Denied，http：//justicedenied. org/wordpress/archives/2306.

公寓拿走了钱，而卡内恩却坚称她与此案毫无关联。[④]

警方委托了埃尔克哈特县的警探丹尼斯·查普曼（Dennis Chapman）承担本案的指纹检验工作。查普曼是警察局实验室的全职工作人员，正如他自己所言，由于接受过专业的指纹鉴定培训，所以大家遇到指纹鉴定时都会向他寻求帮助。因而，查普曼在指纹鉴定方面也颇有心得，他在卡内恩案庭审的时候声称："2000 年秋天，我在印第安纳州犯罪现场勘查综合执法培训学校学习，此后被分到了实验室工作"[⑤]。埃尔克哈特警方对查普曼的资质十分满意，于是他们将本案的指纹检材和样本，包括赛勒的十指指纹卡和卡内恩的指、掌纹油墨样本都交给了查普曼，由他来完成本案的鉴定任务。

油墨捺印样本是人手指和手掌面上纹线的详细记录。油墨捺印指纹是在一定动作条件下，将黑色油墨纹线清晰的反映在白色指纹卡上，从而获得指纹上所有的细节特征，一份油墨捺印指纹卡记录十个手指及手掌面纹线。

根据查普曼的补充报告，他首先对提取到的潜在手印进行了初步检验，以此判断检材是否满足可鉴定的条件。他认为此案中大多数的潜在手印是不具备鉴定条件的。初步检验结果显示，塑料桶上提取到的编号为"M"的指纹具备足够细节特征可供比对。

指纹有以下三种基本纹型：（1）弓型纹，纹线从指纹的一侧出发向上隆起后流至另一侧不返回；（2）箕型纹，纹线隆起后又返回同一侧，形似别针；（3）斗型纹，纹线中心处是类圆形图案。查普曼认定药瓶上的指纹是"纹线间隔线数 7－17 条"的箕型纹。

基于上述信息，他开始对指纹样本进行检验。被害人赛勒在现场并没有留下指纹；"当发现她的指纹中几乎没有任何纹线特征时，她就被排除了"[⑥]。老年人手掌和手指上难以发现纹线是很常见的，因为随着时间的推移，纹线会因磨损而逐渐无法辨别。在排除赛勒之后，查普曼开始对现场指纹和埃尔克哈特警方所提供的指纹卡进行比对。除了警方提交的拉娜·卡内恩的指纹

④ Hans Sherrer, *Lana Canen Exonerated of Murder Conviction After Fingerprint Testimony Exposed as False*, Nov. 7, 2012, Justice Denied, http://justicedenied.org/wordpress/archives/2306.

⑤ Trial transcript, testimony of Detective Dennis Chapman at the trial of Lana Canen, at 617.

⑥ Case Supplementary Report on Offense of Murder by Detective Dennis E. Chapman, Elkhart County Sheriff's Department; case number 2002－1129－008.

外，查普曼还在埃尔克哈特警察局的指纹档案里找到了卡内恩指纹的复印件。“这两份指纹样本都属于卡内恩，但是复印件的质量更好”⑦。因此，查普曼在比较卡内恩指纹的时候选用了复印件。

“当检验拉娜·卡内恩的十指指纹卡时，发现其右手食指为桡侧箕，这是一种较为少见的箕形纹，因此首先就这枚指纹进行了比对，结果与现场并不匹配。因为现场遗留的是尺侧箕，如果现场这枚指纹是卡内恩所留，那么它必然来自其左手”。尺侧箕是一种较为常见的箕形纹，其纹线形态是中心箕形线从小指出发流向小指；而桡侧箕则相反，纹线是从拇指出发回到拇指。

“由于卡内恩的左手拇指是斗型纹被排除在外，左手食指可能是斗型纹也可能是桡侧箕，因此也被排除了。现在就剩下左手中指、环指和小指。由于左手中指纹线间隔线数较少因此被排除了。左手环指是斗而现场指纹是箕，也被排除”。⑧ 因此，查普曼认为现在最有可能的就剩下了左手小指。

其实，在查普曼的调查初期我们就发现了他在指纹分析上出现了许多问题。尽管对大多数外行人来说，查普曼之前的分析似乎是合理的，但实际上，对于一位训练有素的指纹鉴定人员来说，这都是一些不应该犯的错误。查普曼使用的一些术语，例如尺侧箕和桡侧箕，都是指纹分类术语，仅用于指纹存档以及查看纹型和所处的指位，并不适用于潜在指纹的比对过程。

在查普曼比对了卡内恩指纹卡的左手小指和塑料桶上标记为“M”的潜在指纹后，他“发现了两枚指纹间存在多个符合点”。正如他在报告中所陈述的，“根据我 1976 至 1978 年间作为联邦调查局指纹鉴定人员，以及后来在埃尔克哈特县警察局从事指纹鉴定的经验来看，塑料桶上的潜在手印是卡内恩左小指遗留”。此外，他还将现场上其他潜在指纹与卡内恩的指纹进行了比对，但均未比中。⑨

2004 年 3 月 5 日，查普曼将所有的现场提取的指纹和油墨捺印卡归还给

⑦ Case Supplementary Report on Offense of Murder by Detective Dennis E. Chapman, Elkhart County Sheriff's Department; case number 2002 – 1129 – 008.

⑧ Case Supplementary Report on Offense of Murder by Detective Dennis E. Chapman, Elkhart County Sheriff's Department; case number 2002 – 1129 – 008.

⑨ Case Supplementary Report on Offense of Murder by Detective Dennis E. Chapman, Elkhart County Sheriff's Department; case number 2002 – 1129 – 008.

了埃尔克哈特警察局。随之，他还提供了一份签名的补充报告。报告包含了本案的指纹鉴定意见以及在鉴定过程中用到的指纹放大照片。之后，案件所有相关证据、放大的指纹照片以及查普曼的鉴定报告原件一起被送还了物证室存档。报告的副本提交给了埃尔克哈特警察局案件调查指挥官处。

2004 年 9 月 2 日，卡内恩被指控谋杀了赛勒。卡内恩称，案件主办人员一直认为她参与了多起发生在凶杀案前的入室盗窃案，原因是卡内恩一直在和该公寓的维修工约会，而维修工拥有可以打开公寓所有房间的钥匙。卡内恩觉得警方认为是她从男友手中拿走了钥匙，然后进入公寓内行窃。事实上，从未有足够的证据来证明这一指控。卡内恩称，调查人员说就算不是赛勒案，他们也会就之前的盗窃案找她算账。⑩

2005 年 8 月 2 日，埃尔克哈特警察局被告知，法庭正在对赛勒公寓内塑料桶上的提取的潜在指纹和卡内恩的油墨捺印指纹进行复核比对。此次鉴定则是由卡内恩辩护律师聘请的指纹专家来进行。他们从印第安纳州警察实验室获取了这些颇具争议的物证。而在此前，州实验室从没有被要求对这些证据进行鉴定，他们仅仅是保管而已。

事实上，查普曼并不是本案中唯一不合格的指纹鉴定专家。卡内恩的律师所聘请的指纹专家也在此后的证词中承认，他并不是一名全职的指纹鉴定人员，也没有接受过正式的指纹鉴定培训。他声称自己只是参加过一些关于现场勘查的一般性研讨会，对专业指纹鉴定人员在他们领域内所采用的方法和程序并不熟悉，当他对这些指纹进行检验后，仅发现了三个在人群中出现率很高的特征点，因此无法得出鉴定意见。他解释道，如果有人追问他意见，他就会让律师或者案件调查人员将证据送到州犯罪实验室再次检验，但由于没有人过问结果，⑪ 所以这些证据就未在州犯罪实验室进行复核。

2005 年 8 月 5 日，就在罗耶和卡内恩被审判的前几天，控方将谋杀罪改为重罪谋杀。罗耶最初的证词表明，卡内恩也牵扯在案，但该证词后来未被采用。现在唯一能证明卡内恩与赛勒谋杀案有关的证据就是埃尔克哈特警察局查普曼的证词，也就是那枚遗留在赛勒公寓内的塑料桶上和卡内恩左小指

---

⑩ Correspondence with defense attorney Cara Wieneke, dated November 4, 2012.

⑪ Correspondence with defense attorney Cara Wieneke, dated December 12, 2012.

相匹配的指纹。

8 月 8 日，审判开始，警探查普曼作为州政府的证人出庭作证。检察官询问了他的背景、专业培训情况和经历。查普曼提到，他在埃尔克哈特警察局工作了 12 年，其中一半时间是在当警探。他还谈到了自己之前的工作经历，包括从 1976 年开始，在 FBI 做了两年的指纹鉴定工作，完成了“12 周的关于指纹分类和检验鉴定的培训”。当被问及“指纹分类”的含义时，他解释了人的每个手指上都会有一些“细小的纹线”以及如何通过特征对指纹进行分类，比如纹型。检察官问他需要查看多少张指纹卡才能得到比对结果。查普曼回答无论哪个方向，只需要 5 条纹线即可。[12] 无论是查普曼作证还是对其质询的内容都与此案的指纹鉴定无关。相反，正如查普曼之前所说的纹型的分类，只是一种便于日后检索的存档方法，与鉴定也无关。查普曼曾表示他是 FBI 的指纹检验人员。但从未说过自己是 FBI 的潜在指纹检验人员。FBI 的潜在指纹检验人员通常是从拥有多年丰富经验、能力出众的指纹检验人员中挑选出来的。而且一经选中，就会在潜在指纹检验方面进行大量和深入的培训，仅仅教会指纹分类及油墨捺印指纹检验的 12 周培训与此是不可同日而语的。

查普曼解释道，他离开 FBI 之后就职于印第安纳州库克县核电站，在那里他“偶尔”会审核“需要进行背景调查的人”提交的指纹卡，以确保这些指纹卡“可以被正常提交”。[13] 虽然陪审团可能会对此印象深刻，认为这是指纹鉴定经验丰富的体现，但实际上，这个工作和指纹比对没有任何关联，更不用说潜在指纹比对了。事实上，这份工作仅仅是查看指纹是否记录得当，以免因为模糊或者残缺而被 FBI 拒绝。他向法庭解释道他做了“大概上百次左右”的比对，[14] 这个数字看似很多，但实则远非如此。

在指纹鉴定领域，比对过的指纹数量是个常被问起的问题。作为一名鉴定人员，我的答案如下：“我在职业生涯的初期也很关注自己检验过的指纹数量，因此一直保留着个人记录，直至完成五十万次的比对后，我就停止了记录，当然这距今已有很长时间了”。一般来说，在一宗大案中经常需要进行大

---

⑫ Trial transcript, testimony of Detective Dennis Chapman at the trial of Lana Canen, at 615 – 616.

⑬ Trial transcript, testimony of Detective Dennis Chapman at the trial of Lana Canen, at 616.

⑭ Trial transcript, testimony of Detective Dennis Chapman at the trial of Lana Canen, at 617.

量的，甚至上百次的指纹比对，而且即便如此，作为一个有经验的指纹鉴定人员，他的工作量也应远超于此。

检察官把47号物证，即来自埃尔克哈特县警察局的指纹卡出示给查普曼，并问道："你个人是否曾经对这张指纹卡进行分类，或者，比对?"查普曼回答，"是的"。不难看出，即使"分类"和"比对"这两个词是不同的概念，查普曼也仍旧未能区分这两个术语，也没有阐明两者的不同。随后，检察官又向查普曼出示了第46号证据，也就是埃尔克哈特县警察局在案件现场提取的指纹。当查普曼被问到是否可以将证据47和证据46进行比对，查普曼回答："我可以"。⑮ 尽管辩方律师和法官几乎没有听到查普曼有资质可以做比对的证词，但是无人反对将物证46和47作为证据采纳。

控方的提问继续进行。"你在哪个手指上找到与塑料桶上提取的特征一致指纹?"查普曼的回答是，"我知道这不可能来自右手，因为这必然是一枚尺侧箕，而尺侧箕只能来自左手"。正如之前所述，这个回答所用的仍然是指纹存档而非指纹比对的术语。此外，查普曼的另一个错误就是，尺侧箕和桡侧箕在任何一只手上都可能出现，这两种箕型纹出现的指位和指纹中心点到三角的纹线计数也是对指纹进行"分类"的一种方式。这只是一种类别的划分，成千上万人的指纹可能具有这种相同的"纹型"。如前所述，这也仅是为了便于后期指纹检索。

查普曼接着谈到了他在FBI做的最后一项工作，那就是必须"在一小时内对40枚指纹"进行分类，从相同的纹型中"找出与其他指纹略有不同的……然后用放大镜进行确认"。⑯ 同样，这个工作还是指纹检验人员为了指纹分类和存档对油墨捺印指纹卡进行检验，而不是潜在指纹检验人员对偶然遗留在现场的潜在指纹和已知对象的油墨捺印指纹之间进行认定或者排除的鉴定。遗憾的是，无论是检察官、辩护律师或者法官，都没有对这个重要的区别产生疑问或是质疑查普曼的潜在指纹鉴定资质。

检察官展示了查普曼"为了解释说明"现场潜在指纹确是卡内恩左小指所留的指纹放大比对照片。这组照片被法庭认可为证据编号48和49，是查普

---

⑮ Trial transcript, testimony of Detective Dennis Chapman at the trial of Lana Canen, at 621.

⑯ *Id.* at 627.

曼按照原始证据编号为46和47的照片“真实并准确”放大的。当被问及这些放大照片是否显示出了他在比对时使用的“特征点”时，查普曼简单地回答道，“是的”。[17] 法庭毫无异议地采纳了证据48和49。

当被问到放大照片上的数字和线条时，查普曼说这些标记是为了便于大家看到每枚指纹上的相对应的特征点，以及可能在哪里相互匹配。当被问到现场指纹和油墨捺印指纹的放大角度和比例是否一致时，查普曼承认并不一致。没人提出反对意见，又问了一两个小问题后，检察官的提问结束。卡内恩律师的交叉询问开始了。

在交叉询问中，卡内恩的律师指出查普曼标记了7个相似的特征点。律师并没有问为什么查普曼的放大照片不像传统放大照片一样使用相同的角度和比例。而是问：“你如何证明人类中某人的指纹不会与另一人指纹匹配”，查普曼简略的回答“从古至今都是这样认为的”，即便是这样他也未受到进一步质疑。他并未解释生物学差异、遗传因素以及生长差异是如何影响指纹细节特征的。简单的一句“从古至今都是这样认为的”就是所有的解释，没有任何的详细说明。此后，律师又提出了一些关于比对特征点的问题，以及比对工作是否是在照片放大之前完成的，仅此而已。卡内恩的律师没有就这唯一证明卡内恩犯有谋杀罪的重要证据进行进一步的质疑。接下来轮到罗耶的律师，罗耶的律师仅仅问了查普曼收到指纹卡的日期以及从谁那里得到的指纹卡，除此之外，辩方再无其他问题了。[18]

审判持续了三天，卡内恩坚称自己无罪，说自己从未进入过赛勒的公寓。但指纹证据仍然足以让陪审团相信其有罪。最终，陪审团判定卡内恩和罗耶犯谋杀罪，每人判处55年监禁。无人质疑各种危险信号，也没人在意指纹证据的作用被过度夸大。尽管这一枚指纹是卡内恩定罪的全部依据，律师详细检查了整个动议，可是律师却从未意识到指纹和指纹证词存在的明显问题。多年后，埃尔克哈特县的检察官仍然坚持说“我们有理由相信，陪审团是基于查普曼警探的证词来做出判断的，即使该证词对卡内恩不利”。指纹证词和

---

⑰ Trial transcript, testimony of Detective Dennis Chapman at the trial of Lana Canen, at 631.

⑱ *Id.* at 636.

指纹鉴定人员是“将卡内恩置于风口浪尖并且支持案件起诉”的关键。[19]

卡内恩始终坚称自己没有谋杀赛勒。2011 年，印第安纳州公设辩护人办公室请辩护律师卡拉维内克（Cara Wieneke）对卡内恩案进行例行的定罪后复查。没有人会想到此案会有任何异常或不体面的事情，而此时另一名辩护律师也已经拒绝了重审此案。但当卡拉维内克听说卡内恩在近十年内一直在坚持自己的清白时，她接受了此案并开始研究审判中的证据。

维内克发现的第一个问题就是受雇于卡内恩律师的专家没有指纹鉴定的资质，并且卡内恩的律师从未查看过查普曼的资质。[20] 维内克说，“当我看到笔录时，我意识到指纹是审判中的关键证据”，“所以我想我应该找一位有资质的独立的鉴定人再做一下指纹鉴定”。[21]

据维内克后来聘请的有资质的、独立鉴定人回忆：2011 年 6 月，我收到了维内克发来的一封电子邮件，询问我是否可以审查此案的证据，我答复可以，并要求她尽可能把涉及下列内容的材料发给我：所有现场指纹的高清照片或扫描件，警方用到的所有指掌纹的副本，所有现场勘查、实验室检验记录和照片的副本，涉及指纹证据的相关庭审笔录和询问笔录的副本以及维内克在场时捺印的卡内恩的指纹。我需要与原始鉴定时一样的所有材料。要求维内克在场时捺印卡内恩指纹的原因在于可以将这些指纹与警方所用指纹进行比较，以确保这些指纹一定是卡内恩的，而非仅是一张“写有卡内恩名字”的指纹卡。通常情况下这些材料不会轻易混淆，但是不能排除这种可能性。这种方法确保了比对中所用的油墨捺印指纹一定是卡内恩的，而不仅仅是一个假设。

几天后，我收到了一个包裹和来自维内克律师事务所的一封信。依照我们之前电子邮件沟通的内容，包裹里包含了一张存储有卡内恩十指指纹卡和现场指纹照片的 CD。但在拍照的过程中，这些卡片都被塑料物证袋包裹着，不允许打开，因此我们无法获取右手中指和右手食指指纹三面捺印的清晰照

---

[19] Press Release, Curtis T. Hill, Office of the Prosecuting Attorney of Elkhart County, Ind., September 9, 2012.

[20] Maurice Possley, The National Registry of Exonerations: Lana Canen Case Detail.

[21] Sharon Hernandez, *Attorney Re – Evaluated Evidence in Elkhart Murder Case*, Elkhart Truth (Elkhart, Ind.) October 3, 2012.

片。维内克还提供了现场指纹的提取照片，但同样是隔着塑料袋拍的。第二张 CD 上的内容有：（1）来自指纹鉴定人员的庭审证言，（2）现场指纹在被提取之前的原始位置，（3）现场潜在指纹和油墨捺印指纹的放大照片，以及（4）一枚“不具备鉴定条件”的现场指纹。查普曼作的证词表明“不具备鉴定条件”是指其质量达不到比对的要求。

在查看了提交的证据照片后，我发现由于是隔着塑料袋拍摄的，所以很多指纹照片是无法使用的，这些照片质量与我在进行潜在指纹比对时需要的高分辨率图像标准相差甚远。我需要查看包裹在塑料袋下面的内容，而且包裹着塑料拍照本身就会使指纹变形。更令我失望的是，维内克无法亲自再次获取卡内恩的十指指纹捺印卡。我收到的唯一有用的物证就是庭审时查普曼展示的指纹放大照片，这也是我接下来最关注的地方。

当看到这些指纹放大照片的那一刻，吃惊和激动使我瞠目结舌，心跳加速的无法控制。我清楚地知道这枚现场指纹与放大的油墨指纹并不匹配。照片上的两枚指纹并不是同一手指所留。虽然两枚指纹都是左流箕——纹线从左侧流入，自然弯曲并转回原方向，但其相似性仅此而已。我可以清楚地看到两枚指纹从中心点到三角的纹线计数差别很大。当继续深入比对这两枚指纹的细节特征时，我发现了越来越多不可解释的差异点。我被震惊了，不停在说“怎么可能发生这种事情”！

我查看了维内克发来的记载查普曼证言的庭审记录后，明白了造成这种情况的两个原因：第一个原因是查普曼没有接受过潜在指纹比对的任何培训。许多有资质的潜在指纹鉴定专家都会提供此方面的相关培训和课程，但是查普曼从未参加过。正如查普曼自述的，他唯一参加过的课程是有关犯罪现场勘查的，而非专门的指纹比对。第二个原因是查普曼在 FBI 只是从事油墨捺印指纹的分类和比对，并没有接触过犯罪现场提取的潜在指纹。就像查普曼在卡内恩案中所作的现场指纹比对工作，在 FBI 是由专门的现场指纹鉴定人员来完成，而绝不会交给一般的指纹检验人员。因为这是两种不同的工作分类，他们所需要接受的培训和授予的职业资格也不同。查普曼从未担任过 FBI 的潜在指纹检验人员一职，但在庭审中也从未有人确认过此事。因此，查普曼的专家资格从未受到质疑。相反，他的资质被夸大了，其实他的经验只局限于油墨指纹的检验，但在庭审中没人意识到这一点，也没人提出质疑。

查普曼证词中一个重要的部分就是阐述油墨捺印指纹的分类比对与现场潜在指纹的分析比对的区别。其实，指纹分类仅仅是一个种类的概念，许多人指纹的纹型都可能是一样的。而且通常情况下，由于油墨捺印指纹的质量远高于现场指纹，因此与现场指纹比对相比，油墨指纹比对是一个相对简单的过程。

由于受到汗液（转移到承痕客体上来自于手指的汗液、油脂等指纹物质），承痕客体种类（质地、渗透性、光滑性、非渗透性），手指与客体的接触方式（手指拖拽、扭曲、转动、擦蹭、触碰等），以及环境（是否有其他人重复接触，接触的区域是否被清理过）等诸多因素的影响，导致遗留在现场的指纹质量通常不是很好，仅有部分可用来进行比对。因此，对于鉴定人员来说，进行现场潜在指纹比对所需要的培训和经验与油墨指纹检验大不相同。然而，在实际的案例中，也难免出现与卡内恩案类似的情况，有些“专家”仅通过短期的培训就去出庭作证。

在证词中发现的疑点表明了鉴定错案发生的原因，那就是鉴定人员夸大了自己的能力和资质，从未澄清自己并没有接受过专门的训练并且没有资质进行潜在指纹的比对。甚至他在法庭上所展示的放大照片也是使用错误的方法处理的，两枚指纹的放大倍率和角度均不一致。他在放大指纹照片上标注的线条和箭头并不匹配，原因在于两枚指纹不是来自一个手指。放大照片上的潜在指纹与油墨捺印指纹并不同一。

2011 年 6 月 27 日，我打电话告知了维内克鉴定意见。显然，我所做出的否定意见成为案件的转折，这个出人意料的意见使原本以为我会得出“无结论”结果的她始料未及。随后，应维内克的要求，我又提供了一份书面报告，其中包括了对指纹放大照片的全面分析和比对、鉴定意见、我本人近 30 多年在法庭科学领域的执法工作经历以及自 1996 年 1 月就成为 IAI 注册的指纹鉴定专家的认证资历。我所做出的鉴定意见是：第 49 号证据（卡内恩左小指的指纹）与 48 号证据（塑料桶上提取的指纹）并不匹配。通过分析查普曼在比对中使用的每一个特征点，我列出了“鉴定”错误的原因，并讨论了现场指纹与捺印指纹之间所有的差异点。

在分析了指纹中每个所谓的符合点后，我利用两枚指纹的放大照片（即 48 号和 49 号证据）进一步证实了两枚指纹并不同一的原因。尽管现场潜在指纹的三角区域并不清晰明显，但仍然可以确定三角距中心点间隔了4－5条纹线。油墨捺印指纹的三角区域清晰可见，距中心点间隔13条纹线。虽然都是左流箕，但是二者纹线计数明显不同，显然不一致（参见图示：蓝色的点标记三角区域并反映出纹线流向；红色的点标记中心区域）。[22]

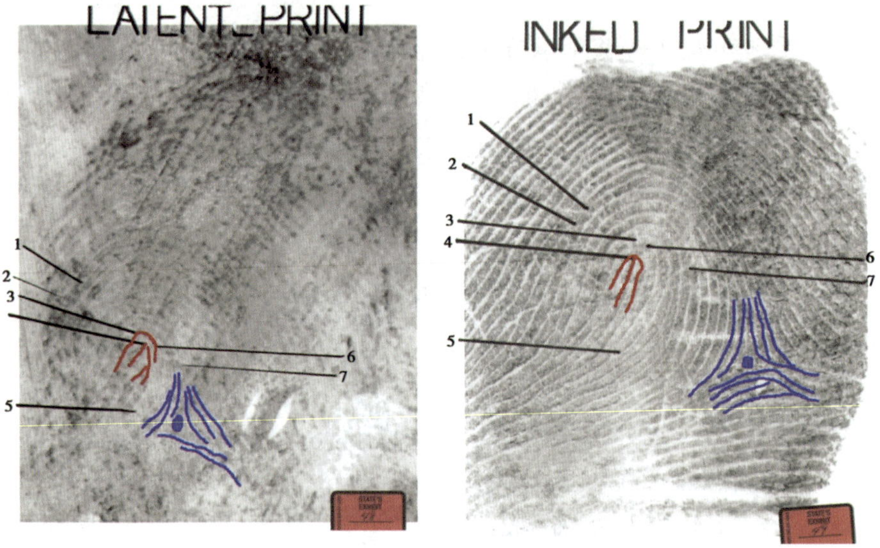


我在报告的结论部分，特别强调了由于在比对时使用的现场指纹照片、指纹提取卡以及卡内恩的油墨捺印指纹的质量都不高，导致其证据价值大打折扣。另外，考虑到即便我有资质，检察官也不一定会采纳我这名与本案无关的“雇佣专家”的证词，我建议维内克，即使我不再继续作为本案的鉴定专家，也要请印第安纳州犯罪实验室重新审查该案的指纹证据，做出比对和“鉴定”意见。我确信犯罪实验室的鉴定人员会和我得出同样的意见。

在收到我关于本案“鉴定错误”的报告后，维内克联系了印第安纳州犯罪实验室，要求他们审查指纹证据。但这个要求不久就被检察官办公室驳回。维内克在后来的新闻发布会上说，“检察官不想开启为所有的案件提供全部证

[22] Item 12h in the Scientific Examination Report prepared by Kathleen Bright－Birnbaum，dated July 6，2011.

据的先例"[23]。维内克告诉我，检察官对她说，即使辩方鉴定专家不同意查普曼的鉴定意见，也只是不同专家的意见相左。这句话让我敏锐地意识到，如果要在后续的听证会上陈述我的"鉴定意见"，我需要一些更加直观的证据来说明查普曼的错误，而非仅仅是口头解释。我需要一个"眼见为实"的展示。

与此同时，维内克准备用我提出的问题对查普曼进行质证：我建议她问查普曼在比对中使用了什么方法？他是不是"只统计符合的特征点"，即不看指纹上所有的特征点（特征的数量和质量）而只统计符合的特征点？他是否知道什么是 ACE－V？是否知道什么是 SWGFAST（Scientific Working Group on Friction Ridge Analysis，Study and Technology 指纹分析、研究和技术科学工作组）？在指纹比对的过程中，他是否严格遵循 SWGFAST 的标准？他是不是 IAI 认证的具备专业资质的鉴定人员？

在随后的取证中，查普曼告诉维内克"我没有去寻找差异点，只是看了符合点"。他承认他不是任何专业的法庭科学协会成员，甚至对 IAI 这个法庭科学领域内重要的组织也不熟悉。[24] 在案件整个庭审过程中，也从未有人对查普曼的"鉴定资质"进行核实。尽管原辩护律师也聘请了专家对本案的指纹鉴定进行复核，但这位辩方的专家同样没有接受过正式的指纹比对培训，因此在取证过程中，只是告诉维内克他无法做出结论，并建议将指纹送交国家犯罪实验室进行复核。[25]

证据听证会计划于2012 年 8 月 16 日举行。为此，我专门准备了一个题为"利用特征点标注放大照片展示指纹鉴定过程"的报告。在报告的开篇，我向大家展示了一个利用"常规"方法处理的标注了特征点的指纹放大照片，照片上现场指纹及油墨捺印样本以相同放大倍率和角度并列放置。我希望以此能让法庭清晰直观地看到由于查普曼没有按照"常规"要求对指纹放大照片进行处理而造成的错误。紧接着我介绍了利用特征分类进行指纹比对的正确

---

[23] Amanda Gray，*Prosecutor Curtis T. Hill Jr. Requests Conviction Vacation for Lana Canen of Elkhart*，GOSHEN NEWS（Indiana）September 29，2012.

[24] Email correspondence with Cara Wieneke regarding deposition with Chapman on September 7，2011.

[25] Email correspondence with Cara Wieneke dated August 10，2011.

方法（一级特征：指纹纹型；二级特征：指纹中“特征点”的数量和细节特征，如端点、分歧点以及小点；三级特征：指纹清晰度、纹线形态及纹线上的汗孔）。我解释道，一级特征只用于排除，无法进行认定。如果数量和质量均满足要求，二级特征和三级特征都可以用来进行指纹鉴定。当这部分内容介绍完后，我相信法庭对于利用不同级别指纹特征进行潜在指纹和已知对象的油墨指纹的比对过程就能有更好的理解。随后，我开始进行第二部分关于对查普曼的放大指纹照片的分析，并解释道：

> 培训和经验积累并不会让专家看到的与外行人看到的不同，培训和经验积累仅是让专家能够解释哪些是相同的，……但是，如果所看到的内容与专家解释明显不符，即使是外行人，也有权提出质疑，毕竟“眼见为实”。

按照之前所述指纹比对方法的正确格式，我利用标注了特征点的指纹放大照片对潜在指纹和油墨指纹的一级特征进行分析，来展示查普曼的指纹比对过程。首先，分别标记每枚指纹的中心点和三角，并展示了如何利用中心点和三角进行比较。随后，按照先现场指纹后捺印指纹的方式逐一统计了中心点到三角间的纹线间隔。但是，此次统计结果令人大吃一惊，查普曼标记照片上现场指纹与样本指纹从中心点到三角的纹线间隔完全不同。二者之间唯一相似的地方就是两枚指纹都是左流箕（见上图的标记）。尽管现场指纹并不是特别清晰，但仍然可以看出从指纹中心点距三角之间的纹线间隔大约为 6 条。然而，在油墨捺印指纹中，中心点距三角之间的纹线间隔为 12 条。对任何一个资历丰富的鉴定人员来说，仅凭这一点就足以得出两枚指纹来源不同一的意见。这就是指纹比对中无法解释的差异点。

最后，我又利用二级特征和三级特征继续对查普曼的特征点标记照片进行分析，讨论了两枚指纹中的特征和相似点，以及明显无法解释的差异。最后，我通过图示直观的解释了鉴定错误可能出现的原因。在查普曼的鉴定过程中，一级特征分析中重要的指纹中心点和三角的确定、两者之间间隔线数这些非常重要的分析内容似乎都被忽略了。查普曼应该意识到，两枚指纹间隔线数的不同代表了两枚指纹来源不同，也并不匹配。但由于有些时候法庭总是乐于接受“匹配”特征，而忽略“差异点”，并将其解释为是因变形而导致的不同。正是因为这种错误的认定直接导致了对卡内恩的错误判决和监禁。

直观的展示后，检察官又对我进行了交叉询问，显然他做了充分的准备，询问的内容涵盖了我的背景、收费以及指纹鉴定错误率和认知偏差。在我完成质证后，法庭又传唤了查普曼。因为辩方律师希望我能在场听他的证言，因此我又回到了听证席。

查普曼回答了维内克提出的问题，并承认自己在本案指纹比对中所犯的错误，这是辩方最想听到的内容。随后检察官开始发问，显然他对查普曼使他陷入如此被动的境地非常地恼火。在查普曼接下来的证词中，我发现即便是在此刻查普曼仍然没有明确现场潜在指纹和油墨捺印指纹的区别。于是，我写了一张纸条传给了维内克，指出了这个错误。因此，在检察官结束询问后，维内克对查普曼又提出了是否他只接受过油墨捺印指纹检验的培训却没有参加过实际现场潜在指纹的检验培训。查普曼承认了他的经验的确只限于油墨捺印指纹，随后辩方停止提问，检方又提出了几个问题：

问题：你有没有想过你根本不具备做这个指纹比对的资格？

回答：有。

问题：你有没有把这个想法告诉过其他人？

回答：没有。

问题：你为什么要这么做？!?!

对于最后一个问题，查普曼仅仅简单地回答他曾想过要寻求帮助。

听证会结束时，法官下令将指纹证据移交至印第安纳州实验室进行全面检验。检察官坦言，他认为州实验室得出的结论应该和我一致。几天后，实验室公布了检验结果：确定该现场指纹并非卡内恩所留。由于州实验室可以获得更多我未能接触的本案所有证据，在随后的调查中，他们发现现场潜在指纹与看护赛勒的一位看护匹配上了。这名看护是在给赛勒拿药时，在装药的塑料桶上留下了指纹。

2012 年 11 月 2 日，在入狱八年后，检察官要求撤销对卡内恩谋杀罪的指控，她被释放了。检察官办公室接着指出，“由于本案的关键证据失效，无法证明卡内恩参与了此案，因此卡内恩案不会再审。凭良心来说，我认为我们没有足够的证据来支持起诉”[26]。2016 年 3 月，卡内恩的律师提出了民事诉讼，要求就错误监禁卡内恩对其进行赔偿，但是却被无理由驳回。尽管错误的鉴定使卡内恩遭遇了八年的无妄之灾，但她却无法得到赔偿。

## 二、指纹检验基本知识

### （一）指纹的分析、比对、评估和复核（ACE－V 法）

ACE－V 法是指纹检验领域普遍接受和认可的方法，特别是在美国，该方法已成为接受过培训，并且具备鉴定资质的指纹专家进行指纹比对时采用的重要方法。与其他领域中的科学过程相仿，ACE－V 法主要由四个步骤组成：首先，对未知的现场（潜在）指纹进行分析；其次，与已知（油墨捺印或活体采集）样本指纹进行比对；再次，评估现场潜在指纹和油墨捺印样本间的相同点和差异点，确定是否足以得出认定、否定以及无鉴定条件的结论；最后，需要由另一名有资质的鉴定专家独立进行分析、比对和评价，完成结论复核，才能出具鉴定报告。正常来说，如果一切顺利，二者应得出相同的结论。就卡内恩案而言，正因为查普曼并没有使用 ACE－V 法，才造成了如此严重的错案。ACE－V 法是一个结合了客观和主观的复杂思维过程。由于其复杂性，所以两位鉴定人员在鉴定同一枚指纹时可能不完全相同，甚至是同一鉴定人在不同场合下对同一枚指纹的鉴定也会有所不同。

非常重要的是，我们从一开始就应该认识到“主观”并不一定意味着容易出错，而“客观”也不代表没有错误。当指纹检验这些术语应用于 ACE－V 法过程中，其检验过程是客观的。因此，当我在法庭上介绍正确的指纹比对过程时，通过对现场指纹和样本指纹的特征点标记，逐级分析二者间特征、比对特征，并且进行结果评价，以此清晰地显示出鉴定过程中所需遵循的固定步骤。

数十年以来，ACE－V 法已经过反复的思考、阐述及修正，并在同行评审的书籍和期刊文章中以专业的形式发表。如果严格按照正确的步骤执行，ACE－V 法能够最大程度地减少意外错误的发生。这些步骤本身在其描述和

[26] Kelli Stopczynski, *Elkhart Murder Conviction Overturned*, *Woman Freed From Prison*, WSBT. com article collections, November 2, 2012.

应用上是客观的。但是，由于每一步都涉及鉴定人员的主观判断，因此从概念上来说，ACE－V 法得到的结论在本质上又是主观的。一般来说，对于一个训练有素、经验丰富，又通过了资质认定具备鉴定技能和能力，并且有实际工作经验的鉴定人员来说，如果遵循正确的步骤方法，利用 ACE－V 法应该能够做出正确的判断，从而得出准确的结论。

### （二）绝对性的结论和错误率

#### 1. 指纹鉴定结论的正确表述

当鉴定人员得出结论时已经形成了一种个人内心确信，即两枚指纹来自相同的纹线区域，这种个人确信可能是绝对的。但是，当在法庭上陈述客观的科学意见时，鉴定人不能因为个人确信而夸大结论的证明力。前些年，鉴定人员需要证明他们的观点，在法庭上以绝对性的术语表述其科学观点，但现在我们已经意识到科学的正确应用就是要排除任何这样的绝对结论。无论鉴定人员多么确信两枚指纹来自皮肤纹线上的同一区域，但在科学上仍然存在着不匹配的可能性。当鉴定人员认为两枚指纹来源于不同纹线区域的可能性非常小，以至于可以忽略时，就可以做出认定的结论。尽管我们没有通过验证的模型来计算两枚相似指纹来自不同纹线区域的可能有多小，但是仍然可以得出认定的结论。与之前的结论表述方式不同，现在的潜在指纹鉴定人员不再忽视两枚不同来源的指纹也可能存在相似特征的可能性，尽管这种几率非常小，所以不会得出绝对性的结论或者 100% 确定这样不合理的表述。“与从普通人群中随机选取人员指纹所观察到的特征不同，鉴定人员在现场指纹检材上观察到的特征也是他所期望出现在嫌疑人指纹上的特征。”这个例子说明现在的结论性措辞与以往表述的差异，以前的表述是：“在未知和已知指纹上都发现了 X 个特征点；现场这枚潜在指纹是被告人遗留的，并且不可能是其他人遗留”。

指纹鉴定的描述方式和专业术语处于不断地发展变化，近期，美国陆军犯罪实验室发布了新的作业指导规范，坚决反对鉴定意见使用绝对性表述的，他们不再使用“同一认定”（identification）这一术语，而是转换为使用“关联”（association）。但目前为止，“关联”一词还没有能够被所有指纹领域和参与者所接受，也不是 IAI 认同的官方术语。

**2. 正确理解“零错误率”**

从“零错误率的绝对确定”发展到更科学地理解结论的不确定性、概率和似然比表述方法，IAI一直在努力跟上潜在指纹鉴定的发展趋势。目前，对于鉴定意见的正确表述，IAI的官方立场是指纹鉴定人员应当避免做出任何“绝对确定”或者“零错误率”的表述。

正确理解“错误率”的含义非常重要，人们常常会混淆其含义。它究竟是指指纹科学中的“错误率”还是指鉴定人个体是否在指纹的比对过程中犯了错误？在审判中所犯的许多不同的“错误”或者失误都可能影响到潜在指纹鉴定的决策过程。这可能意味着“错误认定”（如卡内恩案中错误地认定了指纹的来源），“错误否定”（本属于同一来源的指纹被错误的排除），有/无价值的错误认定（本可以用于鉴定或排除的指纹被错误认定为没有鉴定价值），或者结合上述三种错误甚至更多种类型的错误或者误判。一般来说，对于“错误率”，大多数人的意思是错误认定指纹来源的比率。

早期的一些研究提出的“错误率”指的是错误的认定，并以此与其他类型的错误相区别。第一位提出此观点的是FBI犯罪实验室潜在指纹鉴定部门主管斯蒂芬·米格尔（Stephen Meagher）。米格尔先生经常提到FBI的一项研究，该研究表明每1100万正确认定的鉴定结果中就存在一例“错误认定”。[27]相反，格伦·兰根堡（Glenn Langenburg），凯西·韦瑟姆（Kasey Wertheim），安德烈·莫森（Andre Moenssen）提出在课堂环境下让学生比对“疑难”指纹时，每3500个正确的认定中就存在一例“错误认定”，这个研究刊登在法庭科学专业期刊《法庭科学鉴定》杂志上。[28]当然，这只是两种极端的情况，而实际错误率（即错误认定与正确认定的比值）可能介于两者之间。然而，因为“错误率”的适当性是一种特殊情况，所以当评价鉴定人员的鉴定意见或者证词时，我们还必须考虑两个因素：第一，当指纹变形较小且特征数量较多时（非常清晰的指纹），其“错误率”通常要比变形较大且特征数量较少的指纹（疑难，变形指纹）低得多。第二，对于指纹鉴定人员

---

㉗ U. S. v. Baines, 2007.

㉘ Wertheim, K., Langenburg, G., Moenssens, A., January/February 2006. Report of latent print examiner accuracy during comparison training exercises. Journal of Forensic Identifcation 56.

来说，可能会因培训、经验、视觉灵敏度以及其他因素（如做出结论的谨慎程度）的不同而在“错误率”上存在较大差异。因此，想要计算出大量指纹鉴定人员针对一系列变形程度不同的指纹时的“错误率”，并且利用该“错误率”来确定鉴定人和复核人之间联系的可靠性是不恰当的。因此，尽管错误率可以适用于其他科学领域，但由于涉及因素的不同，在指纹领域却很难明确错误率。

### （三）一个差异点原则

#### 1. 一个差异点原则的概念

名词“差异”或“不同”是比对潜在指纹和油墨捺印指纹时的另一个专有名词。“一个差异点原则”主要是指如果两枚指纹中存在一个“不能解释的”差异点，那么无论有多少个符合的特征点，这两枚指纹必然来自指纹的不同区域。这个“规则”是在生物学独特性理论和指纹人各不同、终身基本不变且在自然界中不可复制的背景下创造出来的。如果这些假设成立，就意味着两枚指纹中即使只有一个差异点，也说明这两枚指纹来源于指纹的不同部位。试想一下，有两个信封上盖有印章，如果你认为没有两枚印章是完全相同的，但你又能够清晰地观察到两个信封上盖章各方面都是一样的，那么就可以得出这两个信封是同一个印章所盖的结论。但如果观察到两个印章中有一个字母或者数字不同，即使其他字母和数字都是相同的，那么你可以得出是不同图章所盖的结论。同样，就指纹来说，如果你观察到两枚指纹之间相互对应并且细节特征数量足以确定遗留指纹的手指皮肤上不存在差异点，那么你可以得出结论两枚指纹来自手指皮肤的同一部位。然而，如果你观察到一枚指纹上的某一特征没有出现在另一枚指纹上，尽管其他特征可能看似相互匹配，那么根据“一个差异点规则”，这种匹配的特征就没有任何意义，这两枚指纹仍然被认为来源不同一。

#### 2. 一个差异点原则的核心要素

然而，在“一个差异点原则”中我们必须关注的核心要素就是“不能解释的”。因为在指纹鉴定过程中，至少有两点需要考虑。一是变形，指纹鉴定人员常常遇到两枚残缺、模糊的指纹，那么在开始观察时往往看到的是不同之处，因此可能会得出否定结论。但是，如果差异点是由变形引起的假特征，那么就不能轻易地做出否定结论，因为这种“差异”是可以被有资质的经验丰富的鉴定人员理解和解释的。只有当鉴定人员确定“差异点”是指纹本身形态的不同而不是由变形引起的，才能称之为“不能解释的差异”。

二是伤疤或者皮肤损伤，会使得不同时期遗留的指纹存在明显差异。因此指纹鉴定人员也要分析差异点，以确定造成外观差异的原因是否可能是伤疤或者皮肤损伤造成的。即便如此，对于同一部位的指纹纹线也可能会随时间的推移出现明显无法解释的差异，但确实有记录表明它们来自指纹的同一部位。总之，差异点可能代表着排除，也可能不是。这需要大量其他的匹配特征，以及鉴定人员通过培训和经验的积累而形成的比对技巧和能力，来判断是认定还是排除。在卡内恩案中的错误鉴定中，我们发现了许多无法解释的差异点，因为实际上两枚指纹来源并不同一。

## 三、指纹自动识别系统

近年来，AFIS 成了指纹比对领域新的研究前沿。包括美国在内的世界上许多国家越来越依赖 AFIS 系统进行指、掌纹的比对查询。AFIS 是个非常重要的检索工具，但一些人在检索系统提供的候选人时，并没有遵循 ACE – V 方法。一些机构和个人还过于依赖和相信 AFIS 的检索结果。在比对过程中，对现场指纹用 AFIS 系统检索和与送检人提供的已知对象的样本对比最大区别就是 ACE – V 的评估阶段。在 AFIS 系统检索中，在评估系统检索特征的相同点和差异点时，应当更加谨慎，因为与单个候选对象相比，在大量数据中检索到相似性的可能会更大。其实，ACE – V 法在特征点评估时也是一样，只不过利用 AFIS 系统检索做出结论时，对于特征点的要求要高于对已知的对象进行鉴定时所需的要求。

许多文章和报道中都提到，当利用 AFIS 检索时，错误识别的可能性要比在特定范围内对已知人员比对时更大。最为大众所熟知的案例就是 2004 年发生的西班牙爆炸案中关于梅菲尔德错误认定的“斯泰西报告”。[29] 在梅菲尔德错案之后，美国各地的潜在指纹鉴定人员都开始意识到利用 AFIS 系统进行指

---

㉙ Stacey, R. B. , 2004. A report on the erroneous fngerprint individualization in the Madrid train bombing case. Journal Forensic Identifcation 54, 706.

纹检索和比对时应更加谨慎。因为随着样本指纹数量的增加，现场变形指纹在检索时出现特征相似的匹配几率明显变大。为了减少这种错误发生的风险，有人提出当利用 AFIS 系统进行检索时，应当设置比在有限个数的已知样本比对中更高的“门槛”。因此，随着 AFIS 的出现，就需要指纹鉴定人员在比对时检查计算机自动生成的所有现场和样本指纹的候选列表。

下图是在 FBI 数据库中检索出的真实案例，FBI 拥有非常庞大的指纹数据库，并且其库容每天都在扩增。左图是现场指纹，右图是位于检索列表第一位的油墨捺印样本指纹。当将这两枚指纹拿给一些 AFIS/样本指纹鉴定人员，并询问他们是否能够认定时，很多人表示可以认定。但让一些经验丰富且训练有素的潜在指纹鉴定人员进行鉴定时，他们的回答却是：“非常相似，但不能认定同一。”

实际上，这是我遇到的最为相似的异源指纹。如果不是完全遵循 ACE－V 方法，如果只寻找相似的特征点，而忽略差异点，那么我可以找到 14 个匹配的“特征”（上图标记的红色点）。

同样是这两枚指纹，下图分别标记出了现场指纹和样本指纹的纹线流向。图中用红色点来标记三角，绿色代表两枚指纹相吻合的区域，红色标记则显示的是两枚指纹“不能解释的”差异。造成这种差异的原因不是变形，而是两枚指纹并非来自同一手指，也就是说两枚指纹不是同一手指所留。

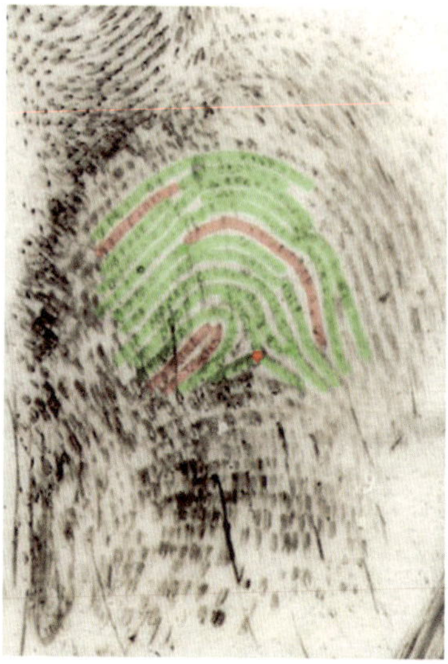

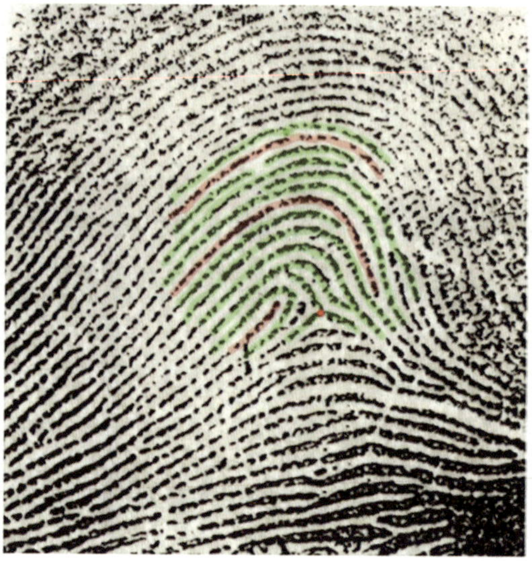

指纹比对没有捷径可走，无论是样本间的互相比较，还是现场指纹与样本指纹的比较，都必须遵循正确的指纹分析、比对、评估和复核方法。就像上图所示的，实际情况中有些指纹可能会非常相似。一旦你在鉴定时没有遵循 ACE – V 方法而走捷径，或者是在鉴定过程中没有全心投入，就可能出现错误的认定。

在斯泰西报告之后，美国国家科学院（National Academy of Sciences，NAS）对法庭科学领域所有学科都进行了深入审查，以确保各个犯罪实验室，警察部门和法院都采用了有效的科学原则和程序。审查完成之后形成了最终报告——美国法庭科学：加强之路，该报告于 2009 年出版，在法庭科学界称之为 NAS 报告。[30] 尽管在 NAS 报告中，对于指纹的比对和鉴定部分虽没有明确指出或暗示鉴定意见是不可靠的，但是却对指纹鉴定的做法进行了批评，认为这种鉴定意见是在超出科学界限的情况下得出的（比如，得出“绝对性”结论与“零错误率”），而且缺乏像 DNA 分型及其他学科那样的科学验证研究的支持。由于 NAS 报告的提出，以及一些著名科学家和法学家的批评，越来越多的资金投入到了报告中推荐的各种研究事项中。在 NAS 报告的建议下，指纹鉴定领域科学研究稳步发展。

---

㉚ https：//www. google. com/webhp？ gws_ rd = ssl#q = NAS + Report.

## 四、培训与发展趋势

一些警察部门认识到，一个新的鉴定人员开展独立鉴定之前，必须积累丰富的经验。与其他大多数西方国家一样，美国有些警察部门也采用了为期5年的培训计划。但绝大多数警察部门认为5年太长，而采用2－3年的培训，甚至现在一些部门只提供短短6个月的正式培训。更糟糕的是，在一些勘查人员也兼职做指纹比对的地方，参加一到两周的指纹培训课程，就被认为是成为指纹鉴定人员的和作为专家出庭作证的全部必要条件了。如今，新的指纹鉴定人员不需要通过大量指纹卡训练打基础，仅仅经过培训后就可进入潜在指纹鉴定部门直接操作AFIS系统。而在过去，只有样本指纹鉴定部门最有经验的工作人员，经过大量指纹审核和分类训练后才能被选拔到现场指纹鉴定部门。

与此同时，AFIS系统正在取代传统的指纹卡档案，因此需要更多的潜在指纹鉴定人员，但此时美国警察部门也正在进行编制调整，要将一些职位转为文职。财政预算的缩紧，使地方政府也开始密切关注每1000人中的警察编制人数。为了避免过度裁员，警察部门采取的应对措施就是仅为有逮捕权的岗位保留警察编制，而将其他岗位人员转为普通文职。在这个过程中，受影响最大的就是狱警、调度员和指纹检验人员。

为了节省开支，许多警察机构采取了降低新设立的文职岗位工资的措施。由于这项政策影响了鉴定人员的权益，一些部门趁机聘用并留住了更多的专业技术人员。低薪职位带来了很多没有预料到的后果，如求职者的资质欠缺，人员的高流动率，培训欠缺，专业技能较低以及被正式警察编制人员的轻视。相反，那些指纹鉴定人员待调较好的部门，吸引了更多良好教育背景的申请人，并为他们提供了更专业的培训。在这些部门，员工流动性往往较低，人员专业素质更高，并且能够得到其他人的尊重。

## 五、总结与展望

有人认为，在过去一个世纪里，指纹鉴定学科的发展经历了三个阶段。这些阶段不是孤立的和不同的，而是在时间和应用上有很多的重叠：第一阶段是特征数量标准；第二阶段是整体质量标准；第三阶段是概率模型。

**1. 特征数量标准**

第一个用于鉴定的简单模型是由弗朗西斯高尔顿（Francis Galton）于1892年提出的“12个特征点”标准，其假设是若超出12个特征点，其匹配的几率大于地球上的人口总量。1914年，埃德蒙洛卡德（Edmond Locard）提出，如果有足够多可见的精细特征（如汗孔），与这些细节特征相匹配，那么只需要8个特征点就可以做出正确的认定结论。洛卡德还提出，即使少于8个特征点，仍然能够得出与特征点数量和可见细节特征数量成正比的概率。然而，洛卡德理论中的“概率”部分在接下来的一个世纪中却被忽视了。

在20世纪大多数时间里，“特征数量标准”的概念在美国并未得到普遍接受。一些警察机构有自己严格的标准，一些鉴定人员在鉴定时坚持最低特征数量标准。然而，在很大程度上，现场指纹和样本指纹能否匹配取决于鉴定人员基于自身培训、经验、技能和能力基础上给出的专家意见。在整个专业领域中，认为“特征点”的数量不如专家的意见那么重要。

到了20世纪70年代，整个行业都普遍认可的观点是“不存在最低特征数量值”。一些特征点的集合非常罕见，并且在微观层面上包含了许多符合细节特征，那么就可以仅利用7个或者更少的特征点做出结论。

**2. 整体质量标准**

20世纪90年代，在“指纹学”领域又出现了一种“整体分析”的观点。这种观点强调了所有鉴定结论都要依赖于特征“质量和数量”的结合（而不仅仅是依靠特征数量）。“足够认定”是鉴定时专家脑中形成的自我判断，因此当一位专家“认定”，而另一位说“我不能判断”时，这种不同的意见是可以接受的。但是，无论在何种情况下，若一个专家“认定”，另外一位说“绝对排除”，那么这是不能接受的。

**3. 概率分析**

到21世纪初，建议在指纹鉴定中使用概率分析方法的文章开始频频出现在同行评议的专业期刊上。早期的文章是由一些学者和理论科学家撰写的，他们虽然对指纹比对非常熟悉，但由于没有亲自参与过鉴定工作，因此这些文章并不被指纹鉴定领域的实践专家所认可。但随着越来越多高学历且训练有素的科学家开始进入该领域，运用概率进行鉴定的理念得到进一步发展。

IAI协会和国家司法研究所组成了法庭科学委员会组织（The Organization

of Scientific Area Committees，OSAC)，现在他们双方都支持在出具鉴定报告和出庭作证时停止使“排除其他人的绝对认定”的方式。

科学历史学家托马斯库恩（Thomas Kuhn）将“普通科学”描述为一群应用共识教条解决小问题的实践者。他将“范式转移”描述为一种随着时间的推移而发生的转变，从新的拥有不同理念的从业者进入群体开始，最初大家并不认同这些意见，但随着更多接受新思想的人进入这个领域，而老从业者退休，这些新从业者最终会获得压倒性的胜利并主导实践。至此，在此领域就会采取一种全新和变化了的视角来解决问题。对法庭科学几个学科（如纵火、婴儿摇晃综合征、血迹形态分析、咬痕）的概述，说明了旧观念的卫道士对旧信条的墨守，以及当新的受教育的从业者开始接管后，不可避免的范式转变。

20 世纪后半叶，卡尔．波普尔（Karl Popper）提出的“可证伪性”使指纹鉴定成为“科学”。如果一个鉴定意见是错误的，其他专家至少会指出结果的错误。更准确的实践模型可能是卡尔．亨普尔（Carl Hempel）提出的科学模型。亨普尔提出，科学是应用自然法则来解释和预测的。某些人认为，生物独特性的自然法则使指纹鉴定人员能够解释为什么未知指纹上会出现某些特定的特征，并且预测出同一手指遗留的指纹都有相同的特征。无论是用库恩、波普尔还是亨普尔的理论进行论证，20 世纪的指纹鉴定都符合当时盛行的科学的定义。

21 世纪，托马斯·贝叶斯（Thomas Bayes）在贝叶斯定理中提出的方法是在法庭科学中更为广泛接受的科学哲学。该定理允许基于先验概率，新的信息和后验概率来计算概率或者似然比。贝叶斯定理并没有被大众广泛接受，因为它常常是基于先验概率的主观评估进行计算的。但是，如今很多科学家都赞同这样的理论，即除非涉及测量、不确定性的计算以及明确的“错误率”，否则没有什么可以称之为科学。因此，在许多现代法庭科学从业者眼中，没有表示概率或者似然比的数字，都不是真正的“科学”。

一位博主曾经预测，在未来，成为指纹专家将不再需要任何正式的指纹检验经验。统计学家可以将未知指纹输入电脑程序并确定其“值”，然后搜索已知指纹库，并最终计算出可以用数字表示“相关”和“排除”的似然比。目前，我们还没有做到这一点，但是这可能是指纹“鉴定”未来发展的趋势。

虽然在美国的所有机构中，从“穿实验服的警察”到独立于执法部门的现代专业法庭科学家的转变尚未完成，但是我们已经取得了长足的进步，并稳步向前迈进。

## 参考文献

The most current general publication on fingerprint identification is the Fingerprint Sourcebook published in 2012 by the National Criminal Justice Reference Service. It is available free online at https：//www. ncjrs. gov/pdffiles1/nij/225320. pdf. Chapters in the Sourcebook cover all areas of significance in today's practice of fingerprint examination, including history, biology, development techniques, AFIS fingerprint computers, identification philosophy, legal issues, ongoing research, vulnerabilities, and more. Although progress has been made in some areas discussed in the Sourcebook rendering a few parts outdated, it is still the best available fingerprint reference available at the time of this writing.

**图书在版编目(CIP)数据**

法庭科学改革：保护无辜者／（美）温迪·J. 科恩，（美）C. 迈克尔·鲍尔斯著；罗亚平等译. -- 北京：法律出版社，2022

书名原文：Forensic Science Reform. Protecting the Innocent

ISBN 978-7-5197-6396-1

Ⅰ. ①法… Ⅱ. ①温… ②C… ③罗… Ⅲ. ①法医学鉴定-案例 Ⅳ. ①D919.4

中国版本图书馆CIP数据核字(2022)第028859号

**法庭科学改革:保护无辜者**
**FATING KEXUE GAIGE: BAOHU WUGUZHE**

[美]温迪·J. 科恩
[美]C. 迈克尔·鲍尔斯 著
罗亚平 等 译

策划编辑 许 睿
责任编辑 许 睿 朱颖超
装帧设计 汪奇峰

**出版发行** 法律出版社
**编辑统筹** 司法实务出版分社
**责任校对** 朱轶佳
**责任印制** 胡晓雅
**经　　销** 新华书店

**开本** 710毫米×1000毫米 1/16
**印张** 26.75 **字数** 425千
**版本** 2022年3月第1版
**印次** 2022年3月第1次印刷
**印刷** 天津嘉恒印务有限公司

地址:北京市丰台区莲花池西里7号(100073)
网址:www.lawpress.com.cn
投稿邮箱:info@lawpress.com.cn
举报盗版邮箱:jbwq@lawpress.com.cn

销售电话:010-83938349
客服电话:010-83938350
咨询电话:010-63939796



**书号**:ISBN 978-7-5197-6396-1
**定价**:198.00元

凡购买本社图书,如有印装错误,我社负责退换。电话:010-83938349